認知行動療法における
レジリエンスと症例の概念化

著
ウィレム・クイケン, クリスティーン・A・パデスキー, ロバート・ダッドリー

監訳
大野 裕

訳
荒井まゆみ, 佐藤美奈子

星 和 書 店

Seiwa Shoten Publishers

2-5 Kamitakaido 1-Chome
Suginamiku Tokyo 168-0074, Japan

Collaborative Case Conceptualization
Working Effectively with Clients in Cognitive-Behavioral Therapy

by

Willem Kuyken, Ph.D.
Christine A. Padesky, Ph.D.
Robert Dudley, Ph.D.

Translated from English

by

Yutaka Ono, M.D., Ph.D.
Mayumi Arai
Minako Sato

English edition copyright © 2009 by Willem Kuyken, Christine A. Padesky, and Robert Dudley
Published by The Guilford Press, A Division of Guilford Publications, Inc.
Japanese edition copyright © 2012 by Seiwa Shoten Co., Tokyo, Japan

監訳者まえがき

　本書は，認知療法・認知行動療法で中心的な位置を占める「症例の概念化（事例定式化とも言う）」について Willem Kuyken, Christine A. Padesky, Robert Dudley が体系的に解説した著作 "Collaborative Case Conceptualization: Working effectively with clients in cognitive-behavioral therapy" の日本語訳である。

　本書の導入部に紹介されているプロクルステスのベッドの神話は，すべての臨床家が心に留めておかなくてはならない大切な戒めである。プロクルステスのベッドの教えを読むと，支援は支援をする者のためにあるのではなく，支援を受ける人のためにあるのだというごく当たり前のことを思い知らされる。

　私たちが無意識的にプルクルステスになっていることは少なくない。認知療法・認知行動療法でも，患者やクライエントの人となりに目を向けないまま，最初から一方的に非機能的思考記録表の記載を進める治療者がいる。その人がこれまで生きてきた人生の軌跡を振り返ることなく，思考・感情・行動・身体の関係だけを取り上げる治療者がいる。いわゆる精神症状や精神疾患としての診断名にこだわる治療者がいる。

　しかし，患者やクライエントは，症状や認知だけで存在しているわけではない。社会の中で懸命に生きているひとりの人間なのだ。そのひとりの人を手助けするためには，単に精神疾患を診断するだけでは不十分だし，認知だけを扱うだけではまったく不十分なのだ。その人をひとりの人間として理解することがなければ，その人を手助けすることはできない。

　精神疾患は脳の病気であると同時に，社会の病気でもある。発症の背景や契機，症状の持続等は，環境との相互作用を抜きにして語ることはできない。治療は，家庭を含む社会の中に生きる個人の苦しみを理解することから始まる。

　精神疾患をもつ人の治療や支援にあたっては，いわゆる症状「診断」に加え

て，その人を全人的に理解する「見立て」を適切に行うことが不可欠である。その人としての理解をするのが症例の概念化である。

　そのためには，その人が抱えている悩みや症状診断，その症状の誘因や維持要因，その背景にある生まれ育ちなどを丁寧に見て理解していかなくてはならない。それと同時に，その人がもっている人間としての強みや長所，レジリエンスにも目を向ける必要がある。

　本書の特徴は，そうした人間としての強みやレジリエンスの評価を重視している点にもある。症状を和らげ悩みを軽くするには，悩み苦しんでいる人の力を利用するのが一番効果的である。逆に言えば，その人がもっている力を活かす心理的な環境が整わなければ，回復へと進むことはできないのである。

　症例の概念化がきちんとできれば治療は半分以上進んだとさえ言える。その症例の概念化を体系的にまとめたのが本書だ。読者の皆様のお役に立つものと信じている。

　　　　　　　　　　　　　　　　　　　　　　　　　　　大　野　　　裕

序　文

　認知行動療法（CBT）は，芸術でもあり，科学でもある。このことは，セラピストがCBTを支えている科学的理論と研究に注意を払いながらも，クライエントの独自の経験に対応する，症例の概念化において最も言えることである。多くの認知療法セラピストと同様，私たちもまさにCBTの価値を深く認識しているが，それはCBTが芸術と科学，実践と理論，および，特異的経験と，感情の認知的，行動的理論によって象徴される共通点の橋渡しをするからである。私たちは，この橋の上にクライエントと共に立ち，苦悩を軽減し，レジリエンスを確立することに取り組んでいる。

　私たち三人が出会ったのは，英国ワーウィックでの「症例の概念化：王様は服を着ているか？」と題されたCBTのシンポジウムにおいてであった。会議の主催者は，そのシンポジウムを比較的小さな会議室で行う予定にしていた。その話題は，多くの関心を引きつけ，部屋がいっぱいになってしまい，多くの人が席の後ろに，あるいは通路に立つことになった。題名で触れているアンデルセンの寓話のように，そのシンポジウムは，幾つかの重要な「事実」を浮き彫りにしていた。第1に，症例の概念化は基礎的なセラピーのスキルと考えられていながら，ではどうしたら概念化できるか，という点に関しては自信がないセラピストが多いのである。第2に，症例の概念化に対するセラピストの関心は高いにもかかわらず，それを下回る乏しいエビデンスしかない。第3に，既存の研究で，CBTの症例の概念化に意義があるという考えに反対するものはほとんどない。結局，そのシンポジウムは，症例の概念化という王様が裸でいるようだ，という結論に至ったのである！

　シンポジウムの終わりに，会話を続けていた私たち三人は，症例の概念化について話し始めた。話していくうちに私たちは，自分たちが，症例の概念化に対する強い関心を共有していること，それぞれがその話題において異なる，価

値の高い，相補的な観点を抱いていることに気づいた。私たち三人は，教え，スーパーバイズし，コンサルテーションを行い，CBTの研究を実行する一方で，三人それぞれがそれらの領域の少なくともひとつに特別な専門知識をもっているのである。Robertは，セラピストやスーパーバイザーとして複雑な臨床ケースに取り組んだ長年の経験から得た，鋭い臨床的洞察を提供している。Christineは，国際的に認められているCBTインストラクターであり，革新者である。Willemは，第一線の症例の概念化の研究者であり，教師である。私たちは，こうした経験と知識を組み合わせることで，CBTの症例の概念化をより有効にする方法への理解を前進させることができると考えたのである。

本書は，その会議から始まった継続的な協同作業の結果，生まれたものである。私たちのアイデアは，過去6年にかけて段階的に発展してきた。最初に，私たちは未解決の目立たない研究と症例の概念化の臨床課題を明確にした。それらは，読者のために第1章でまとめられている。それらの課題に応えようと共闘していくうちに，私たちは，私たちの解決法の多くが不十分であることに気づいた。そこで新たなアイデアを生み出し，お互いの，そして同僚との話し合い，臨床的作業，スーパーバイザー，コンサルタント，およびインストラクターとしての取り組みの中で，また新たな研究と関連させて，それらを検証した。経験則に基づく偏見を防ぐために確認をし，バランスを図るものとして協同的経験主義を用いることで，有用なアイデアを最も単純な形にしていったのである。数年後，私たちは，既存の課題に適切に対応できていると感じた症例の概念化のモデルについて合意に至った。

私たちのモデルは，実践の指針となる3つの原理，協同的経験主義，クライエントの強みの取り入れ，進化する概念化のレベルに沿って，第2章で解説されている。このモデルはCBTの創始者であり，私たちそれぞれにとって指導者でも友人でもあるAaron T. Beckの概念的および経験主義的伝統に根ざしている。私たちは特に機能分析など，行動療法の豊富な経験主義を利用している。しかも，私たちのアイデアは，レジリエンスと強みに関する現代の研究から情報を得ている。全体を通して，私たちの目的は，セラピストがクライエン

トと協同的に，より有効に苦悩を軽減し，レジリエンスを確立させるために用いることができる概念化のアプローチを提供することにある。

　本書は，私たちの症例の概念化へのアプローチを教えるものであり，症例，実践的な臨床のヒント，および対話例を通してそれを生き生きと伝えている。私たちは，まずクライエントが提示する課題を記述し，その後治療が進むにつれて説明力を高めていけるように症例の概念化を発展させていく方法について，ひとつひとつ段階的に示している。クライエントの強みは，改善が効果的で長続きするように助ける概念化のプロセス全体を通して同定され，生かされる。私たちは，セラピストとクライエントが真に協同して，セラピーの過程全体を通して一緒に概念化を創り上げ検証する方法についても記載した。

　第3章では，協同的経験主義という私たちの最初の原理について説明し，セラピーに対する協同的，実証的アプローチがいかに多くの概念化の課題に対する有効な解決策につながるかということを説明している。第4章では，私たちの第2の原理である，クライエントの強みの取り入れが，症例の概念化をさらに有意義なものにして，クライエントのレジリエンスを修復し確立するという目標の達成につながるということを明らかにしている。第5章から第7章では，概念化のレベルという私たちの第3の原理を説明し，その後にマークというあるクライエントがセラピーを通して，うつ病，強迫性障害，健康不安，仕事上の困難，および家庭での問題に立ち向かう様子について述べている。

　マークは多くのクライエントを組み合わせて作り上げた症例ではあるが，彼のケースはその人に会わせた概念化を必要とする一般的な臨床報告を表している。彼は併存する多くの診断に関連する課題のために強い苦悩を経験している。読者は，マークと彼のセラピストが，単純な記述的な症例の概念化（第5章）から，彼が訴えている課題を何が引き起こし，維持しているかについての説明的な概念化（第6章）へ，そして彼が提示している特定の一連の課題に向かわせることになった弱点と，さらに悪化する可能性から彼を守った強みに関する縦断的な説明（第7章）へと，どのように発展させていったかを学ぶ。マークのケースをより深く描き出すことによって，私たちのアプローチが心理的苦悩

を軽減すると同時に，レジリエンスを強めるのにいかに役立つかを明らかにした。

　私たちは，CBT のインストラクター，スーパーバイザー，およびコンサルタントとして，症例の概念化を有効に用いることを学ぶことがセラピストの直面する最大の課題のひとつであることに気づいている。第 8 章では，その学習プロセスをわかりやすく説明し，セラピストとインストラクターが症例の概念化のスキルを学び，教えるための系統的アプローチを提案している。最終章では，さまざまな治療設定で私たちのモデルを使用する際にセラピストが直面する可能性のある課題の幾つかについて考察している。私たちはまた，経験主義を大前提としながら，私たちのモデルの中心となっている前提と原理を検証するための，ある研究プログラムを提案している。

　意味のある協同作業の指標のひとつは，そのプロセス全体を通して両者がお互いにどの程度関わり続けているかということである。この基準からすると，私たちの著者としての協同作業は大きな価値があった。私たち一人一人は，このプロジェクトの開始時に比べて現在の方が，症例の概念化に対してより熱心であるし，関心ももっている。私たちは，読者のことを考えて，ここ数年かけて行われ，私たちの交流を活性化した熱意あふれる論議と論争の本質をとらえるために最善を尽くしてきた。現在，本書は読者の手の中にある。私たちは本書が，症例の概念化に対する読者の理解を深め，その過程でクライエントと積極的に協同作業を行うための方法を示し，私たちのアイデアを評価するための研究を活性化することを願っている。そして今後数年のうちに，協同的な症例の概念化の境界と奥行きを探究し続けていくことによって，読者の多くを含む人たちとより広範な会話ができるようになることを期待している。

も　く　じ

監訳者まえがき　iii
序　文　v

第1章　プロクルステスのジレンマ … 1
症例の概念化とは何か？　4
CBT の症例の概念化の機能　7
症例の概念化のエビデンスからわかること　15
　症例の概念化は研究の対象となり得るのだろうか？　15
　CBT の症例の概念化はエビデンスに基づいているのだろうか？　17
第1章のまとめ　34

第2章　症例の概念化のるつぼ──新モデル … 35
CBT の症例の概念化のための指針　37
　原理1：概念化のレベル　38
　原理2：協同的経験主義　39
　原理3：クライエントの強みの取り入れ　39
　概念化に対してなぜ原理主導型のアプローチを用いるのだろうか？　40
概念化のレベル　40
　概念化をレベルの進化として考えるのはなぜか？　40
　レベル1：記述的な概念化　43
　レベル2：横断的な概念化──誘因と維持要因を理解する　50
　レベル3：縦断的な概念化──弱点と保護要因を理解する　55
　概念化のレベルにおける柔軟性　58
なぜ協同的経験主義なのか？　61
　経験主義と実証的に裏づけられたセラピーのプロトコル　62
　症例の概念化に対する経験主義的なアプローチ　63
　一般的な意思決定の過ちの埋め合わせとしての経験主義　63

　　　　概念化において経験主義的な原理に従うための指針　69
　　　　協同：一人より二人　72
　　　なぜクライエントの強みを取り入れるのか？　77
　　　より効果的な症例の概念化に向けて　79
　　　第2章のまとめ　81

第3章　一人より二人—協同的経験主義 …………………………… 83
　　　協同の実施　86
　　　　率直な話し合い　86
　　　　協同的な枠組みの利用　89
　　　　治療同盟　91
　　　　セラピーの構造　92
　　　　構造と同盟の最良のバランス　93
　　　経験主義の実施　97
　　　　セッションにおける実証的な概念化のプロセス　98
　　　　セッション外における概念化の経験主義的検証　118
　　　るつぼにおけるクライエントの詳細　118
　　　　強みと資源　120
　　　　文化的要因とより広範な人生経験　120
　　　　身体的要因　121
　　　　認知的，感情的，および行動的要因　122
　　　　確認と均衡の枠組み　131
　　　第3章のまとめ　132

第4章　クライエントの強みの取り入れとレジリエンスの確立 …… 133
　　　強みの同定　137
　　　　個人的な価値観　142
　　　　文化的な強み　144
　　　症例の概念化への強みの取り入れ　145
　　　強みからレジリエンスへ　149
　　　レジリエンスの観点からの症例の概念化　150
　　　　レジリエンスをもたらす戦略と信念の同定　153
　　　　隠喩，物語，およびイメージ　156

セラピーの目標としてのレジリエンス　164
　　　強みというレンズを通して苦悩をとらえる　168
　　　強み，レジリエンス，および概念化のレベル　171
　　　第4章のまとめ　172

第5章　「助けてくれますか？」──記述的概念化 …………………………173
　　　るつぼの中の要素：症例の特異性　174
　　　　　クライエントが提示している課題を同定するのを支援する　175
　　　　　提示されている課題の影響を記述する　183
　　　　　文脈の中で提示される課題　190
　　　るつぼの要素：理論と研究　198
　　　　　機能分析：ABCモデル　199
　　　　　5部構成モデル　206
　　　　　臨床的要約　216
　　　症例の概念化と目標設定　217
　　　「全くのめちゃくちゃな状態」から記述的概念化へ　225
　　　第5章のまとめ　226
　　　付録5.1　経歴に関する補助的質問票（マークの記入済みのもの）　228

第6章　「なぜこんなことが私に続くのですか？」
　　　　──横断的な説明的概念化 ……………………………………………243
　　　横断的概念化の発展　245
　　　気分の落ち込みの横断的な説明的概念化　247
　　　　　第1段階：マークの気分に関連した例を収集する　247
　　　　　第2段階：気分の例を誘因と維持要因の適切なモデルに適合させる　251
　　　　　第3段階：説明的概念化に基づいて介入法を選択する　269
　　　　　第4段階：気分の落ち込みの概念化の再考と修正　274
　　　強迫的心配の説明的概念化　284
　　　　　第1段階：強迫的心配の例を集める　284
　　　　　第2段階：強迫的心配の誘因と維持要因を同定する　290
　　　　　第3段階：強迫的な心配の説明的概念化に基づいた介入の選択　294
　　　　　第4段階：強迫的な心配の概念化の再考と修正　297

提示されている課題の関連性を考える　303
　　　るつぼのプロセスのアウトカム　305
　　　第6章のまとめ　307

第7章　「今後もこれまでのようになるのでしょうか？」
　　　――縦断的な説明的概念化 …………………………………………309
　　　なぜ縦断的概念化を用いるのか？　316
　　　縦断的概念化はどのように構築すればよいのか？　318
　　　　　第1段階：提示されている課題をクライエントの発達歴と結びつけるた
　　　　　めにCBT理論を用いる　318
　　　　　第2段階：概念化に基づいた介入の選択　333
　　　　　その概念化は適合しているか？　343
　　　まとめ　348
　　　第7章のまとめ　349

第8章　症例の概念化の学習と教育 ……………………………………353
　　　概念化：高度なスキル　354
　　　セラピストは症例の概念化のスキルをどのように学ぶのか？　361
　　　　　宣言的学習　361
　　　　　手続き的学習　363
　　　　　省察的学習　364
　　　　　専門的発達のすべての段階における学習　365
　　　症例の概念化の専門知識を発達させるための戦略　367
　　　　　第1段階：学習ニーズの評価　368
　　　　　第2段階：個人的な学習目標の設定　381
　　　　　第3段階：宣言的，手続き的，および省察的学習のプロセス　383
　　　　　第4段階：さらなる学習ニーズを見極めるために学習の進歩を評価する
　　　　　　413
　　　全体的な概念化の能力を評価する　415
　　　スーパービジョンとコンサルテーションを通して学習を促進する　416
　　　スーパーバイザーとインストラクターへの提案　422
　　　　　教育とスーパービジョンにおける信念と偏見　424

　　　　結　論　*426*
　　　　第 8 章のまとめ　*427*
　　　　付録 8.1　協同的経験主義の能力を発達させるための学習演習　*428*
　　　　付録 8.2　概念化のレベルにおける能力を発達させるための学習演習　*431*
　　　　付録 8.3　クライエントの強みを取り入れる能力を発達させるための学習演習　*433*

第 9 章　モデルを評価する　……………………………………………*435*
　　　　モデルの主要な特徴　*435*
　　　　　　このモデルは臨床的および実証的課題に対する回答である　*436*
　　　　　　このモデルは CBT のより広範な科学と実践に根ざしている　*436*
　　　　　　セラピストとクライエントは概念化を共同創造する　*437*
　　　　　　クライエントの強みが強調される　*437*
　　　　　　概念化は進化するプロセスである　*438*
　　　　　　このモデルはクライエントの文化的背景や個人的価値観を取り入れる　*439*
　　　　　　このモデルは発見的手法の枠組みである　*440*
　　　　モデルの有用性と適用性　*440*
　　　　　　このモデルは症例の概念化の機能を果たしているか？　*441*
　　　　　　モデルのより広範な適用　*443*
　　　　モデルを評価するための提案　*445*
　　　　　　概念化の基準：症例の概念化における弁証法　*446*
　　　　　　実証的検証：研究のアジェンダ　*452*
　　　　結　論　*462*

付録　経歴に関する補助的質問票 ……………………………………*465*

　　　　文　献　*479*
　　　　索　引　*492*

# 第 1 章

プロクルステスのジレンマ

　プロクルステスという神話の登場人物は，自宅に客を招くと，相手がどのような体型であれ，すべての客に対し，客間のベッドにぴったりと身体を合わせるよう要求した主人である。このような思い上がった，魔術的な主張は，大いに客の関心を引いた。プロクルステスが客に言っていなかったこととは，客の両脚がベッドにぴったりと合うようにするためなら，彼は，客の両脚を切り落とすことであろうと，あるいは拷問のように台の上で引き伸ばすことであろうと厭いはしない，ということであった。プロクルステスの話は，精神療法のクライエントにとって警告的な物語となり得るだろう。心理学的な苦悩を理解するために経験主義的に検証されたモデルは数多く存在する。しかし，既存の理論に合うようにクライエントの経験を排除したり，あるいは歪めたりするセラピストに診てもらいたいなどと思うクライエントは，ほとんどいないだろう。

　クライエントは，複雑で，併存する症状を提示する。どのようなアプローチであれ，それひとつでクライエントの症状に 100％ぴったり一致するものはない。本書は，支援を求めるクライエントに対して，それぞれに応じた受容的な対応を提供する，症例の概念化という方法にいかに熟達するかをセラピストに伝えるものである。どうしたらプロクルステスのようなやり方に頼ることなく，与えられた症例のそれぞれの側面を関連の理論と研究に統合させる症例の概念

化を形成することができるのか，本書ではその形成の仕方を紹介する。

　ひとつ例を挙げてみよう。スティーブは 28 歳の男性である。彼は，認知行動療法（CBT）を受けるために外来クリニックに紹介されてきた。紹介状によると，スティーブは，自分の女装趣味をうまくコントロールできないでいる，とあった。評価時に，スティーブは，女装趣味はセラピーで話し合いたいと思っていることであるが，次のことについて話し合うことが，より優先的であることを認めている。「（私は）最近まで住んでいた町で脅されていました。……引っ越しをしたのですが，そのことをなかなか忘れられないでいるのです」。スティーブは，かつて住んでいた町で繰り返しひどい身体的暴行を受けた。そして，それらの暴行が収まりそうな気配が一向に見られなかったことから引っ越しをしたのである。スティーブは，華奢な体型をしており，穏やかな口調で話をする。強く主張するタイプではない。診断面接からは，彼が，心的外傷後ストレス障害（PTSD），大うつ病，およびパニックを伴う広場恐怖症の基準を満たしていることが示された。第 II 軸に関しては，回避的なパーソナリティの特徴も幾らか見られた。彼のセラピストは，スティーブの華奢な体型，穏やかな口調，そして主張しないスタイルゆえに，彼は近所のいじめっ子たちの犠牲になったのであろうと仮説を立てた。彼は，繰り返される身体的暴行を防ぐには自分は無力であると感じたのであり，彼の PTSD は，そのような暴力に対する反応だったのである。彼がアパートに引きこもるようになったことで，PTSD の症状はさらに悪化し，抑うつと広場恐怖を発症する一因となった。

　スティーブとセラピストは，まず，スティーブの PTSD の症状に焦点を当てることからセラピーを開始することで合意した。6 回目のセッションで，スティーブは，1 年前に家で女装しているのを近所の人に見られてしまったことを打ち明けた。スティーブに女装趣味があることは，すぐに近所に広まった。それが発覚したことで，若者のグループがスティーブに対し，暴力をふるう一連の作戦に出た。身体的暴行が繰り返され，結局，スティーブは引っ越す決心をしたのである。

　スティーブのセラピストが直面した課題は，セラピストがセラピーの開始時

にそれぞれのクライエントに関して直面する課題に似ている。

- 「提示されているさまざまな課題と第Ⅰ軸と第Ⅱ軸の診断を考慮すると，この取り組みは，主に何を焦点とすべきか？」
- 「第Ⅰ軸もしくは第Ⅱ軸の問題のどちらか，あるいはその両方に対応すべきか？ もし両方に対応するのであれば，まずどちらから先に対応すべきか？」
- 「もしスティーブが提示する課題が相互に関連しているとすれば，どのように関連しているのか？」
- 「ここではどのCBTのプロトコルを使用すべきか？ どの特定のプロトコルも適切でないように見える場合にはどうすべきか？」
- 「彼の女装趣味に対しては，どのように取り組むべきか？ 彼の恐れを悪化させることなく，取り組みを行うためにはどうすべきか？」
- 「セラピーについての意思決定に彼にとっての優先事項とセラピストである私の判断を織り込むために，スティーブとどのように協同的に取り組むべきか？」
- 「セラピストである私自身の信念，価値観，および反応がクライエントのものと異なる場合，それらにどのように取り組むべきか？」

　要するに，スティーブのセラピストは，セラピーの開始時にすべてのセラピストが直面する問いに直面していた。その問いとはすなわち，「この人物が提示している特定の課題について彼を支援するために，セラピストとして自分の訓練と経験，そしてエビデンスに基づいたセラピーのアプローチをいかに利用するのが最善だろうか？」というものである。この問いに対し，本書は，(1) 提示されている課題について記述し，(2) それらを認知行動的な言葉で理解し，(3) 苦悩を軽減し，クライエントのレジリエンスを確立するための建設的な方法を見つけるために，巧みな症例の概念化によってクライエントと協同で取り組むための方法がいかに提供されるかを明らかにすることで答えるのである。

症例の概念化とは何か？

CBT の症例の概念化を，私たちは次のように定義する。

> 症例の概念化とは，セラピストとクライエントが協同的に取り組むプロセスであり，まずは，クライエントがセラピーで提示する課題を記述し，その後にそれを説明していく。その主な機能は，クライエントの苦悩を軽減し，クライエントのレジリエンスを確立できるよう，セラピーを導くことである。

この定義の幾つかの側面を強調するために，るつぼの比喩を用いて考えてみよう（図1.1）。るつぼとは，さまざまな物質を合成し，それらを新しいものに変えるための固い器である。通常はるつぼを温めることで，その変化のプロセスが促進される。症例の概念化のプロセスも，クライエントの提示する課題と経験を CBT の理論や研究と合成し，クライエントにとっても新鮮な唯一の新たな理解を形成するという点において，それに似ている。CBT の理論と研究はそのるつぼの必須成分である。つまり，人々が常に関与している，経験から意味を引き出すという自然のプロセスと，症例の概念化とを区別するものとは，経験主義的な知識の統合だということである。

るつぼの隠喩は，症例の概念化のさらに3つの重要な鍵となる原理を例証しており，それは本書全体を通して詳細に展開され，図1.1でも示されている。第1に，熱が，るつぼの中の科学的反応を促す。私たちのモデルで言えば，協同的経験主義が，概念化のプロセスを促す。図1.1の両手は，セラピストとクライエントの協同的経験主義を象徴的に表している。すなわち，それらが，るつぼの内部における変化を促す熱を生み出すということである。協同により，正しい材料は有益な形で確実に混じり合うようになる。セラピストとクライエントの観点が組み合わさることで，ぴったりと一致した，クライエントにとっ

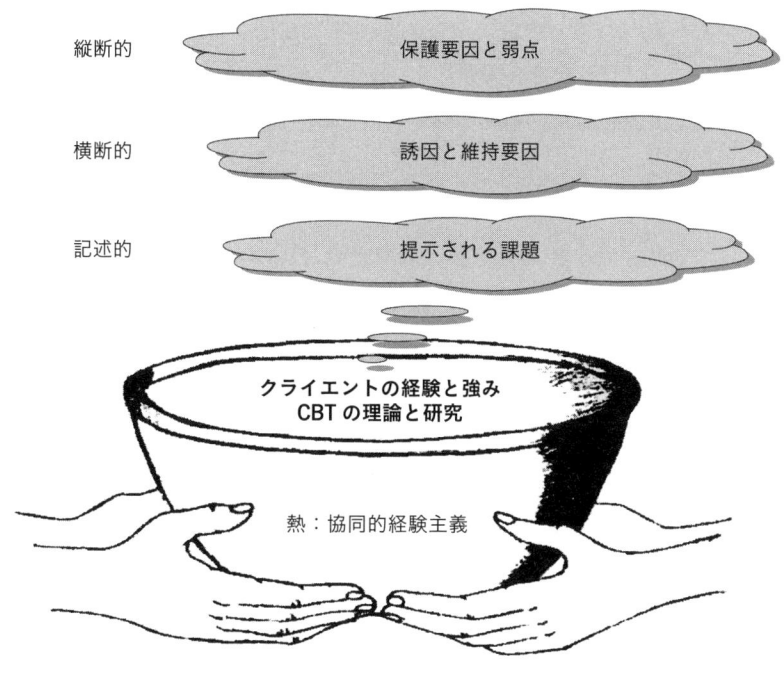

図1.1 症例の概念化のるつぼ

て有益であるとともに，セラピーに情報をもたらす共通の理解が深まるのである。経験主義は，CBTの基本原理である（J. S. Beck, 1995）。それは，日々の実践の中で経験主義的な方法を使用するということだけでなく，セラピーの基礎となる経験主義的な研究，およびそれに関連した理論についても言及する。経験主義的なアプローチとは，クライエントの経験，理論，および研究に基づいて，仮説が継続的に構築されていくアプローチである。それらの仮説は試され，その後，観察とクライエントのフィードバックに基づいて修正される。

　第2に，るつぼの中の化学反応がそうであるように，概念化も長期にわたって徐々に発展していく。一般的に，概念化は，まずより記述的なレベルで始まり（例えば，認知行動的な言葉でスティーブの問題を表現する），次に説明的

なモデルを含むようになる（彼の心的外傷後ストレス障害の症状がいかに維持されているかについて，理論に基づいて理解する）。そして必要であれば，さらに発展して，弱点や保護要因がスティーブの課題の発展にいかに関与しているかについて，経歴的な説明を含める（例えば，スティーブの発達歴を概念化に取り入れる）。

　第3に，るつぼの中で作られる新しい物質は，そこに加えられる物質の特徴によって変わってくる。CBTの理論や研究と共に，クライエントの経験も，概念化における主要成分である。伝統的に，クライエントの問題がこれまでは強調されてきたが，私たちのモデルでは，単にそれらを検討するだけでなく，概念化のプロセスのすべての段階でクライエントの強みを取り入れていく。クライエントは，彼らがどのような課題を提示し，どのような経歴かに関わらず，全員が，なにがしかの強みをもっている。それは，彼らが自らの人生で有効に対処するために用いてきたものである。クライエントの強みを概念化に取り入れることで，苦悩の軽減と，クライエントのレジリエンスの確立という両方の結果に至る確率が高まる。図1.1で示されているように，クライエントの強みは，るつぼの中身の一部なのである。

　本書は，症例の概念化に対する新たなアプローチを提案することによって，プロクルステスのジレンマに応える。それは，理論と研究を個人の人生経験と結びつけるアプローチである。次の3つの原理がこのアプローチの指針となる。(1) 協同的経験主義，(2) 記述的なものから説明的なものへ徐々に進化する概念化のレベル，および (3) クライエントの強みの取り入れ，である。本書の各章は，症例の概念化を発展させるための，「ハウツー」的な具体的なガイドラインを提供する。それにより，セラピーの有効性はさらに高められることだろう。

　この最初の章において，私たちは，症例の概念化が，以下で概説される10の主要な機能を果たすことから，CBTの実践の中心となっていると提唱する。しかしさらに進んで，私たちは，CBTの実践における症例の概念化の中心的な役割に関して，重要な幾つかの経験主義的な課題をも考慮する。これらの課

題は，本書で提示される症例の概念化というアプローチを形成するうえで重要である。

CBT の症例の概念化の機能

　私たちは，セラピーには 2 つの包括的な目標があると提唱する。(1) クライエントの苦悩を軽減することと，(2) レジリエンスを確立すること，である。CBT の症例の概念化は，それが次の 10 の機能を満たすとき，この 2 つの目標を達成するうえで有益であるという点で，意見の一致が生まれつつある（BOX 1.1 を参照：Butler, 1998; Denman, 1995; Eells, 2007; Flitcroft, James, Freeston, & Wood-Mitchell, 2007; Needleman, 1999; Persons, 2005; Tarrier, 2006）。

　1．症例の概念化は，クライエントの経験，関連する CBT 理論，および研究を統合する。私たちの定義で明確に述べられているように，症例の概念化の主な機能は，クライエントの経験を，それに関連した CBT の理論と研究に有意義に統合させることである。スティーブの症例で言うなら，PTSD（Ehlers & Clark, 2000），うつ病（Clark, Beck, &Alford, 1999），不安（Beck, Emery, & Greenberg, 1985），およびパーソナリティ（Beck et al., 2004）に関する CBT 理論はいずれも，症例の概念化に有用な情報を提供するだろう。それらの理論的な考え方は，関連する研究や，スティーブの個人的な経歴，現在の生活状況，信念，および対処方法の主要な側面と統合され，独自の症例の概念化を導き出す。エビデンスに基づいた理論と研究は，最善の利用可能な知識が，提示されている課題に対する私たちの新たな理解をもたらすことを確実にしてくれる。

　2．症例の概念化は，クライエントの提示する課題をノーマライズし，承認する。多くの患者は，自分の提示する課題が恥ずかしいものなのではないかと心配する。それらの課題のせいで，他の人たちから引き離され，どういうわけか「異常」とされてしまうのではないかと心配するのである。クライエントは

> **BOX 1.1** CBTにおける症例の概念化の機能
>
> 1. クライエントの経験，CBTの理論，および研究を総合する。
> 2. 提示されている課題をノーマライズし，承認する。
> 3. クライエントの関与を促す。
> 4. 多くの複雑な問題を，より対処可能なものにする。
> 5. 介入の選択，焦点，および順序の指針となる。
> 6. クライエントの強みを同定し，クライエントのレジリエンスを確立する方法を提案する。
> 7. 最も簡単で，最も低コストの介入を提案する。
> 8. セラピーにおける問題を予測し，それに焦点を当てる。
> 9. セラピーでは反応が見られないことを理解できるようにし，ではどうすれば変化することができるか，別の道筋を提案する。
> 10. 質の高いスーパービジョンを可能にする。

時折，「自分は自分のことを気が違っていると思っていた」とか「このような問題を抱え，とても恥ずかしい」などと言うことがある。症例の概念化は，建設的な言葉で問題を記述し，どのように問題が維持されてきたかをクライエントが理解するのに役立つ。多くのメンタルヘルスの問題には，実際，今なお社会的スティグマが伴うが，協同的な症例の概念化のプロセスを通して，クライエントの経験を承認し，ノーマライズすることができる。スティーブが後にセラピーで述べたように，「自分のような人は他にもいて，自分は変人ではない。女装をするのは自分だけではないのも知っているし，自分自身を責める必要もなければ，自分が攻撃されて当然であるかのように思う必要もない」のである。セラピーでクライエントが提示する課題をノーマライズすることは，希望をもたらし，クライエントが認知モデルに個人的な妥当性を見出す助けとなる。そして変化の土台を提供することができるのである。

　3. 症例の概念化は，クライエントの関与を促す。CBTへの関与は，変化のための前提条件である。症例の概念化は，しばしば好奇心や関心を生じさせ，それがクライエントの関与につながる。ほとんどのクライエントが症例の概念

化を好むのは，それによって，困難を乗り越える達成感が得られ，目標達成のための経路が見えてくるからである。苦闘が持続している場合でも，クライエントは，状況が予期したように展開するときには達成感を経験する。「ちょうど先週お話ししたように，娘がごね始めたとき，私は胸が締めつけられるようで，恥ずかしく感じました。たとえこのような自分の反応を止めることができなくても，今回に限っては，それも無理のないことだと感じました。私は自分が変人であるとは思いませんでした。そしてそのことがとても素晴らしく感じられたのです！」

　時にクライエントは，セラピーへの関与にネガティブに影響する信念をもってセラピーを開始することがある。スティーブの場合もそうであった。彼は，セラピストに自分の女装趣味について適切な情報を明かすことを避けていたのである。スティーブが自分のこれまでの経歴を明らかにしようと決心すると，セラピストはそれを，関与の妨げとなりかねない信念を明らかにするチャンスとして利用した。

セラピスト：スティーブさん，私に正直にお話ししてくださってありがとうございます。これによって私たちは共に，さらに効果的に取り組めると思います。(スティーブは居心地悪そうで，恐れているように見える。セラピストは，この非言語的な情報を，質問をするきっかけとして利用する)あなたは，あなたが以前住んでいたところでどのようにして虐待が始まったかを話してくださいましたが，話してしまった今，どのようなことが起きるとあなたは思っていますか？

スティーブ：(躊躇し，目を合わせるのを避けながら)先生は私を軽蔑して，もう私と一緒に取り組みたいとは思わなくなってしまうのではないでしょうか。私はとても恥ずかしく感じています。(恐れた様子で，すすり泣きを始める)

　この例は，予測されていなかったセラピー上の問題が，いかに症例の概念化

を洗練させるために利用され，セラピーの進展とクイライエントの関与を促進するための道を開くかを示している。このような瞬間は，うまく利用すれば真の突破口となり得る。なぜなら，クライエントの重要な信念，感情，および行動が明らかにされ，概念化へと取り入れられることになるからである。スティーブのセラピストは，女装趣味をめぐる恥辱と恐怖の感情が，彼の以前の経験とそれに関連する信念の文脈においては理解し得るものであることを，スティーブが理解できるように手助けした。子どもの頃，スティーブが女装したいという自らの気持ちを伝えたとき，彼の母親はそんな彼を支えたが，彼の父親は暴力で応じ，女装をやめなければ自宅から追い出すと言って脅した。後に，近所から嫌がらせを受け，暴力を振るわれたことで，父親の考え方は肯定されることになった。これらの経験は，もし自分の行動がばれたらセラピストは自分のことを軽蔑するのではないかというスティーブの恐怖と結びついていた。この症例の概念化をセラピストと協同的に作り上げていくことで，セラピーに関与することにまつわるスティーブの恐怖の多くは解消されたのである。

4. 症例の概念化により，複雑でおびただしい数の問題が，クライエントとセラピストにとって対処可能なものに見えてくる。クライエントは，自らが直面する，膨大な数の課題に押しつぶされそうに感じることがある。複雑で長期にわたる問題を抱えているクライエントの場合は，特にそうである。スティーブが提示した課題や併存症の診断のリストは，この現象の良い例である。セラピストもまた，クライエントの複雑で長期的な問題に直面すると，圧倒されてしまう可能性がある。症例の概念化は，巧みに行われれば，クライエントにとっても，またセラピストにとっても，問題を対処可能なものにするのに役立つだろう。あるセラピストはそれを「どろどろとしたごちゃ混ぜのスープを，もっとおいしい，口に合うものにする」と表現した。また，あるクライエントはそれを「パズルのひとつひとつのピースが，今，すべてぴったりとはまった」と表現した。

5. 症例の概念化は，どの介入を選択し，何に焦点を当て，そしてどのような順序とするかの指針となる。症例の概念化の最も重要な機能がセラピーに情

報を提供することであるのは，おそらく間違いないだろう。どのようなクライエントであれ，そのクライエントにとって適切となりそうなCBTは多数存在し，その数はますます増え続けている（J. S. Beck, 1995, 2005）。しかも，併存症をもつクライエントや，特定のモデルに適合しないように見えるクライエントのためにどのプロトコルを選択するかは，必ずしも明確ではない。認知療法のセラピストは，このありとあらゆる膨大な選択肢の中から，いかにして選択を行うのだろうか？　症例の概念化は，セラピストが介入を選択し，それに焦点を当て，それらの順序を決めるのに役立つ。また，クライエントにとっても，それは，なぜ自分はこのようなことをしているのかを理解する助けとなる。症例の概念化により，変化の必要性が強調され，セラピーの焦点がより明確になるのである。

　セラピストとクライエントは，提示されている課題にどう取り組んで行けばよいかについていったん理解すれば，どの懸念を最初に取り上げるかについて考え始めることができる。CBTには，セラピストとクライエントにとって，選択の時点が多数ある。症例の概念化は，特定の選択をするための明確な理論的根拠を提供する。概念化についてセラピストとクライエントの意見が一致したとき，その特定の治療アプローチに従うための明確な理論的根拠が構築され得る。しかも，症例の概念化を協同で行うことで，クライエントは，提示する課題に優先順位をつけたり，セラピーを選択したりする際に，意思決定に十分に参加することができるようになる。

　例えば，セラピー開始時点において，スティーブにとっての最も差し迫った課題とは，再度虐待を受けることへの恐怖と，彼がかつて経験した暴力に対して毎日起こる恐ろしいフラッシュバックだった。概念化の初期段階で，スティーブの認知的，行動的な回避が彼の恐怖を維持していることが明らかとなった。そこで，スティーブと彼のセラピストは，最初にPTSDの症状に焦点を当てることにした。しかし，作業が進展するにつれ，スティーブは，女装のことを近所に秘密にしておくよう十分注意しなかったために，他者からのネガティブな反応を受ける危険を冒すことになってしまった，と明かした。この時点でセ

ラピストは，スティーブの女装趣味の行動についてもっと十分に説明し，彼が理解できるようにすることにした。新たな概念化によって，彼の女装趣味はより適切に説明され，理解されるようになり，スティーブは，この行動を安全に表現できるようになったのである。

このような，介入を順序づけるプロセスはセラピー全体を通して続けられる。徐々に進化していく症例の概念化により，セラピストとクライエントは，セラピーの目標に向かう最善の道筋を一緒に決定していくための指針を得ることができるのである。

6. 症例の概念化は，クライエントの強みを同定し，クライエントのレジリエンスを確立する方法を提案する。クライエントの強みに注意を払い，困難に対してクライエントがいかに適応的な対応をするかを理解するために，概念化ではレジリエンスというレンズを利用するが，これには数々の利点がある。概念化することで，問題となっている事柄だけでなく，その人全体についての説明と理解がもたらされる。セラピーで強みに焦点を当てることによって，苦悩が軽減し，正常な機能が回復するだけでなく，クライエントの生活の質が改善し，彼らのレジリエンスを強化する可能性が高まる。クライエントの強みについて話し合うことによって，多くの場合，より良い治療同盟が築かれる。それがまた，ポジティブなクライエントの価値観をセラピーの目標に取り入れることへとつながる場合もある。

7. 症例の概念化は，最も低コストの介入を提案することが多い。ヘルスケアを実践するにあたって，低コストを目指す人々が多い。クライエント，およびCBTの支払いをするその他の人々は，低コストのアプローチを望んでいるからである。症例の概念化のアプローチは，セラピストとクライエントがセラピーの目標に向けて取り組んでいくための最も効率の良い方法を選択できるよう助けることで，それに応じることができる。ある特定の認知あるいは行動のメカニズムは，クライエントの主な諸課題を結びつけている根幹であるかもしれない。このメカニズムを引き出し，その連結を解き放ち，修正することは，どちらかというと石を池に落とすことに似ている。そうすることで，クライエ

ントの生活の他の領域へ波及効果をもたらすことができるのである。例えば，うつ状態で，働くのをやめてしまい，もはや電話にも玄関にも出なくなってしまった人は，何かを克服したり，喜びを得る機会を著しく減少させてしまっている。このような人にとって，行動を活性化することは，強化的な偶発的出来事を再導入することになる。それは，その他のポジティブな変化（例えば，自己効力感）をもたらし，それがさらなる変化（例えば，より強化的な活動に従事する自信）につながる可能性がある。

8. 症例の概念化は，セラピーにおける問題を予測し，それに対応する。治療の中で行き詰まり，困難に直面することは，概念化を試し，発展させる機会をもたらす。優れた概念化は，治療上の困難に対する理解だけでなく，それらへの対処法をも提供するのである。理想的には，すべての概念化により，セラピストはセラピーにおいて生じる可能性の高い課題について仮説を立てることができる。例えば，うつ病と，その併存症として社交恐怖に苦しむクライエントが集団 CBT の評価を受けたとしよう。この場合，そのクライエントは，集団療法への参加を妨げかねない恐怖や信念をもっていることが予測される。信念として考えられるのは，「私は他の人ほど能力がないので，私には集団療法は役に立たない」「グループの人たちは私がいかに出来損ないであるかに気づくだろう」，あるいは「あまりにも不安になって逃げ出したくなってしまうだろう」などである。これらの信念を初期の概念化の一部として評価することで，セラピストは，クライエントのこれらの懸念に取り組むことが可能になり，さもなければ集団を避けたり，2，3回セッションを行った後でドロップアウトしたりしてしまうかもしれない人々にとって，集団療法を利用しやすいものにすることができる。

9. 症例の概念化は，セラピーに対する反応のなさを理解するのに役立ち，変化を起こすための別の道筋を提案する。CBT のアウトカム調査研究は，不十分な反応しか見られないか，あるいは全く反応が見られないかのどちらかの症例がかなりの割合にのぼることを報告している（Butler, Chapman, Forman & Beck, 2006）。最善の状態では，症例の概念化は，クライエントの問題を維

持している認知的および行動的なメカニズムを標的とすることで，不十分な反応もしくは反応のなさに対応する方法を提案する。例えば，残存するうつ病の症状は，うつ病の再発を強く予測させる因子であるが（Judd et al., 1999），CBT の技術的革新は再発防止に取り組む私たちの実践に情報を提供し始めている（Hollon et al., 2005）。しかし，うまくいかない症例というのは常にある。このような場合についても，症例の概念化から，なぜ反応が見られないのかについて，幾らかの理解は得られるだろう。例えば，セラピーに対して反応が見られないのは，根強い絶望感，もしくは慢性的な回避の結果である可能性がある（Kuyken, Kurzer, DeRubeis, Beck, & Brown, 2001; Kuyken, 2004）。症例の概念化のるつぼは，反応が見られない理由を説明するかもしれないさまざまな要因について，セラピストとクライエントが，クライエントの提示と経歴，関連した理論，および研究の面から検討するための枠組みを提供する（Hamilton & Dobson, 2002）。

10. 症例の概念化により，質の高いスーパービジョンとコンサルテーションが可能となる。症例の概念化を進めていくなかで，私たちは，いったい何がクライエントの提示する課題を引き起こし，維持し，起こりやすくしているのかを理解し始め，また，クライエントを保護し，レジリエンスを育む要因についても理解し始める。セラピーにおいてこれらが認識されていくのとちょうど同じように，スーパービジョンやコンサルテーションにおいても，それに相当するプロセスが存在する。症例の概念化によって，スーパーバイザーとスーパーバイジー［訳注：スーパービジョンを受ける人］の思考と議論が構造化されるのである。スーパーバイザーとスーパーバイジー間の協同的な概念化のプロセスは，好奇心と導きによる発見のモデルを提供することから，大きな学習経験となり得る。こうした好奇心や発見は，スーパーバイジーがクライエントとのセラピーの中で見習うことのできるものとなるだろう。スーパービジョンの中では，治療計画，セラピーの進展，特定の介入のアウトカム，治療の行き詰まり，およびセラピストの反応について話し合われる。これらのスーパービジョンの話し合いについては，その「適合度」を検証し，起こったことをより良く理解し，

さらに今後の道筋を計画するために，症例の概念化というレンズを通して考察することができる。

多くのセラピストと同様，私たちがCBTに惹かれるのは，その臨床経験，理論，および研究の間に存在する創造的な対話による。私たちの臨床経験は，症例の概念化がちょうど上記で説明している10の方法で実際に機能し得るという，主流派の見解と共鳴する(Eells, 2007を参照)。しかし，既存の研究からは，それほどの確信は得られない。そこで，以下では，CBTの症例の概念化のエビデンスと，それがもたらす課題について再考する。また，第2章においては，なぜ私たちは，研究と臨床実践の両方によってもたらされる主な困難を私たちのモデルが解消すると考えるのか，その理由について説明する。

症例の概念化のエビデンスからわかること

症例の概念化の研究文献については，他のところで包括的に検討されている(Bieling & Kuyken, 2003; Kuyken, 2006参照)。本概要では，CBTの症例の概念化が「エビデンスに基づくもの」であるという主張に対する重要な異論を取り上げる。

症例の概念化は研究の対象となり得るのだろうか？

セラピストの中には，症例の概念化は研究の対象となり得ない，と主張する人がいる。精神力動療法においては，このような批評に対して説得力のある反論がなされている。それは，中核葛藤関係テーマ（CCRT：Core Conflictual Relationship Theme）(Luborsky & Crits-Christoph, 1998)という，ある特定の症例の概念化の枠組みを検証する研究プログラムによるものである。症例の概念化がエビデンスに基づくものであり得ることを実証するために，ここではその研究プログラムの概要を提示する。

CCRTの手法では，患者の対人関係について，彼ら自身の叙述を利用する

ことで，関係における対立（すなわち，自己に対する願望，他者に対する願望，他者からの反応，および自己による反応）の中核的なテーマを推論する。著者ら（Luborsky & Crits-Christoph, 1998）は，基礎をなす精神力動的理論と明白に結びつけることで，系統的で，わかりやすい得点法を発展させてきた。

　CCRT が信頼できるものであることは実証されている。患者の中核的な人間関係のテーマに関する判定者間の合意を検証した 8 つの研究を再検討したところ，中程度から高度の合意があることが明らかになった（kappa=.6 - .8）。他のものと比較して，CCRT の幾つかの側面は信頼性が高く，熟練した，系統的な判定者であればあるほど，お互いにより高い合意を示す傾向が見られた。テスト - リテスト信頼度のエビデンスについては，評価から治療早期の段階にかけてすでに確立されている（Barber, Luborsky, Crits-Christoph & Diguer, 1998）。妥当性の研究において，中核的な対立的関係のテーマの広範性は，予測される形で防衛機能と関連づけられてきた（Luborsky, Crits-Christoph & Alexander, 1990）。しかも，CCRT の広範性における変化は，セラピーの中の症状の変化と関連があるとされている（Crits-Christoph, 1998）。ただし，CCRT の広範性における変化は小さなものであり（自己もしくは他者に対する願望に関しては特にそうである），その関連性の大きさも中程度であった。CCRT はセラピーのアウトカムと関連づけられてきた。CCRT による症例の概念化をもとに正確に解釈したところ，それは，短期精神力動療法における 43 人の患者についての研究で，彼らに認められた改善と関連したものとなっている（Crits, Christoph, Cooper & Luborsky, 1988）。

　このように，CCRT は信頼性があり，妥当であり，アウトカムの向上と結びついた症例の概念化の手法であるように見える。まとめると，CCRT の手法からは，よく訓練された熟練のセラピストによって用いられる系統的で一貫性のある症例の概念化のアプローチが，エビデンスに基づくものであり得ることが窺えるのである。

CBT の症例の概念化はエビデンスに基づいているのだろうか？

CBT の症例の概念化は，精神力動的な CCRT と同じようにエビデンスに基づいたものなのだろうか？ Peter Bieling と Willem Kuyken は，症例の概念化が，「エビデンスに基づいた実践の中心」（Bieling & Kuyken, 2003, p.53），「理論と実践を結びつける要」（Butler, 1998, p.1），および，認知療法を支える基本原理（J. S. Beck, 1995）といった，新たな役割を担うに値するのかどうかを評価するための基準を設定した。以下に定められているように，エビデンスに基づいた症例の概念化の基準は，トップダウンもしくはボトムアップとして広範に分類され得る。

《トップダウンの基準》
- 概念化が基礎とする理論はエビデンスに基づいているか？

《ボトムダウンの基準》
- 概念化は信頼性のあるものか？ すなわち，
  ——概念化のプロセスは信頼性のあるものか？
  ——臨床家たちはその概念化に合意できるか？
- その概念化は妥当か？ それは，クライエントの経験，標準化された方法，および，セラピストと臨床スーパーバイザーが抱く印象との間で三角形を成しているか？
- その概念化は，介入とセラピーのアウトカムを向上させるものか？
- その概念化は，クライエントとセラピストにとって許容可能で有益なものか？

エビデンスに基づいた概念化のためのトップダウン基準

トップダウン基準は，次の2つの問いに対する肯定的な反応によって満たされる。すなわち，「症例の概念化の拠り所となっている理論は，理にかなった臨床的な観察に基づいているか？」と「認知理論の説明的な要素は研究によっ

て支持されているか？」である。これら2つの問いを考察するため，認知理論の要素と感情障害のCBT理論のエビデンスについて簡単に解説する。

　CBT理論は当初から，感情問題の系統的な記述と説明ゆえに高く評価されてきた。1950年代後期から1970年代後期にかけてCBTが開発される間，感情障害の主因は生物学的および精神分析的なものとされていた。Aaron T. BeckやAlbert Ellisなどの先駆者は，精神分析療法の訓練を受けていたが，それらの理論をクライエントに当てはめようとしたとき，それがプロクルステス的であることを知った。精神分析理論がぴったりと当てはまるようにするためには，人々が自らの抑うつや不安について説明する仕方を無視しなければならなかったのである。このような不一致から，Aaron T. Beckは，人々が自らの苦悩について説明する仕方に基づいた感情障害のモデルを明示することになった（Beck, 1967）。それは発展を続け（Beck, 2005），現在のモデルは，情報処理のモード（Barnard & Teasdale, 1991; Power & Dalgleish, 1997）のみならず，中核信念と条件つきの基礎的前提という2つのレベルの信念（Beck, 1996, 2005; J. S. Beck, 1995, 2005）を認識したものとなっている。人々がさまざまな状況で用いる戦略は，操作モードと活性化された信念や想定と結びついていると仮定される。モード，中核信念，基礎的前提，および優先される行動戦略は，相互に関連し合うとともに，当人の発達歴とも結びついている。最後に，自動思考とは，その瞬間瞬間に頭に浮かぶ自然発生的な思考やイメージについて述べたものである。

　《モード》
　モードは，これらの概念の中で最も広義のものである。モードとは，人々が，変化する要求に適応するのに役立つ情報処理の全体的なパターンについて述べたものである。それらは，定位のスキーマがそれらの要求を同定する際に活性化される。作動中のモードの典型的な例は，人が脅威の方向へ即座に向き直り，選択的に注意を払って，認知プロセス（どこで，誰が，何を，どれほどひどく，など），感情的反応（恐れなど），生理学的状態（自律的覚醒など），および行

動的反応（静止，闘争，逃走など）を微調整して作動させるときである。

　モードの内容は，中核的テーマを中心にまとめられ，特定の感情障害に関連したテーマを反映する。喪失，敗北感，および活気のなさは，抑うつ障害に関連している。抑うつモードにある人は，資源を節約する。不安な状態においては，即座の安全を求める行動が重視されるからである。このような意味で，モードによっては，「原始的」で，刺激に対する反射的反応として経験される（脅威が逃避行動を引き起こす，など）ものもあれば，より特殊化され（敵意や偏見など），より複雑な行動的反応と関連しているものもある。

《中核信念》

　中核信念とは，自己，他者，および世界について個人がもっている中心的な信念である。情報処理と反応の全体的なパターンを表すモードとは異なり，中核信念は，具体的な認知的構成概念，すなわち「私は好かれるタイプである」「たいていの人は信用できない」といった内容を指している。中核信念は，幼児期に形成されることが多い。ほとんどの人は，「私は強い」と「私は弱い」といった，対になった中核信念を形成する（Padesky, 1994a）。これらの対になった中核信念は，一度にひとつずつしか活性化されない。不安なときには，「私は弱い」という中核信念が活性化される可能性が高い。さほど脅威的でない状況においては，「私は強い」という中核信念が活性化される可能性がある。中核信念は，活性化されると，絶対的な真実として経験される。そういうものとして，中核信念には一般に感情がみなぎっている。

　時に，人は必ずしもすべての領域において対の中核信念を発達させるわけではない。不運な発育環境，トラウマ的な出来事，あるいは生物学的要因のいずれによるかに関わらず，人によっては，別の中核信念によって釣り合いをとることのできない，強固に発達した中核信念をもつことがある。例えば，パーソナリティ障害と診断された人々，もしくは慢性的な抑うつや不安を抱える人々は，極めて感情的な中核信念をもっていることが多く，それらは状況や気分にかまわず無条件に一般化される。演技性パーソナリティ障害をもつ人は，安全

な状況下にあっても，他者を「楽しませる必要がある」として，自己を「愚鈍で，好かれない者」としてとらえる可能性が高い。そのため，強い感情を伴い，矛盾する根拠に直面しても揺るがない思考に着目することが，中核信念の存在を突き止めるひとつの方法となる。

《基礎的前提》

　基礎的前提は，中間レベルの信念である。これは，(1) 活性化されている中核信念と矛盾する恐れがある人生経験を説明することで中核信念を維持し，(2) 中核信念と一致する，状況にまたがった，生きるためのルールを提供するとともに，(3) 中核信念の活性化と関連したネガティブな感情から当人を保護するものである。中間レベルと言われるのは，それらが，絶対的である中核信念と，状況に即した自動思考の間に存在するからである。BOX 1.2 は，シュゼットとボブという二人の人物の，モード，中核信念，基礎的前提，および戦略を例示している。

　認知療法のセラピストは，基礎的前提を表現するためのさまざまな専門用語を提供する。Judith S. Beck (1995) は，それらを関連信念と呼び，前提（「私が特別で，人と違っていなければ，誰も私のことを面白いと思ったり，好いてはくれないだろう」など），生きるためのルール（「芝居は続けなければならない」など），および姿勢（「人を楽しませる人だけが好かれる」など）を区別している。Padesky は，基礎的前提という言葉を用い，それらの信念が自動思考や行動の表面下で作用することを強調する（Padesky & Greenbergerg, 1995）。彼女は，基礎的前提をできる限り「もし……なら……である」という条件つきの信念として述べることが有効であるという主張の正しさを証拠立てている。「もし……なら……である」という形式で述べられる信念は予測的であり，したがって，行動実験を通してセラピーの中でより容易に検証され得る，というのが彼女の推論である。また，生きるための特定のルールにも多くのさまざまな理由が存在する可能性がある。「『芝居』を続けなければならない」というルールが，「私が特別で，人と違っていなければ，誰も私のことを面白いと思ったり，好

BOX 1.2 モード，中核信念，基礎的前提，戦略

	シュゼット：「私はいつも演技している」	ボブ：「自分自身を大事にしなければならない！」
モード	過剰覚醒	闘争モード
中核信念	「私は鈍くて，好かれない」	「私は強くて，人より優れている」
	「私は他の人を楽しませる必要がある」	「他人は私を利用するのだから，搾取されて当然だ」
基礎的前提	「もし私が人を楽しませたら，人々は私のことを面白いと思い，好きになってくれるだろう」	「私が人の上に立っている限り，相手は私を利用することができない」
	「私が特別でなく，人と違っていなければ，誰も私のことを面白いと思ったり，好きになってはくれないだろう」	「先に人を利用しなければ，私が利用されてしまう」
戦略	演技する，楽しませる，愛嬌をふるまう，誘惑する	人を操る，うそをつく
	それが評価されないときには，自傷や自殺企図	他者の行動に対する警戒
自動思考	思考：「私は特別ではない」	思考：「私の上司は私を利用している」
	自分自身が人ごみに消えてゆくイメージ	同僚に話をし，彼らが「負ける」のを見ている自分自身についてのイメージ

いてはくれないだろう」もしくは「私のことを楽しませてくれないなら，私の注意を引くに値しない」という基礎的前提の結果である可能性は，同じくらいに高い。基礎的前提を「もし……なら……である」という形で述べた方が，信念はより明確に具体化されるのである。

　基礎的信念，関連信念，あるいは条件つき前提など，どのように呼ばれるにせよ，それらの信念は，関連した中核信念を支持する，概して一貫的な信念のネットワークを形成する。中核信念は，自己，他者，および世界を解釈する主

要な方法であり，基礎的前提はこの主要な解釈を支えている。とはいえ，中核信念は，人がどのような特定の基礎的前提をもつことになるかを予測することはない。なぜなら，ある中核信念を維持し得る前提はさまざまだからである。

《戦略》
　戦略は，モード，中核信念，および基礎的前提が活性化されるときに，当人がすることについて述べたものである。戦略は，モード，および，中核信念と基礎的前提の内容に密接に結びついている。例えば，原始的な脅威モードでは，戦略は闘争か逃走となるだろう。より特殊化した被害妄想モードでは，行動的反応は，引きこもりか，あるいは過剰な警戒となる可能性がある。戦略は，認知的である可能性も，行動的である可能性もあり，その範囲は非常に広い。したがって，重要なことは，当人のモードと信念を理解すれば，戦略も理解可能になるということである。
　いったん，モード，中核信念，および基礎的前提が同定されると，極めて変わった戦略でさえも理解可能な反応となる。例えばシュゼットは，BOX 1.2 で概念化された人物の一人であるが，彼女は同僚が，「あなたは，この会社の他の誰とも違わない（同じ仲間）よ」と言って彼女を安心させたとき，自分の腕を切った。シュゼットにとって，このように自分が正常さの中に含まれてしまうことは破壊的なことだったのである。というのも，彼女は，「私が特別で，人と違っていなければ，誰も私のことを面白いと思ったり，好いてはくれないだろう」という基礎の前提をもっていたからである。シュゼットは普通である，という彼女の同僚のコメントは，強度の苦悩を活性化させた。そして彼女は自分の腕を切ることで，その苦悩に何とか対処したのである。
　戦略は，感情のサーモスタットによって活性化される。つまり，人は，自らの内的状態が無秩序になると，認知的もしくは行動的に反応するということである。これらの反応パターンは，オペラント，あるいは古典的な条件づけのプロセスを通して徐々に強まることが多い。時間とともに徐々に反射的になっていく戦略は，その根源が吟味されるまでは，しばしば機能不全のようである。

クライエントにとって，現在自分が用いている無益な戦略が彼らの人生の早期においてはいかに適応的であったかを理解することは，正常な状態に戻すことにつながり得るであろう。

《自動思考》

自動思考とは，毎日の生活の中で誰にでも起きている思考やイメージである。それが「自動」と呼ばれるのは，人が自分の経験を理解するときに，その思考が決まって生じるためである。人は，感情的な反応に伴ったりそれに先行したりする思考やイメージよりも，感情的な反応をより認識しているのが普通である。自動思考は，概念化の焦点となり，状況と感情反応の結びつきを説明する。上記の例で言えいえば，同僚が「あなたは，この会社の他の誰とも違わない（同じ仲間）よ」と言ったときのシュゼットの自動思考は，「私は特別ではない」であり，自分自身が人ごみに消えてゆくという，それに関連したイメージを伴っていた。

Cognitive Therapy and the Emotional Disorders（Beck, 1976）（邦訳『認知療法—精神療法の新しい発展』岩崎学術出版社）は大きな影響を及ぼした書籍であるが，この書の出版以来，Beckと彼の同僚は，クライエントの信念，感情，および行動に関する彼ら自身の説明に注意深く耳を傾けることを基盤として，広範な問題領域の明確な定式化を行ってきた。CBTの各理論は，障害を記述し，説明する情報処理のスタイルと併せて，特定の一連の信念を仮定する。抑うつの認知モデルが，特に自己に関連した否定性を強調し（Clark et al., 1999），不安の認知モデルが，脅威に対して過剰に発達した感受性を強調するようにである（Beck et al., 1985）。また，パーソナリティ障害の認知モデルでは，異なるパーソナリティ障害に関連した信念と戦略が強調される（Beck et al., 2004）。シュゼットとボブが，ヒステリー性と反社会的な特徴をそれぞれ例証するようにである（BOX 1.2）。おそらく，認知行動理論が臨床実践からの注意深い観察にその起源をもつからであろうが，これらの理論は，感情障害について，クライエントに対して高い表面的妥当性をもち，研究でも十分に支持される優れた記

述的説明を提供する傾向にある。精神病の認知モデルや，より最近ではレジリエンスのモデルに対して，経験主義的裏づけが増えてきているのはいうまでもなく，BOX 1.3 で示されているように，第 I 軸と第 II 軸の多くの障害に対する認知理論には経験主義的基盤が存在する。

しかし，CBT 理論に含まれる説明的な仮説を裏づける研究はというと，さまざまなものが入り混じり，より雑然としている。例えば，パニック障害の認知理論は，一般的なモデルに対しても，その説明的な仮説の多くに対しても，しっかりとした研究による裏づけがある（Clark, 1986）。その一方で，全般性不安障害（GAD: generalized anxiety disorder）の場合，その一般的な認知モデルにはしっかりとした研究の裏づけがあるものの，説明的な仮説を裏づける研究はそれほど多くない。それどころか実際には，矛盾する説明的仮説が存在しているのである。より具体的に言えば，その一般的なモデルとは，GAD をもつ人は危険を過大評価し，それらの脅威に対処する自分の能力を過小評価するというものである（Beck et al., 1985）。GAD の発症と維持を説明しようと幾つかのモデルが競合するなか，Riskind は，「迫りくる認知スタイル」を仮定する。それは，心配や回避を引き起こす特定の危険のスキーマである(Riskind, Williams, Gessner, Chrosniak, & Cortina, 2000)。また，Wells は，心配についてのネガティブな信念といった，非適応的なメタ認知を提案する GAD の認知モデルを提供する（Wells, 2004）。さらに Borkovec（2002）は，将来に対する柔軟性のない焦点が GAD における中心的な認知的問題であろうと提案する。これらの異なるモデルはそれぞれ，何らかの経験主義的な裏づけを伴っている。したがって，GAD に基づくクライエントの心配を概念化するために，エビデンスに基づいたモデルを探している臨床家は，幾つかの異なる CBT モデルはもちろんのこと，経験主義的に裏づけられている行動モデルについても考慮すべきである（Ost & Breitholz, 2000 など）。

要するに，エビデンスに基づいた症例の概念化のためのトップダウンの基準によれば，一般的な認知理論は，概念化に向けクライエントと共に取り組むためのしっかりとした基盤を提供していると言えるであろう。うつ病（Beck,

BOX 1.3　主な CBT のプロトコルとエビデンスの概要

問題の領域	プロトコル	エビデンスの概要
うつ病（単極性）	Beck et al. (1978)	Clark et al. (1999)
うつ病（双極性）	Newman, Leahy, Beck, Reilly-Harrington, & Gyulal (2002)	Beyon, Soares-Weiser, Woolacott, Duffy, & Geddes (2008)
不安障害	Beck et al. (1985)	Butler et al. (2006); Chambless & Gillis (1993)
PTSD	Ehlers, Clark, Hackmann, McManus, & Fennell (2005)	Harvey, Bryant & Tarrier (2003)
パーソナリティ障害	Beck & Rector (2003)	Beck & Recor (2003), しかし Roth & Fonagy (2005) も参照。
物質乱用と依存	Beck, Wright, Newman, & Liese (1993)	これまでにまとめられたものはないが，Roth & Fonagy (2005) を参照。
摂食障害	Fairburn, Cooper, & Shafran (2003)	これまでにまとめられたものはないが，Roth & Fonagy (2005) を参照。
関係の問題	Beck (1989); Epstein & Baucom (1989)	Baucom, Shoham, Mueser, Daiuto & Stickle (1998)
レジリエンスと健康	Seligman & Csikszentmihalyi (2000); Wells-Federman, Stuart-Shor, & Webster (2001); Williams (1997)	これまでにまとめられたものはない。
精神病	Beck & Rector (2003); Fowler, Garety, & Kuipers (1995); Morrison (2002)	Tarrier & Wykes (2004)
敵意と暴力	Beck (2002)	R. Beck & Fernandez (1998)

注：影響力のある幾つかのレビューが，問題の全領域にわたって CBT の経験主義的状況を詳しく調査している (Beck, 2005; Butler et al., 2006; Roth & Fonagy, 2005)。

1967; Beck, Rush, Shaw, & Emery, 1979; Clark et al., 1999), 不安（Beck et al, 1985; Clark, 1986; Craske & Barlow, 2001), およびパーソナリティ障害（Beck et al., 1985; Clark, 1986; Linehan, 1993; Young, 1999) の認知理論の説明的要素を検討するにはさらなる研究が必要であるが, それでも, これらの理論は, セラピストが利用するためのしっかりとした枠組みをすでに提供している。認知理論は, クライエントが提示する課題を記述するための, エビデンスに基づいた基盤を提供するとともに, 誘因, 維持要因, 弱点, および保護要因について, 検証可能な仮説を生み出しているのである。私たちは, CBT 理論を, 症例の概念化のるつぼにおける重要な構成要素であると考える。なぜなら, それがしっかりとした臨床的観察から導き出されたものであり, 広範な研究に裏づけられているからである。セラピストが, 自分にとって馴染みのある, 強固な理論を手にしたとき, 理論をスムーズに統合し, 概念化を実践していく準備は一段と整うのである。

<u>エビデンスに基づいた概念化のためのボトムアップの基準</u>

もうひとつ, 症例の概念化のエビデンスを評価するための基準が残っている。それは, Bieling と Kuyken（2003）によって「ボトムアップ」と述べられたもので, 臨床実践における症例の概念化のプロセス, 効用, および影響に言及するものである。症例の概念化がボトムアップの基準を満たすのは, それが信頼でき, 妥当であり（すなわち, クライエントの経験に有意義に関連し, クライエントの経験と機能に関する他の尺度にとっても妥当であること), セラピーのプロセスとアウトカムに有意義に, そして有益に影響する場合, およびそれが, クライエント, セラピスト, およびスーパーバイザーにとって許容でき, 有益であると見なされる場合である。CBT の概念化がこれらのボトムアップの基準を満たすというエビデンスはあるのだろうか？ この項では, 今日までのエビデンスの概要を説明する。

《CBTの概念化は信頼性があるのか？》
　信頼性の研究は，次の質問のどちらか一方，あるいは両方に答えるものである。

1. 症例の概念化のプロセスには信頼性があるか？
2. ある症例の概念化に対して，セラピストたちは互いに同意できるか？

　以上の質問に答えるため，研究者たちは，CBTのセラピストたちに症例の題材と概念化の枠組みを提示したうえで，概念化の主要な側面に対して彼らが同意するかどうかを調べるために，症例を定式化するよう求めた（Kuyken, Fothergill, Musa & Chadwick, 2005; Mumma & Smith, 2001; Persons et al., 1995; Persons & Bertagnolli, 1999）。これらの研究は，共通して，次の点を示唆している。セラピストたちは概して，概念化の記述的な側面（クライエントの問題のリストなど）には同意する。しかし，基礎を成す説明的な認知的・行動的メカニズム（主要な信念やそれに関連した戦略など）の仮説を立てるためにさらに多くの推論が必要になるにつれ，信頼性は破綻するということである。
　基礎を成す認知的メカニズムに対しては，症例の概念化の枠組みがより系統的であるほど，一致する割合は高くなる。しかし，そのような場合でさえ，信頼性は高くない。Kuykenと彼の同僚たちによる研究（Kuyken, Fothergill et al., 2005）で，症例の概念化の一日ワークショップに出席した115人のセラピストたちは，J. S. Beck（1995）の症例の概念化のダイアグラムを用いて，ある症例を定式化した。Judith Beckも，自らのダイアグラムを用いて同じ症例を定式化してみたところ，彼女の原型的な概念化と，ワークショップの参加者の概念化では，記述的な情報（関連する背景的な情報など）に関しては一致率が高く，推論しやすい情報（補償戦略など）では中程度，そして推論しにくい情報（機能不全の前提など）では低かった。また，経験豊富なセラピストであればあるほど，一致率は高かった。
　概念化がより記述的なレベルから説明的なレベルへと移行し，理論に基づく推論がますます必要となってくるにつれて，系統的なアプローチ，焦点を当て

た訓練、およびセラピストの経験が概念化を向上させるだろう、と私たちは提案する。この見解については、より最近の研究から幾らか支持が得られている（Eells, Lombart, Kendjelic, Turner & Lucas, 2005; Kendjelic & Eells, 2007; Kuyken, Fothergill, et al., 2005）。

《CBT の症例の概念化は妥当か？》

次のボトムアップの基準は、「その概念化は妥当か？」と尋ねるものである。信頼性は通常、妥当性の前提条件であるが、その一方で、妥当性をそれ自体で考慮することには価値がある。少なくとも、概念化のより記述的なレベルにおいてはそうである。このレベルでは、信頼性がすでに確立されているからである。先に概説した力動的な CCRT のアプローチとは異なり、この基準に関するエビデンスは、つい最近登場し始めたばかりである。ある研究で、時間を経るにつれてセラピストが利用できる情報がさまざまに変化するようにし、クライエントの苦悩の変化について理由を説明するようセラピストに求めたところ、症例の概念化について専門的な知識をもつ臨床家の説明では、苦悩変数の分散率が平均して2倍であった（Mumma & Mooney, 2007）。同様の所見が得られた研究でも、セラピストによる CBT の概念化の質について外部の評価者が評価したところ、経験がより豊富な、あるいは認定を受けた CBT のセラピストの方が、より質の高い概念化を行うと判断された（Kuyken, Fothergill, et al., 2005）。セラピーアプローチ全般にわたり、セラピストの専門知識が豊富であればあるほど、その概念化は、より総合的で、詳細で、複雑で、また系統的であるという点で、セラピストの知識は、一貫してより質の高い概念化と関連している（Eells, et al., 2005）。最近の研究（Kendjelic & Eells, 2007）は、概念化への系統的なアプローチをセラピストがさらに上手に使えるようにするための訓練を行うことで、概念化の全体的な質の向上のみならず、精緻化、総合性、および正確さの面でも改善が見られることが実証された。

まとめると、CBT の文脈における症例の概念化の妥当性に関するデータは、著しく不足しているものの、新たに得られつつあるデータからは、質の高い概

念化のためには,セラピストの高いレベルの専門知識が必要であることが窺える。

《CBT の症例の概念化はセラピーとアウトカムを向上させるか？》
次の基準は,症例の概念化がセラピーの介入とアウトカムを向上させるかどうかということである。症例の概念化がこの基準を満たさない場合,臨床実践に対するその有用性は疑わしい。臨床的には,個別化された症例の概念化は,介入の指針となり,セラピーで対応する必要のある課題を予測するのに役立つことから,CBT のプロセスとアウトカムを向上させる,と考えられている(Flitcroft et al., 2007)。症例の概念化が CBT のプロセスとアウトカムを向上させるかどうかを検証する研究の数は増えてきている。その研究のほとんどが,個別化されたアプローチの方が,マニュアル化されたアプローチよりも優れているとし,その理由を,セラピーがクライエントの特定の要求に合わせて調整されているからである,と推測している。

行動療法,CBT,および認知分析療法に関する一連の研究は,この基礎的な考えを支持する裏づけを提供できないでいる (Chadwick, Williams, & Mackenzie, 2003; Emmelkamp, Visser, & Hoekstra, 1994; Evans & Parry, 1996; Ghaderi, 2006; Jacobson et al., 1989; Nelson-Gray, Herbert, Herbert, Sigmon, & Brannon, 1989; Schulte, Kunzel, Pepping, & Shulte-Bahrenberg, 1992)。Dietmar Schulte と同僚らによる初期の研究（Schulte et al., 1992）は,独創的で大きな影響力をもつものであったが,この研究では,恐怖症と診断された 120 人の人々が,マニュアル化された行動療法,個人療法（問題行動の機能分析に基づいて）,または別の人に合わせて調整された治療パッケージが提供される統制群（yoked control）のいずれかに無作為に割り当てられた。3 つのグループには有意な違いがあった。しかし,著者たちは,一対比較を用いればマニュアル化されたアプローチが他の 2 つの条件より優れていたことが示唆されるにもかかわらず,このような比較手段については一切,報告していない。個別化された群と統制群には互いに違いはなかった。

私たちは，標準化群と個別化群を比較した事後試験を行った。結果からは，マニュアル化群が，不安反応の質問票（t=2.14）とクライエント自身の全般評価（t=2.39, p<.05）において，個別化群よりも優れていること，および恐れの指標に，ある傾向が見られる（t=1.63, p<.1）ことが窺える。これらの結果をそのまま解釈すると，概念的に個別化されたセラピー（機能分析に基づいて）は，セラピーのアウトカムという点で何ら利益ももたらさず，誤った個別化と大して違わないばかりか，2つの側面においてはマニュアル化群よりも劣っていたのである！　その一方で，個別化されたセラピー群とマニュアル化されたセラピー群の総合性について，著者自身による事後分析からは，マニュアル化群での個別化を裏づける有意なエビデンスが窺える。すなわち，セラピストが自分のクライエントに対してマニュアルを適応させたことから，マニュアル化された治療といえども，すべてのクライエントにおいて同一というわけではなかった，ということである（Schulte et al., 1992）。

　精神病に対してCBTを用いる一連の単一事例法に関する，より最近の研究では，症例の概念化は，アウトカムに対しても，また治療関係といったクライエントによって評価されるプロセスの指標に対しても，認識可能な影響を及ぼさなかった（Chadwick et al., 2003）。症例の概念化の影響で唯一確認できたのは，セラピストに対してのものだけであった。セラピストは，クライエントと症例の概念化を共有したセッションの後で同盟が改善した，と感じたのである。ところが，クライエントは，同盟が改善されたとは評価しなかった。

　研究結果のこのような全般的な傾向には，幾つか例外が存在する（Ghaderi, 2006; Schneider & Byrne, 1987; Strauman et al., 2006）。例えば，抑うつ症状を報告するクライエントを対象とした小規模の無作為化比較試験では，クライエントの自己不一致と目標に対応して調整された介入（自己システムセラピー）が，これらの懸念が提示される課題の中心となっているクライエントにおいては特に有効であることが明らかになった（Strauman et al., 2006）。また，別の研究で，Ghaderi（2006）は，過食症があるクライエントに対して，個別化されたアプローチとマニュアル化されたアプローチを比較した。条件にはほとん

ど違いがなかったのだが，アウトカムの測定値の中で幾つか，個別化群の方が優れているものがあり，また，反応のなかった者の大部分は，マニュアル化群のクライエントだった。

　これら幾つかの研究は，理論によって個別化された治療モデルがアウトカムを向上させる可能性がある，という有望な予備的エビデンスを提供している。しかし，この明るい見通しの一方で，それには2つの注意を促す観察が伴っている。まず，マニュアル化条件と個別化条件との相違は，アウトカムの測定値のごく一部においてしか現れない傾向があり，しかも重要な相違といえどもその効果量は小さい傾向にあった。第二に，フォローアップ評価を行う評価者は概して治療条件を知らされていないわけではなかった。まとめてみると，症例の概念化とセラピーのアウトカムとの関係を検討する研究は，症例の概念化についてしばしば主張される利点を支持する明確な裏づけをほとんど提供していない。個別化された治療とマニュアル化された治療は相互に排他的ではないとする，他の解説者（Eifert, Schulte, Zvolensky, Lejuez, & Lau, 1997 など）と，私たちも同意見である。加えて，私たちは，そのマニュアルが，柔軟で，理論主導型で，できる限り臨床的な意思決定のための経験主義的アプローチを指針として用いられるよう提案する。さらに，私たちのモデルでは，クライエントと協同で行われた概念化の方が，セラピーの介入にとって説得力のある理論的論拠を提供する可能性が高いと提案する。

《CBTの概念化は受け入れ可能で，有益と考えられているか？》
　CBTにおける症例の概念化のエビデンスを判断するための最後のボトムアップの基準は，症例の概念化がCBTのクライエントにとって有益で，セラピスト，スーパーバイザー，および臨床研究者によって有用と考えられているかどうかを問うものである。幾つかの小規模の研究がこの問いに対応し始めており，興味深い結果をもたらしている（Chadwick et al., 2003; Evans & Parry, 1996）。症例の概念化に対するクライエントの反応には，ポジティブなもの（より良い理解につながった，より希望がもてた）と，ネガティブなもの（自分が「気

違い」だと思った，圧倒された）の両方がある。ところが，主流派の CBT は，（私たちが上記でそうしているように）症例の概念化を有益であると述べるのが通常で，そのネガティブな影響の可能性に触れることは稀であり，概念化の有効性を問うこのような取り組みが有益なのは，そのためである。症例の概念化に対するネガティブな反応は，セラピーを妨げることもあれば，Eans と Parry が認知分析療法の観点から事後に推測したように，クライエントを動機づけ，変化を促進させることもある。

　セラピストの観点からは，症例の概念化は，ますます CBT の中核的側面と見なされている（Flitcroft et al., 2007）。基本的，および上級者向けの CBT のトレーニング・プログラムでは，通常，症例の概念化は，中核的なスキルに含まれている。10 年前には，症例の概念化に関する経験主義的な論文はほんのわずかでひと握りの数しか存在しなかったのに対し，この領域での研究は着実に増えている。症例の概念化へのコミットメントが高まっていることは，セラピストが，特定のクライエントのために CBT のマニュアルを個別化する方法として，症例の概念化を有益と感じていることを示唆している。その一方で，クライエントが症例の概念化を CBT の中核部分として経験していることを裏づけるエビデンスは，ほとんど存在しない。

《CBT から症例の概念化を排除すべきか？》
　CBT のセラピストとトレーニング・プログラムが症例の概念化に非常にコミットしているとしても，主張されているような CBT における症例の概念化の役割に対して，疑念を抱かせるエビデンスが存在する。私たちは，既存の症例の概念化のアプローチを，プロトコルを基盤とするアプローチの代わりとして強く推奨することはできない。というのも，プロトコルを基盤とするアプローチは，併存症や複雑な症状に対しては有効でないことがあるからである。それでも，今日までの研究が症例の概念化を断念する理由にはならない，というのが私たちの主張である。むしろ，こうした研究が，エビデンスに基づいた基準を満たす可能性がより高いモデルを発達させるよう，私たちの意欲を掻き立て

てくれる，と私たちは信じているのである。

　トップダウンの観点からすると，認知理論は，注意深い臨床的観察に基づいており，しっかりとしたエビデンスをもち，多くの試験可能な仮説を提供する。優れたCBTセラピストならば，認知理論を使って，セラピーを計画し，うまく舵を取ることだろう。しかし，精神力動的なCCRTの症例の概念化のアプローチのためのエビデンスとは異なり，CBTのセラピストは，現在，原理主導型の，経験主義的な形では，症例の概念化を用いていないように見える。

　本書が説くのは，理論と実践の橋渡しをし，セラピーに情報を与え，経験主義的な調査にも耐え得る，CBTの症例の概念化へのアプローチである。これが，CBTの症例の概念化を検討する調査研究によって提示されている課題の幾つかを解消することに向けての一歩になると，私たちは信じている。以降の章では，CBTの症例の概念化の私たちのモデルを提示し，セラピストはなぜそれに従うべきであるかについての理論的根拠を提供するとともに，その適用方法を詳細に説明する。次に，そのモデルの3つの基本的原理について考察する。つまり，進化する概念化のレベル（第2章），協同的経験主義（第3章），およびクライエントの強みの取り入れ（第4章）である。その後，ある特定のクライエントの症例の概念化が治療過程全体を通していかに進展し，その指針となっているかを示すことによって，これら3つの原理を生き生きと描写する（第5章から第7章）。症例の概念化には高度のスキルが必要であるが，それは，訓練とスーパービジョンを通して発達させることができる。そこで，第8章では，症例の概念化のスキルを学ぶとともに，それを教えるためのアイデアを提供する。そして第9章では，これらのテーマを結びつけ，症例の概念化に関する研究のために今後の方向性を提案する。症例の概念化のプロセスと原理を明確に記述することで，私たちは，CBTのセラピストがひとつの旅路として症例の概念化にアプローチするよう，本書が後押しすることを願っている。それは，わくわくするような，創造的で，躍動的で，やりがいのある，そしてクライエントの全面的な参加を伴うことで，最も楽しむことのできる旅である。

第 1 章のまとめ

- 症例の概念化は,るつぼで起こることに似たプロセスである。つまり,個々のクライエントの経験を,関連のある理論や研究と統合するのである。
- 協同的経験主義は,症例の概念化のプロセスを促す「熱」である。
- 概念化は,CBT の過程全体にわたって進化し,記述的レベルから徐々に説明的レベルへと進展していく。
- 概念化は,クライエントの問題はもちろんのこと,クライエントの強みやレジリエンスをも取り入れる。
- CBT の症例の概念化は,10 の主要な機能を果たす。それらは,CBT の用語でクライエントの提示する課題を記述し,提示されるこれらの課題への理解を促し,セラピーに情報を与える。
- 症例の概念化は,CBT の 2 つの包括的な目標の達成に役立つ。それは,クライエントの苦悩の軽減と,レジリエンスの確立である。
- CBT の症例の概念化のエビデンスは,重要な課題を提示する。本書は,どのように概念化すればよいかの枠組みを提供することにより,これらの課題に応える。

第 2 章

症例の概念化のるつぼ
新モデル

> クライエントと一緒に概念化すべきなのはわかっているのですが，
> 行き当たりばったりで進めていることが多いのではないかと思います。
> ——セラピスト

　ほとんどのセラピストが，症例の概念化が有益であると信じている一方で，多くは，概念化を自分のセラピーの実践に入念に組み込んではいない。そればかりか，症例の概念化の必要性に異議を唱える人もいる。「エビデンスに基づいたCBTマニュアルがあるのに，どうして症例の概念化が必要なのか？　診断だけで十分ではないのか？」。セラピストが症例の概念化を行うときでさえ，それは，その有用性を制限してしまうやり方で適用されることが多い。スーパーバイザー，およびコンサルタントとして，私たちが観察して気づいた点は，以下のようなものである。

- 症例の概念化が，単なるCBT理論のコピーになっており，CBTモデルの所々にクライエントの症状の諸側面を貼り付けただけのものとなっている。そのような事例の決定的な特徴とは，「切り落とし」，すなわち，無理やり基準に合わせようとするプロクルステス式のアプローチである。
- 症例の概念化が，ほとんど，あるいは全くCBT理論を統合しておらず，代わりに，当人の経験を単に描写しているだけである。

- セラピストが，併存症のそれぞれに対して幾つかの異なる概念化を行っている。これらは関連づけるのが難しいものであり，そのようなものをクライエントに話したら，一貫性がなく，彼らを圧倒してしまうだろう。
- 概念化が，非常に手の込んだ，複雑なものとなっていて，電気回路基板のように見える。
- 用いられている概念化のレベルがセラピーの段階に合っていない。例えば，より単純で記述的な概念化がまだ行われていないうちから，セラピストが，過度に手の込んだ，説明的な概念化をセラピーの極めて初期の段階で行ってしまっている。

加えて，スーパービジョンもしくはコンサルテーションの一部としてCBTのセラピーセッションの録音，もしくは録画を観ていると，私たちはしばしば次のことに気づく。

- セラピストが一方的に概念化をしており，協同的に行っていない。
- CBTのセッションの内容が症例の概念化と関連づけられていないように感じられる。
- セラピストは，自分が何かを理解したと思い込んでいるが，その見解がクライエントにも共有されているかどうかを確認するために，途中でちょっと間を挟むことをしていない。
- クライエントは，セラピストとは異なる理解をもとに取り組みを行っているように見える。セラピストもまたこのことを感知していないか，あるいは，概念化に対する明確な同意を図ろうとしていない。

症例の概念化のこれらの一般的な過ちは，いずれも，CBTのセラピストが日常的な実践で犯しやすいものある。私たちの新しいアプローチは，セラピストがそうした過ちを避けるのに役立つだろう。私たちが提案する症例の概念化のモデルは，(1) CBTのセラピスト，スーパーバイザー，コンサルタント，

およびインストラクターとしての私たちの臨床経験，および，(2) 前章で概説されている CBT の症例の概念化に関する経験主義的な研究を通して明らかになった主要な結果に対する私たちの反応から生じたものである。

CBT の症例の概念化のための指針

第 1 章で簡単に紹介したように，私たちは，症例の概念化のプロセスを説明するために，るつぼの例えを用いている。そのるつぼとは，理論，研究，およびクライエントの経験が統合され，クライエントの課題に対する新たな説明と理解を形成する場である。るつぼで形成される概念化は，エビデンスに基づいた理論と研究に基づいている一方で，独創的で，当のクライエントに特有のものであり，永続する変化への経路を明らかにするものである。私たちが CBT の概念化の主要な定義的原理であると考えている特徴が幾つかある。指針となる 3 つの原理とは，(1) 概念化のレベル，(2) 協同的経験主義，および (3) クライエントの強みの取り入れ，である（BOX 2.1 を参照）。これらの原理により，概念化に対する，柔軟で，しかし系統的なアプローチが可能になる。

BOX 2.1	CBT の症例の概念化の指針となる原理
1. 概念化のレベル	概念化は，クライエントの提示する課題を CBT の用語で記述することから，誘因，維持周期，および弱点や保護要因を関連づける説明的な枠組みの提供へと移行する。
2. 協同的経験主義	セラピストとクライエントは，協同で取り組む。そして，仮説を生み出し，それを検証するための展開的なプロセスにおいて，クライエントの経験を，適切な理論や研究と統合させる。
3. 強みに対する焦点	概念化は，クライエントの既存の資源を提示される課題に適用するとともに，徐々にクライエントの自覚を強めて強みを利用していくために，クライエントの強みを積極的に明らかにし，取り入れる。

原理1：概念化のレベル

概念化のプロセスは，CBTの過程全体を通して進展していく。図1.1で，るつぼから立ち上っている湯気は，記述的，および説明的な概念化のさまざまな段階を象徴的に示している。

CBTの症例の概念化は必ず，提示される課題を認知的および行動的な言葉で記述することから始まる。クライエントが自分がセラピーに来た理由を詳しく語るとき，セラピストは，彼らがそれらの提示されている課題を，思考，感情，および行動の観点から説明するのを助ける。概念化のこの段階は，セラピーの早期のアセスメント段階で生じることが多い。一般的に，これがるつぼの最初の産物となる。

次に，クライエントとセラピストは，現在提示されている課題がいかにして引き起こされ，維持されているかを，CBT理論を用いて説明し始める。一般的に，これがるつぼの第2の産物である。最後に，提示される課題がどのようにして発生したかを説明するために，概念化の3番目のレベルが展開されるだろう。このレベルでは，弱点となる経歴，および保護要因の概要を示す。これらの要因は，クライエントの脆弱性とレジリエンスを認知行動的な面から説明するものである。一般的に，この第3の産物は，縦断的概念化であり，提示されている課題を理解するための経歴的文脈を提供するものである。要するに，CBTは，まず概念化の記述的レベルから始まり，誘因と維持の説明へと移行する。さらにその後，必要であれば，提示されている課題を人々に起こりやすくしているか，あるいはそれらから人々を保護している要因を考慮する，ということである。この第3のレベルは，必ずしもすべての症例で必要なわけではない。概念化は通常，クライエントにとってのセラピーの目標を達成するために，必要に応じてこれら3つの，徐々に推論的になっていく説明のレベルを通して進展する。なかには，最初の記述的なレベルだけで十分なクライエントもいるが，多くは，記述的な概念化と，その後の誘因と維持についての説明的な概念化が必要である。一部のクライエントで，特に慢性の問題を抱える人の場合，3つのレベルすべてが必要となることもある。

原理2：協同的経験主義

　るつぼの中では，熱が，化学反応のための触媒として作用する。症例の概念化の場合は，協同的経験主義が，CBT理論，研究，およびクライエントの経験を統合する触媒である。図1.1の手は，セラピストとクライエントが協同的経験主義を用いて共に取り組むことを表している。以下で詳述している理由から，私たちの症例の概念化のプロセスは，セラピストとクライエントによって協同的に行われた場合に限って有効となるだろう。つまり，クライエントは，概念化のプロセスのすべての段階において，完全に，そして明確に関与しなければならない。セラピストとクライエントのそれぞれが，重要で，異なるものをこのプロセスに持ち込む。CBTのセラピストは，最も適切な理論と研究を利用してクライエントの懸念を記述し，説明する。その一方でクライエントは，概念化が軌道から外れないようにするために必要な観察とフィードバックを提供するのである。概念化のプロセス全体を通し，経験主義が採用される。競合する考えの中で系統的に確認し，バランスを図り，また，利用可能な最善のエビデンスを使用するよう促すためである。協同と経験主義は，連携して作用する。そのため，私たちは，第2の原理を「協同的経験主義」と呼んでいる。症例の概念化がその機能を果たすためには，協同的経験主義が必須である，と私たちは考えている（BOX 1.1）。

原理3：クライエントの強みの取り入れ

　最近のCBTのアプローチはそのほとんどが，もっぱらもしくは大部分，クライエントの問題，脆弱性，および困難の経緯に目を向ける。しかし，私たちは，セラピストが概念化のあらゆる段階においてクライエントの強みを同定し，それに取り組むことを提唱する。強みに焦点を置くことは，クライエントがより強い関心を示すものであり，そうすることによって，クライエントの強みを，永続的な回復へと道を拓く変化のプロセスの中で生かすという利点が得られるのである。症例の概念化のるつぼの中で，クライエントの経験と言うとき，そこにはクライエントの強みも含まれているのである。概念化のプロセスでは，

問題に関連したCBT理論と共に，レジリエンスについてのCBT理論（Snyder & Lopez, 2005）も強調され，精緻化される。

概念化に対してなぜ原理主導型のアプローチを用いるのだろうか？

話題が複雑なものであるとき，専門家の意思決定には，通常複数の選択の時点が含まれる（Garb, 1998）。概念化の最中のそれぞれの選択の時点で，セラピストは，層を成し，複雑に入り組んだ，さまざまなタイプの情報（クライエント，理論，研究）を取り入れる必要がある。情報は，記述的で（犬に対する恐怖についてのクライエントの説明など），提示される課題が状況によっていかに変化するかについての詳しい内容が組み込まれていることもある（状況によってその恐怖が大きくなったりする，など）。さらに，経歴的な観点が含まれている可能性もある（その恐怖がいかにして生じ，時間とともに変化してきたか，など）。しかも，概念化は力動的であり，セラピーが進むなかで発展していく。それゆえ，セラピストにとって従うべき主要原理をもっていることは，有益である可能性が高い。水夫が，世界のほとんどの地域や天候の中で航路をたどるためにコンパスを使用できるのと同じように，セラピストも，著しい複雑さや変化に直面したときには進路から外れないように原理を用いることができるのである。

以下の節では，症例の概念化を導く3つの主要原理として，概念化のレベル，協同的経験主義，およびクライエントの強みの取り入れという私たちの選択に対し，それを裏づける理論的および経験主義的な論拠を提供する。

概念化のレベル

概念化をレベルの進化として考えるのはなぜか？

症例の概念化は，クライエントの経験の諸側面が持ち出されるにつれ，セラピーの進行の中で徐々に発展する。今ある症例の概念化というのは，クライエントとセラピストにとって利用可能な現在の情報でしかあり得ない。観察，イ

ンタビュー，および実験を通して，新たな情報が継続的に収集される。そのため，症例の概念化は，現在の「最善の適合」を提供するために，時間とともに発展する。あるクライエントはそれを次のように述べた。「私は自分が完全な理解に至ることはないような気がします。……現在の自分の感じ方につながっている事柄を，私は発見し続けるのです」。また，あるセラピストはそれを次のように述べた。「要するに，クライエントが提供する情報にぴったり合うように概念化を変えるのであり，概念化に合わせるために情報を変えるのではないのです。クライエントの人生は，概念化を裏づけるか，あるいは反証するかのどちらかであり，当人の人生が概念化に反するのであれば，その概念化が間違っているのです」。記述から，より高度の説明へと移行するにつれ——ほとんどの場合修正がますます増え——観察が付け加えられ，特定の要因が強調され，あるいは排除され，クライエントの経験の異なる部分間で新たな結びつきが発見される。

　図2.1で図解しているように，私たちのアプローチは，まずは提示される課題を最初に記述することから，現在の問題を維持している要因を同定することへと，徐々に症例の概念化を発展させていく。やがて，縦断的な概念化が確立される。そのようにして，クライエントの提示する課題が，彼らの発達的な経歴の面から理解されることになる。こうしてそれらが明らかになるにつれ，弱点が保護要因と共に症例の概念化に取り入れられる。保護要因とは，問題に直面したときにクライエントの対処を助けるものである。概念化のこれらすべてのレベルに共通しているのは，CBTの理論と研究にクライエントの経験を統合させるということである。

　セラピーが進展していくにつれて，セラピストは，どのCBT理論がクライエントの経験に最も適合するかについて，継続的に評価していく。最初は，個々の障害に対応する単純なモデルがうまく適合するように見えるかもしれない。しかし，セラピーが進展するにつれて，クライエントによる新たな情報から，別の障害に対応したモデルを使う必要性が生じたり，一般的なCBTモデルを使用した方が良いと考えられるようになることがある。例えば，再発性の単極

説明的な概念化 → 縦断的：保護要因と弱点

推論のレベルが高まる

横断的：誘因と維持要因

記述的：提示される課題

記述的な概念化

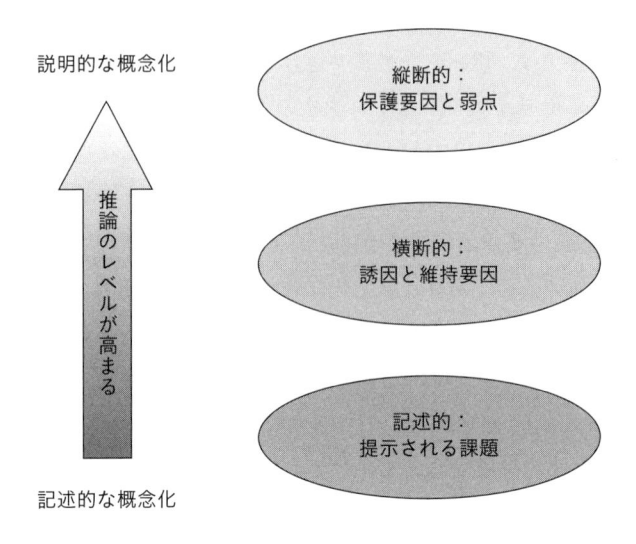

図 2.1 概念化のレベル

性うつ病のクライエントの治療をしているときに、軽躁の状態の存在が明らかになり、セラピストが双極性障害の CBT モデルを考慮する必要性が出てくることは珍しくない(Newman et al., 2002)。あるいは、セラピーの焦点が進化し、障害に対応するモデルがクライエントの提示する課題に適合しなくなることもある。例えば、クライエントは、最初は社交不安という、特定の障害に関連する問題への支援を求めていたが、その後どの特定の診断にも関係のない、人生の選択を下す支援をセラピストに求めることがあるのである。

　私たちは、症例の概念化を継続的な、層状の活動と考えている。このように考えると、CBT の概念化に対する研究がなぜこのように期待はずれの結果をもたらしているかについて、ひとつの理由が浮かび上がってくる。今日まで、研究では、概念化のレベルがセラピーの進展とともに進化することが認識されないできた。調査研究は、セラピストに対し、クライエントの情報を得たらすぐに、仮説を試す機会を設けないまま、一方的に症例の概念化を完成させるよう求めている。このような状況では、セラピストは、問題についての信頼でき

る記述は可能でも，根本的なメカニズムについて意見を一致させることは無理であろう。これこそ，まさに研究で一貫して得られている所見である。これまでの研究はまた，症例の概念化により推論的なレベルを取り入れることが高次のスキルを必要とすることも示唆している（Eells et al., 2005; Kendjelic & Eells, 2007; Kuyken, Forthergill, et al., 2005）。

　本書の後の章では，セラピーの初期，中期，および後期に，クライエントの提示する課題に対して，適切なCBTモデルを用いて記述的および説明的な評価を行う方法について詳述している。以下では，3つのレベルについて簡潔に記述することとする。

レベル1：記述的な概念化

　初期のセッションにおいて，クライエントが提示する課題は，適切なCBT理論と研究を利用して，認知的および行動的に記述する。こうした初期の概念化は，個々のクライエントの経験をCBT理論の記述的な用語に結びつけるものである。この段階の概念化では，CBTの記述的な枠組みを幾つでも利用することができる（BOX 1.3）。エビデンスに基づいたモデルであれば，それが第1レベルの概念化の課題を実行する限りにおいて適切である，というのが私たちの主張である。その課題とは，理論とクライエントの経験をまとめ合わせ，クライエントが提示する課題を認知的および行動的な観点から記述することである。

アフメッド：症例

　アフメッドは，セラピーに訪れると，うつ，全般的な不安，および仕事上の困難といった症状があると報告した。インテーク面接の最後に，セラピストは，アフメッドが5つの部分からなるモデル（Padesky & Mooney, 1990）を用いて自分の懸念を記述的に概念化（図2.2参照）するのを手助けした。

セラピスト：アフメッドさん，これらの質問のすべてに根気よくお答えくだ

さってありがとうございます。今日残された時間で，確かめてみたいことがあります。それは，あなたが私にお話しいただいた幾つかの課題を何らかの形で結びつけられるかどうか，ということです。これらの結びつきを通して，有益な方向性がわかって，あなたの気分が改善し始めるかもしれません。いかがでしょうか？

アフメッド：おっしゃっている意味がわからないのですが。

セラピスト：(ノートとペンを取り上げ) では，お見せしましょう。この紙の上に，今日私たちが話し合った主な話題の幾つかを書き出してみましょう。例えば，あなたはまず，仕事上の困難について話してくださいました。あなたは上司から，もっと業績を上げなければ首になる，と通告されたのですよね。(紙の一番上に「業績を上げなければ首になる，と上司が言う」と書く)

アフメッド：はい，私は，そのことがとても心配です。

セラピスト：わかりました。では，ここに「心配」と書きましょう。あなたは，ご自身が抱いている幾つかの心配について話してくださいました。あなたはご自身の仕事について心配しています。お金についてもです。……他に何かありましたか？

アフメッド：はい，将来のことも心配です。

セラピスト：(「心配」の下に「仕事，お金，将来」と書く) 将来について心配しているのは，生活面では主に仕事のことでしょうか？

アフメッド：自分がイスラム教徒であることについても心配しています。ここでは多くの人がイスラム教徒を嫌っていますから。

セラピスト：心配になるような，どのような経験をされたのですか？

アフメッド：ラジオ番組で，イスラム教徒に対する嫌悪感を耳にします。ショッピングセンターでは，変な目つきで見られることもあります。職場では，私が部屋に入っていくと，人々が政治について話すのをやめてしまうこともあります。

セラピスト：では，イスラム教徒ということで，あなたに対して偏見をもつ人

第 2 章　症例の概念化のるつぼ　45

　　　　　　がいるかもしれないということですね。このことが心配なのは，誰かがあなたや，あなたのご家族を傷つけようとするのではないかと恐れているからですか？
アフメッド：まさにその通りです。そのことについては，お祈りをしてもいます。アラーに強さと，私のことを知らない，これらの人々に対する慈悲を求めています。
セラピスト：アラーに対するあなたの信頼は，あなたに強さを与えてくれるけれども，一方では，それによってあなたは，一部の人たちから危険を被るかもしれないということですね。
アフメッド：その通りです。
セラピスト：そのことを「私の生活」の下に書いてみましょう――あなたの信仰がいかに，強さの根源であるとともに危険な事柄でもあるかということをです。それから，他の人たちの偏見に対するあなたの心配についても，ここに加えましょう。
アフメッド：わかりました。
セラピスト：あなたは，心配で夜，眠れないとおっしゃっていましたが。
アフメッド：はい，そうです。
セラピスト：そのことを「身体的反応」の下に書きます。最近経験した身体的反応について，他に思い出すことができますか？
アフメッド：すごく疲れています。
セラピスト：(「疲れている」と書く)
アフメッド：それに，びくびくしているようにも感じます。
セラピスト：(「びくびくしている気がする」と書く) 夜は，目が覚めたまま横になっていて，その後日中は，びくびくして，疲れているように感じるとき，あなたはどのような気分を経験していますか？
アフメッド：神経過敏で……なんというか，悲しい気分です。
セラピスト：では，神経過敏で，悲しく，これらの心配をすべて抱えて，疲れて感じているとき，あなたは自分の行動のどのような変化に気づ

いていますか？
アフメッド：かつてのように自信がないので，物事を先延ばしにしてしまいます。時折，ただ壁をじっと見つめているだけのことがあります。上司が怒るのも無理ありませんよね。私は，実際，誰の役にも立たないのですから。
セラピスト：そのことを「行動」の下に書きますね。「物事を先延ばしにする。壁をじっと見つめている」と。そして，「誰の役にも立たない」という考えを「思考」の下に書きます。これらのリストは，今日あなたが私に話してくださった，最も重要な事柄をとらえていると思いますか？
アフメッド：はい。
セラピスト：*(分類のそれぞれを指さしながら)* どうして私がこのように分類してリストアップしたかと言いますと，これらの領域が，問題を理解するうえでそれぞれ重要だからです。あなたの生活*(大きな円を指して)* は，あなたの経験のこれら4つの部分——思考，身体的反応，気分，そして行動——を取り囲み，それらに影響を与えているのです。
アフメッド：ええ。
セラピスト：これら4つの部分の間に矢印を描きますね。どうしてこのようにすると思いますか？
アフメッド：それらがお互いに影響し合っていることを示すためでしょうか？
セラピスト：はい，通常はそうなのです。この一週間の中で，これらの4つの部分のうちのひとつが別の部分に影響を与えたときのことを思い出すことができますか？
アフメッド：*(考えて)* えっと，夜，横になって目が覚めているとき，心配になります。
セラピスト：*(「身体的反応」から「思考」へと矢印をなぞって)* そうですか。夜，横になって目が覚めているとき，心配になるのですね。それから，

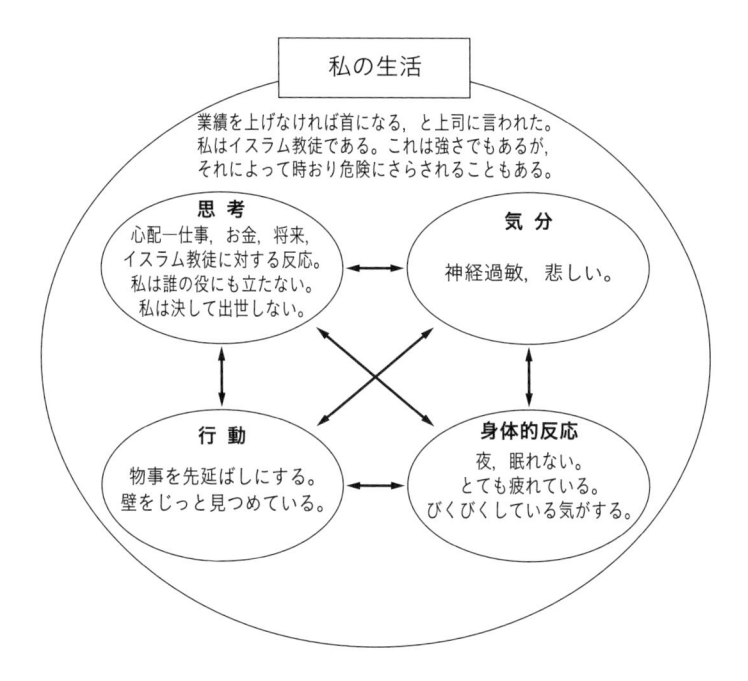

第2章 症例の概念化のるつぼ　47

```
                    私の生活

        業績を上げなければ首になる，と上司に言われた。
        私はイスラム教徒である。これは強さでもあるが，
        それによって時おり危険にさらされることもある。

        思　考                    気　分
   心配─仕事，お金，将来，
   イスラム教徒に対する反応。        神経過敏，悲しい。
   私は誰の役にも立たない。
   私は決して出世しない。

        行　動                    身体的反応
   物事を先延ばしにする。          夜，眠れない。
   壁をじっと見つめている。        とても疲れている。
                                   びくびくしている気がする。
```

図2.2　アフメッドの記述的概念化

　　　　　心配になるとき，それは，ここにある気分のいずれかとつながり
　　　　ますか？（「思考」と「気分」の間の矢印をなぞる）
アフメッド：はい，神経過敏になります。そして，時々悲しくなったりもしま
　　　　す。私は，出世など決してしないだろうな，と思うからです。
セラピスト：素晴らしい観察ですね！　では，悲しくなるとき（「気分」から「思
　　　　考」への矢印をなぞって），それは「出世など決してしないだろう」
　　　　という別の思考にもつながるのですね。その考えを「思考」の下
　　　　に書きましょう。（これらの言葉をモデルに加える）

　モデルの5つの異なる部分間のつながりについて，さらに幾らか話し合った
後，セラピストは以下のまとめと治療計画の提案を紹介する。

セラピスト：私たちが書いた矢印が示すように，5つの部分はお互いに影響し合っています。そのことは，アフメッドさん，あなたがどのようにしてこのような困難な状態に陥ってしまったのかを説明するのに役立ちます。私たちの生活における小さなネガティブな変化というのは，積み重なってしまうものです。それぞれのネガティブな出来事が，他の4つの領域のネガティブな事柄につながる可能性があるからです。(次の発言をする間，5部構成モデルの適切な部分を指しながら) あなたは心配で，眠れていません。眠らないと，疲れます。疲れていると，何もしたくなくなってしまいます。何もしないと，「私は誰の役にも立たない」と思い始めます。そして，その考えが頭の中をぐるぐるとめぐります。しばらくすると，あなたは窮地に陥ってしまいます。すると物事が，とても絶望的に見え始めることさえあるのです。

アフメッド：ええ，今まさに，私には物事がそのように見えています。

セラピスト：幸い，この絵には良い知らせが含まれています。

アフメッド：そうなのですか？　そうは見えませんが。

セラピスト：ええ，良い知らせというのは，ひとつの領域における小さな変化が他の領域の小さな変化につながる可能性があるということです。小さなネガティブな変化が，やがてはあなたを窮地に陥れることになってしまうのとちょうど同じように，ある領域における小さなポジティブな変化は，他の領域における小さなポジティブな変化につながり得るのです。そうしてやがては，それらのポジティブな変化は，あなたが陥っている窮地からあなたを脱出させるのに役立つのです。思うに，私の仕事というのは，これらの領域のどこででもいいので，そこであなたが起こすことのできる最も小さな変化を見つけ出し，それが全体の中での最大限の改善につながるよう，あなたをお手伝いすることです。どう思われますか？

アフメッド：ええ，それがうまくいってくれたらうれしいですけど。
セラピスト：この図を一緒に見てみましょう，アフメッドさん。この中から，小さな変化を起こすための領域をひとつ選ぶとしたら，どこから始められると思いますか？　どのような小さな変化が，他のひとつかそれ以上の領域においても役立つと思いますか？
アフメッド：(黙ってちょっとの間，図2.2を見る）そうですね，物事を先延ばしにしなければ，気分がよくなるかもしれませんし，それは仕事にも役立つと思いますが。
セラピスト：それは興味深い考えですね，アフメッドさん。あなたがおっしゃっていることが本当にそうかどうかを確かめてみるための実験として，あなたがこれまで先延ばしにしてきた小さなことの中で，今週行えそうなことをひとつ挙げていただけますか？

　アフメッドとセラピストのやりとりにおいて見られるように，5つの部分からなる記述的なモデルは，クライエントが思考，気分，行動，身体的反応，および生活上の出来事を結びつけるうえで役に立っている。さらに，この5部構成モデルは，小さな変化がいかに大きな結果につながり得るかを示すための視覚的な地図を提供する。このような認識は，セラピーの初期段階において極めて有益である。初期の段階では，クライエントにとって，変化を起こすための自分の能力と比べて，苦しみの方がはるかに大きいように感じられるからである。そのため，このような5部構成モデルは，症例の概念化のための有用な出発点となることが多い。なぜなら，このモデルは，提示される課題について明確に記述し，クライエントのさまざまな経験の間の結びつきを明らかにするとともに，しばしば希望を生み出すからである。
　本書全体を通して，私たちは，クライエントの提示する課題を記述するためにCBTモデルをどのように用いればよいかについて説明する。クライエントの提示する課題を認知行動的な言葉で記述するにあたっては，クライエントの経験を適切なCBTモデルを用いて記述するという原則が重要なのであり，そ

の課題を記述するために実際にどの CBT モデルを選択するかということは，それほどには重要ではない。

レベル2：横断的な概念化——誘因と維持要因を理解する

横断的な説明的概念化は，クライエントの提示する課題を裏づける主要な認知行動的なメカニズムを同定することによって，CBT 理論とクライエントの経験をより高度なレベルで結びつける。CBT は，「目標志向」であり「最初のうちは現在を重視する」(J. S. Beck, 1995, p.6)。概念化のこのレベルで，セラピストは，提示されている課題を孕んでいるクライエントの生活の横断面に焦点を当てる。クライエントが現在提示している課題は，どのような状況で引き起こされ，維持されているのか？ 概念化のこの段階における課題は，クライエントが提示する課題を引き起こし，維持しているものについて説明するために CBT モデルを用いることである。多くのモデルのうち，機能分析（Hayes & Follette, 1992; Kohlengerg & Tsai, 1991），状況 - 思考 - 感情 - 行動の流れの使用（Padesky & Greenberger, 1995），障害に特定的な CBT モデルの適用（BOX 1. 3 参照），あるいは第 1 章で概説している感情障害の一般的な CBT モデルの使用，など，どのモデルを用いてもよい。これらの方法は，クライエントの行動パターンや感情の反応性がいったい何を意味するかを理解するための概念化を行うのに役立つ。

サラ：症例

サラは，幾つかの人間関係の問題を提示した。3度目のセッションで彼女は，仲の良い友人との問題に対して支援を求めた。サラは，仲の良い友人の父親の葬式に出席したが，それ以降はその友人を避けており，きまり悪く感じていた。彼女は，自分がなぜきまり悪く感じるのか，また，なぜその葬式の後，自分が友人を避けてきたのか，よくわかっていなかった。セラピストは，その葬式とサラのその後の行動，そしてきまり悪い気持ちとの結びつきを明らかにするために，彼女と共に取り組んだ。どうすればセラピストは，サラが自分の感情と

行動を理解するのを助けることができるのだろうか？

セラピスト：サラ，あなたはお葬式で，その友人があなたに話しかけなかったことについてどう思いましたか？

サ　ラ：　（ちょっとの間考えて）自分が彼女の感情を何らかの形で害してしまったのだと思いました。

サラピスト：よくわからないのですが，あなたはどうやって彼女の感情を害したというのですか？

サ　ラ：　私たちは，お葬式の最後に棺の上に載せるための向日葵をもってきてくれるよう言われていました。私は，途中，子どもたちを学校で降ろして，そのまま直行したのですが，教会の近くの花屋では向日葵が売り切れてしまっていたんです。それで，向日葵を持たずに式に到着しました。彼女はそのことに気づいたようでした。

セラピスト：それは興味深いですね。それであなたは，「私が向日葵を持っていかなかったことに彼女が気づいた」と思ったのですね？（サラはうなずく）それは彼女にとって何を意味したと思いますか？

サ　ラ：　（一瞬振り返って）花を持っていくのを覚えているほど彼女のことを大切に思ってはいない，という意味です。私は，花を持たずにそこにいることで彼女に非難されているように感じました。

セラピスト：わかりました，では，そのことをこの思考記録に書いておきましょう。実際に起きたことを「状況」の欄に書いてください。（サラはそれを書き込む）「自動思考」の欄には，あなたがちょうど今，思い出した思考を書きます。「彼女は，私が花を持っていくのを覚えているほど彼女のことを大切に思っていないと思っている」（サラはそれを書き込む）と「彼女は，私が花を持たずにそこにいることを非難していた」ということです。（サラが書き込む間，いったん間を置く）そのときの気分はどのようなものでしたか？

サ　ラ：　きまり悪く感じました。（「気分」の欄に「きまり悪い」と書く）

セラピスト：ここで私たちが何をしようとしているかというと，いったいどうしてあなたはそのように感じ，行動することになったのか，もっとよく理解を……。
サ　ラ：　（話を中断して）それが興味深いんです。というのも，その状況の真っただ中で，本当にいきなり，きまり悪いっていう気持ちが生じたのです。それまでは私，彼女が私のことを非難しているという考えに本当に気づいていなかったんですよ。（ちょっと間を置いて）お葬式というのは，往々にしてこのように感情的になる場所なのですね。

　この例は，ある単独の状況で何が提示されている課題を引き起こしているかをクライエントが理解するのを助けるために，どのように認知行動モデルが用いられるかを示している（図2.3）。サラの場合，葬式での友人のよそよそしさに彼女が据えた意味が，彼女のその後の感情と行動に影響を及ぼした。出来事からどのような意味を引き出すかによって行動と気分が影響されるということを，他の状況を検討することで実証できれば，サラを混乱させかねない気分と行動について，彼女とセラピストは，実際に役立つ説明的な概念化を築き始めたということになるだろう。

セラピスト：あなたは，なぜ自分が友人を避けてきたかについて理解できているようですが。（サラはうなずく）あなたの気分のきっかけとなることに何らかのパターンを探し始めることが，役に立つ場合があります。将来，あなたが自分の人間関係で上手に対応するために，それらのパターンを利用することができるようになるのです。
サ　ラ：　ええ，それは役に立つでしょうね。私は混乱して，いつも人と仲たがいしてしまうようです。ご存じのように，［数年前に亡くなった］夫のジョンの葬式の後，連絡が途絶えてしまった人も何人かいます。

思考記録

1. 状況	2. 気分 (0-100%で評価)	3. 自動思考 （イメージ）	4. 行動 その状況で自分の感情に対処するために何をしたか？
友人の父親の葬式に，向日葵を持っていかなかった。 葬式でも，その後も彼女は私に話しかけてこなかった。	きまり悪い (80%)	彼女は，私が花をもっていくのを覚えているほど彼女のことを大切に思っていないと思っている。 彼女は私が花を持たずにそこにいることを非難していた。	その友人を避ける。

図2.3 対人的な状況におけるサラの自動思考の認知モデルを導き出すための思考記録の使用

セラピスト：もう一度，思考記録を使って，ジョンの葬式の後であなたの人間関係に何が起こったのか，それを理解できるかどうかを確かめてみませんか？

サ ラ：そうですね。私はジョンの両親に対して，最もきまり悪く感じています。彼らに会うこともなくなっています。クリスマスカードの交換はしますが，それだけです。

　サラとセラピストは，もうひとつの思考記録に取り組む（図2.4を参照）。思考記録を完成した後，彼らは，人との対立によりうまく対処し，それによって必ずしも常に人と「仲たがい」しなくてもすむようにする，というサラのセラピー目標を振り返る。

セラピスト：これら2つの思考記録を見て，あなたが人と「仲たがい」するきっかけになっていそうなことについて，何か気がつきますか？

サ ラ：どちらも葬式に関係している，ということとは別にですか？（セ

ラピストがうなずく。ちょっと間を置いて，サラは続ける）ええっと，どちらの場合も，私はとても非難されているように感じて，その後，きまり悪く感じました。私，この感覚が大嫌いなんです！
セラピスト：わかりました。では，あなたは，その感覚にどのように対処したのですか？
サ　ラ：　　彼らを避けて……そして，だんだん離れていくことによってです。

　上記の対話から生じる説明的概念化は，一般的なものである（例えば，思考が感情と行動に影響を及ぼしている）。特にサラは，他人から非難されていると感じたことが引き金となって，恥の感情が引き起こされたこと，そして，その感情に対して，自分のことを非難していると思う人物を避けることによって対処していることを認めている。
　CBT が進行するにつれ，多くの場合，概念化は，クライエントの提示する課題を維持している要因を取り入れ始める。多くの CBT のセラピストは，誘因と維持要因の同定を，概念化の「エンジン室」と考える。なぜならそれによって，障害に特有の多くのモデルのセラピーの情報が得られるからである。維持周期は，状況的な誘因に対する感情的，身体的，および行動的な反応が，いかにクライエントの問題の持続に寄与しているかを明確に示している。それらの周期は，クライエントが，自分の問題がなぜ自然には改善されないのかを理解するのに役立つ。また，それらの周期を理解することで，介入すべき時点を決定することができる。これらの周期から踏み出し，別の認知的および行動的な戦略を試すとき，クライエントは，こうした変化が問題にどう影響するのかを評価することができるのである。
　サラの場合，彼女とセラピストは，彼女が人に非難されていると確信すると，人をしばしば避けるようになることを発見した。そして，サラが対立を回避することが，実際には彼女の人間関係の問題をますます悪化させ，維持することになっている，という仮説を立て始めた。アフメッドの場合，図 2.2 の矢印から，考えられる説明的な維持要因が幾つか窺えた。例えば，アフメッドのセラピス

思考記録

1. 状況	2. 気分 (0-100%で評価)	3. 自動思考 （イメージ）	4. 行動 その状況で自分の感情に対処するために何をしたか？
ジョンの葬式で。その葬式は，ジョンの両親が準備したものである。	きまり悪い (90%)	彼らは，私には葬式の準備をする能力がないと思っている。 彼らは，私がジョンにとってあまり良い妻ではなかったと思っている。	ジョンの両親を避ける。

図2.4　対人的状況におけるサラの自動思考の認知モデルを
導き出すための2つ目の思考記録の使用

トは，「私は誰の役にも立たない」という思考に気づき，この思考が物事を先延ばしにするという彼の行動を強化しているのではないか，と考えた。セラピストは，概念化の比較的単純なレベルでクライエントと共に取り組んでいるときに，より高度なレベルの概念化に関する仮説を立ててしまうことがよくある。しかし，このような仮説がクライエントと共有されるのは，クライエントがそれらの仮説を試し，その結果得られる考えをセラピーに取り入れる準備ができているとセラピストが確信する場合のみである。

レベル3：縦断的な概念化――弱点と保護要因を理解する

概念化の次のレベルでは，クライエントの発達歴を利用して，彼らの提示する課題をより良く理解する。なぜ特定の人々が特定の問題に対して脆弱であるのか，それには理由があることが多い。弱点とは，ある人が生活環境に対して特定の反応の仕方をする可能性を高める，あらゆる要素である。人は，気質や，重大な不運な経験といったさまざまな要因によって，メンタルヘルスの問題に苦しむ可能性が高まることが研究から明らかになっている（Rutter, 1999）。

その一方で，愛情をもって育てられ，思春期に良い仲間に恵まれるといったクライエントの強みやポジティブな経験は，保護要因の役目をする。さらに，

Rutterは，保護要因が複雑な形で弱点と相互作用し，脆弱性やレジリエンスに影響を及ぼすという重要な指摘をしている（図2.5：Rutter, 1999）。これを実証するため，彼は，ある子どもたちの例を提供している。その子どもたちは，幼少期に極度の窮乏にさらされながらも，その後の養育的な環境の中で完全に回復することができたのである。Rutterはさらに，大きな危険に晒された人々がいかに人生で「転機」を迎えるかについても述べている。Rutter (1999) は，犯罪活動のリスクが高い，ある若い男性が軍に入隊し，人生の軌道をポジティブに方向転換した例を提供している。

　弱点と保護要因は，概念化のプロセス全体を通して同定され，発展的なモデルへと取り入れられていく。しかし，それらが特に重要視されるのは，セラピー後期，クライエントに自主的に対処する準備が整うようになってからである。保護要因と弱点を巧みに概念化することで，強みと対処能力に対するクライエントの自覚とその活用を建設的に向上させることができる。セラピーのもっと後になってから，サラとセラピストは，提示されている人間関係の課題に関する考え得る起源について再検討した。サラのジョンとの結婚は，それまでずっと不幸であった。彼は独占欲が強く，嫉妬深く，批判的だった。彼はサラの外見上の欠点を批判し続けた。それが何年も続いたために，サラは自信を失ってしまったのである。特に彼は，彼に対する配慮が十分でないと言って彼女を非難し，彼女が彼女自身の家族，同僚，および友人の方をより思いやっているとして彼女を咎めた。彼が典型的に繰り返した文句が，「君は本当に無神経だ。明らかに君は他の人に対する配慮がなく，自己中心的だ」というものであった。

　その関係の中で，サラは，基礎的前提を発達させた。「もし私が常に他者の要求を満たしていなければ，それは，私が自分勝手であることを意味する」というものである。この前提は，サラにとってとりわけ気持を動揺させるものだった。なぜなら，彼女が育った家族では，義務が，重要な価値があるものとして強調されていたからである。彼女の両親は，「自らの義務を果たす」ことが重要である，とよく言っていた。ジョンが45歳の時に白血病で亡くなった際，彼の両親が葬式の手配をした。葬式での故人に対する称賛の辞は，ジョン

図2.5 脆弱性とレジリエンスを弱点と保護要因に組み込んだ縦断的概念化

を,サラが知っていた人とは極めて異なる人物として描き出した。そのギャップを彼女は,ジョンの期待に添えなかったと自分自身を責めることによって解消した。一般的なCBTモデル（J. S. Beck, 1995）を用いてサラと共に行われた縦断的概念化については,図2.6でその初期の様子を示している。この概念化を見ると,親しい友人の葬式がきっかけとなり,彼女がジョンとの不幸な結婚の中で学んだ,「他の人の要求を常に満たしていなければ,自分勝手ということだ」という基礎的前提がいかにして引き起こされたかのかを理解することができる。

　縦断的な概念化は,最も推論の度合いが高いものであり,クライエントの目標に向けた取り組みを支援する必要がある場合に限り,用いられる。サラの場合,なぜこのレベルの概念化へ移行する必要があったのかというと,彼女の対人問題が,彼女の自分自身についての中核信念（「私は自分勝手だ」）と,他者についての基礎的前提（「もし私が常に他者の要求を満たしていなければ,それは私が自分勝手であることを意味する」）によって維持されていたからであ

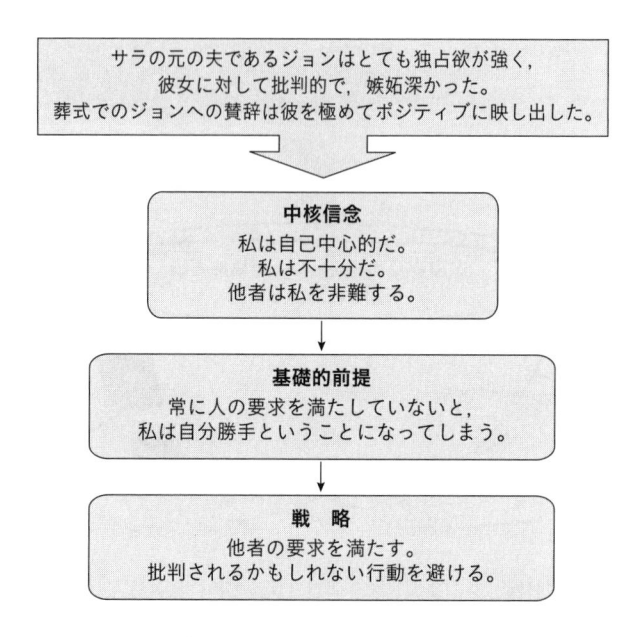

```
┌─────────────────────────────┐
│ サラの元の夫であるジョンはとても独占欲が強く， │
│ 彼女に対して批判的で，嫉妬深かった。        │
│ 葬式でのジョンへの賛辞は彼を極めてポジティブに映し出した。│
└─────────────────────────────┘
              ↓
   ┌──────────────────┐
   │      中核信念         │
   │    私は自己中心的だ。   │
   │    私は不十分だ。      │
   │    他者は私を非難する。  │
   └──────────────────┘
              ↓
   ┌──────────────────┐
   │      基礎的前提        │
   │ 常に人の要求を満たしていないと， │
   │ 私は自分勝手ということになってしまう。│
   └──────────────────┘
              ↓
   ┌──────────────────┐
   │      戦　略           │
   │   他者の要求を満たす。    │
   │ 批判されるかもしれない行動を避ける。│
   └──────────────────┘
```

図 2.6 サラが提示している対人的な課題の縦断的概念化

り，それらは経歴的な流れの中での方が理解しやすかったからである。第7章では，縦断的な概念化のプロセスを包括的に説明する。

概念化のレベルにおける柔軟性

適切なレベルの概念化を用いるということは，セラピストにとって有益な指針となる。北西をめざす水夫は，コンパスを用いて航路をたどる。それでも，大陸，潮の満ち引き，そして天候状態から，目的地に到達するために航路を変更する必要がありそうな時には，さまざまな選択のポイントが存在する。CBTにおける概念化のレベルを順序通りに取り組んでいくことは，コンパスの航路に従うことに似ている。概念化のこれらの段階は，セラピーが通常，展開していく道筋である。しかし，時として概念化のプロセスは，クライエントが提示するものや，エビデンスに基づいた適切なモデルの揺るぎなさ，および

クライエントの目標によって影響を受ける。例えば，クライエントの提示する課題が誘因，維持要因，および弱点を含む既存の説明的な認知モデルにぴったりと当てはまるようであれば，セラピストとクライエントは，初期のセラピーセッションからこのモデルを検討し，提示される課題の純粋に記述的なモデルの構築に時間を費やすことはないかもしれない。同様に，クライエントが維持周期を必要とする課題を初期のセラピーで示した場合には，CBT のセラピストは，それを精査するために，より急速にセラピーを進行させることがある。これらの状況でセラピストが道筋を変更するのは，クライエントの苦悩を軽減し，レジリエンスを確立するという，同じ目的にたどり着くためである。あるセラピストはこの選択を，「私はその時のクライエントにぴったり合うものに敏感に対応する方法で概念化を行う」と述べた。

図 2.7 は，一般的に用いられる CBT の概念化モデルを幾つか示したものである。これらのモデルの多くは，検討されているクライエントの情報内容が状況に特定的なものか，横断的なものか，縦断的なものであるかによって，3 つの概念化のそれぞれのレベルで用いることができる。

これらの概念化モデルについては，本書の中ですべて説明されている。読者の方々に心に留めておいていただきたいのは，セラピストが実際にどのモデルを選択するかは，クライエントの提示する課題に最もぴったり合うモデルが何かによる，ということである。これは，セラピーの過程で変化することが多い。これらのアプローチはいずれも，思考，信念，および行動がクライエントの提示する課題をいかに描写し，説明し得るかを理解するために，利用可能な最善の理論を用いている。しかし，思考や信念，行動といった要素は，症例の概念化のそれぞれのレベルで幾らか異なって組み合わされる。記述的な概念化は，思考，気分，および行動の間の結びつきを具体的に明示するものであり，各要素の重要性を必ずしも比較するものではない。説明的な概念化は，複数の状況にまたがって，時には提示される複数の課題にまたがって，これらの要素的結びつきに何らかのパターンを見出そうとするものである。説明的な概念化は通常，誘因もしくは維持要因として機能していると思われる特定の要素の相対的

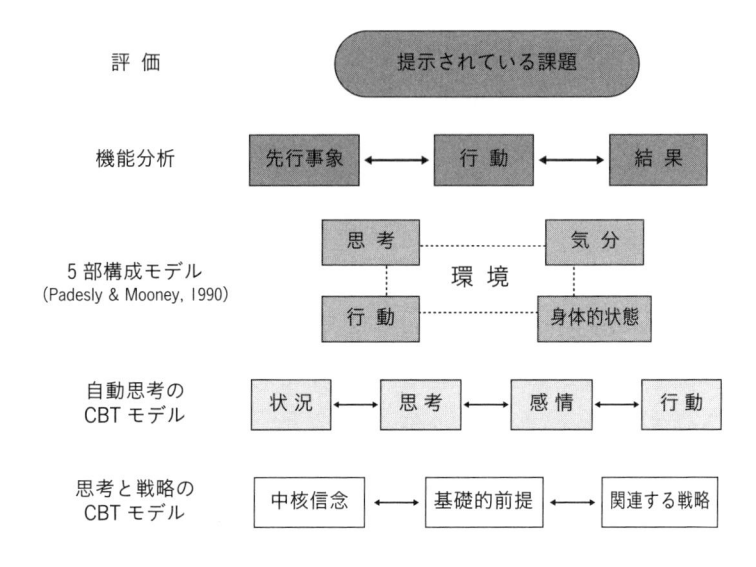

評価	提示されている課題
機能分析	先行事象 ⟷ 行動 ⟷ 結果
5部構成モデル (Padesly & Mooney, 1990)	思考 ⋯ 気分 環境 行動 ⋯ 身体的状態
自動思考の CBTモデル	状況 ⟷ 思考 ⟷ 感情 ⟷ 行動
思考と戦略の CBTモデル	中核信念 ⟷ 基礎的前提 → 関連する戦略

図2.7 概念化の各レベルで用いられるモデル

な重要性を仮定する。より高度な縦断的概念化では，このような複数の状況にまたがる焦点を広げ，より拡張した期間や一生涯にさえも及ぶパターンを見つけようとする。そうすることによって，主要な信念，戦略，提示されている課題の状況的な決定要因を探し求めようとするのである。

　誘因，維持周期，および提示されている課題の発達的起源を説明するCBTモデルを構築するためには，セラピストがそのようなより高いレベルへ移行するにつれて，より高度の柔軟性とスキルが必要となる。概念化がより高度の推測へと進展するにつれて，セラピストは，適切なCBT理論やクライエントのフィードバックを指針とするようになる。サラのきまり悪さは，他者の行動に対する彼女の知覚がきっかけとなって引き起こされた。これらの知覚は，サラの中核信念と基礎的前提によって形成されたものである。PTSDをもつクライエントの場合，視覚的なきっかけによって，トラウマ的なフラッシュバックが引き起こされることがある。身体的な経験によっても，またインターネッ

ト上で医学情報を読むことによっても，それがきっかけで過剰な健康上の不安が引き起こされることがあり得るのである。時折，セラピストとクライエントは，何か特定の経験が誘因あるいは維持要因となっているのではないか，と考えることがあるだろう。誘因，維持周期，および発達的起源を理解するためにCBTモデルを適用するのに必要な柔軟性とスキルについては，本書全体を通して探究していくこととする。

セラピーが目標に向けてどのように進行しているか，また期待されているだけの改善が生じているかどうかを定期的に評価することは重要である。通常，CBTにおいては，各セラピーセッションの最中に何らかの形でアウトカムの評価が行われ，より詳細な見直しについてはセラピー全体を通して計画される（J. S. Beck, 1995など）。セラピーが，似たようなクライエントや問題についてのアウトカム研究で報告されている速度と同程度の速さで進歩していない場合，進歩が遅い理由を理解するために概念化の再検討が重要となるかもしれない。概念化のそのレベルに変更を加えることで，セラピーを軌道に乗せ直すことができることもある。

この第1の原理，概念化のレベルについては，第5章から第7章で，マークというクライエントを追跡するなかでさらに詳しく述べることとする。マークと彼のセラピストは，記述的概念化（第5章）から，誘因と維持要因についての横断的な認識（第6章）へ，そして最後に，弱点と保護要因の縦断的な同定（第7章）へと，症例の概念化の3つのレベルを進んでいく。

なぜ協同的経験主義なのか？

第2原理は，セラピストが，経験主義的なアプローチを用いて，クライエントと協同で症例の概念化に取り組むよう勧めるものである。この節では，協同的な経験主義についてより詳細に記述し，なぜそれが症例の概念化の指針となる原理であるべきなのか，その理論的根拠を提供する。

認知療法は当初から，協同的かつ実証的なプロセスを支持してきた（Beck

et al. 1979)。協同の精神を取り入れるセラピストは，クライエントの積極的な参加を求め，奨励するセラピー方法を好む。実証的な枠組みは，信念，行動，および生理学的，感情的な反応を評価するために，直接的な観察と情報収集を重視する。セラピーセッションの中でのこれらの一般的なプロセスと同時に，認知療法のセラピストは，セッション外でも，観察的な記録，および行動的課題を通してこれらのプロセスを続けるよう，クライエントを動機づける。このように，協同と経験主義を症例の概念化に取り入れることは，非常に多くのCBTの介入に浸透している，これらプロセスの自然な延長なのである。

経験主義と実証的に裏づけられたセラピーのプロトコル

経験主義は多くの要素を含んでいる。ひとつ目は，セラピストが既存のCBT理論，研究，およびセラピーのプロトコルを入手可能な限り最大限に活用することに関わる。本書はCBTの症例の概念化についてのテキストであるが，個別化されたアプローチとプロトコル主導のアプローチを比較した第1章で検討された研究は，十分なものとは言えない。今日までの研究を踏まえ，私たちは，セラピストが可能なときにはいつでも，エビデンスに基づいたプロトコルに従い，適切な実践のガイドラインを適用し，利用可能な最善の理論と研究を利用することを提案する（BOX 1.3）。例えば，主な症状としてクライエントにパニックが起こる場合，私たちのアプローチでは，確立されたパニックモデルと治療プロトコルを最初に参照するように推奨している（Clark, 1986; Craske & Barlow, 2001，など）。

私たちは，症例の概念化を行うことによって，理論主導のCBTのプロトコルが補強されると提唱している。概念化が最前面に出てくるのは，クライエントの提示する課題が併存的で，とりわけ複雑であるとき，あるいは利用可能な，エビデンスに基づいたアプローチのいずれにもぴったりと一致しないときである。そのようなとき，CBTは，第1章で概説されている一般的なCBTモデルに似た，診断を超えたモデルを提供する。本書全体を通して私たちは，症例の概念化の協同的な経験主義のモデルによって，いかにCBTのセラピストが「巨

人の肩の上に立つ」ことができるようになるかを実証できればと願っている。

症例の概念化に対する経験主義的なアプローチ

　症例の概念化に対する経験主義的なアプローチとは，セラピーで導き出された概念化を，セラピストとクライエントが積極的に評価するということでもある。第3章の症例は，症例の概念化の有用性や正確性の協同的な検証を例示している。第3章ではさらに，明白で暫定的な仮説を立てるために，いかに概念化が利用され得るかについて実証している。これらの仮説は，セラピーセッションの最中，およびセッションとセッションの間に実行される行動実験を通して検証することができるが，これらの実験から得られた観察がクライエントの経験に適合しない場合，その概念化は，経験主義的に裏づけられたCBT理論によるものであっても，修正されることになる。

一般的な意思決定の過ちの埋め合わせとしての経験主義

　症例の概念化とは，セラピストが大量の情報を統合するとともに，新たな情報が入手されたときにはそれに合うように修正していく，複雑なプロセスである。この複雑な課題に対処するため，臨床家は，発見的手法を用いる(Kahneman, 2003など参照)。それは，「経験則」に基づいた意思決定への近道を可能にするものである。例えば，症例の概念化においてセラピストは，適切な理論に合った情報を探したり，あるいは直感的に似ていると思われる他のクライエントの観察から導き出された精神的なテンプレートに，当のクライエントの提示する課題を重ね合わせたりするのである。

　意思決定のプロセスは，多くの領域や設定において精密に記され，研究されてきた（Kahneman, 2003参照）。ほとんどの場合，意思決定における発見的手法（近道）は，利用可能なすべてのデータを徹底的に用いる解決法よりも優れている。というのも，最善の解決策を生み出すための資源や時間などというものを人はもたないからである。しかも，最善の解決策といっても，ほとほどに良い解決策と比べてずば抜けて優れているというわけではない。Garb(1998)

は，精神療法における臨床的な意思決定について優れた概要を提供し，発見的手法が利益を提供する一方で，重大な過ちを起こす傾向があることを指摘している。本書では，最も一般的な過ちのうち，2，3のものについて説明する。なぜなら，これらの発見的手法の過ちに対するセラピストの自覚が，症例の概念化に対する経験主義的なアプローチへの関わりを支持することもあるからである。

　一般的な，セラピストによる概念化の過ち

　発見的手法の問題ある側面のひとつは，障害，理論的な枠組み，あるいは一見よく似ているクライエントが示すパターンを，ある特定の人物がいかに典型的に示しているかを過大評価する傾向である。これが，本書の第1章で説明した，プロクルステス的なアプローチである。そのようなアプローチでは，理論に合わせるためにクライエントの経験が削減されてしまう。第1章で説明したアランのセラピストと，コンサルタントであるセラピストとの次のやりとりは，この点を例証している。

セラピスト：私は，アランがセラピーのホームワークに強迫的に取り組み，なぜ私たちが特定のホームワーク課題に同意したのかということを見失ってしまうのではないか，と予測しているのですが。
コンサルタント：それは興味深い仮説ですね。なぜそう思うのですか？　そのようなことがあったのですか？
セラピスト：いいえ，まだです。でもアランを見ていると，以前私が診た，OCPD［強迫性パーソナリティ障害］をもつクライエントたちのことを思い出します。ホームワークは，彼らにとって問題の一部になったのです。
コンサルタント：アランの場合もそうなるという根拠は何でしょうか？　これまでのところ，彼はホームワークをどのようにこなしていますか？

セラピスト：そうですね，実のところ，かなりうまくこなしています。彼が言うには，完璧主義によって突き動かされる強迫的な行動の幾らかは軽減しているとのことです。（声をあげて笑う）本当のところ，何の根拠もありません。私自身のネガティブな思考をチェックする必要があるのかもしれませんね！

コンサルタント：おそらくそうでしょう。（微笑む）よく似たクライエントについての経験は非常に重要ですが，自分の仮説を根拠に照らし合わせることも必要なのですよね。

　概念化に影響する可能性のある，もうひとつの一般的な認知的過ちは，最も容易に入手できる情報の重要性を過大評価する傾向である。情報は，その頻度，新しさ，強烈さ，明白な妥当性などによって過大評価されることがある。アフメッドというクライエント（上記の図2.2）は，特に職場での困難について話す傾向があり，そのことが彼のセラピストに，彼の生活の他の側面の重要性を見えなくさせていた。アセスメント・セッションに続いて行われた以下のスーパービジョンでのやりとりは，この点を例証している。

セラピスト：仕事が，明らかにアフメッドにとっての問題の中心です。彼は仕事について何か，私が引き出す必要がある，基礎的前提や中核信念をもっているのではないか，と思うのですが。

スーパーバイザー：それは，追求すべき最初の仮説として適切だと思います。ただ，アフメッドが話していないことも，彼の困難を理解するのに重要であるかもしれないということを心に留めておきましょう。職場でのアフメッドの信念について，あなたが自分の仮説を追求する一方で，彼には，生活の中で他に，重要である可能性があっても，何らかの理由であまり語られていない領域があるのではありませんか？

誰もがそうであるように，セラピストも，お気に入りの仮説といった，特定の論点を中心とした情報に留まろうとする傾向がある。このことは，症例の概念化においてはさらなる過ちをもたらしかねない。例えば，アフメッドとセラピストは，セラピーの早い時期に概念化を導き出し，その後，それが不完全であったり，間違っていたりする可能性を考慮することなく，後からの情報をその概念化のまわりに固着させてしまうかもしれないのである。セラピー中間期のレビューセッションに先立ち，セラピストとスーパーバイザーは，少し立ち止まって次のように振り返っている。

セラピスト：アフメッドと私は，来週レビューセッションを行うことになっているのですが，正直言って，期待していたほど私たちは進歩していません。
スーパーバイザー：概念化について別の見方をしてみましょう。その概念化が，あなたがアフメッドについて知っていることとぴったり合っているのか，そして，あなたが見逃してしまっていることで，何か重要なことがないかどうかを確かめてみましょう。おそらくそうすることは，あなたとアフメッドがレビューセッションで，なぜあなた方がそれほど進歩していなかったのかを理解するのに役立つでしょう。

　スーパーバイザーはセラピストに，現段階での概念化をアフメッドと協同で見直すよう勧めた。これを実行している最中にアフメッドは，基礎的な前提をはっきりと表現した。それは，「良き家庭人であるために，私は経済的に家族を養わなくてはならない」というもので，「私の家族は，衣食にも事欠くようになってしまう」という悲惨な予測と結びついていた。5部構成モデル（図2.2）を構築する間に引き出された，「私は誰の役にも立たない」という思考が，家族の生活についてのアフメッドの基礎的前提に反映していることが明らかになった。家族に対する経済的貢献が何よりも重要だとする彼の基礎的前提を探

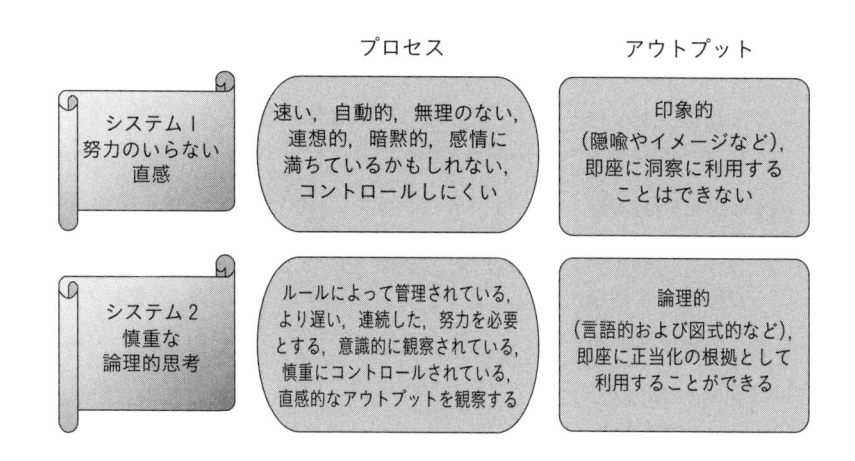

	プロセス	アウトプット
システム1 努力のいらない 直感	速い，自動的，無理のない，連想的，暗黙的，感情に満ちているかもしれない，コントロールしにくい	印象的 （隠喩やイメージなど），即座に洞察に利用することはできない
システム2 慎重な 論理的思考	ルールによって管理されている，より遅い，連続した，努力を必要とする，意識的に観察されている，慎重にコントロールされている，直感的なアウトプットを観察する	論理的 （言語的および図式的など），即座に正当化の根拠として利用することができる

図2.8 臨床的（発見的手法による）意思決定：2つのシステムにおけるプロセスとアウトプット。Kahneman（2003）より

求するために，アフメッドは，妻をセラピーに呼ぶことに同意した。彼の妻は，アフメッドともっと多くの時間を過ごしたいという願望と，彼の働きすぎが彼の健康と，かつて二人の中で共有されていた喜びの両方を損なっているという懸念を表明した。アフメッドは，よりリラックスした雰囲気の方が経済的な成功よりも妻にとっては重要であることを知り，驚いた。

直感的および理性的なシステム

このような状況において，セラピストの意思決定の指針となるものは何だろうか？　Daniel Kahnemanは，ノーベル賞を受賞した心理学者である。彼は，セラピストの概念化の仕方を理解するのに有用な，発見的手法による意思決定のモデルを開発した（Kahneman, 2003）。Kahnemanは，2つの比較的独立した認知システムである直感的システムと理性的システムが，意思決定のもとになっているようだと提唱した。直感的システムは，速く，自動的で，しばしば感情に満ちている傾向にある。理性的システムは，より遅く，より慎重で，意識的に観察されている（図2.8参照）。概して，その速度ゆえに，症例の概念

化においては直感的システムが最初に作動する。理性的システムは，直感的システムを監視しバランスを取るものとして，または直感的システムがどのような仮説をも提供できないときに，幾分遅れて活性化される。

　したがって，クライエントは当初，「依存的である」という印象をセラピストに与えることがあるが，それは，セッションの中で頻繁に支援を求めることがセラピストに直感的にこのような決めつけを起こさせるからである。後に，セラピーの記録をつけながら当のセッションを振り返ったとき，セラピストは，先の印象と競合する仮説を抱くことがある。クライエントには，セラピストが求めていることを実行するためのスキルが欠けている，という仮説である。理性的システムの調整機能が，知性や訓練によって高められ，一方，時間的なプレッシャー，競合する要求，および活性化された気分状態によって損なわれるということを示すエビデンスも存在する（Kehneman, 2003 参照）。これらの観察は，セラピストの専門的知識という概念（Eells et al., 2005）および，重要なことには，症例の概念化における訓練がより精緻で，総合的で，複雑で，正確な症例の概念化を導くという所見（Kendjelic & Eells, 2007）と一致する。セラピストの専門的知識とは，複雑な事例データの中により大きなパターン，つまり，理解と治療計画に向けて調整されたパターンを見つけるプロセスである。専門的知識をもつセラピストは，理性的システムによって監視を行いバランスを図りながら，以前の経験によって培われた「直観的な」プロセスにより頼る可能性が高い。

経験主義に対するセラピストのコミットメント

　これらの意思決定システムは，それにつきものの思考の過ちと同様，CBTのセラピストにとっては馴染み深いものである。残念ながら，馴染みがあるからといって，臨床的な過ちを防げるわけではない。CBTのセラピストが信頼のおける症例の概念化を生み出さない理由のひとつとして，意思決定における発見的手法の過ちがあるのかもしれない。私たちは，セラピストが概念化を行う際に過ちを起こしやすいことを知っている。特に，情報が複雑で曖昧であっ

たり，十分な情報がないまま仮説を立てようと試みたり，非協同的に作業したり，経験に乏しかったり，多大な時間的プレッシャーを受けていたり，あるいは多くの競合する要求が注意を引いたりする場合にはそうである。概念化がこれらの発見的手法の過ちに対抗する形で行われれば，CBT の症例の概念化は信憑性をもち，エビデンスに基づいた妥当性の基準に達することができる，と私たちは強く主張する。次の項では，経験主義と協同を生かすことで，いかに意思決定の過ちから概念化を保護し得るかについての指針を提供する。また，これらの活動の重要性については，本書全体を通し，「セラピストの頭の中」と題した囲み記事によって強調されてもいる。これらの項では，セラピストが，クライエントの提示する課題を評価し，セラピーの介入を計画し，そしてそのプロセスを見直すために，どのように協同的な経験主義を用いたらいいか，その方法を強調している。

概念化において経験主義的な原理に従うための指針

以下に，そして BOX 2.2 で，私たちは，経験主義的なアプローチと一致する「十分に良い」症例の概念化を実践するための多くの指針を同定する。

● 利用可能な最良の CBT 理論と研究を用いる。クライエントの提示する課題を記述し説明するのに役立つ，関連のある理論と研究の適用が経験主義の中心である。BOX 1.3 では，セラピストが用いることのできる，主要な理論的および研究の知識体系の一部を紹介した。関連する CBT 理論と研究についての有用な知識をもつ CBT のセラピストであれば，その知識を概念化のプロセスへとより巧みに適用することができる。

● 仮説検証を用いる。経験主義に対するコミットメントとは，仮説検証のアプローチを用いるという意味でもある。概念化が進むなか，クライエントとセラピストは共に取り組み，継続的に，提示される課題を理解するのに役立つ仮説を立てていく。このプロセスにおいては，ひとつの概念的な枠組みに時期尚早にコミットメントしてしまうのを避けるために，セラピストが代わりの仮説

> **BOX 2.2　「十分に良い」CBT の症例の概念化を生み出すための，エビデンスに基づいた指針**
>
> 1. 最善の利用可能な CBT 理論と研究を用いて概念化する。
> 2. 仮説検証アプローチを用いる。
> 3. 概念化に対して十分な検証を提供する。
> 4. 意思決定の過ちを相殺する。
> 5. 概念化を明確にする。

を心に留めておくことが重要である。そうすれば，ある仮説の裏づけが得られなかった場合，より容易に別の仮説を立て，検証することが可能になる。先に，アランのセラピストとのコンサルテーションを引用したが，それは，セラピストが2つの仮説を心に留めておく必要があるということの良い例である。この場合，2つの仮説とは，アランの強迫的な傾向があらゆる状況（宿題を含めて）で示されるのか，あるいは特定の役割においてのみ示されるのか，ということである。アランがなぜホームワークに関して強迫的でないのかに関心が向いたことで，セラピストは，アランの強迫的な傾向が対人関係に基づくものであることに気づいた。アランは，「もし自分が人に迷惑をかけたら，無責任だと思われてしまう」という基礎的前提をもっていた。この基礎的前提は，「私は無責任である」という中核信念と結びついていた。

●十分な検証を提供する。仮説検証には，必然的に，それぞれの仮説に対して適切な検証を提供することが必要となる。CBT には仮説を検証する方法が多数存在する（J. S. Beck, 1995）。症例の概念化においてはしばしば行動実験が選択されるが，それは，それらが仮説を構築し検証するための古典的なアプローチを提供するからである（Bennett-Levy et al., 2004）。仮説を検証するためのその他の CBT の「ツール」には，ソクラテス的対話のプロセス（Padesky & Greenberger, 1995），非機能的思考記録（Beck et al., 1979）や自動思考記録（Greenberger & Padesky, 1995）などの用紙，非機能的態度尺度（Dysfunctional Attitude Scale）（Beck, Brown, Steer & Weissman, 1991;

Weissman & Beck, 1978）などの標準化尺度，および，クライエントのネットワークにおけるその他の主要な人々（パートナーなど）による裏づけなどが含まれる。

　前述のように，アフメッドのパートナーは，レビューセッションに出席するよう招かれた。彼女の存在によって，アフメッドは，自分の問題を維持している中核的な基礎的前提（「良き家庭人であるために，私は経済的に家族を養わなくてはならない」）と悲惨な予測（「私の家族は，衣食にも事欠くようになってしまう」）の重要性によりはっきりと関心を集中させるようになった。アフメッドは，ヨーロッパに移住することでアフリカでの飢餓を逃れていたのである。そのセッションによって彼のパートナーとセラピストは，アフメッドの母国で人々が一般的に抱いている飢餓と貧困への恐れの背景になっている現実を十分に理解することができた。概念化を行うためにさまざまな観点から複数の情報源を求めるセラピストであれば，その状況の中で，見逃してしまっていたかもしれない重要な詳細はもちろん，全体像についても把握できるようになる可能性が高い。

　●意思決定の過ちを相殺する。先に考察したように，臨床的な決定に影響する発見的手法の過ちは，誤った概念化につながりかねない。問題がとりわけ複雑で，セラピストの経験が浅く，また，競合する要求が存在するときには，その可能性がより一層高くなる（Garb, 1998）。思慮深いセラピーを実践し，スーパービジョンを受けることは，そのような要因に対する認識を高め，問題を回避するのに役立つ。例えば，書面による症例の概念化を明確に行い，それらをクライエントやスーパーバイザーもしくはコンサルタントと共有することは，セラピストのためになる。これは，直感的な意思決定とのバランスを図る理性的な意思決定システムに必然的に従事することになるプロセスである（図2.8; Kahneman, 2003）。経験を重ねることによって，より質の高い概念化が可能になるという予備的なエビデンスを示せば，初心のセラピストは，症例の概念化のスキルを発達させるために懸命に取り組むようになるだろう。訓練とスーパーバイズが，この習得プロセスの中心となる（第8章参照）。

- 概念化を明確にする。セッション中，セラピーの症例記録，およびコンサルテーションのために，症例の概念化を書き出すことによって，セラピストは直感的なプロセスを明確なものにできるようになる。概念化を書き出すというプロセスによって，理解の食い違いや思考の矛盾が浮き彫りになることが多い。すでに述べているように，このことは，セラピーが計画通り，もしくは期待したように進んでいない場合に特に重要である。こうした場合には，明確化のための時間をとることによって，実際にアウトカムを向上させることができる（Lambert et al., 2003 参照）。

要するに，経験主義というのは，症例の概念化に情報を提供するために，CBTのエビデンスを十分に活用することを意味する。加えて，セラピストはセラピー全体を通して経験主義の姿勢をとり，その中で概念化の仮説が臨床的観察と実験を通して組み立てられ，検証される。発見的手法は，臨床的な意思決定の必須部分であるが，症例の概念化の信憑性と妥当性を高めるために，問題のある発見的手法を同定し，改善することが重要である。症例の概念化における経験主義のための指針をBOX 2.2で要約している。

協同：一人より二人

症例の概念化というと，セラピーセッションの最中，あるいはセッションとセッションの間に，セラピストの頭の中で行われる活動として説明されることが多い。認知療法の教本の多くは，症例の概念化を，問題，増悪要因，および維持要因の公式として説明し，それらは臨床的情報が収集され，まとめられた後で，セラピストによってクライエントに提示されるものであるとする（Persons, 1989; J. S. Beck, 1995 など）。本章で先に検討した研究のほとんどは，症例の概念化が，主にセラピストによって構築されるものであると想定している。研究によっては，症例の概念化をセラピーのある特定の時点で，かなり総合的な形でクライエントに提示しているものもある（Chadwick et al., 2003; Evans & Parry, 1996, など）。研究からは，臨床家によって導き出され

た症例の概念化がクライエントに提示されたとき，クライエントに対するその影響は中立的なものであり，時にはネガティブなものともなり得ることが窺える（Chadwick et al., 2003; Evans & Parry, 1996 参照）。

　私たちの症例の概念化モデルは，セラピストとクライエントが概念化のすべてのレベルを協同的に発展させることを奨励するものである。このアプローチは，症例の概念化の信憑性と妥当性をめぐる考え方を一変させる。症例の概念化の信憑性とは，セラピストとクライエントとのやりとりを追跡し，「セラピストとクライエントは現段階での概念化に合意しているだろうか？」と問うこととして考えることができる。セラピストとクライエントは，発展的な概念化を共に生み出し，それを継続的に確認し合う。そうすることで，セラピストによる一方的な概念化や，クライエントがセラピストとは異なった理解をしないようにするのである。セラピーの初期段階では，セラピストがこのやりとりを構造化することもあるかもしれないが，セラピーが進展するにつれて，徐々にクライエントがイニシアチブをとるようになる。あるクライエントは，このプロセスでの自らの経験を次のように表現している。

　　「まとめをするときに，私のセラピストは重要な点の一歩手前で話をよく中断しました。それで私は，それを合図として話に割り込み，そうそう！（笑）と言ったのです。これはとても賢いやり方だなって思いました。するとその後，彼女は私にそれを繰り返すように求め，そうすることでそれを強化したのです」

　症例の概念化の妥当性は，セラピーの過程の中での役割という点から考慮されるものであって，絶対的な言葉で述べられるものではない。例えば，症例の概念化は，実験のアウトカムを正しく予測するのだろうか？　概念化によって示唆された治療方法が，はたして期待されたアウトカムにつながるだろうか？　セラピーの時間の中で導き出され，クライエントの積極的なインプットを基にした概念化は，クライエントに対して表面的妥当性を提供する可能性が

高い。この表面的妥当性は，セラピストとクライエントの二人組が，セラピーの内外でのクライエントの経験に適応させるべく，進んで徐々に概念化を編集した場合に高められる。クライエントとセラピストが仮説を立て，検証のために共に取り組んでいくとき，観察的データや独自の測定値から，ある特定の概念化が予測的もしくは構成概念上の妥当性をもつように思われることがある。このような状況下では，症例の概念化が，はたしてクライエントの経験，標準的な尺度，セラピストの臨床的印象，および臨床的なスーパーバイザーやコンサルタントの印象と適合するのかどうかを問う方がよいだろう。これらの課題については，研究においてほとんど検討されていない。症例の概念化の妥当性に関する，このような観点を調査するには，概念化に対するクライエントとセラピストの見方を評価し，比較する必要がある。今日に至るまで，症例の概念化に関する研究は，クライエントの観点を評価することなく，セラピストが導き出した概念化を評価するように評価者に求めてきたのである。

　セラピストとクライエントが協同で取り組むことによって，認知的な過ちが概念化を曖昧にする可能性は減少する。クライエントは，セラピストと同じ認知的なプロセスとバイアスにさらされることにはなるものの，協同で取り組むことで，修正的なフィードバックの可能性は高まる。なぜなら，それによって，セラピストとクライエントが必然的に異なる観点から概念化にアプローチすることになるからである。クライエントとセラピストのそれぞれが，関連した異なる情報を概念化のるつぼに加える。クライエントが，経歴的な情報，顕在的・潜在的な出来事についての現在の観察，およびセラピーの目標を提供する一方で，セラピストは，経験主義的研究，心理学的モデル，およびよく似たクライエントとの過去の経験に基づく考えを混ぜ入れるのである。

　しかし，こうしたすべての情報を集合させたからといって，有意義な概念化が生じるという保証は何もない。有意義な概念化が生じるためには，セラピストとクライエントとの協同的なアプローチが必要不可欠なのである。

ピート：　　どうしてこんなにも物事を先延ばしにしてしまうのか，自分でも

本当にわからないのです。

セラピスト：ある研究では，先延ばしを完璧主義と関連づけています。人は，何かを終えない限り，過ちや批判に対する不安に対処しなくてもよいからです。ぎりぎりの段階まで引き延ばせば，どのような批判を受けても，それはさほど強烈ではないでしょう。なぜなら，もっと時間があればもっとよくできただろうに，と考えるからです。このような考えに関連したことがあなたにも起こっている可能性がありませんか？

ピート：　*(長い間を置いて)* わかりません。どちらかと言うとこれは，私が大きなプロジェクトに取り組みたがらないという問題なのではないかと思うのですが。

セラピスト：では，もしあなたが大きなプロジェクトに取り組もうとすると……？

ピート：　そうすると，私は，人生で何も楽しいことをできなくなってしまいます。*(考え込んだ様子)* 遊ぶ機会もなく，そのプロジェクトのことだけで一日中，頭がいっぱいになってしまうでしょう。このようなことは，口に出して言ったら変なのでしょうか？

セラピスト：あなたがそのように言っているときに，イメージや記憶が何か頭に浮かんでいませんか？

ピート：　はい。私が8歳ぐらいの時の父の姿が思い浮かびます。私が何かを始めると，父が言うんです。それを終えてからでないと他のことを始めてはいけないぞって。父は，何であれ始めたことは終えなくてはいけないという重大なルールをもっていたのです。昔，私がおもちゃの家を建て始めたことがありました。私は疲れてしまい，友だちと遊びに行きたくなったんですけど，そのとき父は，これを完成させるまでは一緒に作業を続けなければならないと言ったのです。

この症例では，セラピストはまず，先延ばしが完璧主義，および批判に対する恐れによって増幅されているという概念化モデルから始めている。このモデルをクライエントに明白に述べ，フィードバックを求めることによって，セラピストは，セラピーがこの路線を進み始める前に，セラピストの仮説を承認するか，あるいは修正するかの機会をクライエントに与えている。加えて，ピートの日々の経験の中でこれらの考えを実際に確認してみるために，彼らは，ホームワーク課題を行うことに同意するかもしれない。セラピストは，完璧主義のモデルを示すことで真の協同作業を進めようと伝え，関連する思考とイメージに対するクライエントの報告を詳しく調べようとしているのである。

　セラピストの仮説は，必ずしもすべての時点でクライエントと完全に共有されるわけではない。クライエントが車を運転し，セラピストが地図を読んでいるところを想像してみてほしい。その旅のある時点で全体の地図を一緒に見たところで，それが運転手にとって役に立つ可能性は低い。それよりも，主要な時点で慎重に情報を分かち合うことの方が有益である（例：運転手「行き止まりに差しかかっていますが，ここでどうしたらいいのでしょうか？」，地図を読む人「右に曲がってください」）。同様に，セラピストは，より基礎的な概念的合意が達成されていないときに，セラピーの「道のり」の遥か先にある概念化の仮説を共有したりしないかもしれない。例えば，自分の抑うつを「完全に生物学的」なものととらえているクライエントにとって，自分を抑うつ状態に陥れやすくしている基礎的前提に関する仮説を検討することが役に立つ可能性は低い。行動や思考が時として気分に影響することがあるという仮説を検討した方が，役立つ可能性がずっと高いのである。

　要するに，第1章（BOX 1.1）で示したような症例の概念化に役立つような形で概念化が機能するためには，協同的経験主義が必要不可欠であると私たちは考えている。私たちはまた，協同的経験主義のアプローチが，研究で示された数多くの課題を解決するものとも考えている。

なぜクライエントの強みを取り入れるのか？

　最後になるが，私たちは症例の概念化において，強みに焦点を当てたアプローチを支持する。「その人に関して適切なすべてのもの」を含む概念化は，既存の資源を基に構築され，可能な介入の範囲を拡張する（Mooney & Padesky, 2002; Padesky & Mooney, 2006; Mooney, 2006）。いったん強みが同定されると，クライエントは強みである領域からスキルを移行して，困難な領域により容易に対処できるようになることが多い。症例の概念化の主な目的は，クライエントのレジリエンスを確立することである。症例の概念化に強みを取り入れることは，クライエントのレジリエンスを確立できる，より広範な介入方法を明らかにする。

　レジリエンスというのは，人が逆境をいかに切り抜けるかを示す，広範な概念である。それは心理学的適応のプロセスであり，人はこのプロセスを通して，困難を切り抜けるために自らの強みを利用し，自身のウェルビーイングを保てるようにする。ここでもまた，るつぼが，個人のレジリエンスをどのように概念化するのかを理解するための適切な例えとなる（図1.1）。協同的経験主義の熱を利用することで，適切な理論を個々のケースの特異性と統合することができる。レジリエンスというのは広範で多次元的な概念であり，セラピストは，心理的障害の既存の理論を採用したり（BOX 1.3を参照），あるいは，ポジティブ心理学における多くの理論的概念を利用したりすることができる（Snyder & Lopez, 2005 など参照）。

　私たちはレジリエンスの確立を重要なセラピーの目標と考えるが，それはCBTにおいては特に新しいことではない。Aaron T. Beckと同僚らによって書かれた最初のCBTマニュアルには，次のように書かれている。

　　　患者は，ある種の問題に対処する際，特定の知識，経験，およびスキルを習得する必要がある。すなわち，セラピーというのは訓練期間であり，

患者はこの期間に，それらの問題に対処するためのより有効な方法を学ぶ。患者は，セラピーで完全な専門的知識やスキルを習得することを求められてはおらず，それを期待されてもいない。むしろ重点は，成長と発展に置かれている。セラピーの後にこれらの認知的および行動的対処スキルを向上させるための時間が，患者には十分にあるのである（Beck et al., 1979, pp.317-318；強調を追加）。

　CBT は常に，セラピストがクライエントと共に取り組むことの重要性を強調してきた。そうすることで，クライエントが自分自身のセラピストとなり，必要に応じて認知的および行動的スキルを適用できるようにするためである。初期の CBT のテキスト（Beck, 1976; Beck et al., 1979, 1985）で述べられているそれらのプロセスは，クライエントの強みがレジリエンスと明白に結びつけられたとき，より一層効果的になり得る。近年では，CBT の一般的な実践の中で，クライエントの強みの同定とレジリエンスをスムーズに統合するCBT モデルが登場し始めている（Mooney & Padesky, 2002; Padesky, 2005; Padesky & Mooney, 2006 など）。
　概念化がクライエントの強みへの視点をより多く含んでいれば，セラピーのプロセスとアウトカムに対して概念化が及ぼす影響を検討する研究は，より説得力のあるものとなるだろう。例えば，クライエントが支援を求めることになった問題と同じくらい，彼らの適切な側面を概念化のテーマにすれば，クライエントが概念化を苦痛で圧倒させるものと感じる可能性は低くなると私たちは考えている。さらに，クライエントの強みは，目標に到達するための自然な経路を提供してくれる。過去に役に立ったことがわかっている認知的行動的プロセスは，再び役に立つ可能性が高い。
　クライエントの強みを同定しそれと共に取り組んでいく作業は，アセスメント時に始まり，概念化の各レベルでも続く。クライエントがその時点での課題を明確に述べる場合には，セラピストは，クライエントがうまく対処できていたときのことを尋ねるとよいだろう。第5章では，より広範な心理社会的アセ

スメントの最中に，クライエントの個人的および社会的資源にどのように注意を向けたらよいかを例証する。誘因と維持要因の概念化には，問題の悪化を防止してきたクライエントの資源の同定が含まれる（第6章）。概念化がより縦断的で，長くなるにつれ，クライエントをこの状態へと導いてきた弱点と，さらに保護してきた要因が引き出される（第7章）。セラピー全体を通し，セラピストがクライエントの価値観，長期的目標，および前向きな性質を引き出すことを私たちは奨励する。それらは，長期的な回復と人生への全面的な参加に向けての基盤として機能するのである（第4章）。

　CBTの文献はこれまで，強みを認知モデルの中にわずかしか含めてこなかったが，多くのCBTの革新者がそれを始めている（Seligman & Csikszentmihalyi, 2000; Snyder & Lopez, 2005などを参照）。そこで第4章では，こうした文献がいかにCBTの症例の概念化に情報を与え得るかについて検討する。私たちは，強みがどのように評価され，症例の概念化に取り入れられるかを本書全体を通して実証することで，これらの発展を支持していきたいと思っている。

より効果的な症例の概念化に向けて

　関連のあるCBTの理論とエビデンスをめぐる私たちのレビューを通して，好機と課題の両方が明らかになる。CBTの理論と実践を裏づけるエビデンスには説得力がある。好機とは，CBTのセラピストが，一連の情緒的障害のセラピーを個別化するために，認知行動理論や研究を最大限に活用できることである。課題とは，症例の概念化に対する現在のアプローチが，この好機を生かせていないことにある。セラピストがクライエントの概念化の説明的な面に同意できないでいるように見えるのはなぜだろうか？　概念化がCBTのプロセスとアウトカムに影響を及ぼさないように見えるのはなぜだろうか？

　「賢い道化」ナスレッディンという，スーフィー教の古典的物語［訳注：フッジャ・ナスレッディン。イスラム神学者。ユーモアに富んだ授業で学生を楽しませた逸話的人物］は，この課題に対して隠喩的な答えを提供している。物語の中で，ナスレッ

ディンは，ある夜街灯の下で何かを探しているのを隣人に見られる。その隣人は，外に出て行ってナスレッディンと話をする。

隣　人：こんばんは，ナスレッディンさん。街灯の下で何を探しているのですか？
ナスレッディン：鍵です。鍵をなくしてしまったのです。(彼らはしばらくのあいだ一緒に探すが，見つからない。すると隣人は思い立ったように尋ねる)
隣　人：ナスレッディンさん，どこで鍵をなくしたのですか？
ナスレッディン：あそこです。家のそばです。
隣　人：(困惑して) ではどうして街灯の下を探しているのですか？
ナスレッディン：ここが明るいからですよ。

図 2.9　鍵を探しているナスレッディン

　この話の最後に隣人が気づいていたように，私たちも，症例の概念化への現在のアプローチが間違った場所に焦点を当てて探しものをしていると考えている（灯りがあるという理由で）。症例の概念化が期待に応えるためには，それが経験主義的な方法を用いて，セラピストとクライエントの積極的な協力の中で実践され研究されるべきであると私たちは考える。症例の概念化に関する研究では，概念化が時間とともに発展し，記述的なものから説明的なものへとしばしば理解レベルが進展することを考慮に入れる必要がある。さらに私たちは，最善の概念化とは，クライエントの強みを取り入れたものである可能性が高いと提言する。ポジディブなクライエントの資源を同定することは，クライ

エントの懸念に対する全体的な理解を形成するのに役立つ。またそうすることによって，レジリエンスを確立し変化を長続きさせるための基盤を提供できるようになる。現在のところ，これらの課題に注がれた経験主義的な光は理想には到達していないが，私たちは，本章で述べられている症例の概念化の3つの原理が，私たちが探している鍵かもしれないと考えている。

第2章のまとめ

　本章は，概念化の新たなモデルを提示した。それは，研究とセラピストの実践課題に対応するものである。私たちは，以下の主要な特徴を記述するためにるつぼの例えを用いた。

- クライエントの経験，理論，および研究を統合して，クライエントの提示する課題をそれを用いて記述し説明する。
- るつぼは，協同的な経験主義によって熱せられる。これは，クライエントとセラピストの両者が，表面的妥当性をもつ独自の記述と説明を構築するうえで必須のものである。
- 概念化は，セラピーが進行する過程で，記述的なレベルから説明的なレベルへと発展する。
- クライエントの強みは，変化への前向きな経路を明らかにし，レジリエンスを確立するために，概念化の各レベルで取り入れられる。

第 3 章

一人より二人
協同的経験主義

ポール：　　　その声は私を怖がらせることを言います。
セラピスト：その声はあなたにどのようなことを言うのですか？
ポール：　　　私自身を傷つけたり他の人を傷つけたりするように言います。
セラピスト：今日はその声について話していただいてもよろしいでしょうか？あなたがそれらの声に対処するのに役立つ方法を見つけだせるかもしれません。
ポール：　　　*(警戒した様子で)* はい。
セラピスト：その声は誰だと思いますか？
ポール：　　　天使か……それとも悪魔ではないかと。
セラピスト：つまり，それは強力であるということでしょうか？
ポール：　　　はい，もちろんです。だからこそとても怖いのです。私は，それが私に何か悪いことをさせるのではないかと恐れているのです。
セラピスト：あなたはこれまでに何か悪いことをしたのですか？
ポール：　　　それほど悪いことはしていません。
セラピスト：その声があなたに悪いことをするように言うとき，あなたはこれまでどのようにして自分自身を止めることができたのですか？
ポール：　　　お祈りだと思います。それに，大きな音で音楽もかけます。その

声に耳を傾けなくてもいいようにです。それから，もしかしたら自分が傷つけてしまうかもしれない人々から離れているようにします。

セラピスト：あなたはこれまでご自身と他の人たちを守るための方法を見つけだすために，信仰や問題解決を用いてきたようですね。

ポール：はい。でもはたしてどれくらいその声の裏をかいていられるか，自分でもわかりません。

セラピスト：おそらく今日は，その声について役立つことをもっと学べるのではないかと思います。あなたにお話ししたい，役立ちそうな理論があるのです。

ポール：それは何でしょうか？

セラピスト：その声は，天使ということも，あるいは悪魔ということもあり得るでしょう。あるいはそれは，あなたの頭の中の考えであって，あなたを怖がらせはしますが，本当はそれほど大きな力をもっていないという可能性もあります。その声がいったい誰のものであり，いったいどれほどの力をもっているのかをはっきりさせることが重要だと思います。その声についてもっと学ぶことは役に立つと思いますか？

ポール：はい，でもそれが私の頭の中だけに存在しているのではないのは確かだと思います。

セラピスト：わかりました。では，それについても検証してみた方がよいでしょう。

　ポールのセラピストは，ポールが，自分に聞こえる声を概念化するのを手助けし始めている。第2章で述べられた，症例の概念化というるつぼにおける3つの要素——理論，研究，そしてクライエントの個人的体験——が，いかに一緒になってこの対話の中に協同的に織り込まれているかに着目してほしい。セラピストは，ポールが耳にする声について自分自身の理論をもってお

り，それは，臨床経験と精神病研究の情報を踏まえたものであった（Kingdon & Turkington, 2002; Morrison, 2002）。それでも，セラピストはポールの理論を尊重し，何を学べるかを確かめるためにその声の経験を協同的に検討するように彼に勧めている。セッションが進むにつれ，セラピストは，ポールに実証的アプローチをとることを勧めていくことになる。セッション内外で実験を行い，彼が声についてのさまざまな理論を評価できるように支援していくのである。

　話し合いのこの初期段階では，概念化といっても，いたってシンプルであり，天使／悪魔，あるいはポールの頭の中における考え，といったものである。セラピーが進むにつれ，それらの概念化は精緻化されてゆく。より高度な概念化が解明されていくにつれ，ポールとセラピストは，その声の記述的な理解から，誘因，維持要因，および弱点や保護要因といった説明するための要因を明らかにする方向へと移行してゆくことになる。この概念化のプロセスを通して，セラピストは，ポールの強みについて尋ね，それに関心があることを示す。セラピストは，それらの強みを概念化に取り入れ，ポールのレジリエンスを高めるためにそれらを利用していくことになる。

　症例の概念化の経験がある本書の読者の方々であれば，次の段落で述べられている概念化のプロセスのどの部分にも，ある程度は馴染みがあるだろう。しかし，たとえ上級のCBTセラピストであっても，これらのうちのひとつかそれ以上の領域の経験やスキルに欠けていることが多い。セラピストは時折，クライエントと一緒に症例の概念化を実証的に検証するのを忘れてしまうことがある。クライエントの強みは，時々評価されることがあっても，必ずしも概念化モデルに取り入れられていないことがある。私たちは，症例の概念化が変化のための有効なるつぼとして寄与することを願っており，セラピー全体を通して，理論，研究，および症例の個々の側面をできる限り十分に統合することが重要であると考える。さらに，この統合の各段階では，話し合っている考えについて実証的な評価を加えながら，クライエントと協同的に行うことが最も重要であると私たちは考えている。

本章では，協同的経験主義が実践でどのように作用するかに焦点を当てる。多様な症例を見れば，協同的経験主義が理論，研究，およびクライエントの経験という3つの要素からいかに統合を生み出すかがわかる。

協同の実施

協同的な治療関係とは，セラピストとクライエントがお互いの考えを尊重し，セラピーの中でチームとして取り組むことで，クライエントの目標を達成しようとする関係である。セラピストがその道の専門家として「患者」に働きかけ，患者が専門家のアドバイスを受けるのを待っているセラピーモデルとは異なり，認知療法のセラピストは，参加者全員がセラピーのプロセスに同程度に貢献する関係を育む。同程度の貢献とは，セラピストとクライエントがそのプロセスに同じスキルや知識を提供するということではない。セラピストは，自分の教育的，個人的，および専門的な経験を持ち込む。理想的には，それらには実証的な知識の基盤が含まれている。一方，各クライエントが持ち込むのは，彼ら自身の個人的，対人的経験に対する独自の理解や認識と，変化に向けての努力に対する内的，外的反応への観察と報告の潜在能力である。

協同とは，セラピストとクライエントの両者の強みが組み合わされて，クライエントにとって最もためになるようなプロセスを言う。CBTの協同的な治療関係は，率直な話し合い，セラピーセッション内での協同的な枠組みの使用，ポジティブな治療同盟，セラピーの構造，およびセラピーの過程全体を通した同盟と構造の最良のバランスによって達成され，維持される。

率直な話し合い

通常，認知療法のセラピストは，最初のセラピーセッションで協同の重要性について率直に話し合う。それに引き続いて協同が実践されれば，簡単な説明で十分なことが多い。

セラピスト：*(最初のセッションの冒頭)* それでは，どのようにして私たちが一緒に取り組んでいったらいいのかについて，2, 3分ほど時間をとって話し合いましょう。私はあなたとひとつのチームになって取り組みたいと思っています。私は，気分や心配の問題をもった人たちの力になることについてはかなり心得ていますし，それまで以上にうまく対処できるよう多くの人を支援してきました。しかし，あなた自身が経験している気分や心配の問題についてはあなたが専門家です。あなたはご自身の経験を私にお話しいただき，私は私が知っていることをあなたにお話ししたらどうでしょう。そうすれば，私たちはあなたを支援することができる計画を編み出せるのではないかと思うのです。どうでしょうか？

エレン：ええ，そうかもしれません。

セラピスト：例えば今日は，あなたに幾つか質問をさせてください。いったいなぜ，あなたがここにいらっしゃったのか，その理由についてと，その他，あなたの困難と強みについてより多くのことを学ぶための質問です。進んでいくにつれて，あなたに役に立つのではないかと思う情報を私からあなたにお伝えしていくつもりです。しかし，それらの考えがはたして役に立つかどうか，私に知らせるのはあなたです。あなた自身のことについて話していただくとともに，私があなたにお話しすることが役に立つかどうかについてフィードバックをいただくことができますか？

エレン：もちろんです。

セラピスト：私たちは一緒に取り組んでいくわけですから，私に話した方がよい重要なことだとあなたが考え，しかもそれについて私がまだ尋ねていない場合には，そのことを話題に持ち出していただければと思います。よろしいでしょうか？

エレン：はい。良い考えだと思います。

セラピスト：今日，必ず話しておきたいと思うことは何か，まずはそれらすべ

てを簡単にリストアップすることから始めましょう。これは，あなたにとって最も意味のある形で私たちの時間を使うのに役立ちます。先ほども申し上げましたように，私は，なぜあなたがここにいらっしゃったのか，その理由を明らかにしたいと思っていますし，また，あなたについて，特に，つらい時期を乗り切るのに役立っていることは何かについて学びたいと思っています。（紙かホワイトボードに，「ここに来た理由」「困難な時期を乗り切らせてくれるもの」と書き，エレンに見えるようにする）何か忘れずに話しておきたいことはありますか？

エレン：　今日ここに来るために仕事を早退しなければなりませんでした。他に面接の時間をとることはできるのだろうかと考えていました。

セラピスト：そのことを話してくださってありがとうございます。それをリストに加えておきます。（「別の時間帯？」と書く）他には何かありますか？

エレン：　私は医師から，ある薬を処方されているのですが，それを飲むと神経質になるのです。他に私が服用できる薬はあるのでしょうか？

セラピスト：なるほど，薬のこともリストに書いておきましょう。（「薬」と書く）あ，それで思い出したのですが，今日あなたが到着されたときに記入していただいた気分質問票の結果についてお話ししたいと思っています。それは今日しましょうか？　それとも次回にしましょうか？

エレン：　今日がいいです！（セラピストは「気分のスコア」と書く）

セラピスト：他に何かありますか？

エレン：　（首を振って，いいえと伝える）

セラピスト：いいでしょう。（間）あと2つのことをリストに加えたいと思います。それは，もしあなたが望まれるなら，幾つか私に質問をす

る機会があるということ，それとこのセッションが役に立ったか，それともそうでなかったかについて，今日の最後にフィードバックをいただきたいということです。それでよろしいでしょうか？（エレンがうなずく。セラピストは，これら2つの項目をリストに加えたあと，リストを読み上げる）では，私たちは次のことについて話し合いたいと思います。あなたがここに来た理由，あなたに困難な時期を乗り越えさせてくれるもの，新しい面接時間，薬，気分の質問票に対するあなたの応答，私に対する何らかの質問，そして今日のセッションについてのあなたからのフィードバックです。もう2分，時間をとり，これらのことについてどのような順番で話したらいいか，またそれぞれにどれだけの時間が必要だと思うかを決めましょう。

協同的な枠組みの利用

　先の対話が示すように，望ましい協同のあり方について率直に話し合った後は，すぐに活発に協同の経験をしていくことになる。第1回目のセラピーセッションを計画し，構造化するのに力を貸すように誘われることで，エレンは，セラピストの言う協同の意味を直接学ぶ機会を得る。セッションが進行するにつれて，セラピストは相互作用を協同的なものにしていく。セラピストがそうしなければ，気づかないうちにセラピーが専門家と患者の間の力関係へと変化していきかねない。ではここで，協同的枠組みがよくわかる一般的によく見られるセッション中の出来事を2，3挙げてみよう。

- クライエントが理解していることを頻繁に確認する
「これがどういうことか，おわかりになりますか？　この考えがぴったり当てはまる例をあなたご自身の経験から挙げてくださいませんか？」
- セッションのアジェンダの変更を交渉する
「実は，あと15分間しかないようです。いま私たちが話していることがあ

なたにとって重要であることはわかりますが，あなたは薬のことや面接時間の変更についてお話ししたがっていましたよね．また私は，今日のセッションについて何らかのフィードバックをいただけたらと思っていました．このまま［現在の話題］について話を続け，他のことは次回にしましょうか？　それともすぐにこれらの他の話題に切り替えた方がよいですか？

- ホームワーク課題を協同的にデザインする

「今日，あなたはご自身の思考と気分の結びつきについて，幾つか重要な観察をしましたね．この情報をあなたご自身にとって役立つよう活用するために，今週どのようなことができるか，それについて話し合ってみましょう．（間）私は時々みなさんに，気分が活性化されたときに幾つか思考を書き出してみてください，とお願いしています．そうすることによって自分の思考がよりはっきりわかって，それが自分の信念の検証に向けた第一歩になります．これはあなたにとっても役に立つと思いますか？　それとも，何か他にアイデアがおありですか？」

- セラピーの選択事項についてクライエントの意見を求める

「あなたがご自身の困難について述べていらっしゃるのをお聞きしていると，あなたは，うつ病とパニック発作の両方に苦しんでおられるようです．こうした心配のいずれに対しても優れた治療法がありますが，ひとつずつ取り組んでいく方が有益かもしれません．ひとつずつ取り組んでいくことにしても構いませんか？　［もしそうであれば］最初にどちらの問題に取り組みたいですか？　そうするのが最善だと思う理由は何でしょうか？」

協同的な枠組みを定期的に用いることは，クライエントがセラピストの判断に従ってしまう傾向を最小限に抑えるのに役立つ．それはまた，セラピストとクライエントが図らずもそれぞれ別の目標を追求したり，あるいは異なる期待のもとで作業してしまったりする場合に結果的に生じる不必要なセラピーの葛藤を軽減することにもなる．セラピストの努力にもかかわらずクライエントが意見を表現するのを控えている場合，セラピストは，その姿勢について直接尋

ねることになるだろう。時にクライエントは，それまで自分の意見に他の人が関心を示した経験が少なく，そのため個人的好みに注意を払うことを学んでこなかったということがある。これはスキルの問題であり，各セッションの前に時間をとって，アジェンダの項目になり得るものについて考えておくようクライエントに求めたり，セッションの最中にクライエントに自分の好みについて考える時間を与えたりすることで対処可能である。また，信念が邪魔してクライエントが自分自身を表現できない場合には，セラピストはクライエントがこれらの信念を同定し検証するのを助けることができる。

協同的な枠組みとは，クライエントが求めることをセラピストが必ずしも常にセラピーで行うということではない。クライエントの選択が的外れである場合には，セラピストも自分自身の意見を述べる。理想的には，その意見は実証的な根拠か，あるいは専門的経験に基づいたものであり，クライエントに効果的に伝えられることになる。例えば，クライエントが中心的な懸念に取り組むことを回避するような話題を一貫して選択する場合，セラピストはそれを指摘し，いったいどのような思考あるいは恐怖が，クライエントが特定の課題に取り組むのを妨げている可能性があるか，クライエントに尋ねる。あるいは，実証的根拠から禁忌とされる治療をクライエントが要求してくる場合（健康上の心配を抱えたクライエントが，特定の症状が深刻なものではないという安心をセラピストから得ることに各セッションを費やしたがっている場合など），セラピストは，当のクライエントが好む治療アプローチが有益である可能性が低いことをクライエントが理解できるようにする (Warwick, Clark, Cobb, & Salkovskis, 1996)。ポジディブな治療同盟が存在すれば，セラピストにとってもクライエントにとっても，こういった意見の不一致を協同的に解決することははるかに容易なものになる。

治療同盟

構造化されたセラピー形式の中でセラピストが確かな治療同盟を維持するとき，CBT の有効性は高まる (Beck et al., 1979; J. S. Beck, 1995; Padesky &

Greenberger, 1995; Raue & Goldfried, 1994)。ポジティブな治療同盟は，CBT (Raue & Goldfried, 1994) を含め，精神療法におけるポジティブなアウトカムと関連がある (Horvath & Greenberg, 1994)。しかし，認知療法のセラピストは，ポジティブな治療同盟それ自体が最善のセラピーのアウトカムを保証するとは考えていない。認知療法のセラピストは，ポジティブな治療同盟という文脈の中で，経験に裏づけられたセラピーの方法を用いようと努力するのである。

　ポジティブな治療同盟と実証的に裏づけられた治療方法はいずれも，セラピーのアウトカムを向上させる。ポジティブな治療同盟が実証的に裏づけられた方法を強化するというエビデンス (Raue & Goldfried, 1994) が存在するだけでなく，有効なセラピーのアプローチがよりポジティブな治療同盟につながるというエビデンス (DeRubeis, Brotman & Gibbons, 2005; Tang & DeRubeis, 1999) も存在する。

　作業同盟尺度 (Working Alliance Inventory) (Horvath, 1994) のような治療同盟の尺度は，同盟の次の3つの側面を評価する。(1) ポジティブな結びつき，(2) セラピーの課題に対する合意，(3) セラピーの目標に対する合意，である。これらの同盟指標はそれぞれ，CBTの実践の基本原理と一致している (Beck, et al., 1979)。セラピーの課題や目標に関する意見の不一致を協同で解決することは，治療同盟を維持あるいは修復するのに役立ち，したがってセラピーのアウトカムを高めることができる。

セラピーの構造

　CBTでは，セラピーのセッションは，各セッションの効果が最大に高まるように構造化される。典型的なCBTのセッションには，次の要素が含まれることになる：アジェンダの設定，前回のセッション以来クライエントが身につけてきたことの再検討（ホームワーク課題やセラピーの焦点に関連した生活上の出来事など），新たな学習とスキルの紹介，現在のクライエントの課題に対する新たな考えの適用，当のセッション後の（数）週間分の学習課題の構築（すなわち，ホームワーク），および当のセッションについてクライエントから

のフィードバック (J. S. Beck, 1995; Padesky & Greenberger, 1995)。協同は，セラピーの構造を維持するのに役立つ。特に，クライエントが構造の利点を理解している場合にはそうである。アジェンダを設定するときにはクライエントがリードするが，セラピストもセッションの話題について考えを提供したり，提案をしたりする。一般に，セッション時間のほとんどは，ホームワーク課題から学んだことをクライエントが報告したり，信念を検証したり，スキルを教えたり，さらにセッション外で信念を検証してスキルを練習する方法を工夫したりすることに費やされる。

　セラピーのセッションが1時間以内で構成されるのとちょうど同じように，セラピーセッション全体にわたってCBTの一般的構造が存在する。第5章で説明しているように，概して初期のセッションでは，提示されている課題を同定し，概念化する。治療計画が手直しされるにつれて，中期のセラピーセッションではクライエントの困難を維持している自動思考，基礎的前提，および行動に対応し，関連した新たなスキルをクライエントに教えるとともに，ますます困難になっていく生活環境にクライエントが新たなスキルと信念を適用するのを助けることが系統的に行われる。後期のセッションでは，クライエントが再発の可能性を減らし徐々にレジリエンスをつけていくために，既存の強みとともに新たに習得したスキルや信念をいかに活用することができるかを検討する。

構造と同盟の最良のバランス

　セラピストの中には，構造化されたアプローチは治療同盟を弱体化させる，あるいはセラピストがセッション内容をコントロールすることにつながると信じている人が多い。しかし，この信念は研究によって裏づけられたものではない。数十年前，Truax (1966) は，Carl Rogersによって実施された，クライエント中心療法におけるセラピストとクライエントの相対的影響を研究した。Rogersは，当アプローチの創始者である人物である。Rogersは，クライエントの言語的な表現を注意深く観察し，指示的な介入ではなくむしろリフレ

クティブなコメントを行った。驚いたことに，その研究からは，クライエントではなくセラピストがセラピー時間の内容をコントロールしたことが明らかになった。しかも極めて非指示的であるように意図された介入の場合でさえそうだったのである。Truax は，クライエントが，セラピストのちょっとした意見や非言語的な表現にも調子を合わせ，セラピストからポジディブな関心や反応を得られた話題についてより詳細に話すことを発見した。そのため，非指示的なセラピーを試みた場合でさえ，結果的には図らずも極めて指示的なものになってしまうのである。

　当然ながら，構造化されたセラピーも極めて指示的で，セラピストの見解しか反映しない可能性はある。セラピーセッションの最中にセラピストの影響を取り除くことは不可能である。しかも，セラピストは専門家としての知識と専門性ゆえに雇われていることを考慮すれば，セラピストの影響を取り除くということには意味がない。しかし，CBT のセラピストは，クライエントが一緒にセラピーの内容と進行をコントロールするのが望ましいと信じる。そのため CBT では，理想的な治療関係にはセラピストとクライエント間の積極的なチームワークが必要であると常に主張されてきたのである (Beck et al., 1979, p.54)。

　セラピーでの協同的に構造化されたアプローチは，クライエントとセラピストがセラピーセッションに対する影響を共有することを確実にするための最善の方法かもしれない。Truax (1966) の研究からわかるように，明白な構造があろうとなかろうと，セラピストはクライエントのコメントのどの部分に質問し，意見し，解釈するかを選択することによって，セッションの方向性をコントロールする。クライエントは，アジェンダを設定し，話題の優先順位を決め，そしてセッション内での選択について決断を下すよう求められるときに，自分自身のセラピーに対してより大きな影響を及ぼすことになる。クライエントの関与が大きくなればなるほど，治療同盟はより一層強化される可能性がある。またそれは，クライエントが認知行動療法セラピストが同盟的であると高く評価することの一因でもあるかもしれない (Raue & Goldfried, 1994)。ある研究では，治療構造からの逸脱がなぜセラピーのアウトカムを損なわせることにな

るのかを検証した（Schulte & Eifert, 2002）。その研究からは，セラピストがセラピーの方法（暴露など）から，セラピーのプロセス（患者の動機に取り組むことなど）へと移行するのが早すぎたり，多すぎたり，そして時にはそうする理由が間違っている場合さえあることが明らかになった。

　認知療法が構造化されすぎることはあり得るのだろうか？　構造と関係の要因はバランスを取って，それぞれを最大限に活用すべきである。

　　　セラピストは話すべきときと聴くべきときの頃合いを慎重に見計らう必要がある。セラピストがあまりにも頻繁に話に割って入ったり，無神経な，あるいは素っ気ないやり方でそうしたりすると，患者は阻止された気持ちになり，ラポールが損なわれてしまうだろう。一方，セラピストが長い沈黙を許したり，明らかな目的もないままに患者にとりとめもなく話をさせたりするだけの場合でも，患者は過度に不安に陥るかもしれず，ラポールは徐々に消えていってしまうだろう（Beck et al., 1979, p.53）。

　CBT のセラピーの構造とアウトカムの間には正の相関関係があることが研究から明らかになっている（Shaw et al., 1999）。したがって，構造と関係双方の要因の最良のバランスを図ることが，おそらく治療同盟を損なうことのない，最も可能性のある構造ということになるだろう。当然のことながら，構造の程度と本質は，セラピーの課題によってさまざまに変化する。特定の学習課題を設定しようとしているときには，より構造化されることになるかもしれない。一方，クライエントとセラピストが新たな話題を探求しているときには，さほど構造化されないこともある。先ほど引用した本で強調して述べられているように，心温かく共感的な関係があれば，より構造化されていても耐えられる可能性が高くなる。加えて，以下の発言の例にあるように，構造の目的がクライエントに対して明確にされているときに，協同と同盟が強くなる。

セラピーの構造に文脈を提供するセラピストの発言

- 「あなたにはそれぞれの面接から最大限のものを得ていただきたいと思っています。ですから，セッションを始めるときに，その日に達成すべき最も重要なことについて話し合う時間をとることにしましょう。それからセッションの計画を立て，私たちが軌道に乗っているか，また進歩しているとあなたが感じているかどうかを定期的に確認します」

- 「[この問題に対して] 有用な方法で，あなたのために役立つ可能性があると思われるものが幾つかあります。次回からの数回のセッションを，この段階的なアプローチを試してみるのに使ってもよいですか？ このアプローチがあなたにとってどれほど有用と感じられるか，面接を進めるなかでフィードバックしていただきたいと思います」

- (長々と多くの逸話を語り続けるクライエントに対して)「その詳細について私にお話しくださることは，あなたにとって大切なことなのでしょうね。そのお気持ちはわかるのですが，同時に私は心配してもいるのです。もっとあなたのためになることで，私に提供できることがあるのではないかということです。私たちの時間の大半が，あなたがご自分の心配事について説明することに費やされてしまうと，あなたを支援するための選択肢について話す時間があまりなくなってしまいます。もし私が時々あなたの話に割って入り，詳細をすべてお話しになるのではなく，主な考えを私に伝えてくださるようお願いしたとしたら，あなたはどのようにお感じになりますか？ ——そうすれば，これらの課題についてどのようにあなたの力になったらいいかについて話すために，もっと時間がとれるようになると思うのです」

これまで述べてきたことは，CBT における協同的関係の特色を具体的に示している。協同は，CBT のすべての側面に浸透する基礎的なプロセスであるとともに，症例の概念化の自然な構成要素でもある。セラピーにおける協同的な姿勢がクライエントのより積極的な関与を引き出すのと同じように，次の項

では，認知療法と実証的アプローチがその関与の本質をいかにポジティブに導いていくかについて示すことにする。

経験主義の実施

　経験主義という言葉は，CBTの実践の幾つかの側面を含んでいる。すなわち，認知療法と研究に関するセラピストの知識，セラピーセッションにおける科学的方法の使用，およびエビデンスに基づいた実践方法の優先的選択，である。経験主義がない場合，るつぼの中の考えはすべて同等の重要性をもつことになる。

　第一に，セラピストの知識の基盤と言うとき，そこには経験に裏づけられた治療はもちろんのこと，特定の問題に対するエビデンスに基づいた理論と概念的モデルに精通していることも含まれる（BOX 1.3参照）。これらが足場となり，私たちはその範囲内で，クライエントとのCBTの症例の概念化を行うのである。こうした知識は，セラピストが類似の障害を識別し，特定の障害で思考，行動，感情，および生理学的反応が一般にどのように結びついているかを知り，最も有効と思われる治療を選択する際に役に立つ。セラピストは，理論に精通していればいるほど，症例の概念化というるつぼの中で協同的にクライエントの経験と理論をより自然な形で合成することができるのである。

　経験主義の第二の側面は，セッションの中で科学的方法を使用するということである。これは，クライエントに経験主義を促すことになる。セラピストとクライエントは，クライエントの人生から導き出された資料に基づいて，クライエントの困難を概念的に理解する。個々のクライエントの実証的根拠に着目することで，特定の信念，行動，環境的文脈，および感情的反応が，そのクライエントの問題の維持において重要な役割を果たしていることが明らかになることが多いからである。したがって，実証的枠組みを用いることによって，クライエントの最も中心的な課題の詳しい検討にセラピーの時間を効果的に費やすことができる可能性が高まる。クライエントの経験にぴったり一致するよう

に思われる認知モデルをセラピストがもっている場合，セラピストはそのモデルが示すクライエントの経験を理解できるように導きながら，それを紹介していく。一方，クライエントの経験にぴったり一致する既存のモデルが何も存在しない場合には，セラピストとクライエントは，クライエントの経験の各側面間の結びつきを詳しく観察し，その観察から得られたことに基づいてモデルを組み立てていく。いずれの場合も，概念的モデルは，それがクライエントの経験に重なり，その後のクライエントの経験をきちんと予測できるかどうかを確かめることによって実証的に検証される。

　第3に，CBTのセラピストはまず，特定の問題についてエビデンスに基づいた理論を考える。そのようなモデルが存在しない場合，あるいはそれがクライエントの経験にぴったり一致しない場合にのみ，セラピストは一般的なCBTの枠組み，もしくはその他の何らかのモデルに頼ることになる。概念化モデルは，その源が何であろうと，その基準が個々のクライエントにとってエビデンスに基づいているかどうかを調べるために，クライエントの人生から得られた資料と比較される。エビデンスに基づいたモデルを協同で検証することによって，結果的に最も効率の良い，最も有効な症例の概念化に到達することができる。さらに，エビデンスに基づいた概念化を行うことにより，問題がポジティブな展開へと変化する希望が最も高まる。

セッションにおける実証的な概念化のプロセス

　エビデンスに基づいたモデルがクライエントの提示する課題にぴったりと一致しているかどうかの検討は，通常，次の方法を活用することで達成される。(1) 観察，(2) ソクラテス的対話，そして (3) 行動実験，である。これら3つの方法のいずれにおいても，好奇心は欠かすことができない。

好奇心

　クライエントにとってセラピストの好奇心は，経験主義の顔のようなものである。熟練したCBTのセラピストであれば，認知理論について教訓的に説明

するのではなく，むしろクライエントの意見，洞察，観察，および選択に対して頻繁に，心からの関心を表現するだろう。なぜなら，彼らは，クライエントが自分の経験をどのようにとらえているかを理解したいからである。セラピストが好奇心を示すことによって，クライエントが自己観察や自己表現に慣れてくるだけではない。それは，クライエントの好奇心を刺激する導火線ともなるのである。好奇心はクライエントを活性化し，クライエントが恥や困惑の気持ちから自然に物事を回避するのを克服する手助けをする。

　例えば，ガブリエルというクライエントは，職場の同僚やほとんどの友人に対して自分の問題を隠そうとしていた。ところが，問題行動が思考と感情にどのように結びついているかについて彼のセラピストが好奇心を示したところ，ガブリエルは反感ではなくむしろ興味をもって自分の思考と感情を観察し始めた。好奇心という雰囲気がなかったら，ガブリエルは思考や感情について報告するのを困難に感じたかもしれない。というのも，それらの思考や感情は彼の困難の中心ではあったものの，彼が現実に問題のある状況にいないときには，彼にとって「馬鹿げて」感じられるものだったからである。

　好奇心は，経験主義の力の源である。第2章で解説した意思決定の過ちのリスクのために，セラピストは，仮説が確証されない可能性に常に心を開いていなければならない。それは，クライエントの経験にぴったり一致するとセラピストが確信する，エビデンスに基づいた既存のモデルが存在するときには特にそうである。このような場合，セラピストは，そのモデルにぴったり一致するクライエントの観察と，一致しない観察に関して，同等に注意と好奇心を払うことが重要である。さもなければ，表現された好奇心は，セラピストの信念を患者に納得させるための見え透いた手段となってしまう（Padesky, 1993）――第1章で解説した，プロクルステスのアプローチのように。次の症例は，選択された概念モデルにクライエントの観察が一致しない場合の，セラピストの好奇心の重要性を示している。

《キャサリン：症例》

　キャサリンは，神経内科医から身体的問題をすべて否定されたうえで，パニック障害に対する認知行動療法のために紹介されてきた。キャサリンは 72 歳の年配の女性で，歩いているときにふらつき，不安定であるという症状を報告した。彼女は，歩行車を使用したいと強く求めた。失神して歩道に頭を打ちつけるのを恐れてのことである。彼女は，自分の頭蓋骨が割れて，脳出血が起こり，死に至るという状況を不安を感じながらはっきりとイメージしていた。彼女の症状は器質的には一切説明できないという医師の確信に基づいて，セラピストは，パニック障害に対する CBT を開始した。CBT 理論によると，パニック障害は身体的および精神的感覚に対する破滅的な誤解の結果として生じ，安全行動と，当人を不安にさせる感覚に一層集中することの両方によって維持される (Clark, 1997)。

　キャサリンはセラピーにやってきたとき依然として，自分には何か，失神と転倒を引き起こしやすくしている身体的問題があるはずだと信じていた。そこで彼女のセラピストは，それに代わる説明をキャサリンと共に詳しく検討した。それは，彼女は恐怖のために安全行動として歩行車に依存するようになっており，さらに，歩行車を使用するために彼女の脚は弱くなり，筋力が低下して一層不安定になっているという説明である。加えて，セラピストは，パニック治療のプロトコル (Clark, 1997) によって推奨されている誘導実験を通して，キャサリンのふらつきが身体的問題を示すものでなはなく不安の症状である可能性があることを彼女が理解できるようにしていった。

　キャサリンとセラピスト双方が説明に用いている仮説を検証，比較するために，キャサリンは，セラピーの内外で一連の行動実験を始めた。彼女は，理学療法士によって処方された運動によって脚の筋肉を強化し始めた。加えて，歩行車の補助なしで歩く距離を徐々に長くした。4 週間の治療の後，キャサリンはまだたまに一時的なふらつきがあるとしながらも，幾らか歩行が安定してきたと報告した。セラピストとクライエントは二人とも，彼女の症状を説明するパニック障害の認知モデルに対する確信を強めた。

第5週目に，キャサリンは夫の隣で補助なしで歩いていたときに失神した。失神に対する恐怖はパニック障害の認知モデルと一致するものであるが，実際の失神となると，そうではない。セラピストは好奇心をもち続け，キャサリンが失神したとき過度に暑かったか，あるいは空腹だったかどうかを彼女に尋ねた。これら2つの身体的状態は，年配の女性の失神を説明するのに参考となるからである。キャサリンと彼女の夫によって，そのときは涼しく，彼女はその1時間前に昼食をとっていたことが確認されると，セラピストは，キャサリンのふらつきが不安に関連したものであるという当初の仮説に疑念を抱き始めた。しかも，キャサリンは，失神したときに自分はどう考えても不安ではなかった，とセラピストに告げた。彼女は歩いていて，一時的にめまいを感じ，その後意識を失った，ということだった。

　実際の失神は，パニック障害よりもむしろ器質的な原因と一致するものである。そのためセラピストは，さらに詳しく検査するためにキャサリンを元の神経内科医に紹介し直した。より詳しい脳スキャンによって，キャサリンの脳内に小さな腫瘍があることが明らかになった。その腫瘍が神経を圧迫して症状を引き起こしていたのである。彼女が訴えている課題を解決するためには，外科手術が必要だった。

　キャサリンのセラピストは，治療全体を通して優れた経験主義を示している。第2章で解説しているように，セラピストが意思決定のための発見的手法を誤った方法で用いる可能性はさまざまな形で存在する（仮説を裏づける確証的なエビデンスばかりを求める，など；Garb, 1998）。最初の医師の報告によって症状に対する器質的原因がいったん除外されると，セラピストはキャサリンの経験を理解するために，エビデンスに基づいた生理学的モデルを選択した。そして彼女の症状に対するCBTのパニック障害のモデルの適否を評価するために，一連の実験を設定した。はじめのうち，実験結果はこのモデルを支持していた。キャサリンは脚が強くなり，より安定して歩行できるようになったからである。しかし，キャサリンが失神したとき，セラピストはこの経験に十分な注意を払った。その経験が，パニックの認知モデルの予測と矛盾するものだっ

たからである。心理学的説明がクライエントの経験にうまく適合しなかったときに、器質的な説明に対する新たな好奇心を提唱したことは、セラピストの功績である。この例でセラピストは、キャサリンと一緒に継続的かつ協同的に仮説を評価し、新たな予期せぬ結果が生じる可能性に心を開いていたのである。

キャサリンの症例は特殊である。通常、器質的な問題が除外され、クライエントの提示する課題がエビデンスに基づいた既存の概念モデルとうまく調和している場合、徐々に収集されてくるクライエントの資料は、心理学的説明と依然として一致するものだからである。次の項では、クライエントをエビデンスに基づいた概念モデルの探求に従事させるために、セラピストはどのように協同と経験主義の原理に従っていけばよいかを説明する。

エビデンスに基づいた既存の概念モデルを用いる場合の経験主義

最初の面接の後、CBT のセラピストは、クライエントの経験を理解するための説明に役に立つエビデンスに基づいた概念モデルが、ひとつもしくはそれ以上あることに気づく。協同的経験主義を取り入れているセラピストであれば、クライエントに対して単に、「あなたは抑うつ状態に陥り、不安になっているように見えます。抑うつと不安がどのように作用するのか、私がお話ししましょう」といった言い方はせず、クライエントの観察結果を集めるための質問をし、それらの観察結果を利用して、クライエント自身の経験からそうした概念モデルを導き出そうとするだろう。例えば、デモフィルムの中で Padesky (1994b) は、メアリーというクライエントと協同的に症例の概念化を行った。メアリーは心臓の鼓動が速くなるといつもパニックになっていたのである。

このセッションのはじめに Padesky は、メアリーに、最近のパニック発作の際の自分の感覚、思考、感情、および行動を同定するよう求めている。メアリーの答えは、彼女とセラピストの両者がそれらの間に結びつきを探せるように書き出され、それが実証的資料の第 1 レベル——すなわち、クライエントの自然発生的な経験の観察——となる。Padesky は、メアリーが最近のパニック発作の際に最も恐ろしくなった感覚を同定するのを支援したあと、「[それらの感覚]

を経験しているときに，あなたの心をよぎったものは何でしょうか？」と尋ねる。特定の身体的感覚と悲劇的な思考やイメージとを結びつけるようにメアリーに求めたあと（例：「これらの症状が起きると，私は自分が心臓発作を起こすはずだと確信しました」「私は自分のお葬式を見ていました」），Padeskyは，メアリーの報告した経験にぴったりと一致するパニック障害のCBTモデル（Clark, 1997）を彼女に示す。

次にPadeskyは，メアリーとセッション内での行動実験を開始し，彼らの両方が過呼吸をしてみて，その結果どのような感覚と思考が生じるかを観察してみることを提案する。過呼吸実験の後，Padeskyはメアリーの協力を得て，この第2レベルの実証的資料——すなわち，信念を検証するようにデザインされた実験での経験の観察——を書き出してもらう。この症例では，心臓が鼓動し，胸が苦しくなり，指がしびれ出すと心臓発作を起こすことになるというメアリーの信念は，1分未満の過呼吸によって引き起こされた同様の症状の文脈の中で評価される。

クライエントの，自然に発生したパニック発作の際に行われた観察と，実験的な過呼吸の中で行われた観察を比較することによって，Padeskyは，クライエントが自分の経験について，次の2つの可能性のある概念化を比較できるように手助けすることができる。その2つの概念化とは，(1) 彼女の身体的な症状は心臓発作の前兆である，もしくは，(2) 彼女の身体的な症状は危険なものではないが，過呼吸と不安のどちらにも一般的に見られる，というものである。以下の抜粋（Padesky, 1994b）を見ると，Padeskyは，クライエントが2番目の概念化を選ぶよう仕向けるのではなく，ソクラテス的対話を用いて，クライエントを経験の分析へと導いていることがわかる。

Padesky：*（過呼吸の直後に）* あなたが経験している感覚はどのようなものですか？
メアリー：本当に，頭がくらくらします。
Padesky：頭がとてもくらくらしているのですね。まさしく目がまわってい

         るように感じるのでしょうか，それとも今にも気絶しそうな感じで
         しょうか？
メアリー：ええ。はい，……本当に病的な感じです。
Padesky：その他の症状は？
メアリー：心臓がバクバクいっているのが聞こえる気がします。
Padesky：心臓がとても激しく鼓動しているのですね。
メアリー：はい。
Padesky：あの窒息しそうな感じについてはどうでしょうか？
メアリー：はい。
Padesky：では，すべての症状があるのですね。
メアリー：はい。
Padesky：どのような思考やイメージを抱いていますか？
メアリー：観察のための医師［内科医］が二人，［この臨床的デモを見に］来
         ていたのを思い出しました。
Padesky：何のために私たちには医師が必要だと思いましたか？
メアリー：私が心臓発作を起こすかもしれないからです。
Padesky：では，あなたが心臓発作を起こすかもしれないというのは，今，あ
         なたにとってとても信憑性のあることなのですね。
メアリー：とても現実的に感じられます。
(1分後，この面接の中で)
Padesky：過呼吸は……身体的な感覚がどのようになるのでしょうか？
メアリー：「過呼吸は，速い呼吸を引き起こし，心拍数を高める，めまいを引
         き起こす可能性もある」(と書く)
Padesky：では，過呼吸はそれらの症状をすべて引き起こす可能性があると
         いうことです。そのせいで胸に重苦しさを感じる可能性はあります
         か？
メアリー：わかりません。そのような感覚はありませんでした。
Padesky：あなたが「象が胸の上に座っている」とおっしゃったときはどうだっ

たでしょうか？
メアリー：ちょうどとても怖くなったときです。あの時，そう感じました。呼吸が速くなり始める前に，そう感じたんです。
Padesky：では，不安になると，それが原因で胸苦しさが起こり得るということですね？　不安であることが，「胸の上の象がいる」感じを引き起こす可能性があるということですね？
メアリー：はい。
Padesky：それを書き留めておいていただけますか？
(メアリーがさらにもう2, 3の観察を書いた後)
Padesky：今，あなたは症状を幾つ経験していますか？
メアリー：今はずっと気分がよくなりました。
Padesky：そのことについて，どのように説明なさいますか？　2, 3分前，あなたにはこれらの症状がすべてありました。そして今，気分がよくなっているのですよね？
メアリー：書いているときは，それほど不安でなくなります。
(この観察について 2, 3のやりとりをした後，メアリーは自分の観察のまとめを書き，自分が言った言葉のそれぞれに対する確信を 95 〜 100%と高く評価する)
Padesky：では，これらの言葉をそれぞれ声に出して読み，それらについて考えてみてください。
メアリー：(自分のまとめを読む)「過呼吸は，速い呼吸を引き起こし，心拍数を高め，めまいを引き起こし，呼吸を浅くする可能性がある。不安は，胸苦しさや，窒息しそうな感覚を引き起こすことがある。これらの感覚は，私がそれに集中していないときには軽減する。私がそれらの感覚に集中すると，強まる」
Padesky：この一連の文章は，あなたが経験してきたパニック発作を理解するのに役立ちますか？
メアリー：はい。
Padesky：これらの文章が示唆することを，あなた自身の言葉で述べていただ

けますか？

メアリー：ええっと，私は，何か［ひとつの症状］に気づいたとたん，それを強めてしまっていたのだと思います。なぜかというと，私はそれにたくさんの関心を払い，判断し，確認し，診断を下し，そうして，私が確認した各症状が強まってしまったからです。

(数分後，Padeskyがまとめをする)

Padesky：ということは，私たちには検証すべき仮説が2つあることになります。1つ目の仮説は，「これらの症状があるとき，それは心臓発作を起こしそうであることを意味する」(と書く)。2つ目の仮説は，「それらの症状があるとき，それは，不安であるけれども，現実的な危険は何もなく，実際にはその症状というのは，ほんのちょっと呼吸が浅くなったか，あるいは速くなったために起こっているのかもしれない」。ほんの少し呼吸がそのようになっただけでも，そのような感覚を引き起こす可能性があるということです。例えば，私たちが［過呼吸を］始めたとき，あなたがそのような感覚を持ち始めるまでに何秒かかりましたか？

メアリー：ほぼ即座にです。

Padesky：「たとえ2，3回の呼吸でもそのような感覚に至る可能性がある」(と書く)

このデモ・セッションが示すように，症例の概念化がエビデンスに基づいた既存のモデルを基盤とする場合でも，この概念化をクライエントと協同的に導き出すことは依然として可能である。セラピストが徹底的に調査することで，関連のあるクライエントの観察は，るつぼに確実に加えられる。そうすることで，セラピストとクライエントが，理論に基づく概念化がクライエントの経験に重なるかどうかを評価できるようにするのである。行動実験は実証的推論に依拠するものであり，それはクライエントが競合する説明を比較して考察できるように，関連した変数を操作することによって行われる。ソクラテス的対話

は，個人的経験の中で概念化モデルが具現化される際に，その重要な側面に着目し，評価するようクライエントを導くのに用いられる。クライエントの観察，行動実験，およびソクラテス的対話は，認知行動療法のセラピストがるつぼの中に「熱」を提供するために採用する，3つの一般的な実証的手段である。そうすることによって，エビデンスに基づいた一般的な症例の概念化が，クライエントの個人的経験にぴったり一致する適切な説明であるかどうか，クライエントが評価できるようにするのである。

特異的な概念化モデルの生成における経験主義

　クライエントの経験は，エビデンスに基づいた既存の概念化モデルにぴったりと適合しないことが多い。クライエントには，しばしば複数の診断がつく。そのためセラピストは，エビデンスに基づいた関連するモデルを幾つか見つけるかもしれない。モデルのそれぞれが，クライエントの懸念の異なる部分に当てはまるのである。クライエントの中には，極めて特異とも言える問題を報告する人もいる。このような症例では，セラピストは，基礎的な CBT の概念化モデルの要素（思考，感情，行動，および身体的反応は相互に作用し合う；信念はしばしば行動を導き，感情的反応の意味を理解するのに役立つ）を利用するとよい。クライエントと協同で取り組むなかで，基礎的な CBT モデルは，クライエントが提示する課題を説明できる個別化された概念化の基礎を形成し得るからである。急性の問題については，セラピストとクライエントは，標的とする状況で相互に結びついている自動思考，感情，および身体的・行動反応を同定する。長期的な課題に関しては，現在の課題の根源とその維持要因についての理解を助けるために，中核信念，基礎的前提，およびそれに関連した行動戦略が同定される。個別化された概念化は，先に概説したのと同じ治療プロセス（クライエントの観察，行動実験，およびソクラテス的対話）を通して導き出される。

《ローズ：症例》
　ローズは，31歳のコンピューター・プログラマーである。彼女は，不眠症，職場での不安，および実家，特に二人の妹との間で最近生じている葛藤のためにセラピーを求めている。主訴についての彼女の最初の説明から，セラピストは，ローズが社交不安，差別に関連した問題，そして／あるいは極めて過酷な仕事に結びついたストレス関連の問題を経験しているのではないかと推測した。追加的な次元として，セラピストは，彼女の文化的経験が彼女の問題にどのような役割を果たしているのだろうかと考えた。ローズは，ラテン系（アメリカに住むメキシコ系アメリカ人3世）で，ローマカトリック教徒（もはや教会に出席していない）であり，レズビアン（相手とはうまくいっており，深い仲になって5年が経つ）である。7人きょうだいの長子で，大家族の中で最初の大卒者であり，男性優位の分野で自立している女性である。セラピストは，症例の概念化の過程でこれら4つの要因（社交不安，社会差別，仕事のストレス，文化）のそれぞれについて考えた。もちろん，重要であることが判明するかもしれない，予期されていない要素についても，その可能性の余地を残していたことは言うまでもない。
　ローズと彼女のセラピストは，彼女の中心的な問題に対する最初の理解に達するために，最初の3回のセラピーセッションの過程を通して積極的に協力した。インテーク時，ローズは，自分の思考プロセスよりも，身体的状態（首の痛み，落ち着きのなさ，焦燥，疲労）と感情（神経過敏，いらいら）の方をずっと強く自覚していた。そのためセラピストはローズに対して，彼女が夜眠れずにベッドで横になっていたり，仕事中に首の張りが増していくのに気づいたり，きょうだいたちと口論になったりするときに，心に浮かんでくることを観察するよう勧めた。

　クライエントの観察　2回目のセッションで，ローズの観察から，彼女の課題を理解するために不可欠な情報が導き出された。彼女は，夜眠れずに横になっているとき，主に2つのことについて考えていると報告した。それは，(1) や

り終えていない仕事のプロジェクト，(2) 人々が彼女の話に耳を傾けなかったり，彼女のことを尊重しなかったりしたことに対する欲求不満についてであった。ローズは，妹たちがもはや彼女の話に耳を傾けなくなってしまったことに傷ついていた。妹たちが子どもの頃は，母親が仕事をしている間，ローズが彼女たちの面倒を見ていたのである。今では妹たちも大人になり，ローズは彼女たちがローズのことを批判し，彼女の意見を無視し，レズビアンとしての彼女のアイデンティティを非難している，と思っていた。

彼女はまた，職場のチームが制作していたソフトウェアの「欠陥」について，彼女が内々に報告したのをチームの男性陣が無視した，と確信していた。彼女は，会社の製品テストの段階でそれらの欠陥が発覚したら，自分がソフトウェアの問題について責められるのではないかと心配していた。しかし，彼女は自分の懸念について声高に主張するのは危険であると感じていた。数カ月前に彼女がこのチームの仕事に加わったのは，スケジュールが遅れていたからであった。ローズは，この新しいチームに加わった最初の日から，自分が重要視されていないと感じたことを思い出した。最初の日，それまでは全員男性であったそのグループ・メンバーの一人が，彼女のことを名指しでからかったのである（「はてさて，女性がチーム・プレーヤーになれるものか，とくと拝見しようじゃないか。君は学校では何かスポーツをしていたの？」）。

ソクラテス的対話　ローズの不安がストレスもしくは差別に結びついたものであり，社交不安ではないとする仮説を評価するために，セラピストはローズに一連の質問をした。

セラピスト：ローズさん，あなたがソフトウェアの問題を報告することについて考えていて不安に感じるとき，最も心配することは何ですか？
ローズ：　　チームプレーをしないと困ることになるということです。
セラピスト：起こり得る最悪のことは何でしょうか？
ローズ：　　彼らは，ソフトウェアに関する私の仕事を邪魔するために，重要

なコードを私から隠してしまうかもしれません。
セラピスト：では，あなたは，彼らの批判よりも，彼らからの仕返しの方を心配しているといった方が正しいのでしょうか？
ローズ：　その通りです。私は，彼らが私のことを好きかどうかなんて気にしません。でも，良い仕事をしたいと思っています。そうすれば昇進できるからです。もし私が，彼らの「チームのルール」に従わなかったら，彼らは私の仕事を非常にやりにくくしかねないのです。

> **セラピストの頭の中**
> 認知特異性理論（cognitive specificity theory）（Beck, 1976）は，特定の種類の思考をそれぞれの感情に結びつけるものである。思考についてのローズの自己報告からは，彼女が不安や怒りを主な感情として経験していることが窺える。不安は，「もし〜したら」という心配と，脅威や危険についての懸念によって特徴づけられる。ローズの，ソフトウェアの問題のことで非難を受けることをめぐる心配と，声に出して意見を言う危険性に対する敏感さは，不安を示唆している。怒りは，不公平さ，尊重されないこと，およびルール違反などについての考えに関連している。人から尊重されない，話を聴いてもらえないというローズの苛立ちは，怒りと適合する。ローズが自分の思考について語った内容に基づいて，セラピストは，ローズの不安が社交不安よりも，ストレスもしくは差別に関連したものであると考えた。これは，彼女の危機に対する心配が，社交不安の場合のような，社会的拒絶をめぐるものではなかったためである。

社交不安を完全に除外するために，セラピストは，次の質問をした。

セラピスト：あなたの生活の中には，他の人たちがあなたのことを批判するのではないかと不安になるような状況が何かありますか？
ローズ：　そうですね。妹たちに批判されるのは嫌です。でもそれで不安になることはありません。そんなことをされたら，頭にきます。妹

たちが幼かった頃に私がしてあげたことに対して，彼女たちが感謝していないと思うからです。彼女たちの面倒を見るために自分の社会生活を断念するのは，必ずしも易しいことではありませんでしたから。

　これらのやりとりから，社交不安は排除された。なぜなら，社交不安は，批判や社会的拒絶に対する恐怖によって特徴づけられるからである（Clark & Wells, 1995）。「私がチームプレーをしないと，彼らは私の仕事を非常にやりにくくする」というローズの基礎的前提は，社交不安のパターン，もしくはその他どの特定の不安の診断とも一致しなかった。そのため，エビデンスに基づいた特定の概念化モデルで利用すべきものは存在しなかった。結果として，セラピストはローズと協同で，彼女の仕事と家族の問題について個別化された概念化を行った。ローズは，仕事の心配について理解することの方を優先したがった。なぜなら，それが彼女にとって日々のストレス源となっていたからである。彼女は，仕事量が多いことが自分の苦悩の原因ではないと主張した。というのも，彼女はこの3年間，似たような状態で仕事をしてきたが，特に問題はなかったから，ということだった。彼女は，チームで唯一の女性として働いていて気楽に感じていたと報告した。というのも，これは彼女の経歴においてはごく普通のことであり，それまで一度も問題となったことはなかったからである。職場での懸念について話し合うことにより，彼女の現在の職場チームのある特定のメンバーたちにみられる性差別の根拠へと焦点が絞られた。

　彼女の苦悩の主な引き金として，同僚の性差別的な対応に話の矛先を向ける前に，セラピストはまず，ローズの性的志向もしくは民族性に起因する差別を裏づける根拠について詳しく調べた。ローズは，自分がレズビアンであることを同僚たちは知らないと思っていた。そのため，彼女の性的志向が，彼らの彼女に対する扱いの一因となっているとは考えていなかった。彼女は，職場で自分のレズビアンとしてのアイデンティティについて話さないと決めたことについては問題を感じていなかった。職場の同僚と社交的に付き合いたいという願

望がさらさらなかったから，というのがもっぱらの理由である。彼女は，家族や友人に対しては過去7年間，自分がレズビアンであることをオープンにしてきており，自分の性的志向に満足していた。一方，ローズは，メキシコ系アメリカ人であることが同僚からの扱いに影響しているかどうかについては，さほど確信をもてないでいた。彼女は，彼女がラテン系であることについての直接的なコメントについては思い出せなかった。しばらく話し合った後，彼女は，彼女のジェンダーが同僚男性の中での不快感の主な原因であると結論した。

いったんローズが同僚の中でのジェンダーの偏見を同定すると，セラピストは，ローズの個人的な文化的経歴が，職場での課題に対する彼女の反応に影響しているかどうかを検討し始めた。

セラピスト：ローズさん，私たちはこれまで，あなたの人生を豊かにする多くの文化的背景について話してきました。それらの文化は，あなたの仕事チームの男性たちがあなたを女性としてのけ者にするときの，彼らに対するあなたの反応の仕方に何らかの影響を及ぼしているのではないかと思うのですが。

ローズ：よくわかりません。先生は，どう思われますか？

セラピスト：わかりません。ただ，私から幾つか質問させていただければ，一緒に解明していけるのではないかと思います。チームに女性がいることについて，男性たちの何人かが冗談を言うとき，あなたはどのように反応していますか？

ローズ：心の中では，腹立たしく感じることもあれば，単に彼らは馬鹿げているのだと思うこともあります。表面では，気にしていないふりをします。あるいは，あきれた顔をして，その場を去ることもあります。

セラピスト：あなたの反応は，私たちがこれまで話題にしてきた文化のいずれかに当てはまりますか？ 女性で，メキシコ系アメリカ人で，レズビアンで，カトリック教徒で，長女ということです。いかがで

すか？

ローズ：そうですね。確かに私はそのように育てられました。私の家族の女性たちは，男性に批判されても人前では何も言いません。夫や親戚の男性たちと自宅にいるときには違うこともありますが，私の家族の女性たちは，一族以外の男性にケンカを売ったりしません。バス停で，男性たちが母に向かって口笛を吹いてちゃかしたりしたことがあったことを覚えています——母は，ただ頭を高く掲げ，まっすぐに前を見ていました。でも母は，決して何か言おうとはしませんでした。

セラピスト：あなたをけなしているのが女性だとしたら，あなたは違う反応をするでしょうか？

ローズ：もちろんです。女性に対しては敢然と立ち向かって自分の立場を守ります。それほど危険とは思えませんし。

セラピスト：では，もし仮にあなたがメキシコ系アメリカ人男性で，職場の男性が人種差別的なコメントをしたら，あなたはどのように対応するのでしょうか？

ローズ：静かに言い返すでしょうね。

セラピスト：例えば？

ローズ：そうですね。もし彼らが，私が「怠け者のメキシコ人」であることについて冗談を言ったら，こう言ってやります。「私は君たちと同じくらい一生懸命に仕事をしている。君たちが私よりも一生懸命働いているのなら，そのときには私のことを怠け者と言えばいいさ」と。

セラピスト：そのように言い返すのが危険だとは思わないのですか？

ローズ：いいえ。男性というのは，お互いそのように言い合うものだからです。攻撃的に言えば危険でしょうけれど。でも，偏見を持つ人に対しては，穏やかにかつきっぱりと，というのがメキシコ流です。

セラピスト：メキシコ系アメリカ人女性が男性の批判に対して静かに言い返すとしたら，どのように聞こえると思いますか？
ローズ：さあ。
セラピスト：あなたの会社の他の女性が男性の誰かからそのようなコメントをされているのを見たことはありますか？
ローズ：はい。ほとんどの男性は女性とうまくやっています。でも，どの部署にも2, 3人，性差別的なコメントをする人がいるものです。
セラピスト：他の女性の方々は，どのように対処しているのですか？
ローズ：さあ，わかりません。言い返す人もいれば，冗談にする人もいます。ある女性が，「気をつけた方がいいわよ。そうしなければ，退職するときに多様性に関する講義のひとつでも取らなくてはいけなくなるわよ」と言っていたのを覚えています。でも，私自身がそんなことを言うなんて想像できません。
セラピスト：女性がその男性たちにそのように対応すると，どうなるのですか？
ローズ：覚えていません。

　もう少し話し合った後，ローズとセラピストは，図3.1に示された症例の概念化を導き出した。基本的に彼らはローズの仕事のストレスを，ジェンダーにふさわしい行動についての彼女自身の文化的ルールに，同僚のジェンダー的偏見が交差したことによる副産物として概念化した。ローズは頭にきたとき，自分の感情を表現したり，交渉したりする選択肢があることに気づかず，代わりに黙って立ち去っている。なぜなら，それが彼女の文化が命ずることだからである。その瞬間にはその選択について気分よく感じていても，結果として仕事のチームから孤立し，怒りを引きずったまま心配し，緊張することになる。ローズにとって，この個別化された概念化は理解できるものであり，文化的に組み込まれた信念や行動を，同僚の嘲りに対する自らの感情的および身体的な反応と結びつけるものであった。

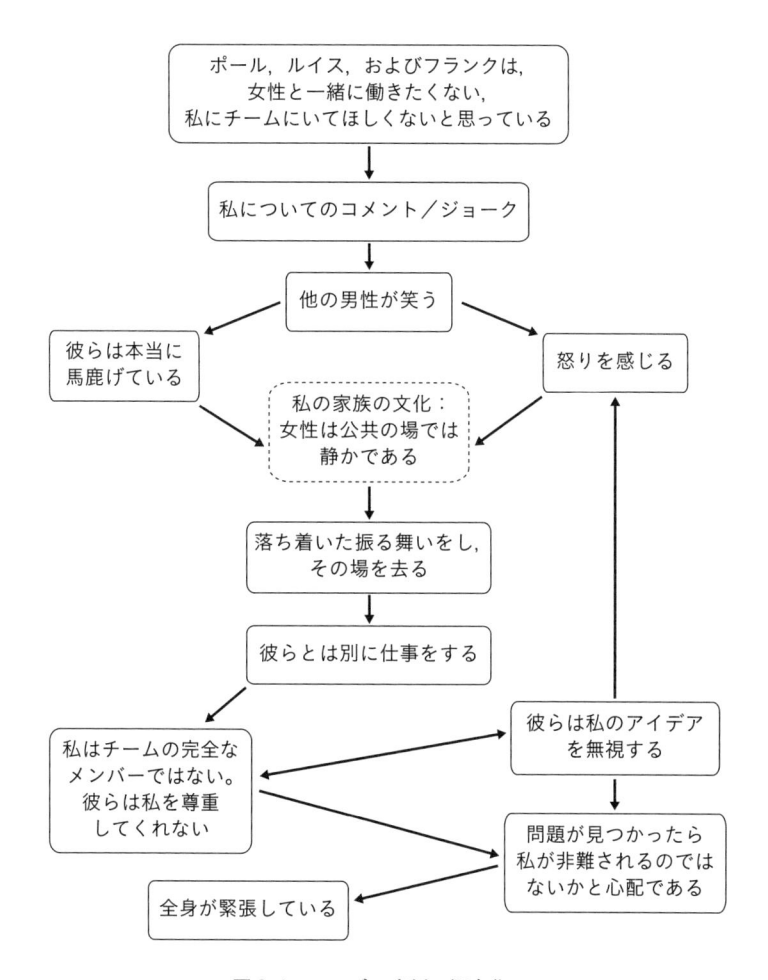

```
                ┌──────────────────────────┐
                │ ポール,ルイス,およびフランクは,│
                │ 女性と一緒に働きたくない,   │
                │ 私にチームにいてほしくないと思っている│
                └──────────────────────────┘
                           │
                           ▼
                ┌──────────────────────────┐
                │ 私についてのコメント／ジョーク │
                └──────────────────────────┘
                           │
                           ▼
                ┌──────────────────┐
                │ 他の男性が笑う      │
                └──────────────────┘
     ┌──────────────┐              ┌──────────────┐
     │ 彼らは本当に   │              │ 怒りを感じる  │
     │ 馬鹿げている   │              │              │
     └──────────────┘              └──────────────┘
                ┌──────────────────┐
                │ 私の家族の文化:    │
                │ 女性は公共の場では │
                │ 静かである        │
                └──────────────────┘
                ┌──────────────────┐
                │ 落ち着いた振る舞いをし,│
                │ その場を去る      │
                └──────────────────┘
                ┌──────────────────┐
                │ 彼らとは別に仕事をする │
                └──────────────────┘
     ┌──────────────┐              ┌──────────────┐
     │ 私はチームの完全な│              │ 彼らは私のアイデア│
     │ メンバーではない。│              │ を無視する    │
     │ 彼らは私を尊重  │              │              │
     │ してくれない    │              └──────────────┘
     └──────────────┘              ┌──────────────┐
                                    │ 問題が見つかったら│
                                    │ 私が非難されるのでは│
                                    │ ないかと心配である│
                                    └──────────────┘
     ┌──────────────┐
     │ 全身が緊張している│
     └──────────────┘
```

図3.1 ローズの症例の概念化

行動実験　この症例の概念化の「でき具合」を検証するために,ローズとセラピストは,ローズが観察的な実験をすることで合意した。彼らは書き込み式の表を作成し,その翌週,同僚がローズのことでジェンダー的偏見のあるコメントをした際に彼女が何でも記録できるようにした。彼女は,(1) 自分自身と同僚についての自動思考とイメージ,(2) 彼女の行動的反応,および,(3) そ

状況	自動思考(イメージ)	私の行動	身体的緊張度(%)
ルイスは，私が男だったら彼のコード変更を理解できるだろうに，と言う。	最低な男だ。彼のコードは能率的でない。彼は私が修正したから私をけなそうとしているだけだ。	彼に新しいコードを試すように求め，どう思うか尋ねる。机に戻る。	90%
フランクは，女性について冗談を言ってから，「ローズ，君の前で言うべきではないとは思うけどね」と言う。男性全員がくすくす笑う。	その冗談は攻撃的だったが，それ以上ひどい冗談を聞いたことがないというほどのものではない。彼は小さな男の子のようだ――下品なことを言って逃げようとする。イメージ：男たちに嘲られたとき，母は誇らしげに頭を上げたままでいた。	「気にならないわ」と言う。	50%

図3.2 自らの経験についてのローズの観察

の直後の身体的な緊張度，を観察し，書き留めることになった。さらに，彼女とセラピストは，会社の他の女性たちが同様の出来事にどのように対処しているか知りたいと思ったために，ローズは，他の女性に関わる出来事についても同じ表に記入することに同意した。ローズは，他の女性がジェンダー的偏見を含んだコメントに対応しているのを観察したときに，その女性の行動的反応，男性のその女性への反応，およびローズ自身の自動思考と身体的反応を記録することにしたのである。

図3.2が示すように，ローズ自身の経験は，ローズとセラピストが考え出した概念化モデルを裏づけるものだった。ローズは，性差別的なコメントに反応して怒りを感じ，怒りに関連した多くの自動思考を抱いた。しかし，彼女の行動は極めて落ち着いていて，静かだった。彼女の行動は，男たちの笑いに対する母親の無言の対応について彼女が報告したイメージと一致していた。しかし，彼女の身体的緊張は，彼女の怒りの自動思考に，より一致するものだった。彼女は怒りを感じながらも，それを表現すべきではないと考えていた。これらの

状況	彼女の行動	彼の反応	私の自動思考	身体的緊張度(%)
男性たちの一人が、ベスがコンピューター・プログラマーにしては「綺麗すぎる」と言った。	彼女は、「それ、どういう意味？」と尋ねた。	彼は、「君のことを褒めているだけだよ」と言った。	彼は、彼女のことをけなしている。	
	次に彼女は、「もしあなたが、女性が賢いことはあり得ないと言っているのなら、それはお世辞ではないわ」と言った。	「ちぇっ、君はとても敏感だな」	彼女にとって、まずいことになる。	
	彼女は、「自分の言ったことに問題があるとわからないなら、あなたは結構鈍感ね」と言った。	「君の気分を害するつもりはなかったんだよ」	彼女は過度に怒った行動をとらなかった。私は、彼女がうまく対処したと思う。	最初は70%
	「それをお詫びとして受け取っておくわ」	「まったく」と言って彼は首を横に振りながら、その場を去った。	彼は彼女に対して怒ったり、陰で悪口を言ったりするのではないかと思う。	数分後にはたったの20%

図 3.3 職場の別の女性についてのローズの観察

観察は、自らの身体的緊張がそうした怒りに関連がありそうだということを彼女が理解するうえで役立った。

図3.3が示すように、他の女性についての観察の結果、ローズとセラピストが今後の実験での代替行動を考慮するうえで話し合える情報が得られた。観察的な実験の価値のひとつとして、観察者役にあるときには、ローズの緊張レベルがより低く、すぐに消えていった、ということがある。緊張が低ければ低いほど、話し合いでの客観性を増すことができる。そのため症例の概念化では、同様の状況にある他者を比較観察することが役に立つときがある。他者を観察することで、同様の状況に対する人々の多様な対応の仕方が明らかになること

が多い。当然ながら，ローズにとっては，どのような対応が彼女自身の価値観と一致するかを評価することが必要だったのである。

セッション外における概念化の経験主義的検証

ローズの症例で示されたように，セッション内で協同的に導き出された概念化は，セッション外で実証的に検証される。セッションとセッションの間に行われるクライエントの観察と行動実験は，その症例の概念化を裏づけるか，あるいはその修正へとつながる根拠を提供する。セラピストとクライエントがセッション内で行うのと同じように，クライエントはセッション外の特定の状況において，思考，感情，行動，および身体的反応を同定するよう求められる。これらの観察は，現在の概念的理解が妥当であるかどうかをセラピストとクライエントが確認できるように，ソクラテス的対話のプロセスを通して検討される。行動実験もまた，概念的な考えを実際に試し，変化への道筋を評価するためにセッション外で実行される（Bennett-Levy et al., 2004）。

るつぼにおけるクライエントの詳細

現時点での課題に関連したその人の生活の多様な側面をとらえるために，PadeskyとMooney（1990）は，記述的な症例の概念化のための5つの部分からなるモデルを開発した。彼らの5部構成モデルは，クライエントが思考，感情，行動，身体的反応，および広範な人生経験を結びつけるのに役立つ。第2章のアフメッドの症例は，文化的な課題が，5部構成モデルの適切な箇所でいかに評価され記録され得るかを実証的に示している。この5部構成モデルは，クライエントが自助的な状況で適用できるほどに簡単なものであるため，*Mind Over Mood*（Greenberger & Padesky, 1995）（邦訳『うつと不安の認知療法練習帳』創元社）というCBTのセルフヘルプのための本にも組み込まれた。この記述的な5部構成モデルは，クライエントの提示する課題のあらゆる側面を包み込むその柔軟さと併せて，セラピーの最初のセッションから，クライエン

トと協同で簡単に用いることができるために，症例の概念化の理想的な出発点となる（第5章参照）。

　5部構成モデルは，CBTの概念化の幾つかの広範な枠組みのひとつにすぎない（J. S. Beck, 1995; Padesky & Greenberger, 1995; Persons, 1989）。ひとつのアプローチを支持することよりも，セラピストがどの原理に従うかということの方が，概念化においてはより重要であると私たちは考える。なぜなら，どの原理に従うかによって，セラピストが選択する一般的な，あるいは障害に特定的な枠組みの種類が決まってくるからである。症例の概念化のるつぼのためにクライエントの経験の詳細を同定するのも，協同的経験主義の原理を通してである。

　本章におけるすべての症例で明らかにされているように，セラピストは，話し合われている課題を熟考したりまとめたりするときに，クライエント自身の言葉，隠喩，およびイメージを用いるのが一番良い。症例の概念化の中でクライエントの言葉を用いることによって，そのモデルを個別化でき，クライエントが理解してそのモデルをセッション外でも適応できるようにする可能性を高めることにもなる。クライエントがセラピーのノートに概念化を書き写すということはよくあることである。クライエント自身の言葉で書かれた概念化，ましてや手書きで記されたものならなおさら，クライエントにより強く影響を与える可能性が高いだろう。

　セラピストは通常，提示される課題に関連した詳しい情報を引き出すために，率直な質問をする必要がある。人は，思考，行動，感情，身体的反応，および環境的背景に対してそれぞれ異なる認識をもっているものである。あるクライエントは，思考に関連した信念を躊躇することなく自発的に述べるのに対して，別のクライエントは，出来事に対する感情的反応しか報告しないということがある。セラピストが，クライエントに対する好奇心と気遣いをもって尋ねる限り，その質問は快く受け入れられる可能性が高い。

強みと資源

セラピーを始める際にクライエントが問題について説明するのは当然であるが，第4章で詳述されるように，セラピストがクライエントの強みに気づき，それについて質問するとともに，それらを症例の概念化に含めることが重要である。クライエントは，セラピストが彼らの強みに関心を示すと安心することが多い。内的および外的資源は，苦悩しているときにはあまりよく認識されていないことが多い。そのためセラピストの質問は，クライエントが有用なスキルや支援について思い出し，利用するのに役立つ可能性がある。さらに，強みはしばしば，初期のセラピー介入のための強固な基盤を提供する。

文化的要因とより広範な人生経験

本章で詳しく取り上げたローズの症例は，文化的要因を含めることが，ある種の症例の概念化をいかに強化し得るかを実証するものである（Hays & Iwamasa, 2006）。ローズと一緒に文化的背景を含まない概念化を行うことも可能だっただろう。しかし，もしセラピストがローズの反応の文化的基盤について直接的に質問しなかったとしたら，重要な情報が見落とされていただろう。加えて，文化的な枠組みは，ローズが同僚の嘲りを彼らの文化体系における姿勢としてとらえるのに役立った。このような見方をすることで，ローズはそのコメントをあまり個人的に受けとめなくなり，セラピーにおける彼女の進歩が速まったのである。さらに，ローズはその後，妹たちとの関係について検討した際，彼女と妹たちが近年の多様な文化を経験していたことに気づいた。ローズは，その洞察を用いて，妹たちに対してより建設的で，自分たちのほころびた関係を修正するのに役立つ対応を育てることができた。最終的にこの概念化は，ローズが文化的認識を自らの能力，強み，および精神的健康の源として用いるのに役立ったのである。

人生における出来事は，しばしば文化的な基準枠のフィルターを通して体験される。すべてのクライエントは，個人的および集団的経験に影響を与える多様な文化の中にある。ジェンダー，人種，民族性，社会経済的地位，宗教的・

精神的信念，性的志向，教育，政治的・道徳的価値観，地域性，そして国民性は，意味体系，対人関係のパターン，および感情表現に影響を与えるその人の文化のほんのわずかな面でしかない。第2章のアフメッドの症例の場合，セラピストが，アフメッドの母国であるアフリカで彼が味わった切迫した飢饉の体験について検討したときはじめて，彼の不安のきっかけが明らかになった。しかも，「自分は誰の役にも立たない」という自動思考に対応しようとするアフメッドの試みが不安を軽減できたのも，「良き家庭人であるために，私は経済的に家族を養わなくてはならない」という基礎的前提に取り組んでからのことであった。文化的アイデンティティは生涯にわたって，環境と人間関係をまたいで，またさまざまな社会的背景において変化する可能性がある。文化の役割がCBTの文献において詳細に探求され始めたのはここ最近のことであるが（Hays & Iwamasa, 2006），概念化と治療の両方における文化的考察の重要性については，過去にもさまざまなCBTの著者たちが強調している（Davis & Padesky, 1989; Hays, 1995; Lewis, 1994; Martell, Safran, & Prince, 2004; Padesky & Greenberger, 1995）。

　CBTの症例の概念化は，関連したライフイベントがそこに含まれるときに強化される。トラウマ的な出来事は，クライエントの問題の重要な前兆とされることが多いが，ポジティブなライフイベントも極めて中心的な役割を担う可能性がある。人は，安全で愛情ある地域環境で育つと，いささか信用に値しない環境で育った人に比べて，裏切りに対してより強く反応するものなのかもしれない。

身体的要因

　認知行動療法のセラピストが，クライエントの生活の認知的，行動的，および感情的側面のみの偏狭な見方を避けることは重要である。クライエントの内的経験は，認知，感情，行動，および身体的な反応間の結びつきという点から理解され得る。しかし，それらの内的経験とて，真空では存在し得ない。遺伝の役割や，栄養やその他の化学物質が脳の機能に及ぼす影響が，多くの人間

の経験とどのように関連しているのかについては漠然としか理解されていないが，それらが一部の問題の主な原因であることが明らかになるかもしれない。例えば不安は，弱点となる思考パターンよりもカフェイン摂取に関連している可能性がある。カフェインに誘発される不安症状をもつ人は，不安な認知的思考パターンを示すだろうが，カフェインが主な問題ということもあるのである。したがって，身体的，栄養的，および化学的情報を無視するセラピストやクライエントは，誤った概念化をしかねない。

認知的，感情的，および行動的要因

高次の概念化が行われるとき，5部構成モデルのそれぞれの要素がより具体的に定義される。感情と身体的反応の強度が評価され，行動は頻度，背景，および影響の面から特定される。その際，提示されている課題を行動が誘発，あるいは維持しているかどうかに特別の注意が払われる。第1章で定義したように，思考は，自動思考，基礎的前提，および中核信念という，3つのレベルで同定される。次の項では，これら3つのレベルそれぞれにおいて認知を同定するための簡潔なガイドラインを紹介する。

自動思考の同定

自動思考は，一日を通して人の頭の中で自然発生する思考，イメージ，および記憶について述べたものであることを思い出してほしい。それらは，意識的に方向づけられた思考（「私はスーパーで買う必要のある物のリストを作るつもりだ」など）とは異なる。自動思考は，私たちが一日の活動に携わっているなかで，苦もなく頭の中に浮かんでくる（「自分がとても太っている気がする」など）。概念化を行うなかで，セラピストは，提示されている課題に結びついている自動思考を同定するようクライエントに求める。一般的な言い回しには次のようなものがある。

- 「ちょうどそのとき，あなたの頭をよぎっていたことは何ですか？」 [クラ

イエントが述べる特定の状況またはセッション中にセラピストが感情の移り変わりに気づいたとき]
- 「それはあなたにとってどのような意味があるのですか？」
- 「そのことはあなた／他者についてどのようなことを伝えていますか？」
- 「[あなたが特定の感じ方，あるいはふるまい方をし始めるときに] あなたの頭をよぎる事柄に注意してください」
- 「あなたが [特定の信念・感情について] 考える／感じるとき，頭に浮かぶ画像やイメージはありますか？」
- 「あなたが [特定の信念・感情について] 考える／感じるとき，頭に浮かぶ記憶や逸話はありますか？」
- 「あなたの頭の中には何らかのイメージがありましたか？ それがまさに今起きているかのようにイメージしてみてください。何が見えますか？ 何が聞こえますか？ 味はしますか？ 匂いは？ 感覚は？」

例えば，ローズが職場の男性にやじられたとき，あるイメージが彼女の脳裏をかすめた。それは，やじられながらも誇りをもって，黙って通りを横切る母親のイメージだった。ローズの物静かな行動は，彼女が感じている強烈な怒りと著しい対照をなすものであったが，この母親のイメージは，そのような彼女の行動を理解するのに役立つ。

自動思考は，人々が状況や経験からどのような意味を汲み取っているかを明らかにする。本章のはじめで，ポールは，声が聞こえることをセラピストに告げている。彼の自動思考を理解しなければ，それがポールにとって何を意味するのか，あるいは彼がどのように反応する可能性があるかを予測することは困難である。もしある人が，声が聞こえるというのは自分が特別の預言者として選ばれたことを意味し，これは喜ばしい名誉であると考えたとしたら，その人は感激して，その声を熱心に聴こうとするかもしれない。ポールの自動思考は，彼に聞こえている声は，天使か悪魔のものであり，彼に無理やり悪いことをさせようとしている，というものである。これらの自動思考は，ポールの行動を

理解するのに役立つ。彼の行動は，それらの声の要請によって彼が自分自身や他者を傷つけることのないようにすることを意図してのものである。これらの自動思考を最初の記述的な概念化に含めることによって，ポールの反応についてより完全に理解することができるだろう。

　自動思考の中には，症例の概念化にとって他の自動思考よりも重要なものがある。セラピストとクライエントは,提示される課題に関する典型的な状況で,繰り返し発生するテーマを同定できる場合が多い。例えば時折，特定の自動思考が思考記録に何度も繰り返し出てくることがある。中心的なテーマを探し求める際，セラピストは次のことを考慮するとよいだろう。

- 同じ思考が，別のタイプの状況あるいは領域（家庭，職場，友人関係，社会的活動）でも生じるか？
- その思考はどの程度の頻度で経験されるか？
- クライエントはこれらの思考をどの程度信じているか（0 〜 100%）？
- これらの思考はどれほどの頻度でクライエントを苦しめる感情と関連しているか（0 〜 100%）？

　信念や戦略が持続的で，強く支持されており，あるいは広範囲にわたっていればいるほど，それらが概念化の中心となり，有益なセラピーの焦点を提供する可能性が高い。共通のテーマを探すことは，重要な強みに結びついた自動思考を同定するのにも役立つ。

　　基礎的前提の同定
　基礎的前提には，状況を超えた，生きるためのルールはもちろんのこと，世界がいかに機能するかについての予測が含まれる。基礎的前提の中には，「努力し続ければ進歩できる」といった，概して有用なものもあるが，一方で,「完璧でなければ全く価値がない」といった，概して有用でないものもある。そうすることが自滅的であるように思われるときでさえ人がある行動戦略に固執す

る場合には，おそらくそのように駆り立てている基礎的前提が存在していると予想される。そのため，提示される課題を十分に理解するためには，基礎的前提を同定し，それらを概念化に含めることが必要となる場合が多い。

　関連した基礎的前提を同定するというのは，単に，それによって課題を説明できるようになるというだけではない。クライエントは，いったん課題の基盤となっている前提を認識すると，代わりの対応を実際に試してみるための行動実験をしてみようと，より一層意欲的になることが多い。例えば，ローズは，自らの行動を導いている基礎的前提として，「男性が私を批判しても，その男性に言い返すことは危険である」を同定した。この前提に焦点が置かれたとたん，彼女は，オフィスで自分が直面する危険が，母親が路上で直面していた危険とはかなり異なるものであることに気がついた。彼女はまた，「言い返さなければ，嫌がらせはますますひどくなるかもしれない」といった，新しい前提についても考えた。ローズは，自らの基礎的前提を自覚するまでは，不安のあまり，仕事チームの男性たちへの別の対応を実験してみることができなかったのである。

　第1章で説明したように，基礎的前提が「もし……ならば，そのときは……」の形で述べられる場合，これらの前提は，特定の行動からクライエントがどのような結果を期待するのか，その予測を理解するのに利用することができる。また，この「もし……ならば，そのときは……」の形で述べられる前提は，行動実験を通して容易に検証可能である（Padesky & Greenberger, 1995）。この形の基礎的前提を同定するためには，クライエントに次のような文章を完成させるよう求めるとよいだろう。

- 「もし［関係のある概念を挿入］ならば，そのときは……」
- 「もし［関係のある概念を挿入］でなければ，そのときは……」
- 「もし私が［関係のある行動，感情，思考，もしくは身体的感覚を挿入］ならば，そのときは……」
- 「もし私が［関係のある行動，感情，思考，もしくは身体的感覚を挿入］

でないならば，そのときは……」
- 「もし他の人が［関係のある行動，感情，思考，もしくは身体的感覚を挿入］ならば，そのときは……」
- 「もし他の人が［関係のある行動，感情，思考，もしくは身体的感覚を挿入］でないならば，そのときは……」

それぞれの前提について，それに関連してクライエントの頭をよぎることを詳しく調べるために，さらに話し合いをすることが可能である。クライエントはいったい何が起きると思っているのだろうか？　クライエントにとって，それはどのような意味をもつのか？　もしそれが真実だったなら，あるいはそうでなかったら，クライエントはどのように感じるものなのだろうか？

中核信念の同定

一貫して厄介な問題となっている状況，あるいは頻繁で，広範囲に及ぶネガティブな感情に関連している状況は，より深い中核信念を同定するための機会となる。中核信念というのは，自己，他者，および世界に関する中心的で，絶対的な信念であることを思い出してほしい。人は，自分自身について（「私はできる人間だ」対「私は役立たずだ」など），他者について（「人は信頼できる」対「人は操作的だ」など），そして世界について（「世界はすばらしい」対「世界は恐ろしい」など），ポジティブな信念とネガティブな信念の両方を発達させる。自動思考と基礎的前提についてはすでに確認したが，それらは，クライエントを保護し，彼らに提示されている課題を引き起こしている関連した中核信念へとセラピストとクライエントを導く。

中核信念は最も深いレベルの信念であるが，直接的な質問を通して簡単に見出すことができる。下向き矢印法は，ある状況に対する強い反応の基盤となっている信念を同定するための方法である。下向き矢印法を用いるために，セラピストは，「それはあなたについて何を伝えていますか／それはあなたにとってどのような意味がありますか？」と尋ね，さらに，クライエントが示す答え

のそれぞれに対して，同じ質問を繰り返す。Padesky (1994a) は，セラピストが，以下のような文を完成させるようクライエントに求めることによって，中核信念を同定することを勧めている。

「私は……です」
「他の人々は……です」
「世界は……です」
「将来は……です」

　これらの基本文型は，関連した中心的課題の文脈で紹介するとよい。例えばセラピストは，クライエントに，回避や特別扱いの要請といった，過剰に使われている戦略を用いている状況にいる自分自身を想像しながら，この空白を埋めるように求めるとよいだろう。

「あなたは［その戦略を使っている］とき，ご自身のことをどのように考えていますか？　私は……」
「あなたは他の人々についてどのように考えていますか？　人というのは……」
「あなたは世界をどのように経験しますか？　世界というものは……」

　理論的には，中核信念と基礎的前提は密接に結びついている。そのため，セラピストは次のように尋ねることもできる。

「もし［関連する基礎的前提］が本当ならば，それはあなたについてのどのようなことを伝えていますか？　私は……」
「他の人々についてはどうでしょうか？　人というのは……」
「あなたが生活している世界についてはどうでしょうか？　世界というものは……」

明らかに，中核信念は強く信じられ，感情を呼び起こすものである可能性が高い。この理由から，セラピストは，他の概念化が協同的に行われた後，ポジティブな治療同盟という文脈の中で中核信念を同定する。中核信念に取り組んでいる最中，セラピストは，クライエントの苦悩に注意を払うとともに，提示されている課題の中心をなす戦略と基礎的前提が活性化することを予測しておくべきである。クライエントは，中核信念に関連した苦悩を覆い隠す，さまざまな基礎的前提と戦略を発達させることが多い（J. S. Beck, 1995）。「すきを見せたら，嫌がらせをされる」といった基礎的前提や，「自分と他者の間に楯を維持する」といった戦略も，ポジティブな作業同盟の文脈の中でなら同定され，検証され得る。当然ながら，強烈な感情にうまく対処できるだけの資源がクライエントにはないとセラピストが判断する場合には，中核信念への取り組みは，クライエントの対処とレジリエンスがさらに発達するまで延期されることがある。

イメージ，隠喩，図式の利用

　前項で説明されている要素はいずれも，イメージ，隠喩，および図式で表現することが可能である。私たちはこれまで，概念化モデルをるつぼとして描写してきた（図1.1参照）。本書で表現される中心的なアイデアは，このるつぼのイメージにおいて把握できる。このイメージによって読者の方々が，鍵となるアイデアと，それらがいかに相互に結び付いているかを思い起こしてくれることを私たちは願っている。同様に，クライエントも時折，自らの困難や強みの重要な側面をうまく伝えるイメージを描いたり，言葉で説明したりすることがある。イメージがもつ力強さは，時として介入のための創造的なアイデアを導く。あるクライエントは，何カ月も進歩することなく問題に悩まされ続けていた。その女性は，自らのジレンマを，大きな丸い石を来る日も来る日も押し続けているのにそれを少しも動かせないのと同じである，と概念化した。数日後，この隠喩的な概念化についてじっくりと考えた際，彼女の心にある考えが浮かんだ。それは，石の向こう側の地面を掘ればその石を動かすことができる，

というものだった。この想像上の解決策に導かれ，彼女は，自らのジレンマをうまく解消するための創造的な新しいアプローチへと至ることができた。

このように，セラピストは，クライエントのイメージと隠喩に注意を払うべきである。これらのイメージや隠喩は，可能ならばいつでも，概念化に統合されるべきである。クライエントが自ら進んでイメージを伝えようとしないときでも，「どのようにしてこのようなことが起こるのか，それをうまく表現しているイメージや記憶が何か思い浮かびますか？」と尋ねてみると役に立つだろう。さらに私たちは，概念化をクライエントと一緒に文字や図で描くことを勧める。多くの場合，それらは，本章のさまざまな概念化の図式で示されているようなものである。概念化は，書かれることによってより覚えやすくなり，時間をかけて実証的に検証，編集することが可能になる。また，クライエントの課題と強みについて，クライエントとセラピストが協同的に理解する機会を提供することもできる。

隠喩，イメージ，記憶は，信念，個人的な意味，および戦略についての豊富な情報を提供する（Blenkiron, 2005; Treasdale, 1993）。隠喩は，人々が自分自身，他者，および世界を概念化する仕方の複雑さと微妙なニュアンスの両方をとらえていることが多い。イメージも同じくらい現象的に豊かであり，通常，感情的反応と強く直接的に結びついている（Hackmann, Bennett-Levy, & Holmes, 近刊）。クライエントの隠喩やイメージが症例の概念化に貴重な貢献をするのは，それらが覚えやすく，情報を満載しているうえ，変化を促す創造的なアイデア源を提供することが多いからである。クライエントはまた，自分自身にとって豊かで，象徴的な意味合いをもつ特定の逸話，曲，または記憶を物語ることがある。症例の概念化に取り入れられる象徴的要素は，いかなるものであれ，クライエントにとって深く共鳴するレベルで理解を高めるであろう。

図3.1は，ローズと彼女のセラピストが提示されている課題を把握するために導き出した最初の概念化を示している。この概念化はローズが述べたことを明確に記述しているが，彼女が容易に覚えておくにはいささか複雑である。そのためローズとセラピストは徐々に，覚えやすいイメージや隠喩を使うことを

好むようになり，彼女の概念化を簡略化していった。男性たちにやじられながらも，頭を高くして道を渡る彼女の母親のイメージは，ローズにとってすでに非常に馴染みあるものだった。職場の他の女性についての観察とローズ自身が行った行動実験に基づいて，彼女は，自らの「マネージャーとしての自己」の鮮明なイメージを作り上げた。それは，性差別的な発言に対してきっぱりとした反応を示す，ゆとりと自信のある自己であった。彼女はまた，お気に入りのコメディアン，エレン・デジエネレス［訳注：1958年～。ルイジアナ州出身のコメディアン，女優。後にプロデューサーや脚本家としても活躍］のコミカルなイメージをつくりあげることもを有益であると感じた。エレンは，批判に対して顔色ひとつ変えず，ひょうきんなコメントをする人物だったのである。ローズは，これら3つのイメージの中から状況に最も適したものを頼りとして，職場での性差別への対応の指針とすることができた。単純な症例の概念化は，複雑なものよりも有用であることが多い。図3.4は，はるかに単純化された概念化を示している。これは，ローズがセラピーの8週目前に用いていたもので，彼女にとって最も有益なイメージを取り入れたものである。

　注目してほしいのは，彼女のより単純な概念化には，無礼な発言への対応の指針となる，セラピーで得た新しいアイデアが含まれているということである。思考，感情，および行動のそれぞれについて詳細に述べるのではなく，有益な隠喩とイメージを用いることで，ローズがそのイメージを思い出したときに容易に利用できる反応を「パッケージ」としてひとまとめに表現しているのである。このより単純な概念化は，ローズが他者からの無礼と受け止めたことに対して，適応的な反応のレパートリーを発達させ，練習するのに役立った。状況に応じて，ローズは，彼女の母親の極めて非対決的な態度か，彼女が「マネージャーとしての自己」と名づけた，新しいきっぱりとした対応スタイルか，もしくはコメディアンのエレン・デジエネレスから学んだ一連のユーモアある反応のいずれかを選ぶことができた。これらの反応のセットは，ローズが自信をもって実践できるようになるまで，それぞれセッションでリハーサルされた。ローズは，すぐに思い出せるように索引カードに図3.4を記して携帯した。

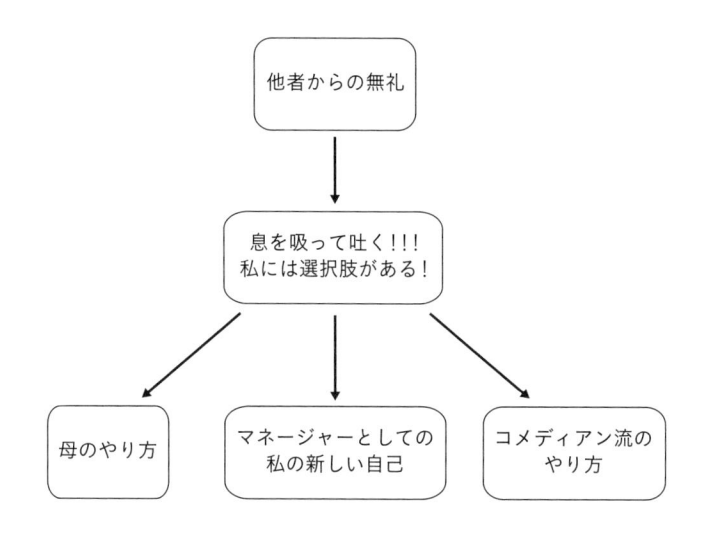

```
            ┌──────────────┐
            │ 他者からの無礼 │
            └──────┬───────┘
                   ↓
         ┌──────────────────┐
         │  息を吸って吐く！！！ │
         │  私には選択肢がある！ │
         └─────────┬────────┘
         ↙         ↓         ↘
  ┌─────────┐ ┌──────────────┐ ┌──────────┐
  │母のやり方│ │マネージャーとしての│ │コメディアン流の│
  │         │ │  私の新しい自己  │ │   やり方    │
  └─────────┘ └──────────────┘ └──────────┘
```

図 3. 4　ローズの単純な症例の概念化

確認と均衡の枠組み

　本章では，症例の概念化の3つの原理のうちの2つ目――協同的経験主義――を紹介した。確認し，バランスをとるための枠組みを提供することで，協同的経験主義は，症例の概念化が理解と変化のための創造的なるつぼとなる可能性を高める。ポジティブな治療同盟とセラピーの構造は，症例の概念化での協同作業を促進させる。同盟と構造が車の両輪のように連動して作用するときには特にそうである。実証的アプローチは，関連した理論と研究についてのセラピストの知識がクライエントの経験とぴったりと一致する限り，その知識に依拠することになる。概念化がクライエントの経験とうまく重なるようにするために，セラピストは，常に好奇心を保つとともに，観察，ソクラテス的対話，および行動実験などの科学的方法を採用して，症例の概念化を実施し，評価する。

　次章では，私たちのモデルの第3原理である，クライエントの強みを取り入れることについて詳述する。クライエントの強みについては，本章でも幾つか

の症例の概念化の中でそれとなく言及したが，多くのセラピストは，強みよりも問題を評価し，概念化する経験を多くもっているものである。第4章では，強みを焦点とすることに関連したプロセスを詳述し，症例の概念化のプロセス全体を通して強みを取り入れることの利点をさらに詳しく説明する。

第3章のまとめ

- 協同は，明確な話し合い，ポジディブな治療同盟，セラピーの構造，および概念化を含めたセラピーの過程全体の同盟と構造の最善のバランスを通して達成され，維持される。
- 症例の概念化のための実証的な枠組みには，(1) クライエントのデータと経験主義的文献を統合するとともに，(2) 観察，ソクラテス的対話，および行動実験を活用して，概念化モデルがクライエントの経験にぴったりと一致し，それを予測するかどうかを確認するために，それらのモデルを積極的に試すことが必要となる。
- 協同的経験主義は，クライエントのより広範な生活の文脈の中で生じる，認知，行動，感情，および身体的状態の結びつきを同定するために用いられる。その文脈には，クライエントの強みとそれに関連した文化的要因が含まれる。
- 概念化は，クライエントと一緒に書き出される。要素間の結びつきを示す図式で示されることが多い。加えて，そこには，可能な場合は常にクライエントのイメージや隠喩が取り入れられることになる。

第 4 章

クライエントの強みの取り入れと
レジリエンスの確立

　CBT のセラピストでもあるコンサルタント精神科医は，31 歳の既婚女性ザイナブとの面談を依頼される。ザイナブは，深刻な自殺企図の後，地元の病院に入院している。

ザイナブ：　あっちに行ってよ。私は壊れてなんかないわ。修理なんか必要ないのよ。(強い訛りがあるが，明確な言葉で，ベッドカバーの下から話す声がする)
セラピスト：スタッフから，あなたとの面接を依頼されました。何か，あなたのお力になれることがないかどうかを確かめるためです。
ザイナブ：　私は，あなたの助けなんか求めていないわ。あっちに行ってって言ってるでしょ。(沈黙)
セラピスト：わかりました。私から看護師に伝え，あなたのご主人とお話しすることにしましょう。

　ザイナブは四人の子どもの母親であり，学校の教室教員として働いている。彼女の家族は，5 年前に北アフリカから移住してきた。ザイナブはこれまで，自分の問題について病院のスタッフの誰とも話をするのを拒んできた。そのた

め，彼女の自殺企図の詳細は，夫であるモハメッドから提供された情報の各部分をつなぎ合わせたものである。彼は，ザイナブが数週間前に精神病症状を突然経験したことを窺わせる症状を報告している。自殺企図の前，彼女はますます孤立し，恐怖を感じるようになっていた。夫と子どもたちが日曜日に海辺に出かけたとき，ザイナブは故意に錠剤を過剰摂取した。隣人が昏睡状態の彼女を発見し，救急車を呼んだのである。

ザイナブができる限り早く退院しようと躍起になっていた一方で，看護師たちは，彼女が自分の生活について詳しく語ろうとしない，とコメントしている。夫のモハメッドは，「途方に暮れて」いるようである。精神科医は，ザイナブが依然として自傷の恐れがあるかどうかを評価するとともに，もしそれが適切であるならば彼女に治療を受けさせるようにと依頼されていた。しかし，助けは求めていないというザイナブの明確なメッセージを考慮し，精神科医は彼女の夫と話をすることにする。

セラピスト：モハメッドさん，私は，ザイナブさんと話をして，何か彼女を助けるために私にできることがないか検討してみるように言われています。彼女は，非常に苦しんでいるようなのですが，ご自身は，私の助けを求めていないとおっしゃっています。

モハメッド：そうです，そうなんですよ。彼女はとても善良な人です。彼女は，自分がこのような状態にあることをとても恥じています。いったい自分はどうなってしまうのか，恐れ，心配しているのです。彼女は，子どもたちと一緒にいたいとしきりに求めています。

モハメッドは，ザイナブが最近，声が聞こえるようになり始めたと説明する。彼女の二人の子どもたちは特別である，という声だった。その声は，ザイナブが彼らの母親としては十分でないと断言し，彼女を傷つけた。ザイナブの自殺企図へと至るまでの数日間に，その声は，彼女は追放されるべきであると強く主張し始めた。そうすれば家族は母国に帰り，彼らの叔父や叔母たちと一緒に

暮らせるようになるから，というのである。彼らの叔父，叔母は，人々から崇敬されている信心深い家族の一員だった。モハメッドの説明によると，5 年前，彼らの家族は母国を去らざるを得なかったそうである。ザイレブの父親が，政府当局の批判記事を発表した著者だったからである。モハメッドの両親は敬虔なイスラム教徒であり，ザイレブの父親の政治的姿勢を批判した。

セラピスト：お話を聞いていると，その声はとても恐ろしいもののようですね。ザイナブは誰かに助けを求めましたか？

モハメッド：彼女は私に話してくれましたが，私にはどうしていいかわかりませんでした。ザイナブは非常に誇り高い，強い人です。そのため彼女が家族以外の人間に助けを求めることなどあり得ないと考えていました。(微笑む)

セラピスト：(好奇心をもって) なぜあなたは微笑んでいらっしゃるのですか？

モハメッド：5 年前に私たちがここへ移住してきたとき，私たちは誰も英語が話せませんでした。ザイナブは，仕事を見つけられるように，素早く英語を習得しました。彼女は私が仕事を得られるようにと，私にも英語を教えてくれました。さらに彼女は，子どもたちにも英語を教えました。彼女の英語の方が，私の英語よりも優れていたからです。おわかりのように，彼女は一家の「柱」なのです。(にっこり微笑んで) 私たちは彼女に「柱」というあだ名をつけました。ここには，わが家の他にも私たちの母国出身の知り合いの家族が 2，3 あって，それが私たちのコミュニティです。ザイナブが私たちのために，お互いが助け合えるコミュニティをつくったのです。それに，彼女の職場の方々からも私に電話があったんです。彼らは，彼女に戻ってきてほしいと心から望んでいます。(話しながら，彼は彼女の功績をますます誇りに感じている様子である) しかし，彼女は助けを求めることができなかったのです。(彼の表情が変わり，再び途方に暮れ，恐れているように見え始める)

セラピスト：あなたがその「柱」という言葉を使うとき，どのような意味でおっしゃっていますか？
モハメッド：彼女は強くて……しっかりしているということ，……彼女はいつも強いということ意味です。(彼にはもっと言いたことがあるように感じられるが，セラピストはこの時点では追及しないことに決める)

> **セラピストの頭の中**
>
> この精神科医は，どうしたらザイナブを最もよく支援することができるかについて，重要な選択肢に直面している。彼は，これらの選択肢についての情報を得るために，明らかになりつつある予備的な概念化を用いる。彼は，ザイナブが自分自身について「強い」という中核信念をもっている，と仮説を立てる。それは，彼女の自己効力感を裏づける，少なからぬ根拠に基づいた信念である。あたかも自分が「壊れている」かのように扱われることを，ザイナブ自身は望んでいないのである。精神科医は，ザイナブの強みとレジリエンスの確立に焦点を当てた支援がはたして彼女の関心を引き，ポジティブに機能できるよう彼女を回復させるのに十分であるかどうかと考えている。

本書は，苦悩の軽減とレジリエンスの確立の両方を扱っている。ザイナブに聞こえる声と，これらの声に関連して彼女が感じる恐れや恥辱は，彼女に多くの苦悩をもたらしている。ザイナブが機知に富み，他の人たちから「柱」と見られていることは，彼女の強みを強めている。クライエントの強みは，レジリエンスの礎石となることから，症例の概念化に強みを取り入れることは，クライエントのレジリエンスの修復または確立へ向けた第一歩となる。

本章では，強みに焦点を当てて評価と概念化を行う方法を説明する。レジリエンスを高める，強みを基盤とする概念化は，CBTの有益な部分となるだろう。まずはクライエントの強みを同定し，それらを症例の概念化に取り入れる方法を概説する。次に，レジリエンスとは何かを定義し，それがいかに症例の概念化の焦点となり得るかを明らかにする。最後は，レジリエンスという目標をCBTに組み込む理論的根拠を示すことにしよう。

強みの同定

　ザイナブとは異なり，ほとんどのクライエントはセラピーのはじめに自分の問題について話したいと望み，またそうすることを期待している。それでも，セラピストがクライエントの強みについて尋ね，それに対して純粋な関心を示すことは重要である。苦悩が大きいときには，クライエントは自身に内的および外的資源があることを忘れてしまうことが多い。セラピストが強み，スキル，および支援について尋ねることによって，すぐに役立つかもしれない資源についてクライエントに思い出させることができる。また，強みを探し求めるセラピストであれば，クライエントについてより全体的な視野を得ることができる。自らの苦悩は言うまでもなく，ポジティブな性質についても明らかにするように求められたクライエントは，セラピストが自分のことを「理解してくれている」と，より確信をもって最初のセッションを後にする可能性が高い。問題と強みについての情報を収集する際のバランスは，クライエントによって異なる。自分の生活のポジティブな側面について熱心に明らかにしたがるクライエントもいれば，セラピストがもっぱら提示されている課題にのみ取り組むのではない場合，ポジティブな側面について明らかにするのを先延ばしにする人もいる。セラピストは，定期的に強みについて尋ね，クライエントの反応を見ながら初期のセッションではそれらの強みについてどのような情報を詳しく収集すべきかを判断するとよいだろう。

　ザイナブの精神科医がもっぱら問題にのみ焦点を当てていたとしたらいったい何を目にしていただろうか，想像してみてほしい。精神病を抱え，引きこもり，おびえた，口の重い女性が，対処のしようもなく万策尽きたかのように見える夫と見知らぬ文化の中で暮らしている姿が医師の目に映ることだろう。強みに焦点を当てると，この精神科医は，普段は自己効力感の強い人物をとらえることができる。それは，新しい国への困難な移住をやり遂げ，支援的な家族をもち，他の人たちから「柱」と見なされながらも，何らかの理由で精神病と

自殺企図に苦しんでいる人物である。強みを初期の概念化に取り入れることで，ザイナブについてよりバランスの取れた見方ができるようになるのである。

セラピストは，クライエントに強みを同定するよう率直に求めることもできるが，クライエントの生活の中で比較的うまくいっている領域を探し求める方が，より役立つことが多い。例えば，仕事のストレスについて訴えるクライエントに対しては，家庭生活，友人関係，趣味，その他の関心事について尋ねてみるとよいだろう。クライエントの生活の中でうまくいっている領域に対して好奇心を表現することで，セラピストは，自分が単に問題の箇所だけでなく，クライエントの生活すべてに関心があることを伝えるのである。クライエントの生活の中で比較的うまくいっている領域は，その後，セラピーの目標と結びつけることができる。以下の，デイビッドと彼のセラピストとの対話に示す通りである。

セラピスト：あなたの生活全体が［これらの問題］にすっぽり覆われてしまっているわけではないと思うのです。あなたの生活の中で，ひょっとしたら今でも，概してあなたを幸せにしてくれる領域があるのではありませんか？

デイビッド：今は，本当にありません。

セラピスト：では，これらの問題が生じる以前はどうでしたか？

デイビッド：以前は，ペットのシェルターでボランティアをしていたんです。それは確かに気に入ってました。

セラピスト：興味深いお話ですね。そこであなたはどのようなことをなさっていたのですか？

デイビッド：動物の世話をしていました。犬が僕の専門でした。犬の世話をしているのが，本当に好きだったんです。

セラピスト：犬の世話のどのような部分が好きなのですか？

デイビッド：そうですね，シェルターでは犬たちの多くがかなり怖がっています。極めて攻撃的になることでそれを示す犬もいれば，とても従

　　　　　順になる犬もいます。僕は，攻撃的な犬を鎮め，怖がっている犬
　　　　　を落ち着かせるコツをつかんでいたんです。
セラピスト：それは大変そうですね。
デイビッド：僕にとってはそうでもありませんでした。僕は，どのような犬に
　　　　　でも対処できる自分の能力に誇りをもっていました。
セラピスト：こと犬の扱いに関しては，本当に才能がおありのようですね。
デイビッド：ええ，たぶんそうでしょう。
セラピスト：あなたが職場や家庭で抱えている問題に対処するにあたっても，
　　　　　その才能を幾らか利用できるとよいかもしれませんね。
デイビッド：どういうことでしょうか？
セラピスト：そうですね，確信はないのですが，たぶん，あなたがそれについ
　　　　　て考えてくださったら，犬たちとあなたのご家族や同僚の方々と
　　　　　の間に幾つか類似点を見つけられるかもしれません。
デイビッド：(声をあげて笑いながら) ああ，犬よりもひどい振る舞いをする人
　　　　　なら，2, 3人，思い当たります！
セラピスト：(笑いながら) でしょう？　犬を扱うスキルが，あなたの生活の他
　　　　　の面でも必要なだけなのかもしれませんよ！

　強みの同定は，困難な領域において，クライエントがより有効な行動を創造的に思いつくうえで役立つことが多い。クライエントは，強みと適性の領域において，しばしば，よりレジリエンスのある信念体系をもって機能している (Mooney & Padesky, 2002)。これらのレジリエンスのある信念体系は，セラピーの目標を追求していくなかで障害に直面したときに，クライエントが挫けずにやり抜く助けとなるだろう。例えば，デイビッドは，攻撃的な犬に対しても冷静でいられるのに役立つ信念をもっているのかもしれない（「この犬はただおびえていて，自分を守ろうとしているだけだ」「この犬は，僕が攻撃的に仕返ししなければ落ち着くだろう」など）。これらの信念は，いったん同定されると，家族や同僚との対立の際にも役立つ可能性がある。

クライエントが極度の苦悩の中にある状態でセラピーセッションに到着した時点では，強みの根拠を見つけるのは困難に思われることがある。生活の中でどこかうまくいっている領域があるといっても，クライエントは否定するかもしれない。例えば，ひどいうつ状態に陥っているクライエントは，自分には価値も能力もないと考えていることが多い。彼らは，自分がポジティブな性質，あるいは成功している領域をもっていることをたびたび否定する。次の対話は，クライエントが困難と問題だけしか見ていないときに，セラピストがどうしたら強みを同定することができるのか，そのひとつの方法を示している。

セラピスト：あなたが経験なさってきた困難の幾つかについて，今ではかなりわかってきたように思います。今日のセッションを終える前に，この数カ月間あなたを切り抜けさせてくれたものについて少し知りたいと思うのですが。
カトリーナ：おっしゃっていることの意味がわかりません。
セラピスト：ここのところ，あなたにとって大変な時期が続いています。あなたは，ご自身が経験なさってきた，これらのプレッシャーや喪失のすべてに直面しながらもしっかりと自分の足で立っているために，きっと何かなさっているに違いない，と思うのですが。
カトリーナ：しっかりとなんて全然していません。ボロボロです。ちょうど精神的に参ってしまったところで，生活の中でも何ひとつやれていません。友人関係もだめにして，家族からの信頼も台なしにしてしまいました。
セラピスト：あなたにとって物事がいかに暗く見えているか，よくわかります。ただ，予約時間を決めた際に，あなたが，子どもたちが学校から帰ってくるときに家にいてやりたいので4時前でなければならない，とおっしゃっていたのを思い出したのです。
カトリーナ：4時以降は家にいないといけないのです。そうできる人が他に誰もいないのです。

セラピスト：ええ。だから私は，気分が落ち込んでいるときに親であるというのは，さぞかし大変であるに違いない，と思ったのです。
カトリーナ：私は今は良い親ではありません。
セラピスト：そうかもしれません。しかし，あなたが以前おっしゃったことからすると，あなたは非常に気分が悪いながらも，その間，何とかお子さんたちに話しかけ，彼らの夕食を作り，寝かせたりしているようですね。
カトリーナ：はい。親ならそうしなくてはなりません。
セラピスト：そして，それらのことを長い一日を終えた後にするのは大変でしょう。たとえそれが最良の状況下であってもです。（間）でも，あなたはそれを最悪の状況下でやり遂げているのです。どうしたらそのようなことができるのでしょう？
カトリーナ：そうですね，私にはただ選択肢がないだけです。子どもたちは小さすぎて，自分の面倒を見ることができません。私は何も特別なことをしているわけではないのです。
セラピスト：あなたはそれを義務感から行っているのですか？　それとも愛情からでしょうか？
カトリーナ：義務感と愛情，両方です。子どもを育てるのは親の義務です。そして私は，子どもたちを確かに愛しています。これだけ気分が悪いと，そのことを彼らにあまり示してあげられなくてもです。
セラピスト：では，ひどい状況の真っただ中にあっても，お子さんたちに対する義務感や愛情が，あなたを前に進ませてくれているのですね。……まさに断念してしまいたいと思うときでも。
カトリーナ：はい。そうだと思います。
セラピスト：あなたにとって，これはほんの小さなことのようにしか思えないかもしれませんが，私は，それだけひどい気分のときでも自らの義務を果たし，お子さんたちに対する愛情を表現するあなたの能力を本当に見事だと思います。幸せなときでさえそうできない親

を，私はたくさん知っています。
カトリーナ：本当ですか？
セラピスト：はい。あなたがお子さんたちのためになさっている細々としたことは，ひどい気分のときには必ずしもうまくやってあげられないとしても，人としてのあなたの内面についてポジティブに語ってくれていると私は思います。

このやりとりの中でセラピストは，カトリーナが同定していない強みの領域を紹介している。クライエントが極めて自己批判的で落胆しているとき，セラピストは，クライエントが日常的に行っている小さくともポジティブな行動を同定するよう，気を配るとよいだろう。カトリーナは，親としての小さな毎日のポジティブな行動を何とかうまくやり遂げている。苦悩の中にあってもクライエントが一貫して行うと思われる，その他の一般的な日常的行動には，身だしなみを整えること（服装の選択，ひげそり，整髪など），仕事に行くこと，ペットの世話，庭の手入れ，あるいはスポーツ活動に行くことなどがある。苦悩の中でも維持される日常の活動は，どのようなものでも，クライエントがもつ何らかの価値観を象徴的に示しており，それは強みと見なすことができる。これらの価値観や強みは，はっきりとは示されないかもしれない。また，クライエントは，感情障害に典型的な認知的偏りによってそれらを軽視する可能性がある（Beck, 1976）。

個人的な価値観

個人的な価値観は，人々の選択や行動を特徴づけることから，人々の強みの源として機能することが多い。そのため，セラピストがクライエントの価値観に関心を示し，それらを概念化に取り入れるようにすることは有益である。例えば上記の例で，セラピストが，抑うつ状態にあるときに日々の義務を実行することがいかに困難になり得るかについて率直な評価と称賛を表現したとき，カトリーナは自分自身を，幾らかポジティブな性質をもつ者としてとらえ始め

ている。彼女は，もはや日常生活の中で他の多くの活動を行うことができないと感じるときでさえ，自分がわが子の世話をすることを選ぶことを認識するのである。抑うつ状態にあるクライエントは確かに，自分がどれほどひどい親であるかに焦点を当てることが多い。しかし，クライエントが苦悩を抱えていようとも，その強みをセラピストが認識することは，クライエントにとって極めて有意義なものとなり得るのである。

　注目したいのは，抑うつ状態にあるクライエントの強みの表れをセラピストが過度に強調していない，ということである。「抑うつ状態にあるときでさえ，あなたはお子さんたちに大きな愛情を示していらっしゃいますね」といった，過度にポジティブな発言をしたところで，「しょっちゅう子どもたちを批判し怒鳴りつけてばかりいるようでは，大きな愛情とはいえない」といった，抑うつ的な思考によって徹底的にやり込められてしまう可能性が高い。セラピストは，抑うつ的な思考プロセスに対する実証的な理解があったために，そのことに気づいていたのである。このセラピストはむしろ，「あなたがお子さんたちのためになさっている細々としたことは，ひどい気分のときには必ずしもうまくやってあげられないとしても，人としてのあなたの内面についてポジティブに語ってくれています」とまとめることにより，カトリーナの自己批判の可能性を予測し，それを取り入れているのである。

　クライエントの価値観は，人生で最も重要なことに対する信念として理解することができる。それらの信念は一般的に，状況の違いを超えて比較的継続しており，クライエントの選択と行動を形成する。価値観をクライエントの信念体系の一部として概念化に取り入れることで，さまざまな状況におけるクライエントの反応をよりよく理解することができる。カトリーナのセラピストならばさしずめ，「わが子に愛情を示すことは重要である」といった価値観を仮定できるだろう。これは永続的な価値観であることから，カトリーナがどうにもやる気がなく，自らの価値観に根ざしていない他の行動をやめてしまうときでさえ，彼女を行動に駆り立て続けるのである。

　ザイナブの場合，セラピストは，「家族のために強くあることが重要である」

という価値観を仮定できるだろう。この価値観のために結局，ザイナブは，新しい国と文化へ移住する困難を切り抜ける際に臨機応変に対応できた。しかし，精神病の一部としてザイナブが聞いた中傷的な声（「おまえは子どもたちの母親として十分でない」など）がなぜそれほど彼女を打ちのめすものであったのかを理解するうえでも，この価値観が役立つことに注目すべきである。つまり彼女は，自分が自らの価値観に反してしまったと考えたのである。このように，ザイナブが提示している課題は，価値観や信念がいかに保護的な機能と弱点としての機能の両方を同時に果たし得るかを具体的に示している。自らを柱としてとらえる彼女の見方は，彼女に強さを与えた。しかし，ザイナブにとっては，他者のために柱であることが非常に重要であったために，声が聞こえ始めたとき，彼女はより一層その影響を受けやすかった。なぜなら彼女は，自分自身が弱く助けを必要とするようでは，他者を助けることなどできないと信じていたからである。このように，ポジティブな信念といえども，それが頑なに保持され，状況に合わない場合には，ネガティブな信念と同じくらい活力を奪ってしまいかねないのである。

文化的な強み

第2章と第3章で論証したように，個人的，文化的価値観は，クライエントにとって重要な強みとなり得る。第3章のローズの症例を思い出してみてほしい。ローズは，職場の問題を経験しているヒスパニック系女性である。同僚からの嘲りに対する彼女の対応の仕方を概念化するにあたっては，彼女の個人的，文化的価値観が取り入れられた（「私の文化の女性たちは，男性に批判されても公共の場では何も言わない」）。ローズと彼女のセラピストは，これらの価値観を力の源として再概念化した（「この職場の文化では，同僚からの嘲りといっても口先だけのことである。だから私は，自分の文化的価値観から行動するか，それとも職場文化の中で行動するか，どちらでもより効果的だと思われるやり方で行動することを選択できる」）。これらの選択肢の中から選択できるようになったことで，ローズはますますレジリエンスをつけることができた。彼女は，

嘲りを黙って受け入れてもよいし，職場の文化基準内で対応してもよいのである。

　クライエントの生活や文化の側面は時折，強みと危険性の両方を示していることがある。アフメッドの症例（第2章）では，信仰は彼にとって強みの源であったが，その一方で彼は，彼の信仰に対して偏見をもっている人もおり，それらの人々が彼や彼の家族に対して危険である可能性があることも認識していた。文化的差別がセラピーの焦点になっているときには，セラピストがクライエントの文化内でのポジティブな強みについて尋ね，それを正当と認めることが特に重要である。文化のポジティブな側面をはっきりと認めないと，クライエントは，自分に対する文化的偏見にセラピストが同意していると思い込んでしまうことが多いのである（American Psychological Association, 2000, 2003）。第8章では，セラピストの価値観と，それがクライエントの個人的，文化的価値観といかに交差するかについて考察する。

症例の概念化への強みの取り入れ

　強みは，セラピーの各段階に取り入れることが可能である。目標は，苦悩を軽減すること（それほど不安を感じなくなる，など）だけでなく，強みやポジティブな価値観を強化すること（より思いやり深くなる，など）ということができる。第5章で論証するように，セラピストは初期のセッションで定期的にポジティブな目標や願望について尋ね，それらをクライエントの提示する課題のリストに加えることができる。クライエントの生活のポジティブな領域について話し合うことで，問題の領域で用いられているものの代わりとなる対処戦略が明らかになることが多い。これらの，多くの場合より適応性のある対処戦略は，問題の誘因と維持要因を同定するのと同じプロセスの一部として同定可能である（第6章参照）。維持周期を変えるための行動実験をしてみるべき時になれば，クライエントは，生活の中のより成功している領域から引き出した，代わりの対処反応を練習してみるとよいだろう。後のセラピーで，ポジティブな前提と

中核信念は，縦断的な症例の概念化をするときに，ネガティブな前提と同じくらい重要であることが明らかになる（第7章）。

同定された強みは，症例の概念化の各段階で取り入れることができるが，このことは現在に至るまでCBTの文献では概して実証されてこなかった。問題の誘因，弱点，および永続化要因を同定することが，より重要視されてきたからである。本書では，症例の概念化の際には可能な限りいつでも強みを取り入れることを提唱している。その例証として図4.1をご覧いただきたい。これは図3.1と同じくローズの症例の概念化を示したものであるが，ここでは図表の左側に彼女の強みを列挙している。

図3.1の概念化が描かれた後，ローズは自分の強みを同定した。彼女のセラピストは2，3の追加的な質問をして協同的に強みを見出し，それが図4.1に書き加えられた。

セラピスト：ローズさん，あなたの職場での問題の図には，少なくともひとつ抜けているものがあります。
ローズ：　　何でしょう？
セラピスト：この図には，起こっていることが示されてはいますが，あなたがこの問題を解消するのに役立ち得る，あなたの強みが含まれていません。
ローズ：　　どのような強みのことをおっしゃっているのですか？
セラピスト：図を見てください。隠れた強みを幾つか見つけられそうかどうか，考えてみてください。例えば，そもそもあなたはなぜこの作業チームに加えられたのでしょう？
ローズ：　　彼らが助けを必要としていたからです。
セラピスト：では，経営陣はなぜあなたを選んだのだと思いますか？
ローズ：　　私が賢く，有能なエンジニアだからです。私は，他のチームのためにたくさんの問題を解決してきたんです。

　ローズが尊厳や自己コントロールという家族的，文化的な強みだけでなく，

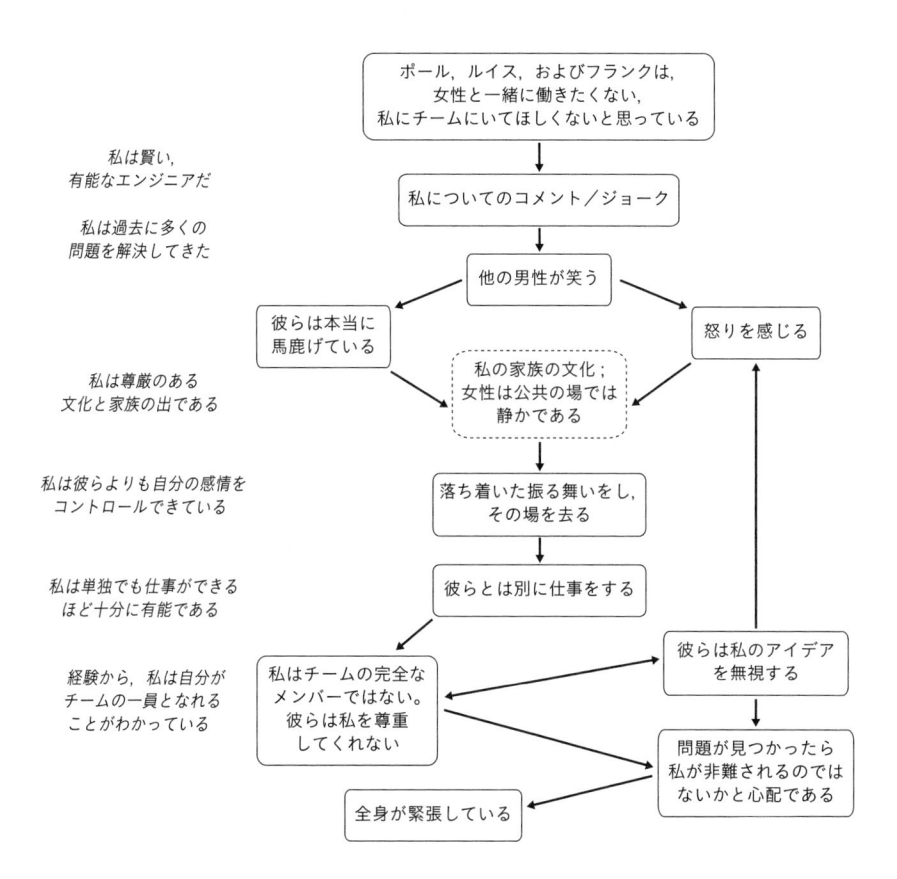

図 4.1 強み（左側）を挙げたローズの概念化

強み（左側）：
- 私は賢い，有能なエンジニアだ
- 私は過去に多くの問題を解決してきた
- 私は尊厳のある文化と家族の出である
- 私は彼らよりも自分の感情をコントロールできている
- 私は単独でも仕事ができるほど十分に有能である
- 経験から，私は自分がチームの一員となれることがわかっている

概念化の流れ：
- ポール，ルイス，およびフランクは，女性と一緒に働きたくない，私にチームにいてほしくないと思っている
  ↓
- 私についてのコメント／ジョーク
  ↓
- 他の男性が笑う
  ↓（分岐）
  - 彼らは本当に馬鹿げている
  - 私の家族の文化；女性は公共の場では静かである
  - 怒りを感じる
  ↓
- 落ち着いた振る舞いをし，その場を去る
  ↓
- 彼らとは別に仕事をする
  ↓
- 私はチームの完全なメンバーではない。彼らは私を尊重してくれない
  - 彼らは私のアイデアを無視する
  - 問題が見つかったら私が非難されるのではないかと心配である
  - 全身が緊張している

エンジニアとしての自分の強みに光を当てるのを手助けすることで，セラピストは，書き出された症例の概念化に重要な次元を付け加えている。強みを含めることで，役立ち得る資源に対するクライエントの認識を高めているのである。ローズは，同僚たちとの間での問題を解消するために，自分のエンジニアとしての問題解決スキルを使うことができるかもしれないことに気づいた。強みを認識することで，クライエントの自信を支え，協同を強めるとともに，クライエントの能力に基づいた介入へと方向づけることができる。症例の概念化の図

式に強みを加えることによって，クライエントとセラピストの両者は，概念化について考えるときにいつでもこれらの資源を思い出せるようになる。

初期のセラピーでは，その日までクライエントが対処するのに役立ってきた強みを概念化によって同定する。時折，問題となっている領域ではあまり見られない強みが，クライエントのある生活領域で同定されることがある。このような場合，情報を踏まえた最善のCBTの介入方法を選択できるようにするために，明らかになった強みを概念化に加える。クライエントの生活の他の領域において実践されている強みを伴った介入の方がより有効な場合があるのは，問題の維持に関連している長期的な要因をクライエントが回避するのに，それらの強みが役立つことがあるからである。セラピーが進行するにつれ，強みが説明的な概念化に加えられる。時折，濫用されて苦悩の一因となっている強みが，これらの概念化によって明らかになることがある。この現象のよくある例は，次のような夫婦間の対立で見られる。それは，一方のパートナーが，職場ではよく発達した経営スキルや問題解決スキルをもっているのだが，同じスキルを自宅でパートナーに適用したところ，夫婦間のコミュニケーションにとって不利益となってしまった，というものである。

以前から存在している強みに加え，CBTでは，クライエントが新たな感情的，認知的，行動的，および対人的スキルを発達させるのを助ける。クライエントが困難に直面したときに利用可能な一連のスキルを自覚できるようにするため，新たに発達させた強みもセラピー全体を通して強調される。この目的を達成するため，クライエントには，セラピーノートをつけることを勧める。観察記録とホームワーク課題に加えて，このノートには，セラピー中に得た新たな信念，スキル，およびツールをまとめたものも含めることができる。セラピーの終了に向け，クライエントは，さまざまな強みやスキルが，継続的でポジティブな進展を促すだけでなく，今後の困難に対処するうえでもいかに助けとなり得るかについて，セラピストと一緒に想像してみるよう促される。実際に，クライエントの強みは概念化の中心的な焦点となり，継続的なクライエントの成長と進歩を促す。このプロセスについては第7章で明らかにする。

強みからレジリエンスへ

　第2章で定義されたように，レジリエンスとは，人がいかに不幸な出来事と折り合いをつけながら自らのウェルビーイングを維持していくかを含む広範な概念である。この用語は，困難な課題に適応するために人が自らの強みを利用していく心理的プロセスを指している。Ann Masten（2001）は，数々の研究でレジリエンスの調査を行ってきた研究者である。彼女は，レジリエンスについて記述するために「ありふれた魔法」という表現を生み出し，次のように述べている。「レジリエンスの研究をしていて非常に驚くのは，この現象がいかにありふれたものであるか，ということである。レジリエンスというのは，たいていは人間の基本的な適応プロセスの働きによって生じる，一般的な現象のように思われる」(p.227)。同じ記事の後半で，彼女は次のように続けている。「レジリエンスの研究は，限られた特性に集中している。……そこには，家族や地域における有能で思いやりある大人たちとの結びつき，認知と自己統制のスキル，自己に対するポジティブな見方，およびその環境において有効であろうとする動機が含まれる」(p.234)。さらに，身体的健康や人生の意義をもつこと，といった次元が他の研究者たちによって加えられてきた（Davis, 1999）。

　レジリエンスには，複数の次元がある。つまり，レジリエンスを手にするまでには多くの経路があり，レジリエンスを有するためにすべての領域で強みが必要なわけではないということである。したがって，おそらくレジリエンスが「ありふれたもの」であるのも，人がレジリエンスをもてるようになる強みの組み合わせに，さまざまな形が存在することが理由である。Mastenは，強みとレジリエンスの重要な違いを明らかにしている。強みは，優れた問題解決能力といった人についての特性や，支えてくれるパートナーといった保護的環境を意味する。一方，レジリエンスとは，困難な期間にこれらの強みがどのように適応を可能にしていくかのプロセスを意味する。そのため，いったんセラピストが手助けし，クライエントが強みを同定できれば，これらの強みは概念化

に取り入れられ,クライエントのレジリエンスを理解するのに役立つようになるのである。

例えば,ザイナブは彼女の生涯を通じて,言語習得の才能,身体的健康,および旺盛なエネルギーといった特定の強みを発揮してきた。これらの強みのおかげで,彼女は困難な時期にもかなり臨機応変に対応することができた。新たな文化圏への家族の移住に対しても,英語を学び,仕事を見つけることで対応した。ザイナブの場合,レジリエンスは,彼女の強みが生活環境といかに相互作用し,新たな文化への適応を可能にしたかを表している。同時にザイナブの経験は,レジリエンスが絶対的な,あるいは固定した性質のものではないことを実証している。レジリエンスというのは,状況や時間を越えたダイナミックなプロセスなのである (Luthar, Cicchetti, & Becker, 2000; Masten, 2001, 2007; Rutter, 1987)。精神病という問題に直面したとき,ザイナブの資源は圧倒されてしまった。彼女は夫に助けを求めたものの,彼のサポートは,彼女の落胆を和らげ自殺企図を防ぐのに十分ではなかったのである。

レジリエンスの観点からの症例の概念化

いったん強みが同定された後,セラピストは,どのようにしてクライエントのレジリエンスの概念化モデルにそれらの強みを取り入れればよいのだろうか? 本書で紹介されている概念化の形態はいずれも,レジリエンスの概念化に利用し,適応することが可能である。縦断的概念化はもちろんのこと,感情の一般的な CBT モデル (Beck, 1976, 2005),機能分析 (Hayes & Follette, 1992),5 部構成モデル (Padesky & Mooney, 1990),および誘因や維持要因の説明的概念化といった既存の CBT モデルはそれぞれ,レジリエンスに焦点を当てて読みかえることができる。レジリエンスも,第 2 章で説明されたのと同じ 3 つのレベルの症例の概念化を用いて概念化が可能である。3 つのレベルとは,(1) 当人の強みを明瞭に述べる,認知的,行動的観点からの記述,(2) 強みがネガティブな出来事の悪影響から当人をいかに保護するかについての説

明的で横断的（誘因および維持要因）概念化，(3) レジリエンスを高め，ウェルビーイングを維持するために，強みがいかに当人の生涯にわたって環境と相互作用してきたかという説明的（縦断的）概念化，である。

協同的経験主義という熱を用いることによって，関連した理論や研究を個々の症例の詳しい情報と統合することが可能になる。レジリエンスは広範で多次元的な概念であるため，セラピストは，心理的障害の既存の理論を採用するか（BOX 1.3 参照），もしくは，ポジティブ心理学の文献に見られるレジリエンスに関連した数々の理論的アイデアを利用することができる（Snyder & Lopez, 2005 などを参照）。

ザイナブの精神科医は，彼女の症例をレジリエンスの観点から概念化することにした。問題に焦点を当てた概念化（「私は壊れていない」）に対してよりも，そのようなレジリエンスの観点からの概念化に対しての方が，ザイナブがよりポジティブに反応するだろうとセラピストは考えたのである。まず第一に，セラピストは，モハメッドとの面接を通してザイナブの強みの幾つかを同定した。ザイナブとの次の面接で，セラピストは，それらの強みだけでなく，「柱」の隠喩についても強調した。それは，家族内でのザイナブのニックネームであったことから，彼女にとって特に意味のあるものだったのである。

セラピスト：モハメッドさんは，あなたがいかに家族の柱であるかについて私に話してくださいましたよ，ザイナブさん。(ザイナブはセラピストのことをチラッと見て，またうつむく) 最初に英語を習得したのがあなただったこと，そしてあなたが家族の他の方々に英語を教えてあげたのだそうですね。みなさんが，あなたの帰宅を望んでいますよ。(ザイナブは軽くうなずく) もしあなたにもそうしたい気持ちがおありなら，あなたが早く帰宅できるよう役立つことについて，あなたとお話ししたいと思います。それでよろしいでしょうか？

ザイナブ：(静かに) はい。

この対話は，セラピストが当人の強み，価値観，およびポジディブな目標に注意を向け，関心をもつと，ポジディブな治療同盟がいかに強められるかを示している。ザイナブが唯一，セラピストの話に関心を示したのは，セラピストが次のことを伝えたときのみである。それは，セラピストが，(1) 彼女の強み（隠喩＝「柱」）に取り組みたいと望んでいること，(2) 彼女が自らの主な目標（すなわち，家に帰ること）に向けて取り組むのを援助することである。本書全体を通して強調されているように，協同的な概念化は，確認を行い，バランスを図るためのものとして推奨される。症例の概念化へのザイナブの関与は，セラピストの誤った推測を正すとともに，治療計画への彼女のコミットメントを強めるためにも必要である。セラピストは，モハメッドから聞き出したザイナブの強みという観点を利用することで，帰宅という目標にザイナブを従事させようとしている。ザイナブが強みを基盤とした概念化をすることについてセラピストにより進んで協力するのは，彼女の頭の中では，自分は「壊れてもいなければ，修理も必要ない」からなのである。

　図4.2は，5部構成モデルを示している。このモデルは，ザイナブが新しい国に移住してきた際に彼女の強みがいかに機能したかについてよりよく理解するために，ザイナブと彼女のセラピストによって描かれたものである。この概念化は，ポジティブな思考，感情，および身体的反応がいかに相互に強化し合い，適応的な行動を導くかを明白にする。この概念化は，彼女が聞いた批判的な声や，彼女の自殺企図を招いたその他のプレッシャーに対処するために，彼女がどのようにこれらの強みを用いればよいかについての話し合いの出発点となった。ザイナブのように，最近になって急に困難が生じてきてはいるが，長年にわたってほとんどの領域で活発にうまく機能をしてきた人は，以前から存在していたレジリエンスの回復に焦点を当てたCBTに非常に適している。一方，メンタルヘルスの問題を慢性的に抱え，レジリエンスをほとんど示してこなかったクライエントには，レジリエンスの基盤にするために新たな強みを築き上げていくことを目指すCBTの方が，より適しているかもしれない。

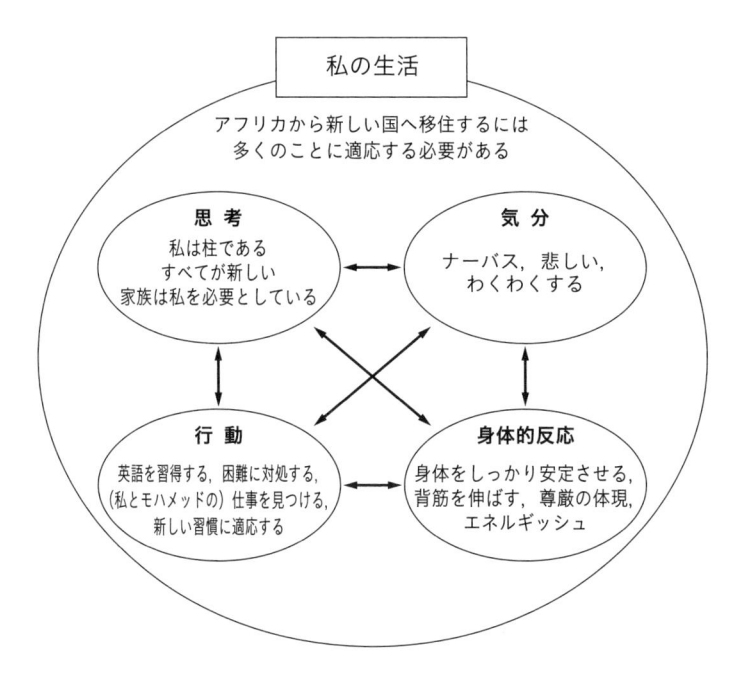

```
          私の生活
  アフリカから新しい国へ移住するには
    多くのことに適応する必要がある

    思 考                    気 分
  私は柱である          ナーバス,悲しい,
  すべてが新しい         わくわくする
  家族は私を必要としている

    行 動                   身体的反応
  英語を習得する,困難に対処する,   身体をしっかり安定させる,
  (私とモハメドの)仕事を見つける,   背筋を伸ばす,尊厳の体現,
  新しい習慣に適応する         エネルギッシュ
```

図 4.2 ザイナブの強みの記述的概念化

レジリエンスをもたらす戦略と信念の同定

　人が逆境に対処するために用いる戦略に着目することが，レジリエンスの概念化へ向けた最初の簡単なステップになることが多い。戦略は通常観察可能であり，行動的（一貫した努力など），認知的（問題解決，受容など），感情的（ユーモア，確認など），社会的（援助を求めることなど），精神的（苦悩の中にあって意義を見出すことなど）なものであることもあれば，身体的（睡眠や健康的な食事など）なものであることもある。人は，レジリエンスを高めるために用いている戦略を自覚していないことが多い。症例の概念化を通してそれらの戦略に光を当てることによって，今後の困難の中でその人がそれらの戦略を用いる可能性が高まる。

　レジリエンスを活かして物事にうまく対処する人々は，客観的に困難と思わ

れることも含めて，出来事をポジティブに解釈する傾向がある。こうした解釈には，ポジティブな期待（「これがうまくいくと信じている」など），自己効力感（「これは大変なことだが，私はもっとひどい時期を切り抜けたことがある」など），そして楽観主義（「私たちはこれに対処することができる」など）が必要である。しかし，クライエントは時に，これらの思考に気づいていないことがある。レジリエンスの概念化は，こうした解釈の偏りを自覚させることによって，困難な時期にどのように対応したらよいかをクライエントが自ら選択できるようにする。以下の対話はザイナブがある晩，夫と一緒に仕事の応募書類を記入したことについて述べたものである。これについて考えてみよう。

ザイナブ：　幾つかの質問については，本当に笑ってしまいました。家ではこのような質問は決してしないでしょうからね。その用紙はとても長くて，記入するのに一晩かかってしまいました。

セラピスト：その晩，あなたはどのようにしてユーモアのセンスを維持していたのですか？　おそらく一日中働いていた後だったのでしょう？

ザイナブ：　はい。ずっと仕事をして，その後，子どもたちに本を読み聞かせて寝かしつけました。私は疲れていました。どうしてそれをおかしいと思ったのか，自分でもわかりません。たぶん，疲れていたからでしょうね。

セラピスト：その晩のことを振り返ってみて，笑っているとき，あなたの頭にはどのような考えがよぎったのでしょうか？

ザイナブ：　私たちは本当に何にも考えていなかったんです。「本当に間抜けな質問よね！」などと言って。（思慮深そうに）私，モハメッドのことを思うと嬉しかったんです。彼にとって，家族のためにお金を稼ぐというのは，とても重要なことですから。彼が笑っているのを見て，嬉しく思いました。ご存じのように，ここのところ彼にとってとても大変な時期が続いていましたから。（ためらっているように見える。話しながらセラピストと視線を合わせる）モハメッ

ドを助けること,彼のために強くあるということは,私にとってとても大事なことなのです。
セラピスト：柱のように存在するということですね。
ザイナブ：　はい,柱のように彼を支えるということです。

　増えつつある一群のエビデンスを見ると,レジリエンスをもつ人は,困難な状況と中立的な状況の両方で,出来事をポジティブに解釈し,適応的な戦略を用いることが窺える (Lyubomirsky, 2001; Lyubomirsky, Sheldon, & Schkade, 2005)。このことは,ザイナブたちが仕事の応募用紙に記入した晩についての彼女の報告を見ても明らかである。彼女が考えているのは,モハメッドと彼のウェルビーイングについてである。彼女は彼をサポートしたいと思い,ユーモアが困難な状況をより楽にしてくれると感じている。レジリエンスを概念化する際には,このようにクライエントがレジリエンスを活かして機能するときに着目し,これらの状況に関連した思考を把握するために,セラピストが十分に注意を払っていることが重要である。
　レジリエンスの中核信念と基礎的前提は,自律性（「私は挑戦を楽しみ,必要であればそれに自ら対処することができる」など）,有能さ（「私は粘り強い」など）,親密さ（「私のパートナーはこのことで最後まで私をサポートしてくれるだろう」など）,より大きな人類とのつながり（「多くの人々がこの問題に苦しんでいる。私だけではない」など）に対する人間らしい中核的な関心を反映している。レジリエンスの中核信念と基礎的前提は,直面している問題との関係の中で引き出される。なぜなら,レジリエンスというのは,困難に直面したときにのみ必要とされるものだからである。例えば,レジリエンスの基礎的前提は,「もし私が人生で重大な試練に直面したら……」という文章を完成するようにクライエントに求めることで同定することができる。レジリエンスに関連したクライエントの信念と個人的資質を同定するには,以下のような質問をするとよいだろう。

- 「この状況で，あなたがレジリエントであるためには，どのようなルールまたは信念が役立つでしょうか？」
- 「このような障害に直面したとき，理想的には，あなたはどのような資質を発揮させたいですか？」
- 「それらの資質を発揮するために，［あなた／他者／世界についての］どのような信念が役立つでしょうか？」
- 「あなたが想像できる最善の方法で対処できたとすれば，あなたは［あなた／他者／世界について］どのようなことを考えるでしょうか？」
- 「あなたはどのようなルールに従うでしょうか？　もし……ならば，そのときには……」
- 「あなたが役割モデルとする人であれば，どのような資質を発揮するでしょうか？」
- 「その人は，どのようなルールまたは信念の影響を受けてそうした対応をするようになっていると思いますか？」

隠喩，物語，およびイメージ

　隠喩，物語，およびイメージによって，速記的な概念化が得られる。それは，レジリエンスを定義する信念，感情，身体的状態，および戦略の密接な相互作用を伝えるものである。隠喩，物語，およびイメージが個人的に意味をもち，心に訴えるものであるためには，それらが個人に由来するものでなければならない。例えば，柱というと，多くの人は硬くて曲がらないものであることから弾力性やレジリエンスに欠けていると考えるかもしれない。しかし，ザイナブにとって柱とは，世紀を超えて続いてきた古代の知恵，信仰，および強さを象徴するものだったのである。

　ここで，私たちがクライエントと一緒に発達させた隠喩，物語，およびイメージの幾つかを挙げてみることにしよう。紹介するのは，それぞれが包含しているレジリエンスのある中核信念，基礎的前提，感情的反応，および行動的戦略を理解するために，セッションの話し合いの中で明らかにされたものである。

- 「私は柱であり，壊れてなどいない。修理は必要ない」。ザイナブが理解する強さの意味は，彼女が育った自宅近くの特定の柱のイメージと結びついていた。その柱は，何千年，何世代にもわたって存在し続けてきたものだった。この隠喩の基礎には，彼女のイスラム教の信仰がある。
- 「堆肥と花」。このクライエントにとって，苦悩（堆肥）とレジリエンス（花）はひとつで同じものとなった。花には堆肥が必要であり，花自体も堆肥になる。このクライエントの価値観は仏教に強く影響されており，この隠喩は仏教の教えに根ざしている（Thich Nhat Hahn, 1975）。
- 「光の中で生きることを学ぶ」。このクライエントはメンタルヘルスの問題を長い間抱えており，その結果，彼女は「暗闇に非常に慣れ親しむ」ことになった。彼女にとって回復とは，光の中で生きられるようになることを意味しており，それは価値があるとともに，時には恐ろしい経験でもあった。
- 「蘭とタンポポ」。これは，ある研究論文（Boyce & Ellis, 2005）から引用され，極めて感受性の強いクライエントに提案された隠喩である。この隠喩は，成長するのにそれほど努力が必要ない人もいれば（タンポポはコンクリート道路でも花を咲かせることができる），まさにふさわしい状態でないと成長できない人もいる（蘭）ことを表現している。この隠喩によってクライエントは，成長できるように自分の生活に健全な状態を作り出すことにより注意を払うようになった。
- 「私のメンタルヘルスの問題は，糖尿病のような慢性的な健康問題に似ている」。これは一般的な隠喩であり，日常生活をこなしていくには，単純でありながらも有効な対処資源を用いる必要があることを伝えている。この人は，糖尿病を抱える人が食事を管理し，インシュリンを用いるのと同じように，自己ケア（食事，睡眠，日課）と投薬（リチウム）を管理した。
- 「私のメンタルヘルスの問題は，私の『師』である」。これは著名なウェールズの詩人 Gwyneth Lewis が，自らの再発性のうつ病の経験について述べたものである。彼女はうつ病に罹ると，ネガティブな信念がエスカレー

トするのを許すのではなく，次のように自らに尋ねたのである。「私は何を学ぶ必要があるのか？　私の生活のどの部分がバランスを崩しているのか？」と。
- 「見知らぬ道をハイキングする」。ある男性は，日常生活ではプレッシャーに苦しんでいたが，荒地にいるときには極度の困難にもかなりうまく対処できていた。彼は，「ハイカー」としての自己にアクセスすることによって，自らのハイキング原理に従い，日常的な困難にもレジリエンスを活かして対応した。その原理とは，ペースを落とし，標識を読み，選択肢をもう一度よく考え，選択をする，そして進歩を再評価するときになるまで，その選択に従って一貫して努力し続ける，というものである。

以下の対話は，セラピストがいかにして隠喩，物語，イメージの意味を明らかにすればよいかを例示するものである。このセッションの中で，セラピストはザイナブとモハメッドの両者と面会している。

ザイナブ：　私の父は常に宗教とは無縁でしたし，私自身，宗教とは関係ありません。でもモハメッドは敬虔なイスラム教徒で，時に私たちは子どもたちのことで議論になることがあります。私にとっては，子どもたちがこのことについて，彼らなりの判断を下してくれることが重要なのです。

セラピストの頭の中

セラピストは，ある仮説を抱いている。ザイナブの声には強い宗教的内容が含まれていて，彼女がわが子に対して適切な宗教教育を提供していないということで彼女を非難している。セラピストはまた，ザイナブの宗教的価値観をめぐり，ザイナブとモハメッドの双方の実家の間に何らかの緊張が存在していることにも気づいている。セラピストは，宗教的価値観についての話し合いには慎重であるが，それはとりわけイスラム教の信仰に対する

> 自らの知識が限られているからである。そのためセラピストは，どのように進めていくのが最善であるのか確信がもてないでいる。セラピストは，自らの限られた知識を駆使し，導かれた発見を用いてこの課題をザイナブとモハメッドと一緒に解明していくことにする。導かれた発見が開かれた質問のスタイルをいかに支えているかに着目したい。このスタイルは，セラピストがイスラム教について，あるいはこの夫婦の宗教的信念や行動についてほとんど知らないため，特に有効である。

セラピスト：このことについては，あなた方の間での重要な違いであるようですね。イスラム教について私はあまり知らないので，もしよろしかったら，宗教的でないということが，あなた方にとってどのような意味を持つのか説明していただけませんか？

モハメッド：先生に理解していただかなくてはならないことですが，私は，ザイナブが良きイスラム教徒でないという考えに同意しているわけではありません。それは，彼女が思っていることなのです。彼女はイスラム教の価値観を多くもっています。イスラムには5つの柱があるという考え方があるのですが……。

セラピスト：（ザイナブを見て）それは，人々があなたのことを柱と言うことと関係しているのでしょうか？

モハメッド：（いかにもザイナブを守りたいというふうに再び口を挟む）そうです。なぜなら，ザイナブはイスラムの一本の柱の例であると人々が感じているからです。ザカートという柱がありますが，それは他者にお金をあげることとして理解できるかもしれません。彼女は常にそれを実行してきました。お金だけでなく，時間や気持ちの面でもそうです。だから私たちは，彼女を柱と呼んでいるのです。

セラピスト：では，この点において，その意味において，あなたは同意しているのですね。では，どの面であなたは同意していないのでしょうか？

モハメッド：私が毎日5回お祈りをするのに対し，ザイナブがしないというのは真実です。しかし，その他の点で，ザイナブは私よりも良いイスラム教徒です。私たちの家族に起きたことのせいで，ザイナブは，私たちの意見が合わなくなり，私が母国に帰りたがるのではないかと恐れているのです。*(セラピストは，モハメッドが自分で話しながらも，頻繁にザイナブについて言及していることを心に留めている)*

ザイナブ：それは本当です。私は，あなたを失望させてしまったと感じているの。起きたことについて，罪悪感に駆られているのよ。

モハメッド：僕の方はむしろ君に感謝しているんだよ。*(ザイナブはモハメッドに微笑み，モハメッドも微笑み返す)*

ザイナブ：*(モハメッドを見て)* もし，私があらゆる点で良いイスラム教徒でなければ，あなたや地域の人たちは私を見下すだろうと思うの。

モハメッド：*(ザイナブを見て)* みんな，君のことを良きイスラム教徒として尊敬しているんだよ。

　セラピストは，ザイナブの基礎的前提（「あらゆる点で良いイスラム教徒でなければ，モハメッドと地域の人たちは私を見下すだろう」など）にザイナブおよびモハメッドと一緒に取り組み対処することができた。ザイナブとモハメッドは，この重要な課題について話し合うことができ，イスラム教と精神的価値観について，二人で一緒に子どもたちに教えることができるということで意見が一致した。かつてはザイナブの条件つきの前提と罪悪感が妨げとなって，彼女はモハメッドと十分に話をすることができなかった。彼女からの情報が得られなかったため，モハメッドは「心を読む」必要があったのである。ザイナブが声から聞いたメッセージの中で，宗教が極めて重要な役割を果たしていたのは明らかであった。この対話は，宗教的信念がいかに苦悩に拍車をかけるか，そしていかにレジリエンスにおいて重要な役割を果たし得るかを具体的に示している。Ann Masten が述べているように，宗教体系は「多様な形で人間の基

第4章 クライエントの強みの取り入れとレジリエンスの確立　161

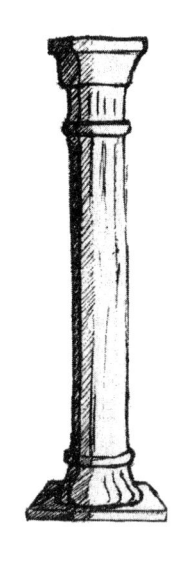

中核信念
柱としての自己
（強い，安定している，不朽）

基礎的前提
家族を守り，養うとき，
私は柱のようだ。

柱であるとき，私は世界の問題を
見ても，それらが一時的なものに
すぎないことがわかる。

戦　略
家族を守り，養う。
職場と家庭で臨機応変に対処する。

図4.3　ザイナブの概念化

本的な適応システムに関与している。それは，祈りや瞑想を通して自己コントロールを教えることから，生活のルールや人生の大きな節目での儀式を規定すること，愛着関係を通して感情的安定を育むことまで，多岐にわたる」（Masten, 2007, p.926）。ザイナブにとって信仰は，弱点でもあると同時に保護要因でもあったのである。

　柱のイメージはザイナブにとって有用な隠喩となり，それによって自らの信仰に結びついている，レジリエンスのある信念や戦略にアクセスすることができた。レジリエンスのある隠喩，物語，およびイメージは，それらがクライエントの重要な価値観，目標，もしくは強い願望に結びついているときに役に立つ可能性が最も高い。イスラム教における柱の役割について学ぶにつれて，セラピストは，ザイナブのレジリエンスのある戦略と，家族を養い，守るという価値観とをより明確に結びつけることができた。これらの価値観によって，彼女はレジリエンスを高めようという気持を強めていったのである（図4.3参照）。セラピストは，ザイナブの故郷のモスクにある実際の柱について質問し

た。その柱は，ザイナブが自分自身について抱いているイメージとして彼女の心の中に存在するものだった。質問の結果，ザイナブは，圧力や地球の動きにも耐えられるよう，柱を補強することの重要性についてじっくりと考えるようになった。こうしてザイナブ自身の隠喩は，支援を受けることを自分自身に許すことについて新たな見方をもたらした。つまり，彼女は壊れてなどいないということ，彼女が家族と地域社会を支える基盤（柱）であった，ということである。こうして，支援を受けるということが，自らのレジリエンスと強みを維持するためのザイナブの原理へと変わったのである。

　柱の不朽の強さと，故郷のモスクの柱をめぐるザイナブの信念は，健康を維持し苦悩をもたらす声から自由であるために彼女がしなくてはならないことについてのモデルを提供した。柱としての自らの強さを補強するために，ザイナブは精神科医の支援を受け入れ，その声が現実のものなのか，それとも彼女自身の頭の中にあるものなのかを実際に試してみることにした。実証的研究を参考にしながら，彼女の精神科医は，その声が感じられるほどに強力ではないことをザイナブが学べるように時間を費やした。こうして，声の頻度と彼女の苦悩は有意に低下した（Morrison, 2002）。ザイナブは，その声，自分の精神病，および声に対する自分の反応を理解するための新たな方法を学んだのである。

　ザイナブは，サポートを受けることでいかに自分を声から守ることができるかを簡単な図にした（図4.4参照）。彼女は今では薬物療法で安定していたが，それでもまだ声を鮮明に思い出すことができた。彼女は，自分で描いた図が刺激となり，自分は柱のように「強くて安定している」こと，また自分自身を大切にしている限り，他者のために強くいられ，声が再び聞こえてもうまく対処できることを思い出した。これは，少なくとも短期的には，抗精神病薬の服用を継続し，声についての考えや信念を実際に試し，自分の調子について定期的にモハメッドと話し，さらに精神科医との外来予約に訪れることを意味していた。このように，柱としての自分自身に対する最初の隠喩と中核信念は，彼女が圧倒されたときに支援を得られなくさせていたが，修正されてレジリエンスを高めることになった。ザイナブは自分のかつてのレジリエンスを引き出すと

第 4 章　クライエントの強みの取り入れとレジリエンスの確立　163

中傷的な声

中核信念
柱としての自己
（強い，安定している，不朽）

基礎的前提
柱を大切に世話すれば，私自身が
支持され，保護されることになる

戦　略
睡眠，食べ物，および薬で
自分自身を大切に世話する。
モハメッドや精神科医と話をする。

図 4.4　柱の隠喩を用いたザイナブの概念化。彼女が自らの信念と対処行動によっていかに中傷的な声から解放されるかを示している

ともに，新しい基礎的前提と戦略を加えることによって，その応用の幅を広げることができた。そしてそのおかげで，彼女は，メンタルヘルスに対するこの新しい困難に対処できるようになったのである。

　ザイナブは，退院後もフォローアップのセッションに定期的に通ってきた。その中には，モハメッドとのジョイント・セッションも含まれていた。この取り組みの中では，彼女が家庭と職場で徐々に自分の役割を再開していく過程で，彼女のレジリエンスを確立し，維持することに焦点を当てていた。それはまた，精神科医との関係を強めることにもなった。彼女の精神科医は，さまざまな生活上のストレスに対する彼女の反応を観察するとともに，彼女の機能が低下したときにはいつでも彼女とモハメッドを援助できるようにしていたのである。

　すべての概念化がまさにそうであるように，レジリエンスの概念も介入の指針になる。レジリエンスを把握するために作成される図式やモデルからは，ど

うすればクライエントが提示されている課題に対処し，セラピーの目標に向けて進歩できるかについて，豊富なアイデアが得られる可能性が高い。このような概念化で同定されたクライエントの価値観と強みからは，どのタイプの介入ならばクライエントが進んで従事し，また能力的にも従事可能であるかについて情報を得ることができる。例えば，スポーツを楽しむクライエントの場合，うつ病の行動活性化治療の中では，スポーツに関連した身体的活動を用いる可能性が高くなるだろう。

要するに，レジリエンスの概念化は，

- 単に問題になっている事柄だけでなく，その人全体についての認識を提供する。
- セラピーのアウトカムの潜在的な可能性を，苦悩の軽減から，正常な機能の再開や生活の質の向上にまで拡張する。
  ——セラピーの初期段階では，クライエントの強みを用いて苦悩を減らす。
  ——セラピーの中期段階では，クライエントの強みを用いてポジディブなセラピーの目標に向けて取り組む。
  ——セラピーの後期段階では，レジリエンスをもって自分の強みを適用することによって，長期的目標に取り組めるようになるとクライエントが考えられるよう支援する。
- ポジディブな治療同盟を発達させるのに役立ち得る。
- 変化のための指針を提供する。

セラピーの目標としてのレジリエンス

セラピストはしばしば，クライエントの苦悩の改善を最も重要なセラピーのアウトカムと考える。それは，CBTのセラピストであれば概ね，第一に考えるアウトカムである。しかも彼らは，クライエントも同じ見方をしていると考える。しかし，メンタルヘルスサービスを受けている人々に関する最近の大規

模な調査から，クライエントにとっての最も重要なアウトカムとは，楽観主義や自信といったポジティブな精神的健康を獲得すること，普段の正常な自己に戻ること，通常の機能レベルに戻ること，そして症状の軽減であることが明らかになった（Zimmerman et al., 2006）。症状の軽減はクライエントにとって重要なアウトカムであるが，ポジティブな精神的健康と正常な機能もまた非常に重要なのである。メンタルヘルスの問題は，困難が長期に続いている場合は特に，ポジティブな目標に向けた積極的な行動を弱める傾向にある。そのため，セラピーのアウトカムを次の3つの次元から評価することが役に立つ。

1. 苦悩の改善
2. レジリエンスの確立
3. ポジティブな個人的目標に向けた積極的な活動

　BOX 4.1にあるように，Seligmanは，快適な生活，関与する生活，および意義ある生活という，幸せの3つの領域を概念化している。Seligmanの目的は幸せを概念化することであるが，彼の枠組みは，クライエントの強みとレジリエンス，CBTのさまざまな段階，およびセラピーのアウトカムの評価の仕方について考えるための有用な方法を提供してもいる。第1の領域である快適な生活とは，快適な経験を最大限にし，不快な経験を最小限にしたいという人々の自然の願望を意味している。そこには，本質的に喜ばしい活動や，楽観主義や希望という個人的志向に関連したポジティブな感情の経験も含まれる。セラピーの初期段階では，クライエントは一般的に強い苦悩を表現するものである。症状の改善は，差し迫った課題である。苦悩に対するポジティブなセラピーのアウトカムは，通常，Beck Scales（Beck, Brown, Estein & Steer, 1988; Beck, Steer, & Brown, 1996）などの症状尺度を用いて測定される。症状を軽減し，それを維持していくことは，通常，正常な機能レベルに戻るための前提条件である。このようにして，CBTは，クライエントがより快適な生活に向けてバランスを取り戻せるよう助けるのである。

BOX 4.1	幸せの領域
快適な生活	感覚的な喜びを最大限にし，不快な経験を最小限にする。過去についての回想，現在の娯楽への従事，および将来の出来事に対する期待が含まれる。
関与する生活	個人的強み（誠実さ，知恵など）を用い，仕事，家族，レクリエーションを通して生活に十分に関与する。
意義ある生活	自己よりも大きな機関に貢献する経験；他者への奉仕

注：Seligman（2002）より

　Seligmanが言う幸せの第2の領域である関与する生活というのは，個人的に意義のある目標を達成するために自分の強みを使う人たちについて述べたものである。Seligmanは，思いやり，誠実さ，知恵，愛し愛される能力，およびリーダーシップなどの個人的資質を強みとして挙げている。CBTが進むにつれて，セラピーの目標は，クライエントが心理的，身体的，および社会的満足を経験する関与する生活が送れるように，自分の強みを同定して活用できるように支援することへと変わるだろう。このレベルでの改善は，World Health Organization Quality of Life（WHOQOL）のような，より広範な生活の質を測定する方法によって評価することができる（Ryff & Singer, 1996）。ザイナブの柔軟性，語学力，そして家族に対する思いやりは，明らかに重要な強みである。家族と新しい自宅へ戻りたいというザイナブの願いは，関与する生活をすることへの彼女のコミットメントを反映している。
　第3の領域である意義ある生活とは，家族，地域，仕事環境，教育環境，政治団体，あるいは国家さえも含む，実用的な機関に属し，その役に立つということである。他者を助けることは，ポジティブな精神的健康とレジリエンスへのひとつの経路として挙げられることが多い（Davis, 1999）。CBTの後期になると，セラピストは，クライエントがより意義ある生活を送れるようにするための価値観や目標を同定するように彼らを支援することがある。ザイナブの場合，家族と地域社会の役に立つことが彼女の生活に意味を与えていた。いった

ん機能が改善すれば，彼女が意義ある生活を再開するために精神科医の助けは必要なかった。ザイナブの場合がそうであったように（図4.4参照），レジリエンスの概念化は，個人的経験をより広範な人としての経験に結びつける中核信念や基礎的前提を取り入れるとともに，どうしたら人は他者の生活に貢献できるのか，その方法についても強調することが多い。このようにしてCBTは，人がより十分に機能し，意義ある生活を楽しめるように手助けすることができるのである。

　一般的にセラピストは多くの質問を考えることによって，レジリエンスの確立や回復を目標に含めるかどうかについて，クライエント自身の意向をいつ尋ねるのがよいかを判断することができる。

- レジリエンスは，クライエントの重要な懸念に関係しているか？
- レジリエンスは，提示されているセラピーでの課題に関係しているか？
- レジリエンスを高めることは，クライエントがセラピーの目標に向けて取り組むのに役立つだろうか？（例えば，クライエントがこれまでこれらの領域で繰り返し問題を体験しているとしたら）
- クライエントは，レジリエンスを高めることを有益と考え，それにコミットしているように見えるか？

　レジリエンスの確立は，CBTのどの段階にでも組み込むことが可能である。クライエントの目標と概念化を指針とすることで，セラピストは最も適切なアプローチをとることができる。しかし，セラピー全体を通してセラピストは，新たな学習，強みの積極的な強化，クライエントのポジティブな価値観の奨励，および健全な社交関係の形成を通して，クライエントがレジリエンスを確立していける機会を見逃さないように注意を払っていくとよいだろう。Barbara Fredrickson（2001）は，どうしたらクライエントがレジリエンスを拡大し，確立することができるかを概念化するための理論的な枠組みを作り上げた。彼女が打ち立てた理論は，人がポジティブな感情の状態を経験すると，その人の

信念や戦略のレパートリーが広がるというものである。人が喜び，誇り，幸せ，満足，関心，および愛情などの感情の状態にあるとき，より多様なレジリエンスの中核信念，基礎的前提，および戦略が利用可能になる。モハメッドが仕事の応募用紙に記入するのをザイナブが手伝っていた例を思い出してみよう。その作業にユーモアを持ち込むことによって，ザイナブは，もし彼女が恐れや罪悪感に駆られていたら利用できなかったかもしれない信念や戦略を利用することができた。これらの信念や戦略は，ポジティブな経験を探求するなかで明らかになる。そして今度は，身体的，社会的，精神的，および心理的生活の領域にわたって個人的なレジリエンスの資源を作り上げ，広く利用できるようにするために，それらの信念や戦略を使うことができるのである。

　レジリエンスの確立と回復は，セラピーの主要な目標となり得る。あるいはセラピーの他のアプローチを補助することもあるだろう。ザイナブの症例では，彼女が元来もっていたレジリエンスの修復と拡大が中心的な治療目標であった。

強みというレンズを通して苦悩をとらえる

　ザイナブの症例では，彼女のセラピストが同定した強みは，そのときの彼女の課題とは全く別のものだった。しかしセラピストは，強みというレンズを通してクライエントの苦悩をとらえることもできる。クライエントの問題をとらえるためにセラピストが強みに焦点を当てたレンズを用いると，それらの問題のほぼすべてに強みが含まれて見えるだろう。例えば，過度に依存的なクライエントは，支援を得る腕に関しては極めて熟練している。リスクや危険の認識は，それを非常に強く感じていて，不安に駆られているクライエントにとっては厄介であっても，発展的な利点のある強みでもある（Sloman, Gilbert, & Hasey, 2003）。

　提示されている課題を私たちがクライエントと一緒に概念化するときには，彼らの信念や戦略に機能上ポジティブな価値があることを伝える言葉を用いる

ことが重要である。以下に要約したのはそのひとつの例である。

セラピスト：あなたは人から助けを得ることが上手ですね。それはあなたが子どもの頃，遊び場でいじめっ子たちを避けるために学校でお姉さんのそばについて離れないようにすることから学んだことですね。
ケイシャ：はい，3つ年上の子どもたちと一緒に歩いているなんて妙な感じでした。でもそうすれば，同い年の女のいじめっ子たちは私に手出しできなかったのです。
セラピスト：ところで，あなたは今でも，友人関係を築くその能力をおもちですね。しかし，友人のそばについて離れないでいるべき時と，少し距離を置いてそっとしておいてあげるべき時を区別するのは，あなたにとって少し難しいですか？
ケイシャ：はい。たぶん私が望んでいるのは，人から離れないでいるべき時と，そっとしておいてあげるべき時を選択できるようになることなんだと思います。

　このようにクライエントの問題の領域を建設的に見直すことで，問題の中で具現化されている強みを認識することができる。強みに基づいた言葉を用いることによって，クライエントは，正常な状態に戻りながら新たな行動の可能性をも広げていく形で，問題を再概念化することができる。上記の対話においてセラピストは，選択という考え方を新たに紹介する。それは，そばにいるか，それともそっとしておくかを選択するという，ケイシャがやりとりの最後で再度触れている考えである。本章のザイナブに関するセラピストとクライエントの対話の多くでは，ザイナブが自分の目標に向けて進むのに役立つ言葉が利用されている。もし仮に，彼女のセラピストが問題に焦点を当てた言葉を用いていたとしたら，「不十分な母親であり，不十分なイスラム教徒である」という彼女の自分自身に対する感覚を強化してしまっていたかもしれない。

この視点に関してはこの他，逆境の体験から生まれた強みについてクライエントに尋ねるという形もある。以下に，セラピストがこのテーマを取り上げる方法をいくつか紹介する。

- 「あなたは長い間うつ状態に苦しんできました。私の経験では，非常に長い間うつ状態にある人は，それに対処するためのスキルやツールを発達させるものです。あなたの場合は，役に立つどのようなことを学びましたか？」
- 「あなたが子どもの頃，そのような虐待に耐えてきたことをお気の毒に感じます。あなたはどのようにしてそのような子ども時代を経て，今のような成人となることができたのですか？　どのような強みがあなたを乗り越えさせてくれたのでしょうか？」
- 「過去10年間，あなたは断続的にがんと闘い続けてきました。どのようにして対処されたのですか？　……これは時折耳にすることですが，深刻な病気には，ネガティブな影響ばかりでなく，ポジディブな影響もあるといいます。がんは，あなたの人生に何かポジディブな影響を与えましたか？」

　明確化のために，これまで私たちは問題の概念化とレジリエンスの概念化を区別してきた。しかし，本書の例が示すように，どちらの概念化にもクライエントの中核信念，条件つき前提，戦略，そして時には感情的および身体的要素が含まれている。これらの要素がリスクを高めるかレジリエンスを高めるかは，文脈次第である。自分は家族と地域の柱であるというザイナブの中核信念は，彼女が新しい国へ移住するのに役立つという点では機能的であった。しかし，この同じ中核信念も，中傷的な声に彼女が対処する必要があったときには機能しなかった。彼女のセラピストは，精神科医からだけでなく彼女の家族からも支援を求めるという選択を含めた自己ケアの重要性を強調することによって，より柔軟になれるようにザイナブと一緒に取り組んだ（図4.4）。
　CBTの目標は，柔軟になって，状況やその状況におけるクライエントの目

標に応じて，信念や選択をタイミングよく異なった形で用いることができるようにすることである。例えば，ザイナブは，定期的に自分の柱の基盤の強さを評価することを学んだ。彼女は，自分が前向きで強く感じられるときには，家族や地域団体の世話をすることに相当な時間とエネルギーを注いだ。一方，気分が落ち込み，再び声が聞こえるようになると，仕事を人に頼んで，睡眠と自己ケアにより多くの時間を割り当てて自分自身の基盤を強化することに，より多くのエネルギーを注いだ。彼女のセラピーセッションの主な焦点は，彼女が自分自身の健康状態についてこのような評価を行い，効果的に反応できるようにするための自己観察スキル，基礎的前提，および戦略を確立できるように支援することであった。

強み，レジリエンス，および概念化のレベル

　概念化とは，発展的なプロセスである。セラピーの開始当初，クライエントは数々の課題や症状を訴える。セラピストは強みを同定し，提示されている課題の初期の概念化に，そうした強みを取り入れることができる。やがて，提示されている課題，誘因，および維持要因に対するクライエントとセラピストの理解を把握するために，徐々に説明的な概念化を発達させていく。この時期は，クライエントのレジリエンスを概念化し始めるのにも適している――つまり，クライエントの強みが，困難な状況の中でいかに彼らを守っているかを学ぶのである。セラピーの後期段階になると，レジリエンスの縦断的な概念化により，その人の生涯にわたって強みがいかに環境と相互作用していたかの説明が可能になる。この時期は，将来的なレジリエンスを育み，ウェルビーイングを高めるために，過去の強みと新たに獲得した強みをどのように用いていけばよいかについて，セラピストとクライエントが積極的な計画を立てる時期である。

　以降の3つの章では，ひとつの詳細な症例を提示し，症例の概念化のこのような発展的展開を，マークというクライエントとのセラピーを通して見ていくことにしたい。これらの3章は，冒頭の章で概説した症例の概念化の3つの原

理，つまり，概念化のレベル（第2章），協同的経験主義（第3章），強みとレジリエンスの取り入れ（第4章）を統合したものである。苦悩の軽減とレジリエンスの確立という対をなすセラピー目標を達成するための進路を計画する際に，これら症例の概念化の原理がいかにマークと彼のセラピストを導いていくかについて，その症例を追いながら明らかにしたい。

第4章まとめ

- 現在のクライエントの資源に対する認識を高め，レジリエンスを確立するための基盤を形成するために，クライエントの強みを症例の概念化に含める。
- レジリエンスは，人が困難を乗り切るためにいかに自分の強みを活用するかを示すものである。
- レジリエンスは，第2章で述べられているのと同じ，症例の概念化の3つのレベルを用いて概念化される。
  ——その人の強みを的確に描写する，認知的および行動的な用語による記述的説明。
  ——強みがいかにしてその人をネガティブな出来事の悪影響から守るかについての説明的（誘因と維持）概念化。
  ——レジリエンスを高め，健康状態を維持するために，強みがいかにしてその人の生涯にわたって環境と相互作用してきたかについての説明的（縦断的）概念化。
- 将来的なレジリエンスを育み，健康状態を改善するというのは多くのクライエントにとって重要な目標であるが，レジリエンスの確立がセラピーの明確な目標である場合，その目標のために，クライエントとセラピストが同定された強みを用いるための積極的な計画を立てる可能性が高まる。

第5章

「助けてくれますか？」
記述的概念化

セラピスト：マークさん，あなたがこのクリニックにお電話をくださったいきさつをお話ししていただけますか。

マーク：　　どこから始めたらよいかわかりません。私の生活は本当にめちゃくちゃなんです。

セラピスト：それはお気の毒です。現在，大変な状態にあるようですね。どのような点で，あなたの生活がめちゃくちゃであるように感じられるのでしょうか？

マーク：　　ええっと，私は自分の健康状態が心配ですし，仕事のことも心配です。自分が家族を失望させてしまうのではないかと心配してもいます。ばかげたことが心配なんです。何度も確認したのにガスコンロを消したかどうかといったことが気になってしまうんです。

セラピスト：多くのことがあなたを悩ませているようですね。その他に，あなたの生活がめちゃくちゃだと感じられる点がありますか？

マーク：　　そうですね，職場の人たちに対してすごく腹が立ちますし，落ち込んでもいます。ほとほとうんざりして，滅入ってもいます。自分には対処できないと思うんです。（とても落胆したように見え始

める）先ほど申し上げたように，私の生活はめちゃくちゃなのです。

　マークと彼のセラピストによるこの冒頭の会話は，提示されている課題が，クライエントにとって，そして時にはセラピストにとってさえも，多様で，圧倒的なものであることを示している。明確に記述することは，提示されている情報を体系づけるのに役立つ。またその過程で，圧倒されそうな感じや絶望感を軽減できることが多い。本章では，提示されている課題をCBTの用語で記述するという症例の概念化の最初のレベルをセラピストがいかに達成するかを明らかにする。一般に，セラピストは記述的な症例の概念化から始めることが多いが，それは，提示されている課題の領域と特徴を大まかに描き出してからでないと，問題がいかに維持されているか，あるいは展開するかを説明することが不可能だからである。そのため，クライエントの懸念を明確に記述することは，役立つ可能性のある治療計画を立てるための必須条件なのである。

　初期の症例の概念化をするために，セラピストはまずマークの個人的経験を理解したうえで，彼の生活の詳細をCBT理論や研究と統合する必要がある。本章ではまず，セラピストがいかにして3つの主要な要素，すなわちその症例の特異性，CBT理論，および研究を収集し，それらを症例の概念化というるつぼの中で調合するかを示す。そのうえで，マークとセラピストが治療目標を決定するのに，最初の記述的な症例の概念化がいかに役立つかを明らかにする。本章全体を通し，協同的経験主義の原理とクライエントの強みを取り入れることについて具体的に説明する。

るつぼの中の要素：症例の特異性

　個々のクライエントを理解するための最初の段階では，提示されている課題のリストを作ることが必要となる。私たちは，提示される困難な問題（problems）という言い方ではなく，「提示される重要な課題（issues）」とい

う言い方を意図的に用いる。言葉を中立に保つことによって，セラピーに持ち込まれる課題を公平で，建設的に記述できるようにするのが目的である。多くの場合クライエントは，「提示される困難な問題」ではなく「提示される重要な課題」という言い方をされるときの方が，セラピーのためにより広範な話題のリストを提示するものである。例えば，クライエントの中には，前向きに生活を変えることについて話し合いたいと思っている人たちもいる。その場合，より中立的な言葉を用いることで，その話題をリストに加えることが可能になるのである。

提示される課題のリストを作成するプロセスには，基礎的な課題を同定し，それらの課題が及ぼす影響を評価した後，セラピーでそれらに優先順位をつけることが含まれる。これらの各段階は，それぞれの段階が担う重要な機能と共に，BOX 5.1にまとめてある。次に，このプロセスがマークとセラピストの間でどのように展開していくかを示すこととする。

クライエントが提示している課題を同定するのを支援する

提示される課題のリストの作成には協力が必要である。マークの協力を引き出すために，セラピストは，対処が必要な領域を特定することがなぜ重要であるのかについての理論的根拠を示す。

セラピスト：マークさん，あなたが自分の生活をめちゃくちゃであると感じるのを私たちが食い止めるためには，対応しなければならない重要な領域がたくさんあることは明らかです。セラピーからできるだけ多くの利益を得られるようにするために，私たちが一緒に取り組む時間の中で達成したいと思うことをすべて思い出せるようにリストを作りましょう。よろしいでしょうか？

マーク：　　はい，そうですね。ただ，どこから始めたらよいのか全くわかりません。あまりにもたくさんある気がするのです。

セラピスト：でしたら，この数日および数週間に，あなたに最も影響を及ぼ

BOX 5.1	提示されている課題のリストの作成，評価，優先順位の決定のプロセスとその認識されている価値
プロセス	価値
提示される課題のリストの作成	セラピーの焦点について協同的合意に達する。「その週の課題」に対応するよりも，その人が支援を求めるに至った中心的な課題にセラピーの焦点を維持するのに役立つ。それぞれの課題とその人の対処法について情報を提供することで，初期の記述的な概念化に必要な詳細な情報を提供するのに役立つ。特定の詳細から時折，課題と課題の間に存在し得る相互関係が明らかになることがあり，それによって，共通の特徴により的を絞った治療が可能になるかもしれない。例えば，ある女性がパートナーに去られ，職を失い，わが子と一緒に遊んでやる時間があまりにも少なくなってしまうのではないかと心配しているとする。これらの問題は，インターネットを過剰に使用した結果であるかもしれない。その場合には，彼女のインターネットの過剰使用に優先的に取り組むことになる。
影響の評価	影響を評価することによって，そのリストがその人にまさしく特定的で顕著なものであることを確実にすることができる。これは，セラピストがクライエントの視点から世界をとらえ，クライエントの経験にセラピストが関心を抱いていることを示すのに役立つことになり，治療同盟を強化することにつながる。
優先順位の決定	一度にひとつずつ，課題に効果的に，少しずつ対処できるようにリストを作成することによって，圧倒されそうな感覚を和らげる。それぞれの問題に対して，あるいは一連の課題に対して数回にわたるセッションが必要となることが多いことから，セラピーセッション全体を構造化するのに役立つ。

している課題から始めてみることもできます。どうでしょうか？（マークはうなずく）ちょうど今，あなたが最も思い悩んでいることは何でしょうか？

マーク： そうですね。主な問題というのは，気分がひどく落ち込んでいることだと思います。

セラピスト：そのことをリストに書き留めておいた方がいいですね。私の代わりに，この紙にそれを書き出していただけますか？（マークは「ひ

どい気分の落ち込み」と書く）あなたのためにこの課題についてもっと明らかにしていきたいと思いますが，それをする前に，その他にどのようなことをリストに挙げておきたいと思われますか？

　セラピストは，言葉で促すとともに，マーク自身の言葉でリストを書き出すように求めて，提示されている課題のリストの作成に参加するよう彼に積極的に勧めている。主な焦点は，「今ここ」に置かれている。現在の懸念は最も思い出しやすいものであり，またそこには意義のある変化を達成するために克服する必要のある障害も含まれている。時間が経つにつれて，提示されている課題の根源についての理解も徐々に進むだろうが，この最初の記述的な概念化のレベルでは，そこまでは必要ではない。

　提示される課題のリストは，クライエント自身の言葉を用いて，簡潔に具体的に記される。セラピストにとってそのリストは，クライエントの目を通して世界をとらえるとともに，概念化のるつぼに症例のどのような特異性が属しているかを発見するための第一歩となる。初期評価の面接の中で，マークは提示される課題のリストを次のように作り出した。すなわち，ひどい気分の落ち込み，健康上の心配，仕事についての過剰な心配，同僚に対する怒り，ガスコンロと電気の頻繁な確認，である。

回避の同定

　クライエントは時折，提示されている重要な課題について報告しないことがある。それらは回避によって隠されてしまっているのである。回避によって苦悩が最小限に抑えられいるときには，特にそうである。次に示す対話で，マークのセラピストは，マークが避けている領域を探し出し，それについて検討を始めている。

セラピスト：マークさん，あなたには何か，自分がすべきだと感じていながら実行していない仕事がありますか？

マーク：　　　確かにあります。私はミーティングを避けているんです。そして，そのことが現実の問題になっていると思います。

セラピスト：どのようにですか？

マーク：　　　そうですね，私が出席していないことについて，人がいろいろ言っているのを知っています。ミーティングで自分の仕事について発表すべきなのですが，仕事が完了していないのでミーティングに行かないのです。

セラピスト：もし出席したらどうなるのでしょうか？

マーク：　　　完全に出来損ないのように感じるでしょうね。かなり仕事が遅れているので，自分は役立たずだと感じるでしょう。もし誰か私の仕事について尋ねてくる人がいたら，私は本当にバラバラになってしまうと思うんです。ですからミーティングには行けません。私には耐えられない気がするんです。

セラピスト：そのような状態になって，どれほどになりますか？

マーク：　　　もう，3カ月ぐらいになります。

セラピスト：マークさん，最近あなたがミーティングに出席して，ご自身の仕事について何か発表し，それで別に大丈夫そうに思われたときのことを思えていらっしゃいますか？

セラピストの頭の中

マークが職場で仕事を回避していることについて，セラピストはまず，その問題となる側面の概要をまとめたうえで，課題に関連したマークの強みを詳しく探る機会を見つけている。マークがかなり依存的であることから，セラピストはこの機会を，彼が代替案を検討し，希望をもち始められるようにするための機会としてもとらえている。

マーク：　　　はい，6週間前に，例年の予算に関連した書類について発表しました。

セラピスト：そのミーティングの最中，そしてその後でどのように感じました

か？
マーク：　　そうですね，出席する前はとても心配していました。ほら，そのことについて考えてばかりいて……。
セラピスト：わかります。でもその発表の最中はどうでしたか？　あなたの様子では，まあまあうまくいったのではないかと思っていらっしゃるようですが。
マーク：　　そうですね，自分が発表することに本当に集中していなければならなかったので，それで大丈夫だったようです。発表の最中は心配する暇がありませんでしたし，それにその後では，情報が得られたことをみんながちゃんと評価してくれているようでした。

　セラピストの質問によって，マークがかつては実行できていた職場での仕事を避け始めたことが明らかになった。この対話に続いて，マークは，彼の提示する課題のリストに「ミーティングに出席しないこと」を書き加えてはどうかと勧められる。人によっては，回避は非常に長期にわたるものであるため，当たり前のことのようにとらえられ，課題として同定されないこともある。そのような場合，セラピストは，文化的な知識や，同じような生活環境にある人に典型的とされる事柄を頼りにしながら，その人の生活描写において欠けているものはないかどうか，注意深く耳を傾ける必要がある。このように，提示される課題のリストを作成するために，セラピストは，その人がしていることとしていないことの両方について尋ねる必要がある。

　強みの取り入れ
　概してそういうものであるが，最初のセッションでマークは，提示されている課題のリストに載せるための強みや願望を一切，自発的に述べなかった。しかし，彼のセラピストは，マークが協同的な関係に容易に従事できることに気がついた。またマークは，自分の経験を思考と感情という面から説明したが，それはCBTが彼に適した，快く受け入れられる治療法であることを示してい

た（Safran, Segal, Vallis, Shaw, & Sanstag, 1993）。マークが最初の方で述べたコメントからは，彼の妻と家族が全般的に支持的であることが窺えた。マークは，かつてはたくさんの趣味をもっていたことを示すコメントを添えている。これらの資源や強みのそれぞれが治療の中でマークの役に立つ可能性がある。こうしたひそかな観察をすることに加え，セラピストが強みについて直接的に尋ねることも重要である。

　強みの同定が一般的な評価の副産物として生じるということは，まず考えられないだろう。これには2つの主な理由がある。(1) マークは，この時点では自分の強みを認識していない可能性があり，また (2) セラピストにすぐにはわからない強みが，はっきりと質問することで明らかになる場合があるからである。マークのセラピストがいかにはっきりと強みについて尋ねているかを観察してみよう。

セラピスト：マークさん，今日はあなたの生活の中で支援を必要としている課題について話し合うことに多くの時間をとりました。私は，あなたの生活の中でうまくいっていることについても知りたいと思っています。よろしいでしょうか？

マーク：その理由がわかりません。何ひとつうまくいっていることなどない気がしますが。

セラピスト：確かにそのように感じることもあるでしょう。おそらく，それについてはもう少し説明できるかもしれません。もし私たちが，あなたにとってうまくいっていることを見つけることができれば，良いことをもっと多く組み込み，悪いことはもっと少なくしていけるようにすることができます。人は，生活の中のうまくいっている領域で強みをもっていることがあります。こうした強みは，うまくやっていくのが困難な領域でもっとよく対処していくための方法を明らかにするうえで役立つ可能性があるのです。

マーク：なるほど，そうですか。

セラピスト：では，あなたがご自身の強みと考えていることとは何でしょうか？
マーク：　　そのように考えることさえ妙な感じがします。私にはわかりません。
セラピスト：私たちのほとんどは，自分の強みを特定することを困難に感じています。あなたの奥様は，あなたの強みや優れた素質が何であるとおっしゃっていますか？
マーク：　　私は良い父親であり夫であると，彼女は言うでしょうね。私自身はそのように考えていないのですが。
セラピスト：同僚の方々はどうでしょう？　彼らは，あなたの強みや優れた資質が何であると言うでしょうか？
マーク：　　私は働き者で，良心的で，信頼できる，と彼らは言うでしょう。
セラピスト：好調な滑り出しです。あなたの奥様はなぜあなたが良い父親であり，夫であると思うのでしょうか？
マーク：　　そうですね。私は子どもたちのことを本当に愛しています。彼らのそばにいることがとても好きなのです。彼らとゲームをするのが好きですし，彼らを笑わせたりします。クレアに対しては思いやりをもとうと努力しています。例えば，日曜日にはベッドに彼女の朝食を持っていって，彼女が子どもたちから少し離れて休めるようにしてあげるのです。
セラピスト：あなたはそのお話をしながら，微笑んでいらっしゃいますね。そのような笑顔を拝見できてよかったです。
マーク：　　でも最近，私はとても落ち込んでいて，私にとって彼らがどれほど重要であるか，はたして彼らがわかっているのかどうか確信がもてないのです。
セラピスト：なるほど，このことについてあなたを支援することが重要なようですね。その他に，あなたはどのような強みをもっていらっしゃいますか？
マーク：　　私はとてもきちんとしていて，物事を最後までやり遂げます。仕

事は高い水準に到達するまで行います……というか，かつてはそうだったのです！　私は，人々を，友人や母親，それに弟のことを大切にしています。音楽も結構得意なのです。でも，もう長い間演奏していません。(より一層輝いて見える)

　この対話の後，セラピストは，提示されている課題のリストが記された紙の，「強み」と表示された欄にそれらの強みを書き込むように勧めた（191 頁の BOX 5. 2 参照）。マークは，「きちんとしている，家族や友人を大切にする，優れた音楽家であり，音楽を愛している，父親と夫であることを楽しんでいる」と書いた。彼の強みについて話し合ったことで，そのセッションの感情的なトーンは変化した。マークは，自分自身について少しばかりよりよく感じられるようになったようだった。第 4 章で説明したように，ポジティブな感情状態に置かれると，クライエントの思考の幅が広がり (Fredrickson, 2001)，セッションの焦点がもっぱら困難な問題やネガティブな感情状態に置かれていれば報告されなかっただろう強みやレジリエンスについて話し合える可能性が生まれる。さらに，強みを含めることが，治療同盟の構築に役立つとともに，変化を起こすための手段となり得るものを提供する場合がある。こうした概念化の初期の記述的なレベルで意図的に強みを引き出すことは，マークが自分自身を，ポジティブでレジリエンスのある，問題に対処できる人物と見なすのに役立つ基盤を築き始めることになる。

　クライエントは，提示される課題のリストを書き出したコピーを自分のセラピーノートに保管しておく。セラピストも，各セラピーセッションのアジェンダについて考えるときに手軽に参照できるよう自分のノートにコピーを保管しておく。提示される課題のリストは，セラピーで対処していく領域を示すものであり，それゆえ徐々に変化していく可能性が高い。リストに挙げられた課題の経過については，計画されたレビューセッションで考慮されることになる。治療関係での信頼が強まると，追加的な課題が浮上してきたり，リストに加えられたりすることがある。性的暴行の被害者であったといった経験や，性的不

能という問題は，治療の後半になってからでないと話し合われないかもしれない。クライエントがこの種の課題に対して羞恥心を抱いている場合には，特にそうである。

提示されている課題の影響を記述する

　CBT のセラピストはしばしば，問題のチェックリストをインテークの手続きの一部として用いる。これらのリストは有用な出発点となり得るが，その一方で，提示されている課題を，その個人に及ぼす影響という面から理解することが重要である。すなわち，それぞれの課題がその人の生活にどれほどの苦悩と混乱をもたらしているか，ということである。マークが最初に提示した課題のリストについて考えてみたい。そこには，ひどい気分の落ち込み，健康上の心配，仕事についての過剰な心配，優柔不断，ガスコンロや電気の確認，同僚に対する怒り，ミーティングの欠席などが挙げられている。このリストによって私たちは，マークの懸念の一部について知ることができたが，さらに，それらがマークにとってもつ特有の意味について詳しく探る必要がある。次のステップは通常，これらの課題の意味と影響を探ることである。それができれば，マークとセラピストは，セラピーで取り組んでいく課題の優先順位を決めることができる。

　クライエントが提示する課題の影響を探求することによって，クライエントの生活にとって重要な詳しい情報が明らかになる。それは，その人がどのような価値観をもち，現在の問題や強みが生活の質にどのように影響しているか，というものである。セラピストはまず，オープンエンドの質問をするとよいだろう。

「［課題］はどのようにあなたに影響を及ぼしていますか？」
「その［課題］はあなたの周りの人にどのように影響を及ぼしていますか？」
「この［課題］に直面しなくてすんでいれば，あなたはどのようなことをすることができるでしょうか？」

「あなたの生活の中の重要な人々（パートナー，子ども，同僚，友人）は，この［課題］があなたとあなたの生活に影響を及ぼしていることについて何と言うでしょうか？」

「もしこの［課題］がなかったら，あなたの生活はどのように変わっていたでしょうか？」

「［課題］があなたの生活の一部でなかったら，あなたは今とは違うどのような考えや行動をしていたでしょうか？」

これらの質問は，その人の生活がそれまでどのように影響されてきたのか，またその人がレジリエンスによっていかに守られていたか（例えば，「［課題］があなたの生活の一部でなかったら，あなたは今とは違うどのような考えや行動をしていたでしょうか？」）について知りたいという好奇心を具体的に示すことになる。これらの一般的な質問に続き，セラピストは，心からの好奇心をもって，より十分な理解を求めていく。そうしなければ見過ごされてしまうかもしれない詳しい情報を十分に知らせてくれるよう，クライエントを促すことが重要である。以下のやりとりにおいて，落ち込んだ気分がいかにマークに影響を与えているかを十分に把握するために，セラピストがどのようにしてさらに詳しい情報を得ようとしているかに注目してほしい。

セラピスト：私たちが取り組んでいきたいと思っている主な課題のリストはできています。次に，これらの課題のそれぞれがあなたの生活にどのように影響しているかについて少しお話ししていただけると，大変役に立つと思います。例えば，気分の落ち込みはあなたの生活にどのような影響を及ぼしているでしょうか？

マーク：いつも，本当に落ち込んでいるんです。

セラピスト：常に落ち込んだ気分でいるというのは，あなたにとってかなり問題になっているようですね。それがあなたにとってどのようなものなのか私が本当に理解するために，抑うつ状態があなたに「ど

のように」影響しているかについて，私に教えていただけませんか？
マーク：いつも疲れている感じがします。
セラピスト：それは参考になります。では，疲れた感じがするということは，あなたにどのような影響を及ぼすのでしょうか？
マーク：運動をしなくなってしまいましたし，友人のジョンにも会っていません。ピアノを弾く気にもなりません。以前は楽しんで弾いていたんですけどね。
セラピスト：落ち込んだ気分のせいで，あなたはかつて行っていた多くのことができなくなってしまっているようですね。気分の落ち込みは，他にはどのような形であなたの生活に現れるのでしょうか？
マーク：職場では忙しくしていられない感じがします。
セラピスト：それはどういう意味でしょうか？
マーク：何日か，ただ座って，自分がやることになっている仕事の山をじっと眺めていることがあります。正しい基準に合わせてとか，期限に間に合わせるとか，物事をきちんとやり終えることがどうしてもできないのです。だから，やろうともしません。
セラピスト：「ひどい気分の落ち込み」と書いてあるところの隣に，そのことがあなたの生活にどのような形で現れているか，一緒に幾つか書き出す必要があります。それらを書き出していただけますか？（マークは「ジョンに会っていない，運動をしていない，職場でやる気がない，自分の仕事を期限までにやり終えていない」と書く。セラピストとマークは，マークがまとめたものを見る）では，マークさん，気分の落ち込みがあなたの生活にどのように影響を与えているかについてまとめていただけますか？
マーク：それは，私の友人関係，やる気，そして仕事をやり終える能力に影響を及ぼしています。

> **セラピストの頭の中**
>
> セラピストは，気分の落ち込みの一般的な経験とは異なる経験を同定するために，マークの経験のさまざまな変化も見つけようとする。こうした例外的な経験は，強みとレジリエンスが存在する可能性のある領域を同定するために用いられる。

セラピスト：では次に，落ち込んでいたときではなく，最近のまあまあ気分が良かった日のことについて具体的に教えてください。

マーク：（間をおいて）実は，木曜日はかなり良かったのです。朝起きて窓の外を眺めたら，美しい青空で，「今日は大丈夫だろう」と思ったのを覚えています。仕事に行くときに車の中で音楽を聴き，それを楽しんだのを覚えています。途中で少し鼻歌を歌ったりもしました。昼食をとりながら同僚とジョークを楽しみましたし，自分の仕事も一切，先延ばしにはしませんでした。職場で仲の良い友人にメールを送り，会おうよ，と伝えました。彼はすぐにメールを返してきて，いいよと言ってくれたんです——ちょっと驚きました。でも，おわかりでしょうが，それは長続きしませんでした。その晩，私は，職場でもっと違うやり方をすべきだったすべてのことについて考え始めてしまったからです。そしてすぐにまた，気分が落ち込んでいきました。

セラピスト：マークさん，ありがとうございます。あなたが幾らか良い経験をした日のことをお聞きすることができて良かったです。私が正しく理解していればですが，あなたは，物事が少し良くなっていると感じたとき，自分から率先して友人に連絡を取り，先延ばしをしないでうまく仕事をこなすことができたのですよね。先週の木曜日，あなたはご自身についてどのようにお感じになりましたか？

マーク：覚えていません。でも，あの日は実際，気分がそんなに悪くなく

て……それほどめちゃくちゃではなかったです。

　提示される課題の影響を解明していくにつれて，マークとセラピストは，マークの生活について，また現在の問題が彼の生活を具体的にどのように妨げているかについて，共通の理解を深めていく。同時にセラピストは，マークの問題が存在していないときのことについても尋ねている。そのようなときというのは，マークの建設的な対処法と関連する状況である可能性が高いからである。困難と強みをバランス良く慎重に記述することにより，レジリエンスの源となる可能性のあるものを明らかにし，徐々に希望を浸透させていくことができる。しかし，セラピー当初，マークは強みよりも困難に焦点を当てる可能性が高い。彼の困難を全体的な視野でとらえるには，彼が提示している課題の影響をどのように認識しているか，それを評価するよう彼に求めることが役に立つ。

<u>提示されている課題の影響を点数化する</u>
　点数化は，その人の生活のどの領域が主観的に最も苦痛であるかを同定するのに役立つ。各課題の相対的影響を知っているのはクライエントだけである。次の対話で，マークのセラピストは，点数化の考え方について紹介している。

セラピスト：マークさん，あなたはここ数カ月間気分が落ち込み，悲しく，そのことがあなたの生活に多くの形で影響を及ぼしているとおっしゃっています。特に，あなたはかつてのように家族といても楽しくはなく，運動もせず，友人のジョンとも会っていません。ピアノを弾くことも，かつては楽しんでいたことなのに，今ではそんな気になれないでいます。また，以前ほど職場でうまくやれていないとも考えています。このような理解で合っているでしょうか？
マーク：　　はい，それが私です。本当にめちゃくちゃなのです。

> **セラピストの頭の中**
>
> セラピストはここでマークの過度の一般化（Kernis, Brockner, & Frankel, 1989）に気づき，心に留めつつも，気分の落ち込みの影響を点数化するという主な課題を続けることを選択している。セラピストは，マークに認知モデルを紹介し，彼の「良い木曜日」が「本当のめちゃくちゃ」にいかに一致していないかを示すこともできたが，影響の点数化を完成させ，それによってセラピーの課題を優先させることを選択している。セラピストは，このように将来へ向けて前進していくことの方が，ネガティブな思考を検証することよりもマークにとって役立つと信じている。特に，マークがこのセッションの後に思考の検証を続けるスキルをまだもっていないことを考えるとなおさらである。

セラピスト：まずは，これがあなたにとってどれほど問題であるのかを理解しないことには，どの課題から対処し始めるべきかを明らかにすることはできないでしょう。1から10までのスケールで，1が全く問題でない，5が中程度に問題，10が本当に重大な問題であるとした場合，あなたは，気分が落ち込み，悲しいという問題をどこに位置づけますか？
マーク：　　かなり悪いです。8ぐらいですね。
セラピスト：ではこれは，あなたがうまく対処できるよう支援する必要がある重要な問題ということのようですね。
マーク：　　そうしていただけるとうれしいです。これを解決してしまいたいのです。

　スコアがいくつ以上であればその課題をセラピーで優先すべきであると判断されるような，固定的な境界線は一切存在しない。しかし，スコアが低く，例えば10のうち3か4といった場合，セラピストとクライエントは，はたしてそれがセラピーで取り組む必要があるような問題の領域を示しているのかどうか，よく話し合った方がよいだろう。特に，より高い値で影響がスコアされて

いる課題が他にも数多くある場合にはそうである。

提示される課題の優先順位

マークが自分の提示する課題のそれぞれを評価した後，彼とセラピストはそれらに取り組んでいく順番について考える。提示される課題は，その重要性，最も大きな苦悩をもたらしている原因，どれほど変化させやすいか，あるいはその緊急性といったさまざまな点から優先順位をつけることができる。苦悩，変化しやすさ，および緊急性は，相互作用することが多い。例えば，提示される課題が，強い苦痛を伴い，長期にわたっていて，簡単に変化しそうにないことがある。このような課題は，さほど苦痛ではないが変化の可能性がより高いと考えられる課題よりも，当面の優先順位を低くつけられることがある。

苦悩，変化しやすさ，および緊急性といった優先順位の基準は，「あなたを最も悩ませていることは何ですか？」「これらの課題のどれから始めるのがベストだと思いますか？」，あるいは「影響の強さについてのご自分のスコアを見て，どの課題が最初に取り組むべき最も重要なものだと思いますか？」といった質問をすることを通して決定される。時折，提示されているひとつの課題が，別の課題に付随するものであることがある。例えば，重篤なうつ病を抱える人が再度定職に就くためには，まずはその前に，朝ベッドから起き出すことができなければならない。エビデンスに基づいたセラピーのプロトコルも，優先順位についての情報を与えてくれる。中程度から重度のうつ病のためのCBTのプロトコルは，行動の活性化を治療の最初のステップとして推奨している。特に，動機の低さを標的とする場合にはそうで（Beck, et al., 1979），これは研究によって裏づけられている（Dimidjian et al., 2006; Jacobson, Martell, & Dimidjian, 2001）。

マークは，自分が提示している課題の優先順位を決める際，気分の落ち込みとそれが仕事にもたらす影響を最も重要であるとした。気分の落ち込みは，彼にとって最も頻繁で苦悩をもたらす課題であったからである。また，彼とセラピストは，気分の落ち込みの例が各週に非常に多く認められることから，それ

がすぐに取り組める課題であるということでも同意した。健康に対するマークの心配は，ほぼ20年間にわたって，毎日のように彼に影響を及ぼしてきた深刻な課題であった。健康に対する心配が長く続いていることを考慮して，マークは，その優先順位を第二番目とした。提示されるすべての課題にマークがつけた優先順位をマーク自身の言葉と共にBOX 5.2に示した。それは，主観的な重症度のスコアと共に，特定の具体的な言葉を使って各課題の影響をはっきりと表している。

文脈の中で提示される課題

　私たちはこれまで，今現在経験され提示されている課題に焦点を当ててきたが，クライエントの心配は，その人の現在の生活と経歴という，より大きな文脈の中で理解される。比較的包括的な生物心理社会的評価を行うべき理由は数多くある（Barlow, 2001; Lambert, 2004）。第3章のローズの症例で示されたように，彼女の同僚による明らかないじめは彼女の困難に関係していて，彼女の文化的背景は，その経験にどう対処できるかについての彼女の感じ方に影響を及ぼしていた。アフメッドの場合も同様であり（第2章参照），彼が提示する課題を理解するうえで，文化的背景は重要な要素であった。これまでのところ，マークについての私たちの理解は，まだこのようなより広範囲な文脈を考慮したものにはなっていない。

　マークのセラピストは，どの領域を調べるべきなのだろうか？ BOX 5.3は，新たな症例の概念化で重要になる可能性のある評価の領域に光を当てている。このリストは広範で詳細なものであるため，クライエントや環境の必要に応じて改変し，適合させることができる。例えば，法的な領域では，違法行為の既往とリスク評価は必須であり，通常，クライエントごとに詳細な情報が集められることになる。個人開業の状況では，どの程度詳しい法律領域の情報が必要かは，「［提示されている課題］に関連した法的問題を抱えたことがありますか？」といった，大づかみの最初の質問に対するクライエントの反応によって決められることになるだろう。この質問が浮き彫りにするように，セラピスト

BOX 5.2 マークの提示する課題のリストとその優先順位

1. **気分の落ち込み**：自分が出来損ないのように感じることが多く，悲しく，家族と一緒にいても楽しくなく，ピアノを弾くなどの楽しいことをしていない。その他の兆候としては，ジョンに会っていないこと，運動していないこと，職場でやる気が出ないこと，仕事を期限までにやり終えることができないこと，などがある。(8)
2. **健康についての心配**：このせいで私は，公共の場で食べたり飲んだりすることができない。また，子どもたちと泳ぎに行くこともやめてしまっている。(8)
3. **仕事についての心配**：毎晩私の頭は仕事についての心配でいっぱいである。このせいで私は，その日全体について振り返るのに毎晩1時間以上を費やしてしまう。そのため晩になると緊張して，妻に話しかけることもない。そのことで彼女を怒らせてしまっている。(6)
4. **決断を下すことの困難**：私は決断を下すのを先延ばしにしている。決断しなければならないときには，どれが最善かを決めようとして何時間もインターネットを見たり，雑誌を読んだりする。しかし，結局は混乱して，行動できなくなる。(6)
5. **確認に関する問題**：毎晩，ガスコンロ，ドア，電気のコンセント，水道の蛇口を確認するのに時間を費やす。これをやらないと，どうしても非常に落ち着かない。(5)
6. **職場の人たちに対して非常に腹を立てる**：その日のことをじっくりと思い返すと，他の人たちは思いつきでものを言ったり役に立たない行動をしたりして，その場を切り抜けられるのに，私は自分の行動の仕方に非常に慎重にならなくてはならず，そのことに憤りを感じる。(5)
7. **ミーティングに出席しない**：仕事をやり終えていないとき，ミーティングを避けてしまう。(4)

強み
1. きちんとしている
2. 家族や友人のことを大切にする
3. 優れた音楽家であり，音楽を愛している
4. 父親であり夫であることを楽しんでいる

> **BOX 5.3** 生物心理社会的評価において考慮すべき領域
>
> **多軸型の診断的検査**
> - 問題の重症度と慢性度はもちろんのこと，特に第Ⅰ軸，第Ⅱ軸，第Ⅲ軸の併存症についてはどのようなものにも注意する。
>
> **現在の生活状況**
> - パートナーとの関係（満足／不満足）
> - 家庭（満足／不満足）
> - 仕事（野心，満足／不満足）
> - レジャー／リラクセーション
> - 友人や家族との関係／社会的サポート
> - 現在のストレス要因／懸念
> - 経済的資源／問題
> - 健康上の問題／医療従事者からの情報の提供
> - スピリチュアルな，もしくは宗教上の課題（満足／不満足）
> - 目標と願望
>
> **経歴**
> - 家族歴（母親，父親，兄弟姉妹，拡張家族，その他の重要な人物）
> - 文化的背景：人種，民族，ジェンダー，性的志向，スピリチュアル，世代
>   しばしば見過ごされること：当人が存在する地域社会との適合もしくは不適合による影響の評価
> - 子ども時代の性的虐待や身体的虐待／ネグレクト／感情的もしくは実用的な支援
> - 学校と教育
> - 職歴
> - 対人関係（性的パートナー，友人，および家族）
>   しばしば見過ごされること：家庭内暴力や性的行動
> - 過去の心理学的問題
>   しばしば見過ごされること：薬物乱用
> - 過去の問題への対処：個人的および社会的強みの評価を含む
> - 主なライフイベントもしくはトラウマ（思春期および成人期における望まない性的経験など）
>
> **精神医学的経歴**
> - 過去の心理学的問題に対する治療
>   しばしば見過ごされること：過去にうまくいかなかったセラピー
> - 過去の自殺企図／自己破壊行動／入院

> **BOX 5.3　つづき**
>
> **病歴**
> - 慢性痛のような合併する重要な医学的状態
> - 投薬歴
>   しばしば見過ごされること：処方薬の誤用と乱用
>
> **法的経歴**（しばしば見過ごされる）
>
> **安全と危険性**
> - 自傷もしくは自殺の危険性
> - 家庭での暴力
>   しばしば見過ごされること：他者への危険性
>
> **観察**
> - 当人が提示すること（身体的，感情的にどれほど容易に問題を表現できるか）
> - 重要なパーソナリティ特性（人を喜ばせたがる，敵対的，客観化，依存など）
> - 認知機能：記憶もしくは知覚における認知の歪み
> - 知的レベル
> - 関係の築きやすさ
> - 全般的，および面接中の重要な時点における，セラピストのクライエントに対する反応の仕方
> - 質問，コメント，および初期の治療的介入に対する当人の反応
>   しばしば見過ごされること：クライエントのスキルと変化に対する動機づけ

は，提示されている課題と関連のある経歴に関心をもちさえすればよい。未成年の飲酒で逮捕されたことがあったとしても，30年後の今，クライエントが物質乱用の問題を抱えていなければ，それは関係ないかもしれない。

評価の際の協同

　評価と概念化の初期の段階においては，セラピストが，強固な治療関係を築く必要性と文脈に関連した情報を収集する必要性とのバランスを取ることが重要である。総合的な評価を行おうとするセラピストの要望と，提示する課題に対しての支援を得ようとするクライエントの願望の間には，潜在的な緊張が存在する。セラピストはこの緊張にさまざまな形で対処する。なかにはセラピー

が始まる前に大まかな評価を行うセラピストもいる。そのような評価には，セラピー前の面接，予約前の評価バッテリー，情報提供者との面接，および構造化された経歴質問票が含まれる。その他，治療を始めるのに十分なだけの情報を集めてから，セラピーが進むにつれて関連する評価の情報を追加的に収集するセラピストもいる。多くの場合，これら2つのアプローチの間でバランスを取ることで，クライエントは書面で詳細な経歴を完成させ，セラピーのはじめにセラピストにそれを提出することになる。これと同じ目的で，本書の著者のうちの二人は，最初の評価セッションの前に重要な情報を収集するための有効な方法として，「経歴に関する補助的質問票（Aid to History Taking Form）」（本書の巻末付録参照）を使用している。この質問票を用いることによって，セラピーのはじめにセラピストが見直したり，セラピー全体を通して必要に応じてクライエントとより詳細に検討したりすることができる，文脈に関連する情報を得ることができる。

　マークは，「経歴に関する補助的質問票」（付録5.1を参照）を完成させた。それによって彼のセラピストは，人口統計学的情報，提示されている課題に対するマークの最初の認識，および文脈を示す背景情報を得ることができ，この情報を初期のCBTセッションで大いに利用することができた。セラピストは，セラピーで留意すべき重要事項として以下の領域を書き留めた。

- マークにはうつ病の経歴があり，それは成人期初期にまでさかのぼることができる。しかし最近の発症は2年前で，彼の父親が亡くなり，彼が職場での昇進を受け入れ，さらに第二子が産まれたときのことであった。
- 彼は，喘息とアトピーを報告した他は，何の医学的状態も報告しなかった。
- マークは中流家庭で育ち，人種，所属宗教，民族性に関しては，地域社会の文化的多数派に属していた。彼は，彼の地域社会で一般的なジェンダーの役割を学んだ（男性や少年は，女性や少女を大事にするもの，など）。
- 健康状態に対するマークの過度の心配は，18歳のときに始まった。
- マークは，パートナーのクレアと一緒になって14年間になる。その結婚

は幸せなもののように見える。
- マークの父親は双極性障害に苦しみ，マークが8歳のときに自殺を試みた。
- マークの父親の状態は家族に苦痛な時期をもたらし，両親は言い争い，経済的なプレッシャーに晒されることになった。
- マークの母親は極めて批判的になりがちで，マークの成長期には，どちらかというと彼の父親のメンタルヘルスのことで頭がいっぱいであった。
- マークの母親は時折，マークに，マークよりもかなり年下の弟デイビッドに対して，兄弟というよりも親のような役割を担うよう求めることがあった。
- マークは祖父と重要な関係をもっていた。彼の祖父は役割モデルであり，父親の自殺企図を含め，困難な時期にマークを支えてくれた人物であった。
- 音楽は，子ども時代の後期からマークにとって重要で，楽しい活動であった。

彼のセラピストはまた，セラピーに影響を及ぼす可能性のある重要な領域を除外しようとも考えている。

- マークは，子どもの頃に身体的，性的，あるいは感情的虐待のいずれについても受けたとの報告をしなかった。
- 彼は，自傷の経歴について報告しなかった。
- 彼は現在，アルコールもしくはその他の物質乱用をしていない。

「経歴に関する補助的質問票」のそれぞれの項からは，マークが提示する課題の進展と維持について理解するための極めて重要な情報が得られる可能性がある。CBTの初期段階の全体を通して，マークのセラピストは，提示されている課題に関係がある可能性がある情報に注意するとともに，何を考慮すべきか，またそれをいつ考慮すべきかについて臨床的に判断した。セラピストは，上記の課題を認めながらも，最初はマークが提示する課題と目標に焦点を当て

ることにした。同時にセラピストは，マークと共に彼の目標に向けて取り組み始めれば，他のいずれの課題も，その重要性が増す可能性があることを心に留めていた。

標準化された評価ツールにおける経験主義

CBTのセラピストは，通常，抑うつ，不安，およびその他の提示される課題を評価するために標準化された評価ツールを用いる。気分と行動に関する標準化された妥当な尺度を用いることの利点は，セラピストがその個人の回答結果を，調査研究から得られた大規模な集団の結果はもちろんのこと，過去のクライエントの結果とも比較できることである。さらに，治療全体を通して複数回にわたり標準化された質問票を使えば，セラピーの有効性を評価するためにそれを使うことができる。クライエントとセラピストは，点数の変化について話し合い，それらを機能の改善または低下についてのクライエントの主観的な認識と比較することができる。セラピストは，標準化された尺度上の変化をアウトカム研究で得られたものと比較することによって，クライエントが特定の治療アプローチで期待される結果を得ているかどうかを調べることもできる。もし期待される結果が得られていなければ，それは，概念化もしくは治療計画を見直すべきであるという徴候の可能性がある。これらの重要な理由から，マークのセラピストは最初のセッションで2つの標準化された気分尺度を紹介し，マークも，セラピーの進行を知るためにこれらの尺度を毎週行うことに同意した。

インテーク時，マークは，Beck Depression Inventory-II（BDI-II; Beck et al., 1996）が20点で，軽度／中程度の抑うつの範囲にあることがわかった。Beck Anxiety Inventory（BAI; Beck et al., 1988）における彼のスコアは26で，中程度の不安が存在することが示唆された。この情報は，マークと一緒に話し合われた。「今週行った抑うつの尺度でわかったのですが，あなたのスコアは，抑うつが軽度・中程度，不安が中程度の範囲にありました。これらの程度は，気分の落ち込みについてのあなたの経験や不安の感じ方とぴったり一致してい

るでしょうか？」。もしマークがその面接で気分の落ち込みや不安を報告していなければ，セラピストは，「抑うつと不安をリストに加えるべきだと思いますか？」と尋ねていたかもしれない。

　BDI-II と BAI は診断尺度ではないが，診断基準に寄与する抑うつと不安の症状の有用な基準値を提供する。また，それぞれの項目の点数は，追加すべき提示されている課題を同定するうえで有用なこともある。例えば，BDI-II の 9 問目は自殺企図について尋ねている。もしマークがこの項目でもっと高い点数を示していれば（あるいは自傷の経歴を報告していれば），自殺のリスクについてより包括的な評価を始めていただろう。BAI で，マークは以下の項目を最も苦痛なものとした。リラックスできないこと，最悪のことが起こるのではないかという恐れ，および死に対する恐れである。彼の点数をきっかけとして質問が行われ，その結果すぐに，健康状態に対するマークの心配の同定へとつながることになるだろう。

　強みに焦点を当てるという原理と一致して，私たちは，セラピストが強みとウェルビーイングを評価するアウトカム尺度を用いることも勧めている。精神療法とその研究では，満足や機能ではなく，不満足と機能不全に焦点を当てる傾向がある（Fava, Ruini, & Belaise, 2007; Ryff & Singer, 1996, 1998）。Lopez と Snyder（2003）によるハンドブックは，ウェルビーイングの適切な尺度を求めているセラピストにとってひとつの頼みの綱である。Beck Instruments に加えて，マークのセラピストは，多くの領域における生活の質を評価する尺度（Gladis, Gosch, Dishuk, & Crits-Christoph, 1999）を用いた。World Health Organization Quality of Life Brief スケール（WHOQOL; Harper & Power, 1998）である。WHOQOL は，懸念される領域だけでなく，クライエントの生活におけるポジティブな要因も浮かび上がらせるために，身体的，心理的，社会的，および環境的な生活の質を調査する。マークのプロフィールは，彼が特に身体的，心理的，および社会的な領域において生活の質の低下を経験していることを示していた。

　評価の情報と提示される課題のリストは，クライエントに関する詳細な情報

をその文脈の中に位置づけるのに役立つだけではなく，それらを特定し整理するうえでも有効である。このプロセスは，マークの頭の中で役に立たない形で混同されていた経験を整理するのに役立った。これらの提示される課題が明確にされたことで，マークが自分の困難について記述的概念化を発達させるための準備が整ったのである。

　マークのセラピストは，次に，適切な CBT 理論と研究をるつぼに加える必要がある。次の項では，セラピストがいかにしてマークが提示する課題を解明し，それらを適切な認知行動モデルと結びつけたかを示している。

るつぼの要素：理論と研究

　マークのセラピストは，マークが提示する課題を CBT 理論と結びつけるために 2 つの一般的な記述的概念化の方法を用いた。機能分析（Kohlenberg & Tsai, 1991）と 5 部構成モデル（Padesky & Mooney, 1990）である。本章では，これらの 2 つの概念化のアプローチを強調して示しているが，セラピストは，クライエントの提示する課題をエビデンスに基づいた理論に結びつけるものであれば，どのような枠組みでも用いることができる。適切な概念化のアプローチを選択するためにセラピストが使用できる要素については，BOX 5.4 で説明している。

　機能分析とは，行動の偶発性を検討することによって，提示されている課題に行動理論を重ね合わせる方法である（Kohlenberg & Tsai, 1991）。第 2 章で説明した 5 部構成モデルは，提示されている課題を生物心理社会的な言葉で表現するための，広範囲に用いられている方法である（Greenberger & Padesky, 1995; Padesky & Greenberger, 1995）。機能分析と 5 部構成モデルは共同で用いられ，理論，研究，実践を結びつけ，提示されている課題をノーマライズし，共感を高め，大量の複雑な情報を整理するといった，症例の概念化の最初の多くの機能に役立たせることができる（第 1 章の BOX 1.1 を参照）。

BOX 5.4　どの概念化のスキーマを用いるべきかの決定	
質問	考慮すべき課題
エビデンスに基づいた理論モデルはその症例に直接的に関連しているか？（BOX 1.3を参照）	このモデルは提示されている課題を認知行動的な言葉で説明するのに用いることができるか？
協同関係を確立し，クライエントの強みを引き出し，セラピーのこの重要な初期段階において希望をもたらす可能性が最も高い概念化モデル，もしくは記述的アプローチはどれか？	臨床的判断を用いて，クライエントのフィードバックに注意する。
必要十分な説明を提供する最も単純な枠組みと考えられるものは何か？	最良の概念化とは，可能な限り単純なものであり，しかも本質的意味を失わないものである。

機能分析：ABC モデル

行動面の研究は，行動が連想，報酬，および罰の基本的なパターンに基づいて学ばれたり，消滅したりする可能性があることを論証する。次の簡単な頭文字を用い，余分な部分を取り除くことによって，提示されている課題の概念化の初期段階で機能分析を，クライエントとセラピストがすぐにでも利用可能な形にすることができる。

A（先行事象）－ B（行動）－ C（結果）

先行事象は，行動の発生に関連する文脈のことである。当の行動を連想させるもの，その条件，あるいは引き金が，そのようなものとなり得る。先行事象は，その人にとって外的なもの（職場のミーティングなど）である可能性も，内的なもの（特定の思考など）である可能性もある。例えば，症例の概念化という目的のためにこのモデルで強調される行動は，一般に「モル（molar）」と呼ばれており，行動的回避などの高次の行動である（Martell, Addis, & Jacobson,

2001)。機能分析では，心配といった認知のプロセスを行動に含むことができるということを指摘しておくことは重要である。結果は一般に，直接的な報酬（称賛など）か，あるいは嫌忌する経験を避けることによって生じる二次的報酬（ミーティングを避けることによる不安の軽減など）である。

　症例の概念化の記述的段階では，機能分析を，行動がいかに，いつ，どこで生じるのかを綿密に叙述し，さまざまな文脈の中でその結果（行動随伴性）に着目していくために用いることができる（Martell et al, 2001)。このように，機能分析は，提示される課題を機能的な言葉で明確に言い表すのに役立つ。セラピストとクライエントは，提示される課題の内部にモル行動を同定するとともに，ABC モデルを用いることで，これらの行動がどのように偶発性と関連しているかを決定することができる。以下の概要は，職場におけるマークの回避をマークとセラピストがどのようにして機能的な言葉で言い表したかを示している。

セラピスト：マークさん，あなたは気分が落ち込むと自分の中に引きこもってしまい，そのせいで仕事の課題を先延ばしにし始めてしまうため，職場で問題が生じてしまう，とおっしゃっていました。職場の方々もこのことに気づいているのですよね。(マークはうなずき，セラピストの言葉が事態をうまく要約していることを示す) あなたはどのような仕事を先延ばしにしてきたのでしょうか，より詳しく話していただけますか？

マーク：　(数秒間考えて) 日常的なメールへの対応といった，たわいのない仕事なら何とかこなせます。でも，たくさんの集中力を要したり，複雑だったり，あるいは他の人に関わることとなると，何でも先延ばしにしてしまいます。時々，他の人がプロジェクトの責任者であるため先延ばしにできなくて，姿を現さないわけにはいかないことがありますが，私は，最低限のことしかしません。だって，それ以上のことをするのはどうしても無理だからです。ですから，

　　　　　　努力が要ったり他の人が関係したりすることは何でも先延ばしに
　　　　　　しているんじゃないかと思います。
セラピスト：仕事を先延ばしにするまでの何時間かの間にはどのようなことが
　　　　　　起こるのでしょう。それについて少しお話しいただけますか？
　　　　　　最近，あなたが先延ばしをしたときのことを思い出せますか？
マーク：　　先週は，予算案のために幾つかの数字をまとめなければなりませ
　　　　　　んでした。メアリーにそれを頼まれたのですが，曖昧な期限しか
　　　　　　言われていませんでした。私はそれをやりませんでした。とても
　　　　　　気分が落ち込んでいて，それに向き合うことができなかったん
　　　　　　だと思います。そのリサーチをするだけのエネルギーが自分には
　　　　　　ないと思ったんです。間違えてしまうんじゃないか，間違ってい
　　　　　　ることに他の人が気づいたら非難されるんじゃないかと心配でし
　　　　　　た。本当にすごく緊張して，不安で，逃げ出してしまいたいほど
　　　　　　だったんです。(泣き出す)
セラピスト：いいんですよ，マークさん。わかります。これはあなたの気持ち
　　　　　　をかき乱すことなのですよね。だからこそ，私たちはそのことを
　　　　　　一緒に見ていこうとしているのです。焦らなくていいのです。
マーク：　　(気分を落ち着けようとして) 私はただ，そのことについては考え
　　　　　　ないようにしているだけです。
セラピスト：わかります。ここで私たちが行っていることは簡単なことではあ
　　　　　　りません。職場で物事を先延ばしにするというのがあなたにとっ
　　　　　　てどのようなことなのかを明らかにするために，一緒に取り組ん
　　　　　　でいけるかどうか確かめてみましょう。

セラピストの頭の中

マークが涙ぐんでいるということから，先行事象（気分の落ち込み，活力の低下，そして心配）がいかに苦痛であるかが浮き彫りにされている。セラピストは，共感的に希望を築き上げるためにこの瞬間を利用する

> ことにして，マークの苦悩を理解するための方法として機能分析を用いている。セラピストは，マークが苦悩を軽減する方法として回避の使用（「そのことについては考えないようにしています」）についても述べていることに気づいている。

セラピスト：あなたが事前に起こっている多くの重要なことについて話してくださったので，私はそれを書き出してみようと思います。それらを「先行事象」と呼ぶことにしましょう。「事前に起こったこと」という意味です。（「気分の落ち込み」「活力の欠如」「失敗についての心配」「不安」「考えないようにする」と書く）次に，あなたが動揺していたときにその状況でしたことを書いてみます。これは，「行動」の下に書きます。（「複雑な仕事を避ける」「他の人に関わる仕事を避ける」「物事を先延ばしにする」と書く）何か，抜けていることはありますか？

マーク：いいえ。そんな感じだと思います。

セラピスト：その後，心配や不安はどうなるのか教えていただけますか？

マーク：その仕事をやらなくてもいいんだと思うと，実にほっとします。（きまり悪そうに微笑むが，別の思考に心を奪われたかのように，すぐに心配そうな面持ちに変わる）でもその後，職を失うことについて心配し始めるのです。（再び苦しそうな表情になる）

セラピスト：それでは気持ちが動揺してしまいますよね。それらのことは両方とも「結果」の下に書きましょう。（「不安の軽減」「仕事を失う心配」と書く［図5.1を参照］）マークさん，ホワイトボードを見ながら，職場で仕事を先延ばしにするというこの問題についてどのようなことが明らかになったか，あなたの考えをまとめていただけますか？

マーク：そうですね。私がそうするのは，気分が落ち込み，疲れていて，自分はきっとやり損なってしまうと確信しているからです。だか

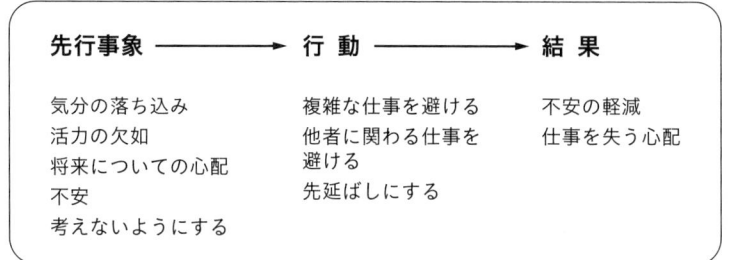

```
┌─────────────────────────────────────────────────────────┐
│  先行事象 ────────→  行 動 ────────→  結 果              │
│                                                         │
│  気分の落ち込み      複雑な仕事を避ける    不安の軽減    │
│  活力の欠如          他者に関わる仕事を    仕事を失う心配│
│  将来についての心配  避ける                              │
│  不安                先延ばしにする                      │
│  考えないようにする                                      │
└─────────────────────────────────────────────────────────┘
```

図 5.1 マークの仕事の回避：機能分析

らその後で,それをしなくてよいということにほっとするのです。でもそのほっとした気持ちは長続きしないのです！

セラピスト：うまくまとまりましたね。私たちが書き留めたこの状況を見てみましょう。これは行動を理解するための「ABC」モデルというものです。「B（behavior）」は行動を表します。「A（antecedents）」,つまり先行事象は,「いつ」あなたが職場で仕事を避けるのかを解明するのに役立ちます。そして「C（consequences）」,すなわち結果は,「なぜ」あなたが仕事を避けるのかについて多くのことを教えてくれます。あなたが物事を避けるのは,ほっとした気持ちになれるから,という理由であることがわかります。残念ながら,回避はあなたが望むほどうまく働いてくれません。なぜなら,すぐにまたあなたは不安になり始めるからです。そのことについては後ほどもっとお話ししていきたいと思いますが,今のところ,あなたは自分がいかに,いつ,そしてなぜ職場で物事を避けるのかを ABC という言葉を使ってうまく表現することができました。これについて何か加えたり,質問したり,あるいは言っておきたいことがありますか？

マーク：私が仕事をやっていないことに周りの人が気づき始めています。仕事を頼まれると,その翌日,私はメアリーにメールをして,自

分は忙しすぎるので誰か他の人に頼んではどうかと提案していました。私はそういうことをよくしているのです。
セラピスト：そのことを今日のアジェンダに加えたいですか？
マーク：　はい。このことをセラピーノートに書いておくべきでしょうか？
セラピスト：それは良い考えですね。今日のセッションが終わる頃，来週の課題について話し合うときに，私もこの話題に戻ることを忘れないよう，メモを残しておくことにしましょう。

　この例で，マークの回避は，彼の行動に報いるポジティブな結果（苦悩が短期間軽減する）と，ネガティブな結果（仕事を失うことについての心配が増し，未完了のプロジェクトがマークの心に重くのしかかる）ももたらしている。（利益と代償という）相容れない結果が出るときには，セラピストは，マークとセラピストによる以下の対話で明らかにされているように，より多くの利益とより少ない代償をもつ，より望ましい行動を同定するために機能分析を建設的に用いることができる。

セラピスト：つまり，あなたが物事を避けたり先延ばしにしたりすると，少し気分が良くなる傾向があるものの，代償もあるということです。仕事がはかどらず，職を失うのではないかと心配になるのですね。
マーク：　はい。
セラピスト：理想的には，あなたは，仕事に取り組むとき，結局どのようになってほしいと望んでいるのでしょうか？
マーク：　（考えながら）わかりません。私は長い間物事を避けてきましたから。違うやり方をすることなどほとんど想像できません。
セラピスト：習慣を変えるのは大変なことです。あなたは，先週の木曜日はうまく行き，物事を先延ばしにしなかったとおっしゃいました。その経験から何か学ぶことができますか？
マーク：　そのような日をもっと多くもてたらと考えたいのですが，一度限

りのことのように感じられました。

セラピスト：わかりました。では，仕事のプロジェクトへの対処の仕方で，どなたか，あなたが尊敬する人のことを思いつきますか？　自分の仕事にうまく優先順位をつけているように思われる人がいませんか？

マーク：そうですね。職場に同僚がいて，ピーターというのですが，彼は物事に対処するのが本当にうまくて，窮地に陥るということがありません。彼は，物事について心配しませんし，間違いをしたときにはただそれを認め，その後，次のことをちゃんとやります。彼は，物事に巻き込まれたり，心配にとらわれたりはしないのです。彼の技を盗みたくなりますよ。(笑う)

セラピスト：(一緒に笑いながら) あまり心配しすぎないというのを盗めるのであれば，確かに楽でしょうね。では，理想的にはあなたは，仕事が悪い方向へ向かっていくことを心配せずに仕事に取り組みたいのですね。自分がよくやったことはすべて認識し，もし何か間違いがあれば，それを認めるけれども，それについての心配にとらわれたくないわけですね。その代わりに，次の仕事を何とかうまく進めていくいうことですね。このような形態は，あなたの通常のやり方とどのように異なるでしょうか？

マーク：かなり違いますよ！

セラピスト：ピーターのやり方は，あなたにもできそうですか？

マーク：できないでしょう。わかりませんが……。先週の木曜日，うまくいった日の後は，心配はそれほどひどくありませんでした，本当に。それほどとらわれなくてすんだのです。

セラピスト：では，うまく行った日には，あなたが心配にとらわれる可能性は低く，仕事を何とかうまく進めていける可能性がより高いのですね。(マークはうなずく) これについては後でまた，私たちの取り組みについて目標を考えるときに話し合いましょう。でもさしあ

たり，仕事についての心配からあなたは課題を避け，先延ばしにするようになるということ，そしてこのことであなたはより緊張し，課題を完了するうえで困難が生じることがわかりました。回避しても，短期間気分が良くなるという利点しかありません。そのような方法に代わる仕事への対処法があるかもしれませんね。もっとあなたが望むような状態に近く，ピーターが行っていそうな方法にも近く，そしてうまくいく日にあなたが行っている方法にも近い対処法です。

この例に見られるように，機能分析の ABC モデル（Martell et al., 2001）を用いる現代的な行動的アプローチは，症例の概念化のための協同的で，建設的で，経験主義的なアプローチの原理と完全に一致する。これらの行動的アプローチには，一般にクライエントにすぐに受け入れられるという利点があり，クライエントがセラピーに持ち込む課題の多くに対して，治療で比較的使いやすい。

5部構成モデル

機能分析が行動随伴性に基づく単純なモデルを提供する一方，認知行動療法のセラピストは，経験に対するクライエントの解釈と評価を他と全く別の，重要な概念化の要因に含めたいと考えることが多い。セラピストは，提示された主な課題を，第2章で紹介した5部構成モデル（Padesky & Mooney, 1990）の観点から明確に述べることによって，記述的な枠組みを応用することができる。この生物心理社会的モデルは，単純でクライエントにとって理解しやすいものであり，顕在的な行動を思考，感情，および身体的反応と区別することができる。アフメッドの症例で示されているように，5部構成モデルも，クライエントの反応に影響を及ぼす可能性がある文化的およびその他の環境的影響の作用を，たとえそれらの影響が観察可能な先行事象として物理的に存在していなくても，取り入れることができる。

環境的要因と感情的要因

　次の対話は，5部構成モデルを用いることでマークの健康に対する懸念がどのようにして生まれてきているかを示している。先ほどと同様，彼のセラピストは，包括的に記述するために，最近の具体的な例に焦点を当てている。セラピストは，話し合いの進みに合わせて情報を図式にしていく。完成した図式は，図5.2で見ることができる。

セラピスト：あなたは提示されている課題のリストに，「健康についての心配」と書きましたね。この点についてもう少し明らかにしていきたいと思います。よろしいでしょうか？（マークはうなずく）最近，それらの心配があなたに影響を与えたときのことについて，何か話していただくことはできますか？

マーク：はい。先週末，妻や家族と買い物に出かけたときのことです。私たちは，何か飲んで食べようと，カフェに行きました。私は，コーヒーカップに口紅が付いているのが見えたように思い，そうしたらひどい気分になって，心配になりました。

セラピスト：それは，良い例ですね。そのようなことはよくあるのですか？

マーク：まちまちですが，ほとんどの週で，このようなことが2，3回あるんじゃないかと思います。

セラピスト：そうですか。このことを書き出すことで，今話していることをまとめてみたいと思います。あなたはカフェにいて，自分のコーヒーカップに口紅が付いているのに気づいたのですね。（それを書き留める）これをあなたがいた「環境」と呼ぶことにします。（それを書く）そしてあなたはひどい気分で，とても心配で，そして不安になったのですね？（マークはうなずく）以前用いた，1から10までのスケールを覚えていらっしゃればですが，その経験はどの程度ひどいものだったでしょうか？

> **セラピストの頭の中**
> マークのセラピストは，この例が強迫的な心配か，あるいは健康不安のどちらかを示唆していることに注目している。マークの思考は，これら2つの課題を区別するのに役立つであろう。この臨床的判断を行うのに必要な情報を集めるために，5部構成モデルが紹介される。その判断は，セラピストを最も適切なエビデンスに基づいたセラピーアプローチへと導くものであり，治療計画に情報を提供するものである。

マーク：　　　ひどかったです。8ぐらいでした。
セラピスト：大変な状況だったようですね。「気分」の下に「不安」と書き，あなたの「8」という評価を添えておきました。ではこれまでのところ，私が正しく理解しているかどうか確認してみましょう。

　マークは，この状況で自分がひどい気分になったことにすぐに気づいた。これがマークによって自発的に述べられた5部構成モデルの最初の要素であることから，セラピストは，それを状況的な要因である環境のすぐ下に書き留める。次のステップは，マークと協同でこの経験をさらに探求することであり，そのとき彼が提供する詳細をまとめるのに5部構成モデルが役立つ。

<u>生理学的要因</u>
セラピスト：では，あなたは本当に心配になったのですね。このようなひどい気分のとき，他にはどのようなことに気づきましたか？
マーク：　　　とても落ち着かない気分でしたし，かなりぴりぴりして緊張していました。
セラピスト：では，あなたは多くの身体的な感覚や肉体的な体験に気づいたのですね。その他に何か気づいたことはありましたか？
マーク：　　　手が汗ばんでいました。
セラピスト：それらを図に加えておきましょう。これらを身体的反応と呼んで

環境

家族とカフェにいて，自分のコーヒーカップに汚れがついている可能性があることに気づく

思考
これは血だ。私はHIVに感染してしまう（7〜8）

気分
心配（8）
不安（8）

行動
そのカップから飲まない。そのカップをどかす

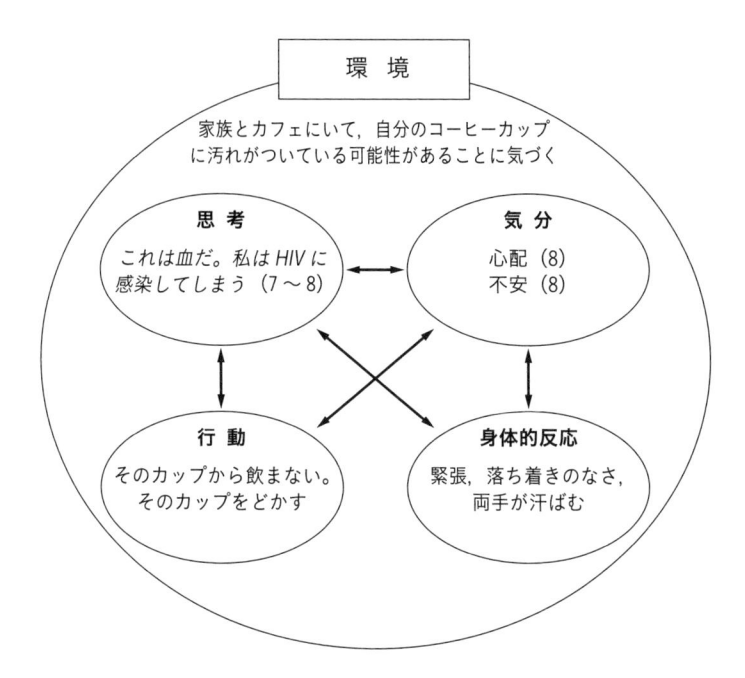

身体的反応
緊張，落ち着きのなさ，両手が汗ばむ

図5.2 マークの健康への心配について完成した5部構成モデル

もよろしいでしょうか？
マーク：　　　はい。
セラピスト：心配になったとき，あなたは自分が落ち着かない気分であることに気づき，手は汗ばんでいました。これらの反応を引き起こしたのは何だったと思いますか？
マーク：　　　そうですね。私が感じていた不安だったと思います。
セラピスト：そうですか。では「気分」と「身体的反応」の間に線を引いて結ぶことにしましょう。

<u>行動的要因</u>
セラピスト：では，マークさん，あなたはカフェで不安な気持ちだったのです

ね。そして緊張し，落ち着きがなくなり，汗ばんでいることに気づいたのです。それにどのように対処したのですか？　どのようなことをしたのでしょうか？

マーク：　そうですね，私にはそのコーヒーを飲むのは無理だということがわかっていました。でも妻が見たら，彼女が私に腹を立てるのではないかと思いました。そんなこと大した問題ではないのに，飲めないということに対してです。結局，私はそのカップから飲んでいるふりをしました。そして，彼女がトイレに行ったときに，自分のカップを空いているテーブルの上に移したのです。

セラピスト：あなたは，口紅の跡に気づいたためそのカップからは飲まず，結局，そのカップを別のテーブルに移しました。それでよろしいですか？（マークはうなずく）そのことを「行動」のところに書きましょう。行動には，あなたがとるあらゆる行動が含まれます。そのカップを移したとき，あなたはどのように感じましたか？

マーク：　不安が和らぎ，緊張も弱まりました。

セラピスト：わかりました。では，あなたの感情があなたの行動によって影響を受けたことを示す線を引いてもよいでしょうか？

マーク：　もちろんです。そのカップをどけたとたん，すぐに気分が良くなりました。

　5部構成モデルの各要素を加えることで，マークの健康上の懸念についての新たな理解が明確にされている。彼の職場での回避と同様，マークがそのカップから飲むのを避けたことで，彼の不安は軽減しているのである。

<u>認知的要因</u>
　5部構成モデルの5番目の要素は，状況の評価，もしくは解釈を理解することの重要性を強調する。コーヒーカップに口紅の跡がついている可能性があるからといって，誰もが不安を感じるわけではない。マークのセラピストは，こ

れがマークにとってどのような意味をもつかを考えた。この経験に対するマークの解釈あるいは評価がわかれば，どうして彼は感情的にそのような反応をし，行動的に回避したのかが説明されるはずである。それはまた，マークの苦悩がコントロールや責任を強調する強迫的な思考によって引き起こされているのか，それとも健康上の危険性に対する不安を浮かび上がらせる，健康上の心配によって引き起こされているのかをセラピストが判断するうえでも役に立つ (Salkovskis & Warwick, 2001)。

セラピスト：あなたは，口紅の跡に気づいたためにそのカップから飲むことができず，結局，それを別のテーブルに移してしまったのですね。いいでしょう。では，あなたはこのような心配と本当に悪戦苦闘していて，それで……すみません，そのカップから飲むことの，いったい何がそれほどひどいことなのか，自分が理解しているのかどうか確信がありません。もしあなたがそのカップで飲んでしまっていたら，いったいどのようなことになっていたのでしょうか？

> **セラピストの頭の中**
> マークが自分の思考について述べるのが困難であれば，セラピストは，マークが自分の考えを的確に述べられるよういつでも助ける心づもりでいる。例えば，セラピストは，そのカフェの状況を思い起こすためにイメージを用いるかもしれない。あるいは，セッションの中で行動実験を設定し，赤い跡のついた使用済みのコーヒーカップから飲んでみてくれるようマークに勧め，関連する思考を引き出そうとすることさえあるかもしれない。

マーク：　　カップに血液や唾液が付着している可能性があって，HIV に感染してしまうのではないかと本当に心配でした。
セラピスト：では，あなたは HIV への感染を心配していたのですか。
マーク：　　はい。

セラピスト： それがあなたにとって心配の種であっても不思議ではないですね。HIVになるのではないかと考えたら，誰でも心配になりますから。では，その状況を十分に把握するために，「思考」と呼ぶ別の欄が必要です。そこには何を書きましょうか？
マーク： その汚れは血液で，私はHIVに感染してしまう。
セラピスト： マークさん，あなたがそのカップからHIVに感染した可能性があると，そのカフェでどの程度強く信じていたのかを評価していただきたいのです。最も不安であったときの確信を評価してください。「全く信じない」が「1」で，「完全に信じる」が「10」です。
マーク： かなり現実的に感じられました。そのカップから飲んだらHIVにかかるという確信は，7か8ぐらいだったと思います。時々，それに対する私の心配は，8か9にまで達することがあります。
セラピスト： では，なぜあなたがそれほど不安に感じたのかを理解するためには，あなたがHIVにかかるかもしれないとかなり心配していたことを理解するのが役に立ちそうですね。では，「汚れの可能性に気づく」とあなたの思考との間に結びつきが見られますので，「思考」と「気分」の間に矢印を書きましょう。(図5.2に示すように，5部構成モデルを完成させる) あなたはこの図をどのように理解しますか？ その図は，あなたにとってそれがどのようなものであるかをとらえていますか？
マーク： もちろんです。まさにそれをとらえています。

マークの健康上の心配に関するこの初期の概念化は，特定の環境的手がかり，この場合，カップの汚れに対する，彼の認知的，感情的，身体的，および行動的反応の間の結びつきを例証している。図5.2でとらえられた具体的で詳しい情報は，彼の苦悩と彼の生活に対する混乱を浮き彫りにしている。マークのセラピストが情報が得られるにつれてそれを書き留めることで，マークは自分の経験の各要素間のつながりを目で見て理解し始めることができた。この段階で

は，セラピストは，5つの部分すべての関係についてはまだ尋ねていない。したがって，双方向性の矢印は，それまでに報告された関係を反映しているだけである。

5部構成モデルは，柔軟に用いることができる。要素が同定される順番は，クライエントにとってその経験のどの部分が最も顕著であるかに左右されるだろう。一般的にセラピストは，クライエントが提示する順番に従って観察を書き留めることを勧められる。したがって，マークが感情と身体的感覚に最初に言及したとき，セラピストにとっては強迫性障害の思考と健康上の心配を区別するという観点からすると，マークの思考が非常に関連があったにもかかわらず，まずこれらの感情や感覚を最初に書き留めたのである。マークはまた，彼の信念と苦悩の強さを評価するよう求められた。これらの評価は記述的な概念化に深みを与える。なぜなら，それによって彼の健康上の懸念がどれほどのものかが定まるからである。もしマークが，そのカップからHIVに感染する可能性があるとさほど強く信じていなかったとしたら，彼の苦悩がどれほどのものかは理解し難いだろう。そのような場合には，セラピストはマークの苦悩のレベルが概念化モデルによって説明されるまで，さらに追加的な質問を続ける必要がある。

<u>ノーマライズする機会としての記述的概念化</u>

マークとの話し合いが進むにつれ，HIVに対する彼の心配が，ほぼあらゆる公共の場での飲食の回避につながっていることが明らかになった。彼は，食べ物や汚い食器類がHIVにかかるリスクを高める可能性があると信じていた。マークは，食器類やコップ，ナイフ，フォークなどを注意深く調べて，それがどれだけ清潔か，そして「無菌」かを判断しようとした。同様に，マークは，自分の子どもたちと一緒に泳ぎに行かなかった。プールはHIVに感染する危険性が高いと信じていたからである。それらすべての環境が彼にとって非常に苦痛なものであったが，マークは，セラピストにそれについて詳しく明かすことを幾らか躊躇していた。人はしばしば，自分の行動や思考のプロセスが，自

分が異常で，変わりものであることを示すサインになってしまうのではないかと心配するのである。この懸念は，特定の信念を理にかなっていないとか，ばかばかしいとさえ考える家族や友人によって強化されることがある。

　記述的概念化は，クライエントの経験をノーマライズするための手段として用いることができる。これは，概念化の機能のひとつである (BOX 1.1を参照)。クライエントの観点から生活上の出来事を想像することは，ノーマライズすることに向けてセラピストがとることのできる最初のステップのひとつである。カップから飲み物を飲んでも HIV に感染することはないとしても，セラピストは，その思考を抱くことがどのようなものであるかを想像することはできる。その評価に照らしてみれば，その結果生じる不安も理解できる。こうしてセラピストは，マークに，「あなたがなぜそれほど苦痛に感じているのか理解できます。カップから飲むことで HIV になるのだと考えたら，私だって不安になるでしょう」と心から言えるわけである。セラピーによって，マークは自分の誤った評価について詳しく調べることができるだろう。さしあたりそれまでは，記述的概念化は，その反応が状況に対する彼の解釈という文脈の中では十分に意味のあるものであることを理解するうえで役に立つ。

　<u>気分の落ち込みとその他の提示されている課題の5部構成モデルによる記述</u>
　マークと彼のセラピストは，彼の気分の落ち込みを概念化するためにも5部構成モデルを用いた。マークが，一日のうち夜になるとほぼ必ず気分の落ち込みを感じると報告したことから，彼らはマークのこの時間の行動に焦点を当てた。その日にあったことをそれぞれ思い出して注意深く調べるために，夜に1時間かそれ以上の時間を費やすのが彼の習慣だった。彼は，自分の言ったことで間違っていたこと，あるいは異論が出そうなことをすべて思い出そうとした。夜ごと思い返して反省しているうちに，彼は，自分が何ひとつまともにできず，結果的に仕事を失うことになるだろうと確信するようになってしまった。彼の思考は先走り，職がなくなったら自宅や妻を失い，子どもたちからは失敗者と見なされるだろう，と想像するようになった。

環　境
オフィスでの仕事が遅れている。
家で座って仕事について考え，
間違いをしたことを思い出す。

思　考
台無しにしてしまった。
私は職場で役立たずである。
私は失敗者だ (9)

気　分
悲しい
落ち込み (9)

行　動
一人で座っている
クレアを避ける

身体的反応
緊張
涙ぐむ

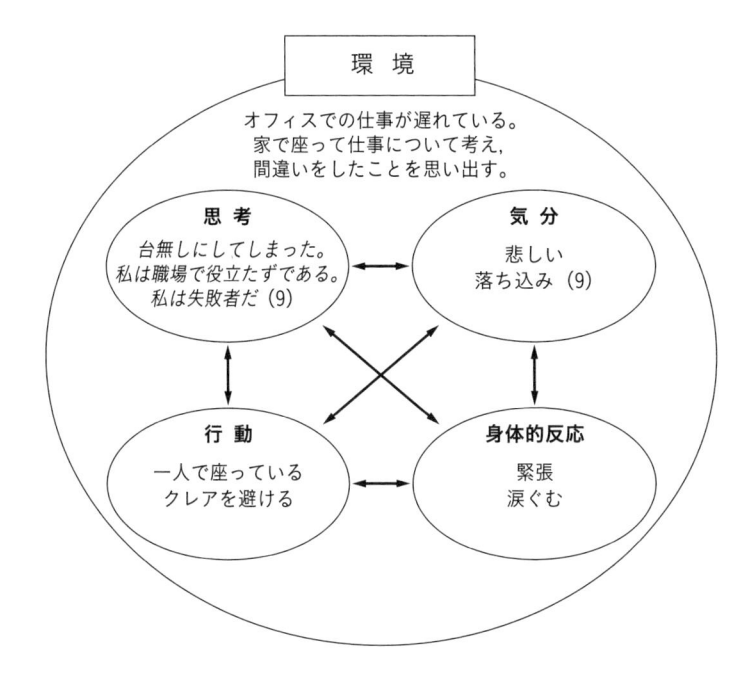

図 5.3　マークの気分の落ち込みについての 5 部構成モデルによる概念化

　マークのセラピストは，それらの思考を図 5.3 に示すように 5 部構成モデルにまとめた。これらと同じ課題の多くはマークの仕事の回避（図 5.1）の機能分析でも出てきたが，5 部構成モデルも，彼の苦悩に関連した状況に対する彼の解釈を特定した。マークの気分の落ち込みは，自分自身を無能の出来損ないととらえる彼の見方によって特徴づけられるように思われる。図 5.3 ではすべての円と円の間に結びつきが描かれていることに注目してほしい。この図は，抑うつ感情，思考，身体的状態，および行動が，うつ病の再発時に再活性化されるという理論的な考え方と一致する（Lau, Segal, & Williams, 2004）。
　5 部構成モデルのようなスキーマを使った記述的概念化は，マークの提示する課題のそれぞれに対して構築することが可能である。しかし，提示される課題のうち，1 つか 2 つの優先的なものだけをこのような方法で記述することの

方が多いだろう。これらは，マークの経験を理解し始めるための有用な枠組みの役目を果たす。加えて，それらは，CBT 理論の中心的な考えをマークに紹介する。そこで彼は，自分の思考，気分，行動，および身体的反応が自分の生活の環境的な文脈の中でいかに相互作用しているかを観察し始める。このように記述的概念化の枠組みは，クライエントにも理解可能な言葉を使って，認知理論をるつぼに加えるのである。この時点で，概念化のるつぼは，その症例の特異性を織り交ぜた一般的な認知理論を含むことになり，マークが提示する課題の詳細な記述を通して理解される。私たちは，積極的な協同作業と経験主義を通してるつぼの熱を高め，観察データを集めてそれを概念化の枠組みの中でまとめ始めたのである。

臨床的要約

マークのセラピストがこれらの追加的な情報を臨床面接のデータと組み合わせると，マークに関する以下の状況が浮かび上がってくる。

マークは 30 代半ばで，結婚して二人の子どもがいる。仕事で成功しているが，現在，軽度から中程度のうつと中程度の不安のために職場での困難を経験している。彼は，HIV に感染することに対して長期にわたる恐怖を抱えている。彼の社会的生活は制限されており，それはある部分，家族へのコミットメントによる面もあるが，気分が悪化すると社会的に引きこもってしまうという彼のパターンにもよる。より大きな観点で言えば，彼は白人の労働者階級の出身であり，父親は双極性障害を患っていたものの，生い立ちは全体的には幸せなものであったと述べている。彼が提示する課題は，彼の生活の質に深刻な影響を与えている。彼は 2 年間にわたってうつ病を経験してきているが，それは父親が亡くなったこと，職場での昇進に追加的な任務が伴ったこと，第二子が誕生したこと，という 3 つのライフイベントが交錯する，とても困難な時期に続いてのことだった。彼は，母方の祖父との特に親密な関係について述べている。その関係は，マー

クの子ども時代，父親が自殺企図の後，病院に入院していた期間に特に強まったものだった。

診断的印象
マークの評価の中のさまざまな情報源を利用し，彼のセラピストは，DSM-IV-TR（American Psychiatric Association, 2000）に基づき，マークに対する次のような仮の診断の可能性を導き出した。

診断的概観
Ⅰ軸 ： 大うつ病，再発性，部分的な寛解
　　　　強迫性障害の除外
　　　　心気症の除外
Ⅱ軸 ： 回避性パーソナリティの傾向
Ⅲ軸 ： 喘息，アトピー性皮膚炎
Ⅳ軸 ： 職業的問題（失職の可能性）
Ⅴ軸 ： 55

特定の診断的プロフィールに関するCBT理論からは，予想されるクライエントの信念，評価のプロセス，そして行動の仮説を立てるための豊富な基盤が提供される。このように診断は，CBTのセラピストを有望な文献や研究の領域へと導く指針となる。

症例の概念化と目標設定

セラピーのこの評価段階が終わるまでに，マークと彼のセラピストは，彼の提示する課題を同定し，それらの影響を評価するとともに，その重要性に優先順位をつけた。さらに，セラピストは，最初の診断の可能性を完成させ，抑うつと不安の症状の基準値を測定し，機能分析と5部構成モデルを用いて，マー

クが気分の落ち込みとHIVへの心配という最も優先順位の高い課題について最初の記述的概念化を行うのを手助けした。マークの発達歴と現在の生活状況から得られた重要な背景情報も記録された。マークのセラピストと同様に，本章の読者もおそらくすでに有効と思われる治療計画について仮説を立てつつあるだろう。しかし，治療が始まる前に，マークが治療目標を設定し，セラピーが彼の達成したい目標に焦点を当てたものになるようにすることが重要である。症例の概念化においてもそうであったように，目標もまた協同で決めていく。

セラピスト：これらの提示されている課題に取り組み始める前に，まずはあなたの目標が何であるのかを知っておくことが役に立つと思います。あなたにとって今，状況がどのようなものであるかはわかりましたが，あなた自身はどのようなものであってほしいと思っているのでしょうか？　私たちが前進しているかどうかをどのようにして知ったらよいのでしょうか？　例えば，あなたの最優先課題である，気分の落ち込みについてはどうでしょう。セラピーでどのようなことを達成したいと思いますか？

マーク：　もうあまり悲しい思いはしたくありません。あまり多くの時間，自分が失敗者であると感じていたくもありません。

セラピスト：では，あまり悲しくないということを，どのように定義しましょうか？　例の1から10のスケールで言うと，あなたの気分は現在8ですが，どのように感じられるようになりたいですか？

マーク：　1だったらいいですね。

セラピスト：そうであれば素晴らしいですね。ちょっとお聞きしたいのですが，あなたは抑うつ的な気分になる前は，たいていの時間，1だったのでしょうか？

マーク：　そうでもありません。私の気分は浮き沈みがあります。おそらく普段，それほど落ち込んでいないときには，私の気分は1から5

の間で，生活の中で起きていることによると思います。
セラピスト：では今，8だとしたら，あなたにとって，どの程度ならば十分な進歩であると感じられるでしょうか？
マーク：たいていの時に5かそれ以下であれば，そう感じられると思います——たぶん，ほとんどの時に5であれば。ええ，それでかなり普通だと思います。どう思われますか？
セラピスト：私もそう思います。ではそのように，たいていのときに5以下であるように感じられたら，あなたは，今はしていない，どのようなことをするでしょうか？
マーク：定期的にピアノを弾いて，少なくとも週に一度は友人のジョンに会うと思います。
セラピスト：クレアさんやお子さんたちとのことでも，何か変化があるでしょうか？
マーク：はい。今のような気分を頭の中から追い出して，彼らと一緒に毎日幸せを経験したいです。
セラピスト：そうですか。提示されている課題のリストはできましたか？　その裏側にあなたの目標を書きましょう。第一は，あまり悲しくなく，5かそれ以下になる，そして第二に，再びピアノを弾く，第三に，週に一度ジョンに会う，第四に，クレアさんやお子さんたちとの幸せを毎日経験する，です。これらの目標についてどのように感じますか？
マーク：いいですね。そうできるようになりたいです。

　セラピストの助けを受けて，マークは目標を同定する。それは，個人に合わせて決められた気分の改善である。目標は，短期，中期，およびより長期に分けてさらに具体化することも可能である。短期目標は1，2カ月で達成可能なものとし，中期目標は治療期間の終わりに向けたものとする（約10回から20回のセッション，もしくは6カ月）。そして，より長期の目標は翌年やそれ以

降の，治療後を目指したものとなるだろう。マークにとっての気分の落ち込みに関連した短期目標は，「再びピアノを弾き始める」となるかもしれない。中期目標には，「あまり悲しまなくなる（5よりも低く），友人のジョンに毎週会う，毎日クレアや子どもたちと幸せを経験する」が含まれるかもしれない。より長期の目標は，「自分自身の調子を保ち，今後抑うつ状態に陥ったときにもっとうまく対処する」ということになるかもしれない。長期目標については，第7章で説明するように，個人的な進歩に合わせて特別に取り組まれる。

　理想的には，目標設定は概念化と結びつけられる。思考，感情，および行動の変化という観点から，目標を明確に述べることは可能である。記述的な概念化が機能分析を用いて達成された場合，目標は，現在行われている実際の行動と望まれる行動を比較することで設定可能である。McCullough（2000）は，セラピストがクライエントに，実際の行動の結果と理想的な結果とを比較するように求めることを提案している。マークのセラピストは，機能分析を使うなかでこのアプローチを用いた。その機能分析の中でマークは，自分が不安を感じる（先行事象）仕事をいかに先延ばしにしている（行動）かを説明した。彼の理想の結果は，それほど心配せず，間違いを認め，自分の仕事をやり終えることであった。

セラピスト：マークさん，あなたは先ほど，理想的には同僚のピーターのようになりたいとおっしゃっていました。あなたは自分がよくやったことは認め，間違いはどのようなものも受け入れたいけれども，それらについて心配することにとらわれたくはないわけです。あなたはそうすることが仕事での回避を克服することにつながるかもしれないと考えました。このことはセラピーノートにお書きになりましたよね。

マーク：　　　　（自分のセラピーノートを見て）はい，ここに書いてあります。

セラピスト：このことについてはまた再度話し合いましょう，と申し上げました。これらは，職場での目標にしたい反応ですか？

> **セラピストの頭の中**
> 回避や沈思が気分の落ち込みを持続させ悪化させるという，説得力のあるエビデンスが存在する（Nolen-Hoeksema, 1991）。そのため，マークのセラピストは，苦悩を軽減し，マークを将来の困難から保護するために，このプロセスを強調する。

マーク　　：はい，私にはそのような根深い習慣がありますから大変だとは思いますが，ピーターのようになれれば，私にとって本当に役立つと思います。

セラピスト：あなたが職場で毎日どのように仕事をこなすかについて，理想的でありながらも現実的な目標について述べるとしたら，どのような言葉を用いることができるでしょうか？

マーク　　：そうですね。では，「うまくいったことについてはそのことで自分を認め，間違いについてはそれにあまりとらわれすぎず，間違いを犯すことへの恐れから仕事を先延ばしにせず，ピーターだったらこうするだろうと思われるようなやり方で自分の仕事をうまくこなす」というのはどうでしょう？

セラピスト：良さそうですね。それも書いておいてはいかがでしょうか？

　HIV をめぐるマークの心配（図 5.2）を概念化するために構築された 5 部構成モデルに言及することで，HIV への彼の心配に対する目標が設定しやすくなった。

セラピスト：HIV への心配に対して私たちが変化をもたらすことができたとしたら，それはどのような形で知ることができるでしょうか？

マーク　　：それがわかったらいいですね。時々，ただ気分が良くなって，「気分がいい」と感じることがあります。でもその後，すごくひどくなったような気がして，その感じが決してなくならないのではな

いかと心配になるのです。

セラピスト：とても重要な点を挙げてくださいましたね。あなたが本当に心配を克服したのか，それともただ一時的に懸念から解放されただけなのか，その違いは，どうしたらわかるのでしょうか？

マーク：（一瞬考えて）たぶん，どこかに行って，カップに汚れがついているのを見てもそれに対処できたとしたら，大丈夫だと納得できるんじゃないでしょうか。

セラピスト：それはひとつの目印になるかもしれませんね。（間）この課題について私たちが二人で描いた図を一緒に見てみましょう。（マークに図5.2を見せる）これを見て，自分が改善したとわかるためには，何が違っている必要があるでしょうか？

マーク：そうですね，外食してもあまり心配にならず，それほど緊張したりそわそわしなくなったりする，ということでしょうか。

セラピスト：どのような点数ならば，あなたの心配がさほど問題ではないということを示すでしょうか？

マーク：2ぐらいじゃないかと思いますが。

セラピスト：では，他に何か，あなたがカフェにいるときなどに変わる必要のあることはありますか？

マーク：私はもっとリラックスして，HIVにかかることについてそれほど心配しないようにならなければなりません。それが本当に可能性の低いことで，他の人たちが気にしていないということはわかっているんです。でも私にはとても気になるのです。

セラピスト：では，1つ目の目標は，それほど心配せず，そわそわしないでいられるということですね。2つ目は，HIVにかかるなどと，もはや信じなくなることでしょうか。どの程度の低い点数でしか，自分は危険な状態にあると信じていないのであれば，私たちのしたことが役に立ったと知ることができるでしょうか？

マーク：ここでも2か3だと思います。

セラピスト：では，それをひとつの目標として書きとめておきましょう。他に何か，私たちがこの課題に効果的に対処できてきたことを示す変化はあるでしょうか？

マーク：ナイフやフォーク，それに食器類をいちいちチェックしたりせずに，公共の場で食事できるようになるべきでしょうね。子どもたちと泳ぎに行けるようになりたいです。

これら2つの対話は，目標設定のために記述的な概念化がどのように用いられるかを示している。よくあることだが，マークのセラピストは，マークの最優先課題に対してのみ記述的概念化を行った。優先順位の低い課題についてはセラピーのもっと後で，最優先の課題にいったん進歩が見られてから，必要に応じて概念化を行うことが可能である。マークの課題の必ずしもすべてが初期のセッションで概念化されたわけではないが，BOX 5.5 に見られるように，マークの提示する課題で最優先の上位5つに対して広範な目標が同定された。これらの目標は，現実的で，達成可能で，マークにとって妥当であると思われた。概してそれらは，観察可能な結果を提供するという意味で具体的なものであった。彼の目標はまた，彼にとってコントロール可能な範囲内のものであるようにも思われる。つまり，これらの目標の達成が，誰か他の人を変えることに頼ったものではないということである。

セラピストは，マークの提示する課題や目標をすべて念頭に置いてセラピーを進めていく。焦点は一度に1つか2つの課題に当てられているとしても，症例の概念化の説明的レベルでは，結局，提示された1つの課題以上のことを説明することになる。例えば，マークの確認行動は，概念的に，彼の健康に対する心配と似ているかもしれない。あるいは，気分の落ち込みに対する説明的概念化は，同時に，父親や夫としての役割をもっと楽しむようにするという彼の目標にも当てはめることができるかもしれない。

BOX 5.6 は，症例の概念化との結びつきを強調しながら，目標設定のガイドラインを示したものである。CBT における目標設定についてより詳しい情報に

> **BOX 5.5** マークの目標
>
> **私のセラピーの目標**
>
> 1. **気分の落ち込み**
>   - 気分を改善し，ほとんどの日に悲しみが 10 のうち 5 であるようにする。
>   - 友人のジョンに少なくとも週 1 回会う。
>   - 週に数回ピアノを弾く。
>   - 職場で，ピーターだったらこうするだろうと思われるようなやり方で対応できるようにする。うまくいったことについては自分のことを認め，間違いについては，それにとらわれることなく受け入れる。間違いを犯すことを恐れずに仕事をする。仕事のミーティングにはすべて出席する。
>
> 2. **健康についての心配**
>   - あまり心配しないようにする。10 のうち 8 ではなく 2 か 3 にする。
>   - HIV にかかる危険性はそれほどないと信じる。おそらく 2 程度でしかないと考えるようにする。
>   - 公共の場で飲食できるようにする。
>   - 子どもたちと公共のプールへ泳ぎに行く。
>
> 3. **仕事についての心配**
>   - その日のことについて考えながら毎晩あまり多くの時間を費やさないようにする（10 分以下にする）。
>
> 4. **決断を下すことの困難**
>   - もっとリラックスして決断する。アドバイスを求めてインターネットをあてもなく調べるのではなく，実際に決断を下す。不安の程度を 5 以下にする。
>
> 5. **確認に関する問題**
>   - 家庭用電化製品を毎晩チェックする時間を少しにするか（5 分以下），全くチェックしないようにする。
>   - 動揺することなくこれを行う。不安の程度を 4 かそれ以下にする。

ついては，Padesky と Greenberger（1995, pp.55-68）や Westbrook, Kennerley と Kirk（2007, pp.154-156）を参照してほしい。

> **BOX 5.6**　目標設定のためのガイドライン
>
> - 目標が提示される課題と密接に結びついているようにする。
> - 短期，中期，および長期目標を特定する（必ずしもすべてセラピー開始時に行わなくてもよい）。
> - 変化を構成するものは何かを特定するために記述的概念化を行う。
> - 目標は，当人がコントロール可能な範囲内にあるか？　現実的であるように感じられるか？
> - 希望を生み出すためには成功が必要である。セラピーの初期に，達成可能な目標を強調する。
> - 目標は偶発的に実現されるものなのか，それとも別の目標に左右されるものなのか？　左右されるとしたら，どちらの目標に最初に対処する必要があるか？
> - 目標は測定可能か？（症状尺度におけるスコアの低下，無益な活動に費やす時間の低下，ポジティブな活動のスコアやそれに費やす時間の増加など）
> - 目標は，単なる苦悩の軽減ではなく，それ以上のものを反映しているか？それらは当人にとって，ポジティブで，意義ある成長を示すものか？
> - レジリエンスを確立することは，ほとんどのクライエントにとって価値ある目標である。

「全くのめちゃくちゃな状態」から記述的概念化へ

　本章の最初の対話で，マークは自分の生活を「全くのめちゃくちゃな状態」と説明した。本章では，マークと彼のセラピストが，マークの提示する課題の範囲，影響，および優先順位について相互理解に達するために，この「めちゃくちゃな状態」をいかに解明したかを示している。加えて，彼のセラピストは，マークの提示する課題を CBT の理論と研究に結びつけるために，機能分析と 5 部構成モデルという 2 つの記述的な症例の概念化を用いた。これらの記述的概念化のモデルは，マークが主な認知的および行動的な治療の到達目標を同定するとともに，それに関連した治療目標を設定するのに役立った。以下の本章のまとめの欄は，読者のためにこれらのプロセスの主要な点を強調して示している。

協同的経験主義は，マークとセラピストがこれらの初期の記述的概念化を行い，治療目標を特定する際の彼らの関係を特徴づけている。マークの提示する課題についての説明は，認知理論と研究による情報を踏まえた，彼の経験に対する観察から導き出されたものである。マークのセラピストは，無益な発見的手法に頼ることを防ぐために，新たに浮かび上がる説明が「真実に思われる」かどうか，一貫して尋ねている（第2章参照）。また，マークの強みや彼の生活の中でうまくいっていることについて積極的に質問することで，ポジティブな成長とレジリエンスの発達を含むセラピー目標を設定するように彼を促している。これらの方法のすべてにおいて，協同的経験主義はるつぼに熱を加え始めている。それが結局，長続きするポジティブな変化を可能にするのである。

セラピーにおけるこの初期の時点での概念化の目的は，提示される課題を明確に記述することであるが，セラピストは，提示されている課題に共通するテーマについても入念に調べている。そのようなテーマは，より深いレベルでの概念化の鍵を提供するものとなる。これらの初期のセラピーセッションの後，セラピストは，マークの課題が高い基準と期待というテーマによって相互に結びついているという仮説を立てた。マークは，間違えることを心配し，自分の過ちがひどい結果をもたらすと予測する。それは，あれこれと思いめぐらし，回避することによって維持されている。このテーマは，彼の仕事への不安，HIVに対する心配，確認行動，および優柔不断を結びつけており，おそらくは気分の落ち込みさえ引き起こしているかもしれない。この新たに浮上した仮説については，第6章で詳しく検証する。そこでマークとセラピストは，これらの提示されている課題に対する彼の脆弱性を理解するために，その説明となる引き金や維持要因を考慮することになる。

第5章まとめ

- 提示される課題のリストは，その症例の特異性をるつぼの中で体系づける。
- 提示される課題のリストを構築するために，セラピストは，

──クライエントの協力を得ることの理論的根拠を提供する。
──クライエントの言葉を使って「今現在の」課題を同定する。
──提示される重要な課題を覆い隠しているかもしれない回避の領域を探す。
──強みと，提示される課題のリストとの関連性について積極的に質問する。
──完全で詳細なリストの提供に役立つ追加的な文脈に関連する情報を引き出す。それには，紹介状，標準化された評価，臨床インタビュー，および観察などが含まれる。
──理解を促すために具体的な詳細を集め，提示される課題が機能と生活の質にどれほど強く影響しているかについて，クライエントの評価を促す。

- セラピストは，機能分析や5部構成モデルといった記述的な症例の概念化の手法を用いることで，提示される課題をるつぼの中でCBT理論に結びつけ，提示される課題をCBTの用語で定式化しようとする。障害に特定的なCBTモデルについての知識をもつことによって，セラピストは，クライエントの経験に関して情報を踏まえた質問をすることができる。
- 研究は，るつぼにおける第3の要素である。関連する研究についての知識をもつことで，セラピストは，考え得る治療アプローチについて相対的なアウトカムのエビデンスを得るだけでなく，有用かもしれない理論モデルや，感情的，行動的，認知的，および社会的困難に関連した主要なプロセスへと進む。
- 治療目標は，提示される課題の優先順位のリスト，およびそれらの課題に関する記述的なCBTの概念化を用いて，個人に合わせて具体的に定義される。

付録 5.1

経歴に関する補助的質問票
（マークの記入済みのもの）

この質問票の目的は，あなたの経歴について情報を得ることにあり，それはあなたの状況を理解するのに役立つ可能性があります。私たちは，あなたと一緒にあなたの問題について詳細に話し合う機会はもてるでしょうが，あなたの過去や状況のすべての側面について話し合うだけの時間はもてないかもしれません。この質問票により，あなたはより完全な全体像を私たちに伝えるとともに，それをあなたのペースで行う機会を得ることができます。質問の中には事実に関するものもあれば，より主観的な性質のものもあります。質問票の中で困難に感じる部分があった場合には，その部分は空白のままにしておいてください。そうすれば予約で来られる際に話し合うことが可能です。それまでの間に，やり終えるのに困難な項目があった場合には，遠慮なくご連絡ください。**この質問票でいただいた情報はすべて機密といたします。**

あなたの個人的詳細

名前	マーク	配偶者の有無	有
誕生日	1971年4月8日	宗教	キリスト教徒
性別	男性	日付	2007年6月7日
職業	店長	電話番号	

あなたの問題と目標

あなたが支援を求めることになった主な課題を3つ簡単に記入してください。

1. 気分が落ち込み，抑うつ的になっている。
2. 健康について心配である。
3. リラックスして気持ちを切り替えることが困難で，結局いつも物事を確認することになってしまう。

このセンターを訪れることであなたが達成したいと思うことを記入してください。

1. 気分を良くして，自分の心配をもっとコントロールできるようになりたい。

あなたと家族

1. 出身はどこですか？　　マサチューセッツ州，ボストン
2. あなたの**父親**について少し詳しく記入してください（わかる範囲で結構です）。
   - 年齢は？
   - 他界している場合，亡くなったときの年齢は？　　64歳
   - そのときのあなたの年齢は？　　34歳
   - 彼の職業は？　　暖房技師

父親に関して，彼の性質やパーソナリティ，およびあなたとの関係について記入してください。

父は親切で，働き者でした。彼は人を大切にしましたが，そうしすぎて落ち込むこともありました。彼はある時，入院した際に大うつ病と診断されました。その後は薬によってたいていは調子を維持していました。父は，一時期調子が良かったかと思うと，その後しばらくの間崩れてしまうことがよくありました。父は徐々に立ち直ってゆくのですが，私は子どもの頃，心配になったものです。父は，私が8歳のときに自殺を試みたことがありましたが，その後は気分が良くなったようでした。きっと何らかの支援を得たのでしょう（はっきりとはわかりませんが）。母は，父の面倒をよく見ていました。私が子どもの頃には，彼がコントロールを失い，大金を使って，母と口論になり，時折大変な状態になることもありました。彼は，亡くなる前の2，3年間はあまり身体の調子が良

くなくて、あらゆる健康上の問題にかなり苦しんでいました。父と私の仲はうまくいっていましたが、父は、自分の心身の状態から考えてあまりお返しができないのでつらいと考えていました。父に会いたいです。

3. あなたの**母親**について少し詳しく記入してください（わかる範囲で結構です）。
   - 年齢は？　　67歳
   - 他界している場合、亡くなったときの年齢は？　　　　　　
   - そのときのあなたの年齢は？　　　　　　
   - 彼女の職業は？　　　主婦　　　

母親に関して、彼女の性質やパーソナリティ、およびあなたとの関係について記入してください。

母は思いやりがあり、親切です。私と弟のために最善のことを望んでくれます。私たちが子どもの頃、母は父の面倒を見て、父が自分の浮き沈みに対処できるよう助けていました。彼女は少々口うるさくなることがあり、私の子育てについていつも口を挟んできます。私の子育てが全く間違っていると思っているようなのです。私たちの仲はうまくいっていますが、彼女があれこれ言うために、妻はとても気分を悪くしています。私は間に挟まれた感じで、大変です。

4. あなたのご両親との関係において何か問題があれば（あったならば）、そのうち最も重要な事柄（幾つでも）について記入してください。

私の母は時々、私と妻のクレアに干渉しすぎることがあります。彼女は私たちの子育てについてよく知りもせずに口を挟んでくるのです。悪い意味で言っているのではないとしても批判的に聞こえることがあり、クレアの気に障ります。父が亡くなっているので、私は自分が母を助ける努力をしなければいけないと感じています。でもクレアは、私がクレアや子どもたちを支え、助けるべき時に、母を助けに行っているといって苛立っています。

その問題はどれほどあなたを悩ませますか？（○で囲んでください）

　　全く気にならない　　少し　　(中程度に)　　非常に　　これ以上ないほどひどい

あなたのごきょうだい（わかる範囲で結構です）
5. あなたを含めて、あなたの家族にごきょうだいは何人いますか？　　　2人

第5章 「助けてくれますか？」　*231*

ごきょうだいの名前などを以下に記入してください。あなたご自身も含めて，年長者から順に書いてください。また，継母や継父の連れのお子さんや異母きょうだい，あるいはあなたのご両親が養子にした他のどのお子さんも含め，彼らについて記入してください。

名前	職業	年齢	性別	コメント
デイビッド	画家・装飾家	29	ⓜ／女	デイビッドは400マイル離れたところに住んでいるので，彼に会うことはあまりない。

6. あなたのごきょうだいとの重要な関係について，何であれ，その関係があなたにとって有益かそれとも問題であるかについて記入してください。

デイビッドと私はまあまあ仲良くやっています。私の方が年上なので，長い間共通点がありませんでしたが，お互い会えれば嬉しいです。彼が離れたところに住んでいるので，私たちはたまに話をするだけです。私たちが若かったときは，私は彼にとって兄というよりも父親か叔父のような感じでした。私は随分と彼の面倒を見なければなりませんでした。

7. ご自宅は概してどのような雰囲気でしたか？

愛情があり，思いやりのあるものでしたが，母は私たちに対して少し批判的なこともありました。それに，私はいつもデイビッドの面倒を見ることを当然のように期待されているようでした。彼の方が私より7歳年下であったことを考えると，それは大変でした。父の気分の浮き沈みは，かなり長い間家族に影を投げかけていました。父は，うまくやっているなと思うと，その後コントロールを失うことがあったのです。時々，父は家族のお金の多くを使ってしまい，母に対してかなりひどい態度をとることがありました。彼の調子が良くないのはわかっていましたが，それでも時々かなり大変なときがありました。

8. あなたの子ども時代もしくは青年期に，例えば引越しやその他の重要な出来事といった，何か重要な変化がありましたか？　ご家族との別離はどのようなものであれ含めてください。そのときのだいたいの年齢を含めて詳しく記入してください。

私が8歳くらいのときに父が一度入院したことがあり，数カ月間，かなり大変な状況で

した。父のせいで，私はしばらくの間祖父と暮らしました。父が非常に落ち込んだり，躁になったりしたときは別でしたが，それを除けば状態はかなり安定しました。

9. あなたの子ども時代に，他に誰か，あなたにとって大切な人がいらっしゃいましたか？（祖父母，叔父・叔母，家族の友人など）。もしいらっしゃった場合には，その人たちについて記入してください。

私は，母方の祖父になついていました。祖父はデイビッドと私を，釣りや水泳，キャンプなどによく連れて行ってくれました。週末にはよく出かけたものでしたし，夏にはもっと長くなることもありました。父が入院しているとき，弟と私はその祖父と数カ月間一緒に暮らしました。祖父はすばらしい人で，与えるものをたくさんもっていて，自分を出し惜しみすることなく，本当に「積極的な」人でした。

10. ご家族の中にどなたか，精神科の治療を受けたことがある人はいますか？
　　　(はい)　　いいえ　　不明

11. ご家族の中にどなたか，精神障害，アルコールあるいは薬物乱用の過去をもつ人はいますか？
　　　(はい)　　いいえ　　不明

　　いる場合には，次の表に記入してください。

ご家族の誰ですか？	具体的な精神障害，アルコール，あるいは薬物の問題を挙げてください
1.　父	双極性障害
2.	
3.	
4.	

12. ご家族の中に，これまで自殺を試みたことがある人はいますか？
　　　(はい)　いいえ

いる場合，その人はあなたとどのような関係ですか？

___父親___

13. ご家族の中に，自殺で亡くなった方はいますか？

　　　はい　(いいえ)

いる場合，その人はあなたとどのような関係ですか？

_____

教　育

1. (a) あなたの学校およびその他の教育について記入してください。

私は地元の高校に行き，成績は結構良い方でした。大学では小売経営について学び，その後，小売業に就職し，そこで幾つか短期のコースをとりました。

(b) 学校は楽しかったですか？　特定の功績，もしくは問題はありましたか？　最も重要だったことは何ですか？

学校はまあまあでした。なかなかよくやっていたと思います。全体的に楽しかったですが，私には喘息とアトピーがあったので，他の子たちにからかわれました。音楽を聴くのが好きな子たちと一緒にいて，しばらくの間バンドをやっていたことがありました。

その問題はどれほどあなたを悩ませましたか？（○で囲んでください）

(全く気にならない)　　少し　　中程度に　　非常に　　これ以上ないほどひどい

職　歴

1. 現在，どのような仕事や職務を担当していますか？

小売店の店長―35人のスタッフから報告を受けます。

2. これまでにした仕事やトレーニングを含め，あなたの過去の職業生活について記入してください。

小売業で長い間働いてきました。現在の仕事では5年になります。人事，懲戒手続き，

コミュニケーションスキルなど，さまざまなトレーニング・コースを受けてきました。

3．何か特定の問題はありましたか？　何が最も重要でしたか？

特に大きな問題はありません。ただ，2年前に同僚が辞めたので，自分の仕事はもちろんのこと，彼の仕事までしなければならなくなりました。同時に，扱いにくい従業員に対する懲戒手続きも進めていました。その頃，私には第二子が生まれ，本当に大変な時期でした。少ない睡眠と余分な責任に対処するのが困難だったのです。

気持ちを動揺させる出来事の経験

1．人には時折，気持ちをひどく動揺させることが起こります。大災害，深刻な事故，もしくは火災のように，生命を危険にさらす状況に陥ったり，身体的な暴行やレイプを受けたり，他の人が殺されたりひどい怪我をしたりするのを見たり，あるいは，身近な人に起きた恐ろしい出来事について聞いたりするといったことです。あなたの人生の何らかの時点で，このようなことが起こったことがありますか？

(a)「起こっていない」という場合は，ここに印をつけてください。＿＿＿＿

(b)「起こった」という場合は，そのトラウマ的な出来事を挙げてください。

簡単な説明	日付（年・月）	年齢
1．父の薬の過量服用	1978年6月	8歳
2．		
3．		

何らかの出来事が挙げられた場合：それらの事柄は時折，悪夢，フラッシュバック，あるいは頭の中から追い出せない思考の中で繰り返しよみがえってくることがあります。このようなことがあなたに起こったことはありますか？　　　　　はい　(いいえ)

「いいえ」の場合：それらのひどい事柄のどれかひとつを思い起こさせる状況にあなたがいるときに非常に気持ちが動揺するということについてはどうですか？　　　(はい)　いいえ

第5章 「助けてくれますか?」　235

2. 子どものときに身体的虐待を受けたことはありますか？　　はい　(いいえ)　不明

3. 大人になってから身体的虐待を受けたことはありますか？　　はい　(いいえ)　不明

4. 子どものときに性的虐待を受けたことはありますか？　　はい　(いいえ)　不明

5. デートや夫婦間でのものも含め，レイプされた経験はありますか？　　はい　(いいえ)　不明

6. 子どものときに感情的虐待，もしくは言葉による虐待を受けたことはありますか？　　はい　(いいえ)　不明

7. 大人になってから感情的虐待，もしくは言葉による虐待を受けたことはありますか？　　はい　(いいえ)　不明

パートナーと現在の家族

1. あなたのパートナーについて（該当する場合）

   (a) 以前の重要な関係について，年代順に簡単に記入してください。それらの関係がどれほどの期間続いたか，またなぜその関係が終わったのかも含めてください。

私は，十代の頃と二十代初めに何度か軽い関係をもったことがありました。クレアには私が22歳のときに出会い，それ以来私たちはずっと一緒にいます。

   (b) 現在パートナーはいますか？　もしいるのなら，
   彼／彼女は何歳ですか？　　34歳
   彼／彼女の職業は何ですか？　　パートタイムの生物学の教師
   どのくらいの間一緒にいますか？　　14年間

   (c) あなたのパートナーについて，彼／彼女の性質やパーソナリティ，およびあなたとの関係について記入してください。その関係について，あなたが気に入っていることは何ですか？

クレアはとても思いやりがあります。素晴らしい母親であり，妻でもあります。彼女は冷静で，現実的です。物事をやり抜き，お金などのことでくよくよ心配したりしません。

(d) あなたとパートナーとの関係で何か問題がある場合には，最も重要なことについて記入してください。

私たちはかなりうまくやっています。人並みの言い争いはします。主に私の母についてです。そのようなことが起こるのは，特に私たちがよく眠れなかったときです。

このことはどれほどあなたを悩ませますか？（○で囲んでください）

全く気にならない　　少し　　⦅中程度に⦆　　非常に　　これ以上ないほどひどい

2. あなたの性生活について記入してください。性生活において問題はありますか？あるという場合は，それについて記入してください。

なし

そのことはどれほどあなたを悩ませますか？（○で囲んでください）

⦅全く気にならない⦆　　少し　　中程度に　　非常に　　これ以上ないほどひどい

3. **お子さん**について。（わかる範囲で結構です）

(a) あなたにお子さんがいる場合は，年齢順に書いてください。以前の結婚，または養子によるお子さんも含めてください。彼らについて簡単に記入してください。

名前	職業	年齢	性別	コメント
ジェシカ		9	男／⦅女⦆	
ジェームス		2	⦅男⦆／女	

(b) あなたとお子さんとの関係について記入してください。お子さんのことで何か問題がある場合は，最も重要なことについて記入してください。

子どもたちは2人とも元気です。

そのことはどれほどあなたを悩ませますか？（○で囲んでください）

⦅全く気にならない⦆　　少し　　中程度に　　非常に　　これ以上ないほどひどい

精神科歴

1. 情緒的もしくは精神的な理由で入院したことがありますか？

　　　はい／(いいえ)

　　ある場合には，何度入院しましたか？ _____

日付	病院名	入院の理由	有益であったか？

2. 外来で精神科的もしくは心理学的治療を受けたことはありますか？

　　　(はい)／いいえ

　　ある場合には，次の表に記入してください。

日付	専門家名	治療の理由	有益であったか？
2004年6月	A先生	気分のための薬	はい／(いいえ)
2006年8月	B先生	気分のための薬	(はい)／いいえ

3. 精神科的な理由で薬を飲んでいますか？

　　　(はい)／いいえ

　　飲んでいる場合には，次の表に記入してください。

薬	用量	頻度	処方医の名前
プロザック	20mg	毎日	クリストフ先生

4. 自殺を試みたことはありますか？

　　　はい／(いいえ)

ある場合には，何度自殺を試みましたか？ _____

大体の日付	実際にどのようなことをして自分を傷つけましたか？	入院しましたか？
		はい／いいえ

病　歴

1. あなたのかかりつけ医は誰ですか？

名前	クリストフ先生
診療所の住所	クリストフ＆パートナーズ，オーク通り4番地

2. 定期健診をあなたが最後に受けたのはいつですか？　　　3カ月前

3. 過去1年間にかかりつけ医による治療を受けましたか，あるいは入院しましたか？
　　　（はい）／いいえ

　　　はいの場合には，具体的に記入してください。気分のための薬をもらいました。

4. 過去1年間に健康全般において何か変化はありましたか？
　　　はい／（いいえ）

　　　あった場合には，具体的に記入してください。身体的には大体大丈夫です。

5. 今現在，非精神科的な薬もしくは処方箋のいらない薬を飲んでいますか？
　　　（はい）／いいえ

薬	用量	頻度	理由
1. 喘息の吸入器		必要に応じて	喘息の発作
2.			

6. 過去または現在，以下の病気にかかったことがありますか？（該当するものすべてに印）

- ☐ 脳卒中
- ☑ 喘息
- ☐ 結核
- ☐ 潰瘍
- ☐ 糖尿病
- ☐ リウマチ熱
- ☐ 心雑音
- ☐ 貧血
- ☐ 高血圧もしくは低血圧
- ☐ 心臓外科手術
- ☐ 心臓発作
- ☐ 狭心症
- ☐ 甲状腺の問題

7. あなたは妊娠していますか，あるいは妊娠している可能性があると思いますか？
　　　はい／⦿いいえ⦿

8. ひきつけ，発作，痙攣，もしくはてんかんを起こしたことがありますか？
　　　はい　⦿いいえ⦿

9. 人工心臓弁をつけていますか？
　　　はい　⦿いいえ⦿

10. 現在，何か身体的な病気を抱えていますか？
　　　⦿はい⦿　いいえ

　　抱えている場合は，具体的に記入してください。
　　　喘息，アトピー性皮膚炎

11. 薬もしくは食物にアレルギーがありますか？
　　　はい／⦿いいえ⦿

　　ある場合は，具体的に記入してください。

アルコールと薬剤の使用

1. アルコールの使用があなたにとって何か問題を引き起こしたことがありますか？

    はい / ⟨いいえ⟩

2. アルコールがあなたにとって何か問題を引き起こしたと誰かに言われ，あるいはあなたの飲酒について不満を言われたことがありますか？

    はい / ⟨いいえ⟩

3. 薬剤の使用があなたにとって何か問題を引き起こしたことがありますか？

    はい / ⟨いいえ⟩

4. 薬剤があなたにとって何か問題を引き起こしたと言われ，あるいはあなたの薬剤の使用について不満を言われたことがありますか？

    はい / ⟨いいえ⟩

5. 処方薬の「中毒」になった，あるいは定められた量よりもかなり多くを摂取したことがありますか？

    はい / ⟨いいえ⟩

    ある場合は，それらの薬の名前を挙げてください。

    _____

6. 薬剤もしくはアルコールの問題で，入院した，解毒プログラムを受けた，あるいはリハビリプログラムを受けたことがありますか？

    はい / ⟨いいえ⟩

    ある場合は，いつどこで入院しましたか？

    _____

今後について

1. あなたが自分の家族生活，職業生活，もしくはあなたにとって重要なその他の領域から満足を得ているなら，それを具体的に記入してください。

私は自分の家族を誇りに思っています，妻や子どもたちと一緒にいることを楽しんでいます。
私はピアノを弾きます。本当に音楽が大好きなのです。
職場では良い仕事をしていると思いますが，自分が望むほどにはうまく対処できていません。

2. あなたの今後の計画，希望，および期待について記入してください。

人生に対してもっとリラックスし，物事に対してそれほど神経質にならないようになりたいと思います。そうすれば，子どもたちや妻の負担にならずに，彼らともっといろいろなことを楽しめるようになると思います。

3. この質問票に記入することについて，あなたがどのように感じたかを教えてください。

記入するのは構いませんが，少し長いと思いました。

第 6 章

「なぜこんなことが私に続くのですか？」
横断的な説明的概念化

セラピスト：マークさん，またお会いできてうれしいです。私たちの今日のアジェンダの一部として，この一週間があなたにとってどのようなものであったか簡単に教えていただけますか？

マーク：　そうですね。先週の土曜日はひどかったです。家族と出かけていたのですが，波に打たれたかのようにそれが私を襲ったのです。私はひどく落ち込み，自分が落伍者で役立たずに感じられました。泣かないようにするだけで精一杯でした。家に帰りつくまでは何とかこらえて，その後はベッドに入りました。これは普通じゃありません。どうしてこんなことが私に起こり続けるのでしょうか？　私はこんなにもめちゃくちゃなんです。

セラピスト：あなたにとって土曜日はひどい日だったのですね，お気の毒に思います。とても大変な日だったようですね。なぜそのようなことが土曜日に起きたのか，またそれに対して私たちにできることが何なのかを明らかにするために，今日は幾らか時間を使いましょうか？

マーク：　こうなったことは前にもあります。しばらくの間よくなって，うまくやれているなと思うと，その後，突然起こるのです！　また

振り出しに戻ってしまいます。理由もなくこんなふうに感じるのは普通じゃありません。

セラピスト：おそらく，土曜日にいったい何があなたをそれほど動揺させたのかを明らかにできれば，それは，なぜあなたの気分がそんなに急に落ち込んだのかを理解するのに役立つでしょう。このことを今日のアジェンダに載せましょうか？

マーク：そうですね，どうして私の気分がガタガタと崩れ落ちていくのか，自分でもわかりませんから。

　ほとんどのクライエントと同様に，マークもなぜ自分が困ってばかりいるのか，その理由を知りたいと思っている。特に，気分の落ち込みが突然思いがけなく起きるように思えるときはそうである。彼の質問に答えるために，私たちは，記述的な症例の概念化から説明的な症例の概念化へと移行する必要がある。臨床的な観点からすると，マークは気分の変化を突然引き起こすもの，すなわち誘因を理解することを求めているのである。加えて，マークと彼のセラピストは，彼の提示する課題を維持させているもの，あるいは一向に消えないようにさせているものを探すことができる。維持要因がわかれば，なぜマークの課題が多くの一時的な心配や気分の問題のように時間が経つにつれて徐々に消えていかないのかについての理由も説明できるだろう。これらの横断的な説明的概念化は，クライエントの提示する課題の基盤となっている主な認知的，行動的なメカニズムを同定することによって，CBT理論とクライエントの経験をより高度のレベルで結びつける。私たちがそれらを横断的と呼ぶのは，提示されている課題が活性化される多くの状況をマークとセラピストが横断的に見ていくことによって，共通の誘因や維持要因を同定しようとするからである。

　本章では，誘因と維持要因の説明的概念化がいかにしてセラピストの治療的介入の選択の指針となるかを明らかにする。説明的概念化は，介入のアウトカムを予測すると考えられており，介入のアウトカムは概念化の「適合度」を評価するために用いられる。誘因や維持要因に対処するために選択された介入は，

第 1 段階　　　　　　例の収集

第 2 段階　　　　誘因と維持要因を同定し，
　　　　　　　　適切なモデルを描く

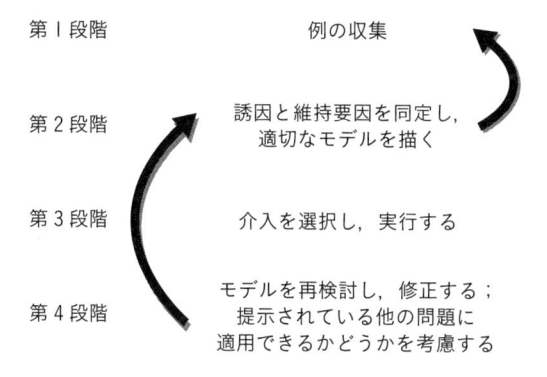

第 3 段階　　　　介入を選択し，実行する

第 4 段階　　　　モデルを再検討し，修正する；
　　　　　　　　提示されている他の問題に
　　　　　　　　適用できるかどうかを考慮する

図 6.1　横断的な症例の概念化：4 段階のプロセス

理想的には，苦悩の軽減をもたらす。これは，るつぼから生み出される望ましい結果のひとつである。介入はまた，マークの強みを生かし，引き延ばすことができることから，同時に彼のレジリエンスがより一層強化されることにもなる。レジリエンスを確立することができれば，マークは改善期間の後で「振り出しに戻る」リスクを減らすことができる。本章全体を通して，協同，経験主義，およびクライエントの強みの取り入れの主要なプロセスが強調される。

横断的概念化の発展

　説明要因の探求の仕方には数多くの形が考えられるが，本章では，4 段階のプロセスを提案する。その概要は図 6.1 に示す通りであるが，まず第 1 に，クライエントとセラピストは，提示されている課題の中で最も優先順位の高い課題の最近の例を幾つか集め，それらを言葉で表現する。マークの場合，それは気分の落ち込みである。第 2 に，セラピストは，クライエントの特定の経験がエビデンスに基づいた CBT モデルに適合するかどうかを検討する。これは誘因や維持要因を同定する方法のひとつで，クライエントとセラピストが協同して最近の例の中にテーマや共通点を探していくなかで行われる。第 3 に，セラ

ピストは，第2段階で導き出された説明的概念化を用いて，セラピーの介入法を選択し，実行する。最後に，第4段階として，介入の効果を基に，その概念化の「適合度」が評価される。概念化に対する適切な修正も行われる。このプロセスは循環的であり，各段階がその前段階を裏づける，もしくは変更するためのフィードバックを提供する。

横断的な説明的概念化を発展させるプロセスは，記述的概念化で用いられた情報を基に進んでいく。マークの場合，それらは第5章で示されたABCモデルと5部構成の記述的モデルである。記述から説明へと概念化が移行していくなかで，セラピストは，関連する理論や研究についての知識をクライエントに紹介していく。特にそれらが誘因や維持要因に関連しているときはそうである。クライエントの観察は理論モデルと比較され，それらがどの点で適合し，どの点では適合しないのかが確かめられる。クライエントが個人的なプロセスを観察できるようにするために，ソクラテス的対話が採用される。個人のプロセスは，たとえそれが理論的または経験主義的に導き出されたモデルに厳密に適合しているときでも，苦悩を生み出し，それを維持することがある。ソクラテス的対話はまた，セラピーの介入の結果が導き出された説明的概念化を支持するかどうかを評価するためにも用いられる。

第5章では提示される課題を詳細に記述することを強調したが，人は通常，時間や場所に応じて自らが提示する課題に何らかの変化が起こることを経験するものである。CBTの概念化の説明的段階では，さまざまな経験の変化に結びついた外的要因（状況，対人的背景，外的強化など）と内的要因（認知，感情，身体的感覚，内的強化など）を明確に述べ，それらを認知的および行動的な理論と結びつける。これらのレベルの理解は，たとえ誘因や戦略が困難の維持に寄与しているとしても，そうした誘因にどのような個人的意味があり，また，戦略の機能的目的が何なのかを説明するのに役に立つ（第2章と第3章を参照）。

気分の落ち込みの横断的な説明的概念化

第1段階：マークの気分に関連した例を収集する

　マークは，対応すべき最初の課題として気分の落ち込み／抑うつを挙げた。彼のセラピストは，マークの気分の落ち込みが引き起こされた場面を収集するために，機能分析アプローチを用いることにした。ABCのアプローチが選択されたのは，それが簡単で，マークもそれに慣れていたことと，このアプローチが先行事象を強調するものだったからである。本章の最初の対話で述べられている状況を用いて，セラピストは，土曜日のマークの突然の気分の変化を引き起こした誘因を発見するために，ソクラテス的対話を採用している。マークによって報告された激しい感情の変化からは，彼の気分の落ち込みを理解するのに，この状況が強く関連していることが窺える。

セラピスト：土曜日のことをもう少し詳しく見てみたら，何がもとであなたがいかにも突然，そのように気分が悪くなったのかを明らかにすることができるかもしれません。土曜日にそのような経験を引き起こしたものがいったい何だったのか，見つけてみましょう。
マーク：　　何が起きたのかよくわからないんです。
セラピスト：ひょっとしたら，前回のセッションで用いたABCモデルが役に立つかもしれません。「A」は先行事象を表していることを思い出してください。先行事象というのは，誘因を表すもうひとつの言葉です。自分の感情の変化に気づく直前に，あなたが何をしていたのか，教えていただけますか？
マーク：　　先ほど申し上げたように，私たちは買い物に出かけていました。調子が良いと思っていたところに，突然起こったのです。
セラピスト：それが突然起きたときに，あなたがどこにいたのかを思い出せますか？

マーク：　　　クレアが欲しがっていたランプの代金を払うために，列に並んで待っていました。
セラピスト：今，そのことについて話しながら，自分自身の姿を頭に思い浮かべることができますか？
マーク：　　　はい。私はそこに立っていて，大丈夫だと感じていました。娘のジェシカが一緒にいて，クレアのランプの選択について冗談を言っていたんです。すると，どん底に突き落とされたのです。
セラピスト：あなたが「どん底」と言うとき，いったい何がその気持ちを引き起こしたのか，思い出せますか？
マーク：　　　本当によくわからないんです。（その瞬間のことを思い出しながら，眉をひそめる）とても強烈でした。今考えると，そうしたことが起こったのがとても奇妙に思えます。（数秒間，間をおいて）そういえば，突然，思い出したんです。月曜日にミーティングがあるのに，その準備ができていないということを。お腹の中がつれる感じがしました。数分後，私は娘に全く注意を払っていないことに気づいて，それで自分はこんなにも出来損ないなんだと，本当にひどい気分になったんです。
セラピスト：それを思い出している今も，あなたは動揺しているように見えますが。
マーク：　　　はい，ひどい気分です。
セラピスト：それでも，このことについて明らかにできるよう，もう少しそのままの気持ちでいてください。あなたの気分が突然崩れ落ちてしまったのは，いったい何が引き金だったと思いますか？
マーク：　　　私は仕事について思い返していたのです。
セラピスト：そうですか。ではそのことについて ABC モデルの観点から考えてみましょう。その誘因である「A」については，何と書きましょうか？
マーク：　　　（セラピストが書き込んでいる紙を見るために身を乗り出して）私は仕

事のミーティングについて考え始めていました。
セラピスト：なるほど。では，それが誘因，すなわち先行事象のようですね。それを「A」の下に書きましょう。それがあなたに与えた影響について考えたとき，結果の項には何と書いたらよいでしょうか？　あなたがどのように感じたかという点で，あなたに与えた影響ということです。
マーク：とてもひどい気分でした。
セラピスト：では，「C」の下に「とてもひどい気分だった」と書きましょう。ミーティングについて思い出したときの行動はどうでしたか？　仕事のミーティングについて考えたとき，あなたは何をしましたか？
マーク：自分にはそのミーティングの準備ができていないこと，それがどれだけ重要かということ，そしてやっぱり自分は使いものにならず，仕事を遂行できないということを考えただけです。とても気分が悪かったので，もう帰らないかとクレアに言いました。そして私は家に帰って寝たんです。
セラピスト：では，あなたは自分がどれほどそのミーティングの準備ができていないかと考え，帰宅し，ベッドに入ったのですね？
マーク：はい。
セラピスト：では，できあがったABCモデルを見てみましょう［図6.2］。セッションの始めに，あなたは，いったい何が自分の気分をこんなにも急激に変えるのだろうとお聞きになりましたよね。このモデルを見て，土曜日のあなたの気分の突然の崩壊を引き起こしたものは何だったと思いますか？
マーク：私は仕事について考えていました。自分はなんてひどい仕事をしているんだろう，自分はどれほど役立たずなのだろう，と考えていました。
セラピスト：もうひとつ，あなたは別のこともおっしゃっていましたよね。ご

A	B	C
先行事象	行動	結果
クレアや子どもたちと一緒に町にいて，支払いを待っているとき，突然，月曜日のミーティングのことと，自分にはその準備ができていないということについて考えた。	やっていないすべての仕事と，自分がどれほど役立たずかということについて考えた。帰宅して寝た。	とてもひどい気分だった！

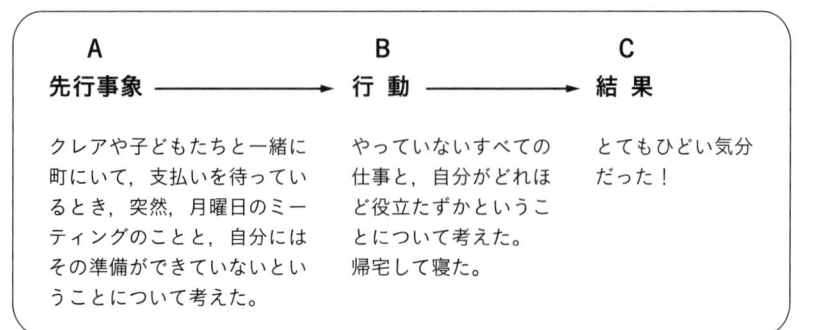

図6.2　マークの気分の「突然の崩壊」についての ABC 機能分析

　　　　　自分がお嬢さんに注意を払っていないことに気づいたとき，さらにひどい気持ちになった，と。
マーク：　はい。私は父親としても役立たずなんです。

　突然生じたように思えた気分を引き起こしたのが何かということについてのマークの最初の質問に，マークと彼のセラピストは取り組み始める。マークは，月曜日の仕事の準備ができていないことと，娘のことを蔑ろにしてしまったという思いに対する反応として生じた思考（「私は役立たずだ」）を同定する。この例を見ると，仕事についての彼の最初の思考に対するこれらの反応が，いかに彼の「気分の崩壊」につながったがわかる。しかし，これらの反応が典型的で一般的なものであるのかどうかはまだわからない。そのためマークは，他にも苦悩をもたらした経験を集め，ABC の形式を用いてそれらをワークシートに書き加えるよう勧められた。このような経験は，ホームワーク課題として集めてもよいし，セッションの中で紙面もしくはホワイトボードに協同で書き出すこともできる。図6.3は，マークと彼のセラピストが収集した例をまとめたものであるる。

先行事象	行　動	結　果
クレアや子どもたちと一緒に町にいて，支払いを待っている。 突然，月曜日のミーティングのことと，自分にはその準備ができていないということについて考えた。	やっていないすべての仕事と，自分がどれほど役立たずかということについて考えた。 帰宅して寝た。	とてもひどい気分だった！ 悲しくて涙が出た。
職場で，毎月の会計報告書のことで間違えた。	仕事を中断し，他にも間違いがないかどうかを調べ，報告書を時間内にやり終えることができなかった。	悲しい。 早退した。
職場で，完成していない報告書について尋ねるメールを受け取った。	早退した。	悲しい。しかし仕事から離れられて安心もした。
家で，遅れている報告書について考えた。	自分の考えにとらわれ，クレアを無視した。	クレアと口論になった。 気分が悪く，落ち込んだ。
夕方，自宅で報告書に取り組む。	集中できなくて，終えることができなかった。	ジョンとの夜の外出をまたキャンセルした。 とても悲しくなった。

図 6.3 ABC 形式を用いた，マークに苦悩をもたらす状況の例

第 2 段階：気分の例を誘因と維持要因の適切なモデルに適合させる

　第 2 段階で，セラピストは，マークの経験が関連する CBT モデルと理論に適合するかどうかを考える。そのためには，理論に適合する可能性があるテーマを導き出すのに十分なデータを用意する必要がある。土曜日の出来事ひとつでは，彼の気分の落ち込みに特有の原因を推測するのに十分ではなかった。しかし，気分が急激に落ち込んだ多数の例をいったんマークが同定すると，彼とセラピストは，これらを詳しく検討し，共通の誘因と維持要因を同定することができた。

誘因

多くの物事がクライエントの反応の誘因となり得る。5部構成モデルで明らかにされているように，思考，感情，行動，身体的反応，および生活上の出来事は，常に相互作用し，互いに影響し合う。これらのひとつもしくは幾つかにおける変化が，マークの気分の落ち込みの引き金となる可能性がある。気分というのは，内的に（特定の思考，身体的反応，もしくは行動に対する反応として）か，あるいは特定のタイプの出来事や状況によって外的にかの，いずれかによって引き起こされ得る。マークと彼のセラピストは，多くの状況に共通する，気分の落ち込みの誘因があるかどうかを明らかにしたいと思っている。

セラピスト：ここに，あなたの気分が落ち込んだときの例が2, 3あります。（図6.3を指して）明らかになったことを見て，何かパターンに気づきますか？

マーク：　少し驚いています。私は自分がいつも落ち込んでいると思っていますが，それでも時々，他と比べてもっとひどいときがあることに気づきました。

セラピスト：そのことについてはどのように理解されますか？

マーク：　そうですね。いいことじゃないんですか，たぶん。少なくとも私は，いつも完全にめちゃくちゃというわけではないということですから。

セラピスト：では，いつもというわけでないというのであれば，あなたの気分の落ち込みの引き金となっているのは何だと思いますか？

マーク：　これを見ると，私は，仕事のことや自分がうまくやれていないことについて考えたときに気分が悪くなっているのは明らかです。それに，そうしたことがよくあるということは自分でもわかっています。

セラピスト：そうですね，確かに，仕事について考えることがあなたの気分を落ち込ませる重要な誘因であるようですね。今，これを見て，ど

のように感じますか？
マーク：　　かなりの役立たずですね，本当に。私は多くの間違いをしているようです。
セラピスト：これらのことに注目すると，そのように感じられるかもしれませんね。でもこのまま，「気分の落ち込みの引き金となるものは，他にも何かあるだろうか？」と問い続けてみましょう。
マーク：　　でも，それは，私が職場でのあらゆる間違いについて考えることだということは明らかなようですが。
セラピスト：なるほど。では，気分を落ち込ませる引き金についての今日のあなたの質問に対する答えとして，そのことを書いておく必要があるでしょう。これをまとめるとしたら何と書けばよいでしょうか？
マーク：　　「私が仕事の間違いについて考えると，それが引き金となって気分の落ち込みが起こる」という感じではないでしょうか。

> **セラピストの頭の中**
> マークのセラピストは，マークの気分の落ち込みが通常，間違いに対する認識が引き金となって起こっていることに気づいている。アセスメントを始めるにあたり，セラピストは，マークが非常に誠実であることを念頭に置いている。誠実さは強みであるが，マークの場合，この強みが過度に発達し，間違いを犯したときに彼の気分を落ち込ませやすくしている可能性もある。もしそうだとすれば，間違いを犯すことについてマークがひとつかそれ以上の基礎的前提をもっているだろうと，マークのセラピストは予測する。セラピストは，間違いを犯すことについてマークが自分の基礎的前提を同定できるよう手助けするのに，今が良い時期であると判断する。

セラピスト：マークさん，間違いを犯すことの何がそんなにあなたの気持ちを動揺させるのでしょうか？
マーク：　　わかりません。ただ気持ちがかき乱されるのです。

セラピスト：考えていただければ，きっと何かもっともな理由を思いつくのではないでしょうか。例えば，「もし私が間違いをしたら，そのとき……」（マークが文章を完成させることができるよう間をおく）

マーク：　　私は仕事を失い，家を失い，何もかも失ってしまうでしょう。

セラピスト：そういうことなら，なぜそれがあなたをそれほどまでに動揺させるのか，理解できます。ではもう少し考えてみて，それらを失うということは，あなたにとってどのような意味をもつのでしょうか？　それは人としてのあなたについて，何を意味することになるのでしょうか？

マーク：　　（動揺し，震えているようである）私は役立たずで，ろくでなしだということです。

セラピスト：あなたがそのように自分自身に向かって言うとき，どのように感じますか？

マーク：　　実際，かなり落ち込みます。よくないことです。

セラピスト：これらのことについて話すのが難しいことだということはわかっています。ですから，あなたがご自身の考えをお話しくださったことに感謝しています。それはあなたの現在の問題を理解するのに役立ちます。というのも，あなたは「間違いを犯したら，私は役立たずで，ろくでなしということになる」といったようなことを信じているようですし，それは気分の落ち込みと結びついているようですから。それで合っているでしょうか？

マーク：　　ええ，合っています。

　このセッションでセラピストは，マークが気分の落ち込みに結びついている，間違いを犯すことについての基礎的前提を同定するのを手助けしている。セラピストはまた，マークの抑うつが「私は役立たずだ」や「私はろくでなしだ」というネガティブな中核信念に結びついていそうなことにも言及している。何度かセッションを繰り返すうちに，セラピストにとっては，間違いがマー

クの気分の落ち込みの引き金となっていることがすでに明らかになっているかもしれない。しかし，導きによる発見の原理からは，セラピストがマークに対してパターンを指摘するよりも，マークが自分自身で誘因を同定した方が，彼の学習がより有意義で長続きするものとなる可能性があることがわかっている（Padesky, 1993）。いったんマークが間違いを誘因のひとつとして同定すれば，セラピストはその機会を利用して，職場での達成や失敗というテーマが，多くの人々に共通する気分の落ち込みの誘因になっているという，抑うつに関する理論や研究をマークに紹介してもよいだろう（Bieling, Beck, & Brown, 2000）。他の人も同じように反応すると知ることは，マークにとって自分の反応をノーマライズするのに役立つ可能性がある。

　同時に，間違いが彼に対してもつ個人的な意味合いを同定することによって，マークの個人的経験が強調される。マークとセラピストは，間違いによって生じる危険な結果について，特定の基礎的前提を同定している。彼の基礎的前提と中核信念のために，間違いは，他の人と比べてマークの心により大きく響いているのかもしれないし，あるいは，以前に比べて彼の人生のこの時点でより大きく響いているのかもしれない。間違いを犯すことが彼の気分の落ち込みに関連したテーマであるのは，それが「間違いを犯したら，私は役立たずで，ろくでなしということになる」という，強烈でネガティブな基礎的前提に関連しているためである。

　もちろん，マークが落ち込んだ気分でないときや，間違いを犯さずに，あるいは犯してもそれに気づかずに，もしくはそれについて動揺することなく，複雑な仕事をやりこなせるときも多くある。セラピストは，こうした経験についても尋ねるように勧められる。なぜなら，よりポジティブな経験から，誘因の特定の意味に対する追加的な側面が明らかになるからである。例えば，マークは，他の同僚たちも四苦八苦している仕事に自分が取り組んでいるときには，間違いに対してそれほどネガティブな反応をしないかもしれない。このようなことは，どのような要因によって気分の落ち込みが調節されたり改善されたりするかを理解する機会となる。主要なテーマについて新たに生じる理解は，ネ

ガティブな経験はもちろんのこと，ポジティブな経験について説明するときにも役立つはずである。さらに，ポジティブな経験は，マークのレジリエンスを概念化する機会でもある。マークが困難にうまく対処するときにどのような認知的および行動的なプロセスが作用しているかを理解することで，どうしたら彼が調子を保っていられるかについての理解を深めることができる。これらのプロセスを引き出すことは，苦悩のプロセスを引き出す場合と同じであるが，その焦点はレジリエンスを理解することにある。

例えば，セラピストはマークに，彼が仕事で間違いを犯してもそれについて後であれこれ思い返したりしないときや，あるいは自宅で複雑な仕事をやり続け，完了したときのことについて尋ねるとよいだろう。第5章でマークは，気分が良かった日のことについて述べている。彼は，自分があまり心配していなかった様子について，「ネガティブな考えにとらわれませんでした」と説明している。マークは同僚のピーターのことを仕事効率が良い人物と考えており，そのときのマークの行動はピーターのものと似ていた。マークのセラピストは，職場での間違いについて考えてしまっても，そこで動じなかったマークのレジリエンスを示すこの例を概念化するために，ABCモデルを用いた（図6.4）。

こうしたポジティブな例を使って，気分の落ち込みの誘因の特異性について役立つ形で説明することができる。加えて，これらの例を取り上げることで，認知モデルの中心的な原理を紹介することもできる。それは，同じ出来事であっても，その評価や解釈のされ方次第で異なる反応をもたらす可能性がある，というものである。ポジティブな例によって成功が確認されると，マークはそれを自分自身についてのより健全な見方につなげることができる。レジリエンスのある反応のポジティブな結果を理解することで，マークは，気分の落ち込みを克服するためにより頻繁にこうした反応を実践するよう促されることになるのである。図6.4の例がマークにとって特に強力な学習経験となったのは，その晩，彼が心配し始めると，再び気分が落ち込み始めたからである。同じ一日の中で，マークは，ポジティブな気分を維持するとともに，落ち込みの引き金ともなる行動を観察することができたのである。この対照性を強調すると不調

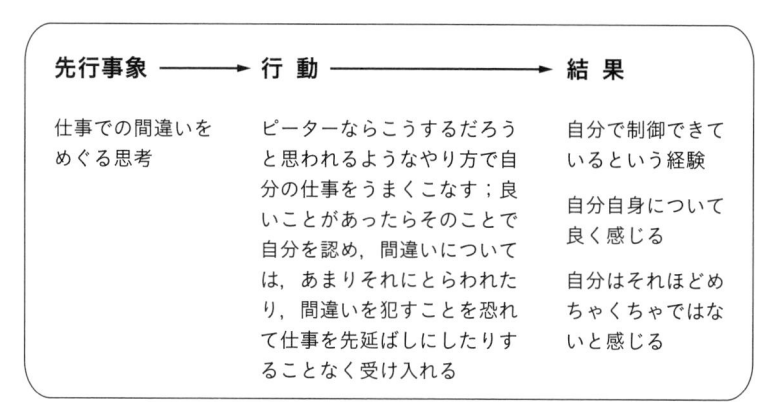

第6章 「なぜこんなことが私に続くのですか?」 257

```
┌─────────────────────────────────────────────────────────────┐
│ 先行事象 ──────→ 行 動 ──────→ 結 果                      │
│                                                             │
│ 仕事での間違いを    ピーターならこうするだろう   自分で制御できて │
│ めぐる思考         と思われるようなやり方で自    いるという経験   │
│                   分の仕事をうまくこなす;良                  │
│                   いことがあったらそのことで    自分自身について │
│                   自分を認め,間違いについて    良く感じる      │
│                   は,あまりそれにとらわれた                  │
│                   り,間違いを犯すことを恐れ    自分はそれほどめ │
│                   て仕事を先延ばしにしたりす    ちゃくちゃではな │
│                   ることなく受け入れる         いと感じる      │
└─────────────────────────────────────────────────────────────┘
```

図 6.4　マークの職場でのレジリエンスに対する ABC 機能分析

和を感じることから,よりレジリエンスのある行動を学び,それを繰り返し練習するようにクライエントを動機づけるために,これを用いることもできる (McCullough, 2000)。

マークの最も新しいうつ病の発症について理解する

新たに浮上しつつある説明的概念化を評価するためのひとつの方法は,それによって,提示される課題の発症理由も説明されるかどうかを確かめることである。ある人が提示する課題の始まりについて語るとき,それは最近の発症(現在の課題が始まったとき)のことを意味している場合もあれば,より遠い発症(その課題が初めて生じたとき)に言及している場合もある。マークの気分の落ち込みについては,間違いが引き金となっているというのが現在の概念化であるが,それは,間違いを犯すということは自分が役立たずであることを意味するとマークが考えているからである。では,彼のうつ病の最近の発症,および最初の発症の際の出来事からも,同様のテーマが引き出されたのだろうか?

彼の「経歴に関する補助的質問票」(付録5.1)で書かれているように,マークの現在の問題は,第二子の誕生と父親の死以降この2年間にわたって悪化した。これらの2つの出来事自体は,さほど複雑なものではなかった。ジェーム

スは，娘のジェシカが7歳のときに生まれた。クレアの妊娠と出産に大きな問題はなかった。父親の死についても，そのおかげで父親は長期にわたる健康上の問題から解放されたという点でポジティブな面もあったと，マークは考えていた。葬儀の準備，葬儀そのもの，およびその後の告別式は，マークにとって自らの喪失を深く嘆き悲しむ助けとなった。この時，マークは，「父の人生と彼の死に対して穏やかな気持ちでいる」と述べていた。

　マークの気分の落ち込みの始まりについて理解するためには，過去2年間に起きたことの結果と意味，および彼が用いた対処戦略について詳しく解明することが役に立つ。父親の死後，彼は母親により頻繁に会うようになった。マークは，そのせいで自分とクレアが母親の頻繁な批判にさらされることになったと報告している。それは，彼の子ども時代からの母親との関係を特徴づけるものであり，彼の説明によれば，そのことが「役立たず」であるというテーマを浮かび上がらせるのだという。この時期，マークは職場で昇進し，責任も増した。昇進を受けることにはためらいがあったが，増えていく家族を養っていかなくてはならないと感じた，と彼は説明した。この時期，ジェームスが幼かったことから，マークとクレアは，新生児を抱えた夫婦によくある睡眠不足と，家庭での必要事項の増加を経験した。仕事量の増加，家庭での義務，および彼の母親の世話が続くにつれ，マークは，高水準を目指して仕事し，収支を合わせるためにより多くの責任を引き受けるという戦略を用いることで，これに対処しようとした，と述べた。マークは初期のセッションで次のように報告している。

　とても耐えられませんでした。私はますます一生懸命仕事をしながらも，常に自分のしていることが十分ではないように感じていました。その間ずっと，クレアや子どもたちのことが心配でした。おわかりだと思いますが，子どもたちはまだ小さかったのですから，クレアも大変だったのです。時折，私の母親がわが家に滞在すると，彼女がたびたび批判するせいで緊張した空気になるのがわかりました。私は夜眠ることなく横になったまま，その日のことを思い返し，何とかすべてをやりこなす方法を見つけ

ようとしました。しかし，解決の手立てもないまま，疲れが増していきました。結局，ただ身を隠し，引きこもってしまいたいと思うようになったのです。

　彼の最近のうつ病エピソードの発生の中心にあったのは，間違いを犯したことと，自分は不十分であると感じたことだった。そのため，マークとセラピストは，それらが対処すべき主要なテーマであると，より確信を強めることができた。間違いが彼の気分の落ち込みを引き起こす誘因であるが，「間違いをしたら，自分は役立たずということになる」という彼の基礎的前提は，その誘因の意味と影響を説明するのに役立つ。確かに，彼のこのような前提を考えると，なぜ間違いが彼の気分の落ち込みの引き金となるのかを説明できるように思われる。セラピストは，この基礎的前提の根源がマークの子ども時代にある可能性に言及したが，当時，その考えは母親のひっきりなしの批判として彼が感じていたこと正確に一致していた。マークの最近のうつ病の始まりについて振り返ることが新たな概念化を裏づけることになり，彼とセラピストは，現在の気分の落ち込みを理解し，それを克服することに焦点を戻すことにした。この目標を達成するための次の段階は，彼のうつ病を維持しているものは何かを明らかにし，そうすることでその維持周期に介入し，それを停止させられるようにすることである。

<u>維持要因</u>
　多くのさまざまな要因が問題の誘因になり得るのとちょうど同じように，問題が維持されるようになるまでにも，そこには多くの経路がある。CBTのセラピストが維持要因を探すとき，通常は強化要因から考慮する。それには，特定の反応を強めるものなら何でも含まれる。強化は，正にも負にもなり得る。正の強化は，報酬を伴うもので，内的（ポジティブな感情など），あるいは外的（金銭的な報酬や称賛）のいずれの可能性もある。一方，負の強化とは，嫌悪的な状況を除去することをいい，こちらも内的（苦悩の軽減など），あるい

は外的（間違いが起きた際の後始末の排除など）のいずれも考えられる。

皮肉にも時に，選択された対処方法が問題を維持してしまうことがある。それは，人が往々にして，即座に報いられる対処アプローチ，すなわち即座の報酬や苦悩の軽減につながるアプローチを好むからである。苦悩の根本的な原因を解消しようとすると，一時的に不快感が強まる可能性がある。そのため，CBTのセラピストは，対処戦略の短期的な利益だけでなく，長期的な対処戦略の代償も同定する。マークのセラピストは，気分の落ち込みに対処するためにマークが好んだ方法が，気づかないうちに彼の問題を維持しているのではないかと考えている。以下の対話は，マークが自分の回避を気分の落ち込みの維持と結びつけられるように，セラピストが彼を手助けしている様子を示している。

セラピスト：職場での間違いについて考えると，それが引き金になってあなたの気分が落ち込むのは，間違いを犯すことと役立たずであるということを，あなたが同等に考えているからだということがわかりました。私たちは，高い基準をもち，間違いを犯すことのないように一生懸命努力している人物というあなたの人物像を構築しつつあります。しかし，その一方であなたは，どうして気分の落ち込みがなくならないのか，どうしてこのように落ち込んだままなのかということについて疑問を抱いてもいました。その疑問に対する答えを見つけることができれば，あなたの気分に関して，どうしたらあなたを助けることができるのか，何か良いアイデアが浮かぶかもしれません。今，それについてお話ししてもよろしいでしょうか？

マーク：　まさにそれが，私が助けを必要としていることです。このめちゃくちゃな状態から脱出するということです。

セラピスト：わかりました。では，私たちで明らかにできることを一緒に見て行くことにしましょう。これらの例を見て（図6.3を指して），問

題を継続させているものは何だとあなたは思いますか？

マーク：　　　(少しの間黙って図6.3を見る)そうですね。ただ物事を諦めてしまったのでは，何の役にも立たないのですね。

セラピスト：どういう意味でしょうか？

マーク：　　　私は，買い物に出かけていて気分が突然落ち込んだとき，ただ家に帰って寝てしまいました。これでは何の役にも立ちませんでしたよね？　家に帰ってミーティングの準備をしたとか，日曜日にそのための時間をとったりしたわけではないのですから。

セラピスト：なかなか優れた観察ですね。(勇気づけるように微笑んで) いったいなぜ，あなたは家に帰って寝てしまうことになったのだと思いますか？

マーク：　　　そうですね。その時は，その状況から離れた方が実際良かったのです。ただ家に帰りたかったですし，そのことについて考えたくなかったのです。そのときは，それが少しは役に立ちました。

セラピスト：では，その時は，ご自身の問題を避けることが少し役に立ったのですね。では，今考えてみて，それは長い目で見てどれほど役に立ったと思いますか？

マーク：　　　結局はそのせいでますます悪くなってしまいました。というのも，プレッシャーが高まっただけだったからです。

セラピスト：では，回避があなたの問題を継続させているものかもしれないということを覚えておくために，家に帰って寝ることと仕事のミーティングの準備ができていないこととの間に矢印を書いておいてはどうでしょうか？

マーク：　　　ええ，そうですね。

　マークのセラピストは，その後，これがよくあるパターンであるかどうかを確かめるために，以前に話し合った他の例についても，もう一度検討してみてはどうかと提案する。

セラピスト：この用紙を見て（図6.3をマークに見せる），一時的に気分をよくするためにあなたが問題を避けた例が他にもありますか？

マーク：報告書についてのメールをもらったときがそうです。報告書を何とかしようとする代わりに，私は降参して家に帰ってしまいました。

セラピスト：そうしたことで，どうしてあなたの気分が一層悪化したのですか？

マーク：私は報告書を完成させていませんでした。次に仕事に戻ったとき，そのメールはまだそこにありました。それでまたさらに気分が悪くなったのです。

セラピスト：気分が落ち込んでいるとき，あなたは物事を避けることが多いと思いますか？

マーク：ちょっと，この用紙を見てください。（図6.3を指して）私は職場での任務を避け，ジョンを避け，そして多くのことを避けています。

セラピスト：では，このことがいかにあなたの気分を落ち込ませ続け，気分の改善を妨げているかということを説明するために，何を書き出しておいたらよいでしょうか？

マーク：物事を避けると，ますます問題を悪化させることになり，そしてそのことが私の気分を落ち込ませ続けるということです。

<u>証拠に基づいたモデルと「適合度」に関して概念化を評価する</u>

　いったんマークがこのように，自分自身の経験から直接学ぶ機会をもてば，セラピストは概念化のるつぼに理論と研究を提供してみてもよいだろう。マークは，うつ病を抱える人々が一般的に引きこもり，活動を避けがちであるということを興味深く思うかもしれない（Kuyken, Watkins, & Beck, 2005）。マークの行動は，回避が苦しい状況との間に距離を置くことによって，負の強化として作用することを示す研究と一致している（Martell et al., 2001）。この単純な仮説は，行動療法の伝統的なオペラントの原理に由来する（Ferster, 1973;

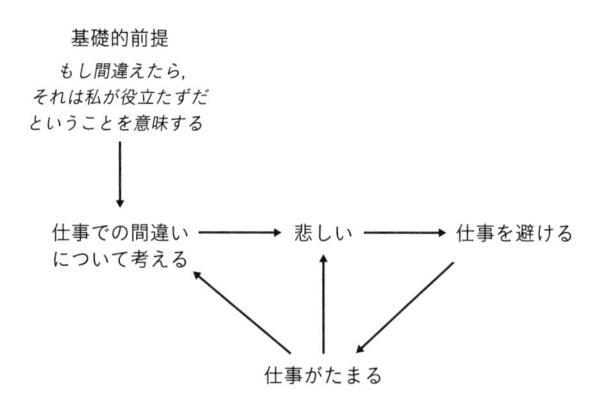

```
          基礎的前提
        もし間違えたら,
      それは私が役立たずだ
      ということを意味する
              │
              ▼
    仕事での間違い  ───→  悲しい  ───→  仕事を避ける
    について考える
         ▲             ▲              │
         │             │              │
         └─────── 仕事がたまる ◄───────┘
```

図 6.5 マークの職場での問題の誘因と維持を示す簡単な概念化

Hayes & Follette, 1992)。このように，マークの観察は研究と一致しており，このことを知ったことでセラピストは，うつ病の治療のための CBT モデルがマークの役に立つかもしれないとの確信を強めている。

マークと彼のセラピストは，このセッションで話し合われた誘因と維持のモデルを要約するために，図6.5に示す単純なモデルを描いた。この新たに得られた説明的概念化の「適合度」を検証するために，マークは，気分の落ち込みが仕事についての考えによって引き起こされているのかどうか，また気分の落ち込みを引き起こす他の誘因があるのかどうかを，次の一週間にわたって観察するように勧められる。加えて，彼は，自分がどれだけ頻繁に回避を用いるか，またそれが一時，即座に落ち込みが軽減するものの，その後，気分がさらに悪化する結果をもたらすように思われるかどうかに着目するよう助言される。概念化に対するこのような直接的な観察試験は，概念化の適合度を確認するものとして重要である。

次のセッションで，マークの観察について話し合ったことで，回避だけではマークの経験すべてに十分な説明ができないことが明らかになる。

セラピスト：では，水曜日に一晩中仕事についてあれこれと考えた際，気分が

悪化したことに気づいたのですね。それは回避ということではないようですね。そのことについてもう少しお話ししていただけますか？

マーク： 私は職場で落ち込むと，早退したり，課された仕事を避けたりすることがよくあるのですが，自宅では，座ってあれこれ考えがちなのです。その日，自分が犯した間違いをすべて思い返して，自分がいかにだめな人間かと考えるのです。「なぜ私は何ひとつとしてまともにできないのだろう？」と。

セラピスト：それによって，あなたはどのような気持ちになりますか？

マーク： 最悪です。やれていないことや，うまくできなかったことがあれもこれも見つかって，夜が更けるにつれてますます気分が悪くなります。

セラピスト：では，そのことから，そのように仕事について徹底的に考えることの影響について，何がわかりますか？

マーク： そうですね。そのようなことをしても役に立たないようですね。そうすることで自分が何を間違えてしまったのかをきちんと知ることができるので，そうした方がよいと思われることもあるのですけどね。

セラピスト：自分の間違いを振り返ることは，その翌日に間違いをしなかったり，自分がした覚えのある間違いを修正したりするのに役立つでしょうか？

マーク： 実際のところ，そうでもありません。非常に気分が悪くなり，「何の意味があるんだろう？」と考え始めてしまうんです。そして結局，ただ気をそらすためだけに，本当に夜遅くまでテレビを観て起きていることになります。ベッドに入っても，たいていよく眠れずに，翌日はますます仕事をしたくなくなってしまうのです。

セラピスト：つまり，ご自宅ではあなたは，反芻したり，頭の中で間違いについてあれこれ考える傾向にあるのですね？

マーク：　　　その通りです。
セラピスト：そして反芻した後，さらに気分が悪くなり，それから夜遅くまでテレビを観て，よく眠れないということですね。
マーク：　　　そうです。
セラピスト：では，先週描いたモデルに反芻を加えるとよいですね。（図6.5を指さす）どこに加えましょうか？
マーク：　　　回避の真上がよいと思います。私には，回避か反芻のどちらか，あるいは両方を同時にする傾向があります。両方とも私の気分を悪化させるのです。
セラピスト：そこにご自身で書いてみてはいかがでしょうか。（マークが反芻をモデルに加えるのを待つ）
マーク：　　　逆に反芻から気分の落ち込みに向けても矢印を書くべきだと思います。というのは，たとえ仕事がたまっていなくても，反芻によって私は気分が悪化するからです。
セラピスト：それは良い考えですね。（マークが図6.6にあるように矢印を書き加えるのを待つ）その他に何か，反芻があなたに影響を与えていそうなことはありますか？
マーク：　　　どういう意味ですか？
セラピスト：反芻すると，あなたはその日に犯した間違いをより一層認識するでしょうか？　それともさほど認識しなくなるでしょうか？
マーク：　　　ずっと多く認識するようになります。まさに，自分が間違えて行ってしまったすべてのことを考え始めます。そしてうまくできなかったことや，全くやっていないことをさらに多く思い出すのです。
セラピスト：では，反芻するとき，あなたは実際ますます多くの間違いに気づき，そのせいで気分が悪くなるのですね。では，そのことについても図に書き込む必要がありますね。（マークが矢印を書くのを待つ）これで，回避と反芻の両方が，あなたの抑うつが改善しない

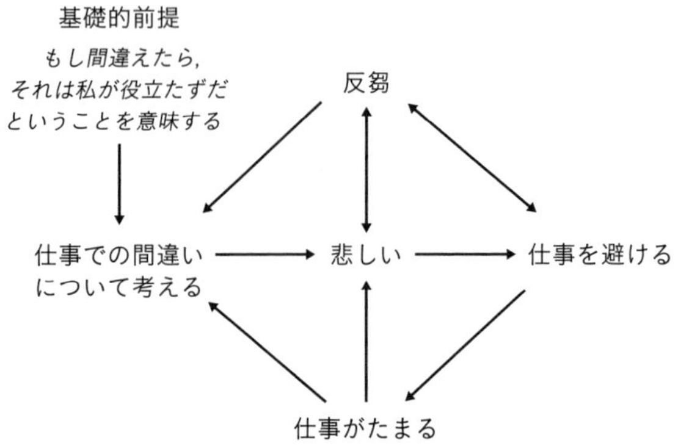

```
              基礎的前提
           もし間違えたら,
           それは私が役立たずだ       反芻
           ということを意味する      ↗   ↘
                    ↓        ↓     ↓
           仕事での間違い  →  悲しい  →  仕事を避ける
           について考える     ↑        ↓
                           ↑        ↓
                         仕事がたまる
```

図 6.6 維持要因としての反芻を含めた，マークの職場での問題を示す概念化

重要な理由かもしれないということがわかりました。では，あなたがすること，つまりあなたの行動に対する反芻の影響についてはどうでしょうか？

マーク： そのせいで，私は諦めてしまいたくなります。仕事で音を上げてしまう可能性がより高まります。

セラピスト： あなたがすることに対する反芻の影響を説明するために，その図にもうひとつ別の矢印を加える必要があるようですね。（マークは矢印を加える）あなたはご存じないかもしれませんが，マークさん，回避と反芻というのは，うつ病の人たちによく見られることなのです。幸い，これらの習慣の両方を克服するのに役立ち，あなたが試してみることができることがたくさんありますよ。

セラピストの頭の中

マークのセラピストは，前回のセッションで導き出されたマークのレジリエンスの概念化を思い出している（図 6.4）。セラピストは，マークにその図を思い出させ，これらの行動を反芻の克服と積極的に結びつけるのに今がちょうど良い時期であると考えている。

セラピスト：マークさん，前回私たちは仕事の日のことを振り返って，その日はあなたの気分がかなり良かったのですよね。*(図 6.4 を指さす)* あなたは，「ピーターだったらこうするだろうと思われるようなやり方で自分の仕事をうまくこなした。つまり，何か良いことがあればそのことで自分を認め，間違いについてはあまりそれにとらわれることなく受け入れる」とおっしゃっていました。このように行動することにはどのような影響がありましたか？

マーク：そうですね，結構良い気分でした。*(セラピストは黙って座り，マークは少しの間考える)* 実際，自分の一日を楽しんでいるようでしたし，「私は自分の仕事を楽しみ，結構うまくやれている」と心の中で思いました。

セラピスト：わかりました。ではこのことは，あなたがすることに対してどのような影響をもつのでしょうか？

マーク：あえて立ち止まってそのことについてよく考える，と言ったら嘘になるでしょうね。

セラピスト：ではあなたはそのことについて考えたりせず，そこには心配したり反芻したりする余地はないということですか？*(マークはうなずく)* それについて考えたとして，ただし反芻しないとしたらですが，*(両者とも笑う)* その場合，職場で気分が良いこと，自分は仕事を楽しんでいる，そしてなかなかよくやっていると考えることの影響とは何だとあなたは思いますか？

マーク：そうですね，それによって，私は正しいことを実行していく可能性が高まるでしょうね。つまり，ピーターのように行動するということです。このことをすべて図に書き加えた方がいいでしょうか？*(セラピストはうなずく［図 6.7 参照］)*

　マークのセラピストがこのセッションで行っているように，セラピストは，クライエントが誘因や維持周期と並行して，レジリエンスのある対処経験の機

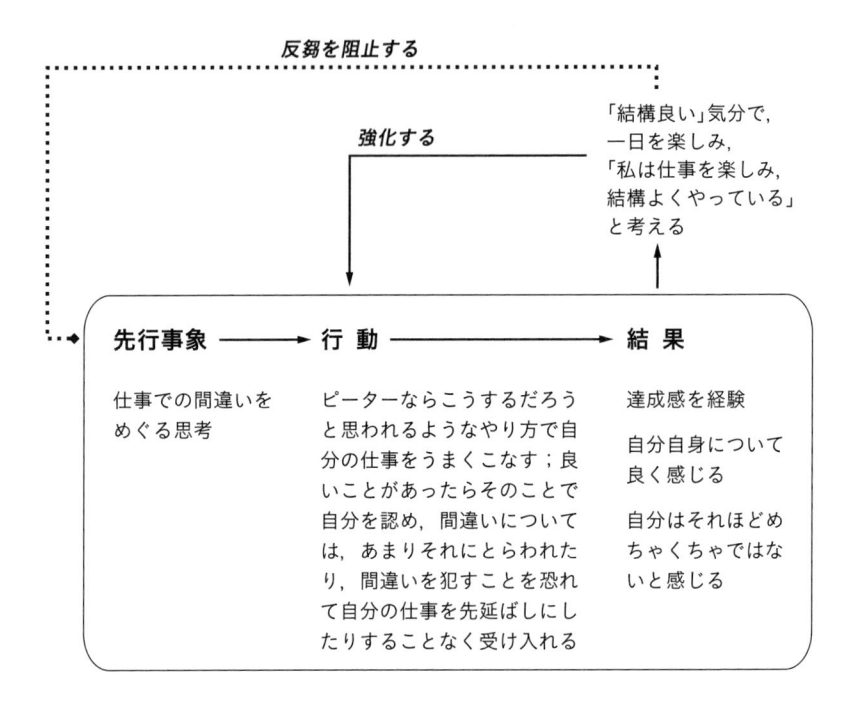

```
                    反芻を阻止する
    ┌┄┄┄┄┄┄┄┄┄┄┄┄┄┄┄┄┄┄┄┄┄┄┄┄┄┄┄┄┄┄┐
    ┊         強化する          「結構良い」気分で，
    ┊           │              一日を楽しみ，
    ┊           │              「私は仕事を楽しみ，
    ┊           │              結構よくやっている」
    ┊           │              と考える
    ┊           ▼                  ▲
    ┊  ┌─────────────────────────────────────┐
    ┊→ │ 先行事象 ──→ 行 動 ──→ 結 果      │
       │                                     │
       │ 仕事での間違いを  ピーターならこうするだろう  達成感を経験 │
       │ めぐる思考      と思われるようなやり方で自              │
       │                分の仕事をうまくこなす；良  自分自身について │
       │                いことがあったらそのことで  良く感じる    │
       │                自分を認め，間違いについて              │
       │                は，あまりそれにとらわれた  自分はそれほど │
       │                り，間違いを犯すことを恐れ  ちゃくちゃではな │
       │                て自分の仕事を先延ばしにし  いと感じる   │
       │                たりすることなく受け入れる             │
       └─────────────────────────────────────┘
```

図 6.7 マークがレジリエンスを説明するための ABC に強化を組み込んだもの

能分析を行うのを手助けするとよいだろう。そうすることで，適応的なパターンにクライエントの関心を向けさせ，第 4 章で解説しているような代わりとなる結果の可能性を示唆することができる。セラピストは，クライエントがレジリエンスを概念化できるようにするために，以下のような質問をすることができる。

- 「過去には困難な状況にどのように対処してきましたか？」
- 「どのような強み，信念，あるいは戦略が役立ちましたか？」
- 「それらの経験は，この状況にあなたが対処するのにどのように役立つ可能性があるでしょうか？」
- 「あなたが対処するのに，どのような強み，信念，戦略が役立ちそうでしょ

うか？」
- 「この状況に対処するためにあなたはどのようなスキルを伸ばす必要があるでしょうか？」
- 「あなたが対処するのを誰か他の人が助けることができますか？」
- 「この状況にはどのような好機が存在しているでしょうか？」
- 「どのような教訓を得ることができますか？」
- 「このような状況にうまく対処できる人を誰か知っていますか？ その人なら，この状況にどのように対処するでしょうか？」
    ――「その人は，どのような戦略を使うのでしょうか？」
    ――「その人の行動の指針となっている信念とは何でしょうか？」

　この時点で，マークと彼のセラピストは，彼の気分の落ち込みの誘因と維持を説明する作業上の説明的概念化を行っている。それは，彼の気分の落ち込みの典型的な例を多数集め，これらの状況に共通する誘因や維持要因を発見するために協同で取り組むことによって行われた。その結果得られる概念化によって，マークの個人的な経験は，抑うつの CBT モデルや，オペラント条件づけの理論から導き出された強化の原理と結びつけられる。彼らはまた，マークがレジリエンスを実践してみせた日に彼が体験したウェルビーイングと職場での有効性を維持する行動とオペラントの原理を導き出すためにも，同じ ABC モデルを用いている。マークのレジリエンスの概念化は，適応的な行動と，成功した反芻の抑制を強化することを強調するものである。こうして今彼らに，マークの説明的概念化がその次の機能，つまり，CBT の介入の情報を伝えるという機能を満たす準備が整ったのである。

第 3 段階：説明的概念化に基づいて介入法を選択する

　概念化それ自体では，人のウェルビーイングを改善するのに十分ではない (Chadwick et al., 2003)。「今では自分自身のことをより理解するようにはなったが，気分は一向に改善されていない」というように，単に洞察を促すだけで

は通常効果がない。むしろ，概念化の目的は提示されている課題に対する理解をもたらすことであり，その理解がCBTの介入の選択を促すことになる。したがって，十分に良い症例の概念化であることを示すひとつの指標とは，それが適切な介入へと人を方向づけるかどうかということである。

マークのセラピストは，抑うつに対して適切に治療原理と介入法を利用するという点でセラピストたちの指針となる優れた題材を心得ている（Beck et al., 1979; J. S. Beck, 1995; Greenberger & Padesky, 1995; Martell et al., 2001; Padesky &Greenberger, 1995）。マークの説明的概念化は，これらの原理やセラピーの手段を決まりきった形で適用するのではなく，むしろこの広範囲な領域の中から特定の介入を選択するための論拠を提供する。図6.6と図6.7で示される概念化に基づいて，マークとセラピストは，回避と反芻の維持プロセスを標的とする介入が彼の気分を改善するのに最も重要であると判断している。

行動の活性化は，抑うつ状態にある人の気分と機能を改善するのに有効であることが明らかにされている（Dimidjian et al., 2006; Jacobson et al., 1996）。この行動療法はとりわけ，回避を標的とし，喜ばしく，やりがいのある活動の増加を促す。マークが集めた気分の落ち込みの例（図6.3）は，彼が仕事を避けているだけでなく，個人的な生活において，やりがいのある生産的な多くの活動から撤退してしまっていることを明らかにしている。そのため，セラピストが選択した最初の介入は，回避を克服するための小さなステップを含めて，やりがいがあり楽しめる活動をマークが予定に組み込むのを手助けすることであった。

一週間にわたって，マークは自分の現在の活動を活動スケジュールに記録した（Beck et al., 1979; Greenberger & Padesky, 1995）。この記録を検討し直すことで，彼が仕事に関連した間違いについて反芻するのに自宅で多くの時間を費やしていることが明らかになった。反芻に集中した結果，彼は，もっとやりがいがあったかもしれないその他の活動に従事しなくなってしまったのである。セラピストは，マークが楽しめる，あるいはやりがいがあると感じる可能性のある活動の領域を見つけるために，彼の強みと前向きな関心事を積極的に

探した。マークの強みを注意深く調べることで行動の活性化が促され，特定の利益が生まれることになる。

セラピスト：あなたが指摘されたように，活動記録を見ると，間違いについて反芻するのにあなたがどれほど多くの時間を費やしているかがわかりますね。

マーク：　　はい。夜になると私はそのことで頭がいっぱいになり，生活は台無しになってしまいます。

セラピスト：ひょっとしたら役立ちそうなことについて，私にひとつ考えがあります。そのためには代わりの活動を計画する必要があるのですが，やりがいのある喜ばしい活動です。どう思いますか？

マーク：　　いいと思いますが。

セラピスト：反芻に時間を費やさないとしたら，その代わりに気分の改善のためにどのようなことができるでしょうか？

マーク：　　そうですね，状況によると思いますけれど。（セラピストが沈黙している間，マークは熟考する）またピアノを弾きたいですね。ずっと長い間弾いていないですから。

セラピスト：（身を乗り出し，興味と好奇心を表現する）それはどのように役立ちそうでしょうか？

マーク：　　私はピアノを弾くことが大好きでした。学校でも本当に才能があったのです。それに，それは私が本当に楽しんでいたことでもあったのです。

セラピスト：（微笑みながら）すばらしいですね。また定期的にピアノを弾くことができたら，どのように感じると思いますか？

マーク：　　気分が良くなるでしょうね，たぶん。

セラピスト：どのようにでしょうか？　例えば，職場でうまくいった日がありましたよね。あの日，どのようにしてあなたの反芻が中断されたのかについて考えてみたとき（図6.7を参照しながら），ピアノを

弾くことも同じような形で役立つだろうと思いますか？
マーク： そうですね。ピアノを弾いていれば，仕事のことで自分を責めることもないと思いますから，良いことだと思います。
セラピスト：反芻を減らすということの他に，何か良い面はあるでしょうか？
マーク： そうですね。かつて，ピアノを弾いているときは幸せでした。時々，子どもたちが私の隣に座ることもありました。それに１曲弾けるようになると，本当にその音楽に夢中になることがあるのです。

　彼の音楽への関心と強みについてさらに詳しく話し合った結果，マークはピアノのレッスンを予約することになった。そうすることで，自分の技術をもう一度築き直すための構造的なサポートを得ようとしたのである。ピアノを弾くための時間を予定に組み入れることに加えて，彼は，友人のジョンとの時間を作るために，ジョンに連絡する予定も立てた。これらの活動により，仕事について反芻するための時間が減り，間違いについて考えるといった誘因を減らすことになり，マークの気分は向上した。

　彼の誘因と維持要因についての理解に基づいて，それから数週間にわたり彼のセラピストは，マークが反芻中に自己批判（「どうして自分はこうなのだろう？」）に終始するのではなく問題解決（「このことについて自分は明日何ができるだろうか？」）に重点を置くよう，焦点を変える手助けもした。この後者の提案は，反芻の焦点をこのように転換させることが，気分と問題解決の両方に有益な効果をもたらすことを実証する研究から導き出されたものである（Nolen-Hoeksema, 2000; Watkins et al., 2007; Watkins & Moulds, 2005）。

　回避に対する取り組みも，マークの強みと複雑な課題にうまく対処する能力を実証した，生活の他の領域での成功を利用するように促すことによって行われた。例えばマークは，父親の死後，母親が多くの経済的および法的問題を解決するのを自分が手助けしたことを思い出した。質問の中で彼は，問題を小さな部分に分けることで，それらの複雑な課題をやり遂げたことを思い出した。マークは，大きな課題を先延ばしする傾向を弱めるために，自分の現在の生活

でもその原理を採用することにした。自宅でのマークのその他の成功についても検討し直したところ，彼は自分がいかにして娘のジェシカが犬恐怖症を克服するのを手助けしたかを思い出した。彼は，怖い犬を見ても逃げないよう，いかに彼女を勇気づけたかを説明した。この記憶は，彼がジェシカに恐れに立ち向かうよう勇気づけたのとちょうど同じように，彼を悲しさや不安を感じても仕事に留まり，自分の課題を終わらせようとする気にさせた。

　これらの介入は，横断的概念化における主要な維持プロセスを標的とするものである。しかし，マークとセラピストは，「間違いを犯したら自分は役立たずということになる」という彼の基礎的前提に取り組む必要もあった。この信念がいつ目を覚ますかわからぬまま潜んでいる限り，マークは気分の落ち込みを引き起こす多くの誘因に対して脆弱であることになる。行動実験は通常，基礎的前提を検証するために選択されることが多い介入である (Bennett-Levy et al., 2004; Padesky, 1997b, 2004)。彼のセラピストは，間違いを犯すことはその人が役立たずということを意味するという彼の前提を検証するために，マークが一連の行動実験を計画するのを手助けした。

　最初の観察実験で，マークは，職場の他の人がした間違いを積極的に見つけようとした。この実験によってマークは，他の人が間違っても自分が彼らを役立たずだとは判断していないことに気づいた。彼はまた，間違いに対する他の人の反応に着目することにより，他の人が彼ほどには間違いを重視していないことにも気がついた。セラピストとの話し合いから，追加的な基礎的前提が明らかになった。「間違いを犯したら，他の人に馬鹿にされる」というものである。この前提は，彼の間違いについての母親のコメントの多くと一致していたが，その一方でマークは，自分が間違いを犯しても妻のクレアや職場の同僚は彼に対して特に批判的になるわけでも，彼を判断しようとするわけでもないことに気づいた。その後，マークは勇敢にも，プレゼンテーション，書類，およびミーティングなどでわざと小さな間違いをしてみて，代わりの前提を検証した。それは，他の人は他人の間違いにあまり気づかない，あるいはそれをさほど気にしないという前提である。この一連の実験を通してマークは，間違いは

日常的な経験の自然な一部であり，間違いを犯したからといって，その人は役立たずであるわけでも，またそれが必ずしも悪い結果につながるわけでもないということを受け入れられるようになった。

第4段階：気分の落ち込みの概念化の再考と修正

　いったん介入法が選択されると，その効果からその概念化が有用かどうかがわかる。もし有用であれば，それは介入の結果を十分に予測し説明してくれるはずである。そのような介入は一般に，クライエントの苦悩を軽減するうえでも有益であることが明らかになるはずである。その介入が有益でなかったり，予期せぬ形で進行する場合，概念化は，それらの経験にもうまく対応できるよう修正される必要がある。

　前項で説明しているように，マークの気分の落ち込みの誘因や維持要因の概念化に基づいて，彼とセラピストはまず，職場での間違いに関する反芻を停止し，前向きな活動を増やし，また回避を克服するための行動的な介入を選択した。同時に，マークは一連の実験を開始した。それは先に示したように，間違いの意味と影響に関する彼の基礎的前提を検証するためのものである。予測していた通り，マークの気分はこれらの介入が実行された最初の週に改善した。そのためマークとセラピストは，図6.6と図6.7にある概念化の文脈の中で，毎週の出来事を再考し続けた。これらの介入を始めてから3回目のセッションで，マークは，この概念化に限界がある可能性について触れた。

マーク　　　：　仕事について考えることが私の気分の落ち込みの大きなきっかけであるのはわかっています。でも，私が気分を害するとき，それが必ずしも職場でうまくやれていないことに関係しているとは限らないということにも気づいたのです。土曜日のあの時のように——よく考えてみたら，私の気分を悲しくさせたのは何も仕事だけではなかったのです。

セラピスト：他の何が，あなたをそんなに悲しくさせたのだと思いますか？

マーク： そうですね，私は列に並んでいて，仕事やミーティングのこと，そして準備ができていなくて，また役立たずになることについて考えていました。確かに，それらのことが私を不安な気持ちにさせ，私は自分を卑下するようになってしまいました。でも，そのことで何よりも最悪だったのは，自分が娘と手をつないでいたにもかかわらず，頭では全く別のことを考えていることに気づいてしまったということです。そのせいで私は，自分が父親としてどれほど失格であるのかと考えさせられました。

セラピスト：あなたは以前にもそのことをおっしゃっていましたね。その考えは，あなたをどのような気持ちにさせましたか？

マーク： 全くもってみじめな気持ちです。（落胆して見える。うつむき，肩を落としている）ほら，私の父は私とデイビッドが子どもの頃，そばにいてくれないことが多かったでしょう。父は長い期間抑うつ状態にありましたし，実際，父の顔を見ないことも時々ありました。だから私は，自分の子どもたちにはそのような目には遭ってほしくないと心から思っているのです。

セラピスト：あなたにとっては，あなた自身の気分の落ち込みがご家族との時間の妨げにならないことが重要なようですね。

マーク： まさにその通りです。

セラピスト：ですから，職場での間違いについて考えることに加えて，父親として失格であると考えることも，あなたをつらい気持ちにさせるのですね。今もそのように感じますか？（マークはうなずく）これは別々のタイプの思考だと思いますか，それとも職場であれ家庭であれ，間違いや自分が出来損ないだという思考があなたを落ち込んだ気持ちにさせるテーマだと思いますか？

マーク： 自分が出来損ないだというのは，私のテーマソングになり得ると思います。

セラピスト：では今日は，そのテーマをもう少し詳しく見てみることに幾らか

時間をとった方がいいかもしれませんね。

> **セラピストの頭の中**
> マークのセラピストは，マークの観察が，自動思考の概念を紹介し，思考記録によってそれを検証する方法を彼に教える理想的な機会を提供することを認識している (Beck et al., 1979; Greenberger & Padesky, 1995)。これまでセラピストとマークは，間違いが引き金となっている気分の落ち込みに彼を陥りやすくさせている維持行動（反芻と回避）と基礎的前提に焦点を当ててきた。しかし，抑うつの CBT 理論は，ネガティブな自動思考が抑うつの維持において中心的な役割を果たしていることも強調する (Beck, 1976)。マークが自分のネガティブな自動思考を同定し検証するためのスキルを発達させることができれば，彼は，ちょうど彼自身が言及したような突然の気分の落ち込みを防ぐことができるかもしれない。マークのセラピストは，彼らの取り組んでいる概念化にもこの層の理解を加えるために，自動思考のさらなる例を集めることにする。

セラピスト：次の一週間，そのような苦痛な思考の例をさらにもう幾つか集めることができればと思うのですが。

マーク：　こんなことはいつものことですから。

セラピスト：幾つか例を書き出してみるととても役に立つでしょう。思考記録用紙をお見せしますね。役に立つものだと思いますよ。今は，この4つの欄のワークシートを使うことにしましょう。最初の欄には，あなたがいた状況，誰がいたか，何をしていたかを書き込みます。2番目の欄には，あなたの気分を書き記し，最悪のときのあなたの気分の点数をつけます。3番目の欄には，そのときに心をよぎっていたことを明らかにする方法をご紹介しますので，それを記録してください。それから4番目の欄ですが，そこにはあなたが自分の感情に対処もしくは管理しようとして行ったことを記します。以上のことは，あなたがちょうど今挙げてくださった例をこのワークシートに記入してみれば，明確になると思います

よ。［表に挙げられている4つの欄の思考記録は，Greenberger & Padesky, 1995に提示されている7つの欄の思考記録を修正したものである］

マーク：わかりました。私はジェシカと店にいてランプを買っていました。私は悲しい気分でした。私は心の中で自分自身に向かって，「私は役立たずの父親だ。父親として失格だ」と言っていました。最後の欄は，家に帰って寝た，です。

セラピスト：お見事です。関連するプロセスについてあなたが理解しているのがわかります。

マーク：ええまあ，以前にやったABCのものとかなり似ていますよね。

セラピスト：確かにそうですね。次の一週間にわたり，このような例をさらにいくつか書き出していただけますか？

セラピストの頭の中

マークのセラピストは，父親として失格であり役立たずであるというテーマが，職場で間違いを犯すことに関係したテーマに似ていることに着目している。セラピストは，これらのテーマがマークが自分自身についてもつ中核信念を表すものなのかどうかと考え始める。もしそうだとしても，はたしてそれらの中核信念はマークが抑うつ状態になっているときのみ生じるものなのか（そうであれば直接的な介入は必要でないかもしれない），それとも気分が良いときでも彼の自分自身に対する見方に浸透しているのか，セラピストには明らかではない。後者が真実であるなら，これらのネガティブな中核信念は，抑うつに対して彼を特に脆弱にさせる可能性があり，後の時点でセラピーの中で対応する必要があるかもしれない。セラピストは，これらのテーマを心に留めながらも，このセッションでは中核信念に直接対応することはしない。マークの現在の知識とスキルを考えると，時期尚早だからである。

彼の自動思考を取り入れるため，気分の落ち込みの概念モデルを修正する前に，彼とセラピストは横断的なテーマを同定すべく，その週にマークが集めた例（図6.8参照）を見直した。

セラピスト：先週一週間，あなたはこのワークシートを使ってご自身の思考の例を記録できたようですね。やっていただいてありがとうございます。これを行うのは簡単でしたか，それとも難しかったですか？

マーク：問題ありませんでしたよ。

セラピスト：そうですか。ではあなたが書いてくださったものを一緒に見て，集めてくださった自動思考から，あなたの気分の落ち込みを引き起こしたり維持したりするものについて何か新しい考えが得られるかどうか検討してみましょう。

マーク：ええと，前と同じですね。多くの場合，私の気分は，私が仕事のことや職場で自分が犯した間違いについて考えると悪化するのです。

セラピスト：そうですか。ということは，かなり一貫しているようですね。何か新しいことに気づきましたか？

マーク：そうですね，自分はどうしてこんなに出来損ないで，何ひとつまともにできないんだろうとよく考えます。

セラピスト：そうですか。「私は出来損ないだ」「私はいつも間違いをする」「私は役立たずで……ろくでなしだ」といった考えに関連したあなたの例には，幾つかの思考が存在することがわかりますね。

マーク：はい。多くの状況で，私は自分自身についてそのように理解しているのです。

セラピスト：自分自身について役立たずで出来損ないであると考えるとき，そのような思考によって，結局，あなたは物事を避けることになるのでしょうか？

マーク：そうです。間違いを犯して，いずれにしても失敗するのだとしたら，何かをすることにいったいどんな意味があるのでしょうか？

セラピスト：あなたが父親あるいは夫として何かするのを避け，そして職場でも避けるとき，それは自分自身を役立たずと考えることに対してどのような影響があるでしょうか？

思考記録

状　況	気　分 0から100％の評価	自動思考 （イメージ）	行　動 自分の感情に対処するために何をしましたか？
土曜日，店で列に並び，仕事について考えていた。	悲しい90％	私はいつも何か他のことを考えている；自分の娘に注意を払うことさえできない。父親としてなんて失格なんだろう。	泣いて，家に帰り，その日は寝てしまった。
家で仕事について考えていた。	落ち込み70％	私はいつも間違いをする。もうこの仕事をすることはできない。	テレビを見ようとしたが，仕事のことについて考え続けた。くだらないテレビを見て遅くまで起きていた。
職場にいたら，週1回の更新ミーティングに来るように言われた。	不安80％ 落ち込み90％	私は役立たずだ──先週から何ひとつやり終えていない。私はなんてろくでなしなんだろう。首になるのも時間の問題だ。	ミーティングには行ったが，自分がどのような仕事をしたかについてはじっと黙っていた。
家で母親を訪ねる準備をしていた。	不安90％ 心配90％	家のガスコンロをつけっぱなしにしてきたかもしれない。	確認のために4回引き返し，最後にはクレアにも確認させた。
土曜日，自宅で，ジョンが息子のマイケルをフットボールに連れて行くのを見た。	悲しい90％	私は父親として役立たずだ。ジョンは私が今までにしたことよりもずっと多くのことをしている。私は自分の娘と一緒に何かしたことなど一度もない。	気を紛らわすために外に出て，庭仕事をした。

図6.8　マークがホームワークとして集めた問題状況の例

マーク：　そうですね，それによって事態は一層悪化しますね。それは確かです。物事をあまり行わなくなると，ますます自分がろくでなしに感じられますから。

セラピスト：私たちが取り組んできたモデルにそれらの考えを書き込んでみま

しょう。「仕事について考える」をこれらの自動思考と置き換えてみてはどうでしょうか？ 自動思考は，何度も繰り返し浮かび上がってくるタイプの思考についてより多くの情報を私たちに与えてくれます。こうすることで，私たちのモデルは，それが仕事に関係したものか，それともクレアや子どもたちに関係したものかに関わらず，すべての状況により共通するものとなると思うのです。

マーク：　なるほど。

セラピスト：では，このモデルを仕事と家庭の両方に共通するものにするとしたら，「仕事を避ける」と書く代わりに何と書いたらよいでしょうか？

マーク：　仕事や，クレア，それに子どもたちのことを避ける，でしょうか？

セラピスト：では，それをそのモデルに書き込んでいただけますか？（マークがモデルに書き込む間，静かに見守っている）では次に，自分は出来損ないであると考えるとあなたは物事を避けるようになり，そして物事を避けると，それがあなたは役立たずで出来損ないであるということを証明するというこの考えを，どのように示したらよいでしょうか？

マーク：　（少しの間沈黙して）矢印を引けばよいと思います。

セラピスト：ではそうしてみてください。（図6.9の修正されたモデルをマークが完成させるのを見守る）マークさん，私たちがこれまで行ってきた取り組みで，このことがどれほどあなたにぴったり当てはまるかを理解するのに役立つことを，何か思い出すことができますか？

マーク：　仕事の場合と同じですよね？ 私のテーマソングは出来損ないです。間違ったり，何もかもすべてうまくやれていなければ，私は役立たずということです。

　マークの思考をより具体的にすることで彼の概念化の認知的な面が明らかに

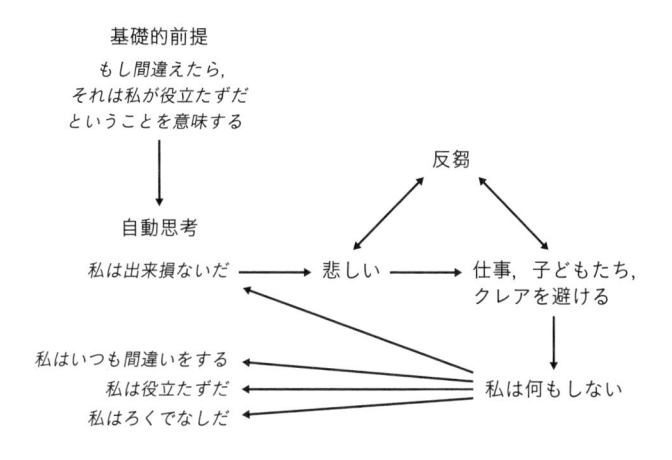

図 6.9 気分の落ち込みの誘因と維持要因についてのマークのモデルに中核的な自動思考を追加したもの

基礎的前提
もし間違えたら，それは私が役立たずだということを意味する

自動思考
- 私は出来損ないだ
- 悲しい
- 仕事，子どもたち，クレアを避ける
- 反芻
- 私は何もしない
- 私はいつも間違いをする
- 私は役立たずだ
- 私はろくでなしだ

なり，マークの気分の落ち込みについて，より包括的な理解へと至ることができる。自分は役立たずで出来損ないであると考えることが彼の回避の一因となり，今度はその回避が，彼が職場でも家庭でも貢献していないという根拠を提供することになって，これらの思考を維持することになる。同様に，彼の問題の維持における反芻の役割も明らかである。マークのセラピストは何か，反芻を助長している基礎的前提があるのではないかと疑っている。「有能であると見られたいなら，すべてをうまくこなさなければならない」あるいは「すべてうまくできなければ，無能と見られてしまうだろう」といったものである。これらの基礎的前提を考えると，彼がなぜ頭の中でその日の出来事を念入りにチェックし，そのようなことをしなければ気づかなかったかもしれない間違いやちょっとしたしくじりに焦点を当てるのかを説明できるだろう。同様に，セラピストは，マークの自分の父親に対する見方にも関心をもっている。なぜならそれは，良い父親であることに対するマークの懸念を理解することにつながる可能性があるからである。セラピストは，このセッションでは十分な時間が残されていないため，次のセッションでこれらの点の議論を深めることにした。

この時点では，セラピストにはマークの解釈がはたして現実的なものかどうかわかっていない。根拠についてさらなる検討を重ねることによって，自分は不十分な父親，夫，および働き手であるというマークの結論が裏づけられれば，セラピーは，彼がもっと貢献できるようにすることを標的とすることになる。その一方で，もしマークの考えが自分のパフォーマンスを過度に批判的に，誤って解釈したものであるとすれば，彼とセラピストは，よりバランスの取れた自己評価を発達させるべく取り組むことができる。いずれの場合も，具体的な思考が同定されれば，マークとセラピストは，マークの思考と行動パターンを結びづけ，彼を自己批判と回避の無益な循環に陥れているものを詳しく調べることができる。

　マークの自己批判的思考の中心的な役割は，Beckの理論（Beck, 1976），および自分自身に対するネガティブな見方が抑うつ的な思考の主要な特徴であることを示す研究と一致する（Clark et al., 1999）。マークのセラピストは，マークが自らのネガティブな自動思考を評価することを学べるよう広範囲な文献を利用することで彼を手助けすることができる。そのような文献とは，セラピスト（Beck et al., 1979; J. S. Beck, 1995; Padesky & Greenberger, 1995），およびクライエント（Burns, 1989; Greenberger & Padesky, 1995）が思考記録や行動実験を利用できるよう支援するべく企画されたものである。これらの介入の目的は，経験のあらゆる側面を，ポジティブな面もネガティブな面も含めて明らかにする説明を，クライエントが発達させられるように手助けすることにある。現在の概念化が正しければ，思考記録や行動実験を通してさらにバランスの取れた考え方ができるようになり，マークの気分は改善し，間違いや欠点に対してもより機能的に対処できるようになるだろう。

　レジリエンスのある対応をするとき，人は，客観的に困難な出来事を含め，出来事をポジティブに解釈する傾向にあるが，クライエントは，こうしたポジティブな自動思考を自覚していないことが多い。レジリエンスを概念化することによって，これらの解釈的な傾向を認識させることができ，それによってクライエントは，困難な時期にどのように反応したらいいかについて選択肢をも

てるようになる。マークのセラピストの場合も，マークの自動思考が彼のレジリエンスに寄与している時に注意を怠らずにいるとよいだろう。一日中しっかりとした気分でいられた勤務日があったように，マークは，促されれば，ポジティブな自動思考を同定することができるからである。

　マークの修正された説明的概念化は，治療計画に新たな一連の介入を加えることになった。次の数週間をかけて，マークは，自分が頻繁に自己批判していることをより自覚するようになった。セラピストはマークに，クライエント用のマニュアルである *Mind Over Mood*（Greenberger & Padesky, 1995）（邦訳『うつと不安の認知療法練習帳』創元社）を利用して，自分が「役立たず」であり，「出来損ない」であり，さらに「ろくでなし」であるという自己評価を検証するために思考記録を用いることを教えた。その週に得られたすべての根拠を検討してみて，マークは，広範囲に自己非難をするとき，自分が職場と家庭の両方で行っている多くのポジティブなことを無視していることに気づいた。マークがネガティブな思考を検証するスキルを発達させるにつれ，彼の気分は著しく改善した。これらの介入結果は，マークとセラピストが，修正された概念化の「適合度」を評価するうえで役に立った。自己批判的な自動思考を標的とした認知的介入に対する彼の前向きな反応は，図6.9に示された修正された説明的概念化を強く支持するものであったからである。

　マークの思考記録のひとつについて話し合ったことで，彼は，思春期に最初の気分の落ち込みを発症したことについてじっくりと検討することになった。セラピストは，自分たちが現在取り組んでいる概念化がその頃の彼の経験にも適合するかどうかに関心を抱きつつ，この最初の抑うつエピソードについてのマークの描写に耳を傾けた。マークは，17歳の頃，学校の試験の準備をしていたときのことについて述べた。母親が父親の健康上の問題のことで頭がいっぱいだったために，マークは自主的に勉強のスケジュールを立てようとした。幾つかの試験に失敗したとき，彼の自分自身に対する絶望感は，母親の批判のためにますます悪化することになった。彼女の反応が，彼の絶望感を増す一因となったのである。

マークは，自分自身を役立たずで無能であると考え始めた。彼の落ち込みがひどくなるにつれ，これらの信念も強まった。彼は，回復どころか，毎日の宿題や活動をすることさえも困難に感じた。勉強や人間関係が元に戻るまでに数カ月かかった。マークの最初の抑うつ経験は，彼の現在の抑うつに対する横断的概念化で明白に浮かび上がったテーマ，誘因，および維持要因にぴったりと一致する。このことは，これらのテーマの重要性を強力に支持するものとなる。そこで第7章では，マークが弱点や保護要因に積極的に取り組むのを助け，精神的健康の持続を確かなものとし，レジリエンスを確立できるようにするために，マークの抑うつに関するこうした経歴的基盤が縦断的な説明的概念化にいかに貢献するかについて考えていく。

本章ではこれまで，マークと彼のセラピストが，彼の気分の落ち込みについて，さらには彼の気分がしっかりしていた日の彼のレジリエンスについて説明的概念化を行うために，いかにして誘因と維持要因を同定したかについて述べてきた。しかしその一方で，マークが，特に自分の確認行動やHIV感染への恐れに関連し，「心配」について強い懸念をもっていることも明らかである。そのためマークとセラピストは，以前と同様，4つの段階に従って，提示されているこれらの追加的な課題に対しての説明的概念化を行った。

強迫的心配の説明的概念化

第1段階：強迫的心配の例を集める

マークが提示している課題のリストでは，次の3組の強迫的心配が優先事項に挙げられていた。ドアの鍵を閉め忘れや，ガスコンロや電気をつけっぱなしにしていることに関する心配，職場での間違いについての反芻，およびHIV感染に対する恐れを中心とした健康上の心配である。これらの心配は，本章で先に示しているように，マークの思考記録にも登場している（図6.8）。マークは，セラピーセッションのひとつでこれらの課題を持ち出している。

マーク：	気分は改善してきているように思います。今日は，私の心配事についてお話しできたらと思ってきました。HIV についての心配や，すべてを確認してからでないと家を出られないといったことです。
セラピスト：	それは良い考えだと思いますよ。あなたが持参してくださった思考記録のひとつを見ると，それらの経験のひとつに関わるものであることがわかります。まずはそこから始めるのはどうでしょうか？（図 6.8 の思考記録にある 4 つ目の例を示す）
マーク：	はい，それは良い例だと思います。私たちは母を訪ねるために出かける準備をしていました。子どもたちの支度をし，彼らの物をすべて準備するのは本当に大変です。クレアが私に，子どもたちに靴をはかせ，持って行かなくてはならないものをすべて思い出してほしいと頼んできました。多少混乱していたこともあり，私は少しストレスを感じました。家の鍵をかけているときに，私はガスコンロがつけっぱなしになっているのではないかと考え，それで確認するために戻ったところ，大丈夫でした。でも鍵をかけようとするたびに，ひょっとしたらガスコンロがついているのではないかという考えが浮かんできてしまうのです。すでに確認したにもかかわらず，戻り続けなければなりませんでした。10 分ほど続いたでしょうか，そのためクレアが，いったい何ごとかと車から降りて見に来ました。結局，私はクレアに確認してもらい，自分はその間に子どもたちと一緒に車に乗り込んだのです。
セラピスト：	それは典型的な例ですか？
マーク：	はい。通常はガスコンロや電気ですが，ドアの鍵や電化製品，あるいは水道の蛇口ということもあります。何度も何度も確認して，身動きがとれなくなってしまうのです。
セラピスト：	いったい何があなたの身動きをとれなくさせてしまうのか，またどうしたらそこから抜け出せるのか，それらを明らかにできるか

どうか考えてみましょう。では，最初から見ていきましょう。あなたは鍵をかけながら少しストレスを感じていた，とおっしゃいました。そして，鍵をかけているときに，ガスコンロがつけっぱなしになっているのではないかという考えが浮かんできたのですよね。ではその誘因として，何が考えられますか？

マーク： 家を出ることです。でも夜，鍵を閉めることもその可能性があります。

セラピスト：その他のときにも，これらの心配が浮かんできますか？

マーク： 実際，時々あります。家の中で座っているときでさえ，そういうことがあるのです。

セラピスト：そのことから，誘因についてどのようなことがわかりますか？

マーク： たぶん，これは一日のうちの特定の時間とか状況というのではなく，ある特定の思考が頭に浮かんで来るときに起こるのではないでしょうか。ガスコンロや電気をつけっぱなしにしているのではないかと心配になり始めるのです。

セラピスト：なるほど，では共通の誘因というのは，ガスコンロや電気がついているのではないかと考えることのようですね。そのことを書いておきましょう。教えていただきたいのですが，あなたとご家族が出かけようとしていたあの日，もしガスコンロがついているとしたら，どのようなことが起こるのではないかとあなたは恐れたのですか？

> **セラピストの頭の中**
> ここでマークのセラピストは，これらが OCD（obsessive-compulsive dosorder）に特有の侵入思考なのかどうか考えている。もしそうならば，セラピストは，責任とコントロールの必要性というテーマを予測する。

マーク： そんなことになったら，ガスがキッチンに充満してしまいます。ちょっとした火気で爆発してしまいます！ わが家は焼け落ちて

しまうでしょう。

セラピスト：そのことについて考えたとき，あなたの頭の中にはそれが起こっている映像もしくはイメージが浮かんでいましたか？

マーク：ええ，その通りです。(理解されたことで安心したように見える) 私には頭の中に，爆発と，その後家が火事になっている様子が見えたのです。

セラピスト：あなたがなぜそれほど心配だったのか，ようやく理解できました。このことを図に書き込みましょう。まずは，ガスコンロがついているという考えが，次に，爆発と家が火事で焼け落ちるイメージが思い浮かんだのですね。そのせいであなたはとても不安で，心配な気持ちになりました。その後，あなたは何をしたのですか？

マーク：家の中に戻り，ガスコンロを確認しました。

セラピスト：いったん確認してみて，どう感じましたか？

マーク：気分は良くなりましたが，家を出るたびに，また同じ気持ちに襲われるのです。ガスコンロがつけっぱなしになっているんじゃないか，って。たった今，確認したばかりなのにです。いったん確認しても，もし実際焼け落ちてしまったら，それは私の過失ということになってしまう。なぜなら私が確認し，それでもそれが起こってしまったのだから，ということです。ですから，確認すればするほど，状況は悪くなるように思われました。出かけようと思うたびに，戻ってガスコンロを確認しなければならなかったのです。正気の行動とは思えませんでした。

> **セラピストの頭の中**
> マークの思考は，典型的なOCDのもののようである。セラピストは，「正気でない」とするマークの自分自身に対する見方に触れることで，マークの経験をノーマライズするのに役立つように，OCDについての情報を紹介する機会を得る。

セラピスト：あなたにとって，なぜそれが正気でなく感じられたのか理解できます。実際には，私たちは誰でも時折，意味不明な思考を抱くことがあるのです。しかしそれを振り払うことができないのですよね。私たちセラピストはそれを「侵入思考」と呼んでいます。誰もが時折，侵入思考をもつということが研究から明らかなのです。

マーク：まさかクレアでさえこのような思考をもつことがあるなんて，思いもよりませんでした。

セラピスト：彼女の侵入思考はあなたのものとは違うかもしれません。それにほとんどの人々にとっては大概，それらは大した問題ではないのです。翌日にしなければならないことについて，すべて考えずにはいられなくなってしまうときのようなものです。

マーク：でも，ガスコンロや電気を何度も確認した後でさえ，それらのことが心配になるというのは，実際，妙な感じがするのですが。

セラピスト：あなたがそのように確認し続け，この種の侵入思考を頭の中から追い出すことができないとなると，それはいわゆる強迫性障害，あるいは OCD と私たちが呼んでいるものではないかと思われます。強迫性障害のことを耳にしたことはありますか？

マーク：いったい自分の何がおかしいのかを知ろうとして，インターネットでそれについて読んだことがあります。私のことを言っているようでした。このことでも先生は私を助けてくださいますか？ウェブサイトには治療可能であると書いてありました。

セラピスト：ええ，可能ですよ。まずは，私たちが OCD をどのように理解しているか説明させてください。そのうえで，これがあなたの経験に適合するかどうか見てみましょう。第一に重要な考えは，ある思考が頭に浮かび，それが引き金となって苦悩を引き起こすということです。多くの場合，それは望んでいない不快な思考で，私たちはそれを侵入思考と呼んでいます。あなたの場合は，ガスコンロがつけっぱなしになっていることに関する思考であることが

第 6 章 「なぜこんなことが私に続くのですか？」 289

侵入思考：
「ガスコンロがつけっぱなしになっている可能性がある」

確認：
戻ってコンロを確認する

イメージ：爆発；
そして家が焼け崩れる

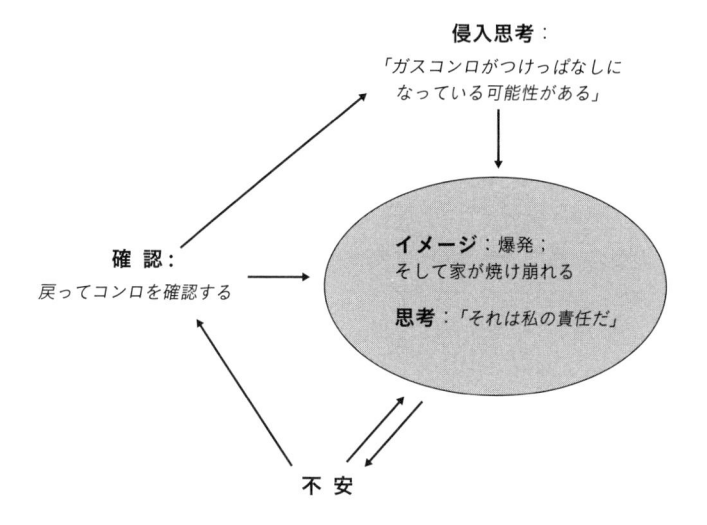

思考：「それは私の責任だ」

不 安

図 6.10 マークの OCD の心配のモデル

多いようですね。
マーク： はい，ほとんどの日がそうです。
セラピスト：この侵入思考についてはすでに書き出しましたね［図 6.10］。前にも言いましたが，この種の思考は誰にでも生じます。しかし，それに苦しめられるのは一部の人たちだけです。この思考をどのような意味にとらえるかによって，それがどれほどの苦悩をもたらすかが決まるようです。あなたは，爆発が起き，家が焼け崩れ，それが自分の過失になることを恐れている，とおっしゃいました。このような理解でよろしいですか？
マーク： はい。とんでもないことになるのではないかと思うのです。
セラピスト：この情報を先ほどのモデルに書き加えましょう。(この情報を図6.10に書き加える) これまでのところ，あなたはこれをどのように理解していますか？
マーク： ええと，これは私のことについて言っています。家が焼け落ちて，

それが自分の過失になったら，とんでもないことになると思うんです。

> **セラピストの頭の中**
> ここでセラピストは，マークが，それが自分の責任になることについて再度触れていることに着目している。それは，OCDにとって中心的なものと見なされているテーマのひとつである（Frost et al., 1997）。

セラピスト：確かにそうですね。では，あなたの観点からすると，そのことの最悪の部分とは何でしょうか？

マーク：　子どもたちの家がなくなり，私たちの住む場所がなくなってしまったら，それは私の責任となるでしょう。人は，ガスコンロを確認することさえできない私を無能だと思うでしょう。

　この対話に示されているように，説明的な概念化は，かなり柔軟に行うことが可能である。マークのセラピストが彼の強迫的な心配の例を集め始めたところ，それらはOCDの診断にかなり適合しているようである。この診断については，エビデンスに基づいた理論が存在している。そのためセラピストは，マークにOCDについての説明を始め，予期されるOCDの認知的側面（例えば，責任）が彼の経験と重なるかどうかを評価するために厳密な質問を行う。この話し合いの結果，マークとセラピストは，ガスコンロをめぐるマークの心配がOCDの基準を満たす可能性があると試験的に考えるようになる。このセッションの前からセラピストは，マークが提供したアセスメントの情報と彼の思考記録の中にOCDのパターンに適合した例があることに気づいていた。そのためセラピストは，このセッションで追加的な例を集める代わりに，すぐに誘因と維持要因の究明へと進んだのである。

第2段階：強迫的心配の誘因と維持要因を同定する

セラピスト：あなたのお話では，ガスコンロを確認することは有益だが，確認

した後でもし何かあったら，それはますますあなたの責任ということになるため，状況をさらに悪化させることにもなる，ということでした。このことは，この侵入思考に対するあなたの反応を理解するのに役に立つと思いますので，書き出しておきましょう。あなたの行動はこの問題の継続に何らかの影響を及ぼしていると思いますか？

マーク：　　　そうですね，確認すればするほどいやな気分になるということは自分でもわかっているのですが，確認しなければならないように感じるのです。

セラピスト：それでは，確認することが有益でもあり，かつ事態をさらに悪化させることにもなるということを示すために，まずは1本，あなたが不安なときに確認することを示す矢印と，もう一本，あなたは確認すればするほどそれが自分の過失であると感じることを示す矢印を書いてみてはどうでしょう。それで合っていますか？

マーク：　　　そうですね，確認して，それで何か悪いことが起きると，ますます私が悪かったように思えてしまうんです。

セラピスト：結局，あなたはクレアさんに確認してくれるよう頼んだとおっしゃいましたが，そうなのですか？

マーク：　　　はい。彼女が最後に確認してくれると，それで私の気持ちは治るのです。

セラピスト：どうしてそれが役に立つのでしょうか？

マーク：　　　さあ，実際，妙ですよね。私は，彼女が本当に確認しているのかどうか，それほど確信があるわけではないのですから。彼女は物事に対してとてもゆったりと構えています。でも，それが役に立つんです。だって，これでもう実際に何かあったとしても，私の過失ではなくなるからです。

> **セラピストの頭の中**
> ここでも責任という鍵となる課題が浮上し，OCD に特定的な障害の
> モデルを選択することを支持している。

セラピスト：ということは，いったい誰のせいなのか，あるいは誰に過失があるのかということが，実際には問題の中心となっているようですね。あなたの過失ではないということが，どうしてそれほど重要なのでしょうか？

マーク：父親として，一家の長として，家族全員が安全でいられるようにするのは私の責任です。私が責任者なのです。

セラピスト：わかりました。そのことは知っておくべきですね。あなたの気分の落ち込みについて検討した際，回避や反芻といった行動は，短期的には有益であるように見えても，実際には問題をいつまでも長引かせてしまっている可能性があることが明らかになりました。この確認の例でも，心配を継続させているものを理解するうえで，あなたの行動で何か参考になることがあると思いますか？

マーク：(関心がある様子で) 2つのことが鍵だと思います。まずひとつは，私は実際に戻って何度も確認をするわけですが，それは役に立っていないということです。それは，仕事のことで反芻するのと同じようなものです。確認すればするほど，捜すべき間違いが多くなるのです。もうひとつは，私は自分が家を最後に出る人間にならないようにしているということです。私は何とかして，クレアが私よりも後に家を出るようにできないかと考えているのです。ここでも「避ける」という言葉が出てきていますね。私はここでもそうしているんです。

セラピスト：有益な観察ですね。あなたがどのようにしてこの経験に対処しようとしているか，その方法をすべてこのモデルに書き留めておきましょう。(マークとセラピストは図6.11を作成する)

第6章 「なぜこんなことが私に続くのですか？」 293

```
                              侵入思考：
                         「ガスコンロがつけっぱなしに
                          なっている可能性がある」
                                  │
                                  ↓
   確　認：              イメージ：爆発；
   戻ってコンロを確認する  →   そして家が焼け崩れる
                         思考：「それは私の責任だ」
          ↑              ←
          │
   不　安
          │
          ↓
   回　避：
   クレアに確認を頼む；家を最後に  →  思考：「家が爆発し，全焼
   出る人間にならないようにする       しても私の過失ではない」
```

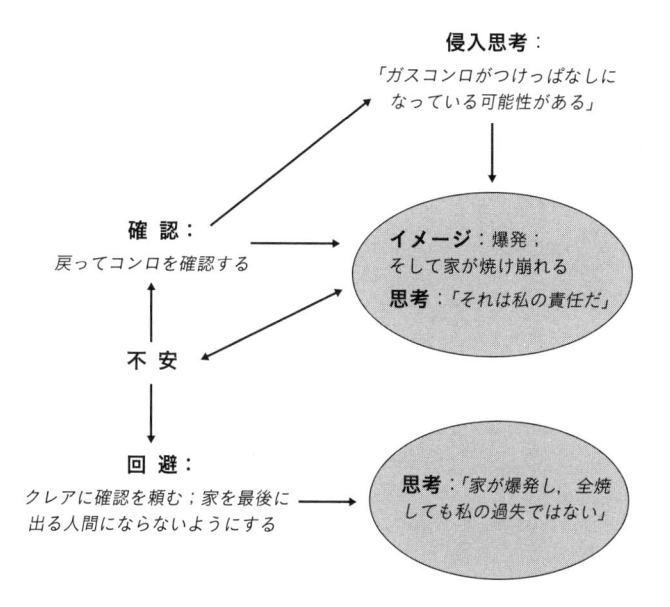

図 6.11 マークの OCD 的な心配の詳細なモデル

　こうしてマークの OCD について理解を深めることで，その誘因が，「ガスコンロがつけっぱなしになっている」という通常の侵入思考であると同定される。それは，責任をめぐる彼の基礎的前提と共鳴するものであり，彼の不安は，自らの不安を軽減しようとしてとる手段によって維持されている。反芻と回避が彼の気分の落ち込みを維持しているのに対し，確認行動と責任回避が彼の OCD を維持しているように見える。OCD を治療するためには，不安を無効化するための行動をすべて引き出すことが肝心である。それらは，目に見えて明らかな強迫行動であることも，精神的儀式といった，ひそかな行動であることもある。治療は通常，すべての維持行動が止んだ場合にのみ有効である（Abramowitz, 1997; Emmelkamp et al., 1988; Van Oppen et al., 1995; Salkovskis, 1999）。

　OCD のほとんどの CBT モデルに共通しているのは，人はある侵入思考に対して個人的に特有の共鳴をし，それが高度な苦痛をもたらすという理解であ

る（Frost et al., 1997）。そしてこれが不安につながる。当人はそれを「無効化する」行動をとることによって、その苦悩を減らそうと動機づけられる（Van Oppen & Arntz, 1994）。不安を無効化するこのようなプロセスは、繰り返されると、強迫という形式で表現される。このように、セラピストは、マークの経験を極めて特定の理論モデルと比較することが可能なのである。

　新たに浮上した概念化は、マークが、責任をめぐる自分の前提が、維持行動（確認と回避）と同様、その問題の中心であることを理解するのに役立つ。彼の回避行動が明らかにしているように（図6.11の下の部分を参照）、マークの不安は、家が焼け落ちる恐れよりも、彼に責任が帰せられ非難されるという考えにより密接に結びついている。彼の不安は、クレアにその惨事の責任が帰せられれば軽減される。この概念化は、OCDの認知行動モデルにぴったりと「適合」する（Emmelkamp et al., 1998; van Oppen et al., 1995）。

第3段階：強迫的な心配の説明的概念化に基づいた介入の選択

　マークは、ガスコンロ、ドアの鍵、電気、電化製品、および水道の蛇口を繰り返し確認する。ここでマークのセラピストは、OCDに対する効果的な治療やOCD的な心配に対する特定の介入方法に関する研究文献にアクセスすることにより、今一度、理論と研究についての理解をるつぼに加えている（Abramowitz, 1997）。マークの個人的な経験をCBTの理論と研究に融合させることで、セラピストは、介入のための3つの重要な領域、すなわち、(1) 侵入思考、(2) 誇張された責任感、および、(3) 確認と回避の維持行動へと導かれた。

　OCDの治療目標は、侵入思考を止めることではなく、その思考を、コントロールしようとしてかえって悪化してしまった正常な現象として認識することである。OCDの治療に関する文献は、侵入思考に反応して生じるすべての行動を引き出し、検討することの重要性を強調する。人はさまざまな安全行動に従事するが、それは、強迫的に確認行動や清掃行動をするといった極めて顕在的な行動から、セラピストの診察室に入ってくる際にドアの取っ手に触らな

いようにする（汚染防止のため）といった，非常に控えめで，ほとんど気づかれないような行動，さらには数を数えたり，物事をポジティブに考えたりなど，表に現れないような，あるいは精神的な無効化に至るまで，多種多様である。OCDを抱える人たちは，これらの反応のそれぞれが恐れている大惨事を防ぐのに役立つと信じているために，それらを同定し，概念化に加える必要がある。治療の重要な部分は，これらの安全行動をしなくても恐れている結果が起こらないことを学ぶために，すべての維持行動を中止することにある。加えて，クライエントは，良くない出来事が実際に起きた際に，適度に責任を受け入れ，それに対処することを学ぶ。マークのセラピストは，彼の確認行動が，CBTモデル，暴露と反応妨害，および責任に関する信念の認知的評価を含む，OCDのための標準的なCBT介入に十分に適したものであると判断した（Van Oppen & Arntz, 1994）。

このセラピーの最初の段階は，マークの侵入思考の発生をノーマライズすることであった。侵入思考とセルフヘルプのための資材のリストは，こうした経験をノーマライズするのに有効であるが，これらの思考が一般的なものであり，苦悩を伴うことなく経験され得るものであることをクライエントが自分自身で発見できれば，それはさらに説得力のあるものとなる。このような理由から，マークと彼のセラピストは，ある「調査」を考案した。その調査でマークは，自分が信頼する人々に，これまでに侵入思考を経験したことがあるかどうかを尋ねることにしたのである。このホームワーク課題は，親密で支持的な家族や友人をもっているという，マークに同定された強みを利用したものであった。以下で解説されているように，この介入の結果，マークの苦悩は軽減し，症例の概念化の有用性は増すことになった。

セラピスト：ここのところのあなたの調子についてお知らせくださり，ありがとうございます。今日のアジェンダには何を加えましょうか？
マーク：　　そうですね。私の調査でわかったことをお知らせしたいと思います。

セラピスト：それについては，ぜひお聞きしたいですね。(残りのアジェンダを作成する) あなたの調査から始めましょうか？ (マークは張り切ってうなずく) 明らかになったことを教えていただけますか。

マーク： 先週，他の人が報告した侵入思考のリストをいただきましたが，はたして皆があのような考えをもっているのかどうか，実際のところ確信がありませんでした。ですから，私の信頼する人々に，彼らも変な，あるいは普通でない考えを抱いたことがあるかどうか尋ねてみようということになったのですよね。

セラピスト：私もそのように記憶しています。何がわかりましたか？

マーク： そうですね，少し恥ずかしかったのですが，クレアと友人のジョンに尋ねました。

セラピスト：それは良かったですね！ どのようなことがわかりましたか？

マーク： それが，とても驚きました。クレアがこのような思考をもっているなんて，私は一度も考えたことがありませんでした，でも彼女によると，ジェシカがまだ幼いとき，坂の上で乳母車の手を離したらジェシカが衝突してしまうということをよく考えたと言うのです。彼女は，その思考が，そうなってほしいと望んでいることを意味しているのではないかと心配し，自分の手首と乳母車を紐で結びつけ，乳母車が転がっていかないようにしたということです。私は，そんなことは全く知りませんでした。

セラピスト：それは実際，あなたの思考の幾つかに似ているようですね。

マーク： はい。そしてジョンが話してくれたのですが，彼は教会の中で，特にとても静かなとき，自分がひどく無礼なことを口走るという考えが頭の中に浮かんでくることがあるということでした。彼はとても信心深い人ですから，まさか彼がそんなことを考えるなんて，私にはとても驚きです。彼は，そんなときにはそれについて考えないようにし，その思考が激しいときにはお祈りをするのだそうです。

セラピスト：あなたが発見したことに，私はとても感動しています。あなたはそれをどのように理解していますか？

マーク：そうですね，私たちが話し合った通りですね。奇妙な思考というのは一般的なもののようです。でも，ある人にとっては煩わしい思考が，別の人にはそうでもないということがあるのですね。例えば，教会で何か言うことについて，私だったら別に悩まされたりはしないと思います。

セラピスト：それは，あなたの問題について私たちが理解していることにどのように適合するでしょうか？

マーク：ぴったりですよ。そうでしょう！　実際に問題なのは，その思考そのものではなく，それに対する私の反応なのですから。

セラピスト：それについてどのように感じますか？

マーク：そうですね，そのような思考をもっているのが自分だけではないということを知って，ちょっとほっとしました。どのように変えられるのかはわかりませんが，でも，自分がそれほど人と違っているとは思わなくなりました。

第4段階：強迫的な心配の概念化の再考と修正

　マークの調査結果により，侵入思考の発生はノーマライズされた。同時に，調査は，彼らが取り組んでいる概念化の概念的妥当性を評価するうえでも役立った。クレアとジョンの反応は，望んでいない侵入的な思考を他の人ももっているという考えを裏づけた。加えて，彼らの反応は，確定的ではないが，責任の重要性についても裏づけている。クレアの例は，幼い子どもに対する彼女の新たな責任感に一致していた。ジョンは，自分が用いる言葉をコントロールする宗教的責任を感じていた。マークと彼のセラピストは，侵入思考に置かれた意味に対して責任の評価がどのように影響したかを理解するとともに，ネガティブな出来事についてマークが感じた責任を軽減するために，多くの方法を追加した。例えば，特定のネガティブな出来事が起きたときに，すべての要因，

もしくは責任を共有するすべての人々について考えるために，円グラフを描いた（Greenberger & Padesky, 1995）。この責任という概念については，それがマークにとって重要な弱点であることがわかっているので，第7章でさらに考察する。マークの強迫的な心配の概念化における第3の要素は，回避と確認行動であった。これについては，同定された広範な行動に対して暴露と反応妨害を使ってうまく対処することができた。

　マークのOCDの新たな概念化の適合度を調べるため，彼とセラピストは，それによって彼の問題の発生が説明できるかどうかを考えた。マークは，自分のOCDがそれぞれ別個のエピソードによって発症しているとは思わなかった。むしろ彼のOCDは，まだ若かった十代の頃に発症し，それ以来彼の人生を特徴づけるもののひとつであった。彼のOCDはそれぞれ強度にばらつきが見られたものの，彼は自分自身をそれまで常に物事を確認してきた人物ととらえていた。彼の心配は，時間に遅れないように時計を見たり，学校の宿題を確認したりすることから，水道の蛇口，ガスコンロ，ドアを確認することへと時間とともに焦点が変化してきたものの，そのパターンは同じであった。マークは，十代で不安になったときに自分が繰り返し確認していることに初めて気がついたときの様子を説明した。当時，マークの父親は体調がすぐれず，双極性障害によって困難な時期が続いていたために，マークは母が父を世話するのを助けなくてはならず，弟のデイビッドに対してより多くの責任を背負わされていた。マークの説明からは，具体的な発症の出来事は何も浮かび上がってこないが，責任のテーマがはじめから存在していたことがわかる。そして，それは今現在もかなり顕著なものである。

　マークのHIVに対する心配：OCDか，それとも健康不安か？
　OCDのモデルは，マークのガスコンロについての心配と確認行動にぴったり「適合」していることがわかった。したがって，この同じモデルが，HIV感染に対する彼の懸念にも該当するかどうかを考えることは，マークとセラピストにとっては当然のことであった。しかし，十分な概念化を行うためのガイ

ドライン（BOX 2.2）では，ひとつの概念化を仮のものとし，積極的に別の概念化を考慮することの重要性が強調されている。この原理を念頭に置き，マークのセラピストは，マークの HIV に対する心配が，健康不安のモデルによってより適切に説明されるかどうかを考えた（Salkovskis & Warwick, 2001）。

健康不安と OCD は，頻繁な確認行動など，多くの類似点をもっている。両者が異なるのは，OCD を抱える人の場合は，ネガティブな出来事に対する責任に焦点を当てるのに対して，健康不安を抱える人は一般的に，自分が短期間もしくは遠からず死に至る病気であることを恐れているという点である。さらに，健康不安を抱える人の場合，自分は健康であるとの安心を求め，病気の根拠を探すために医学的テストや介入を要求するのが一般的である。健康不安を抱える人々と同様，マークも実際，クレアに安心させてくれる言葉を求めている。彼は HIV のテストも受けた。テストの結果が陰性であったとき，彼の不安は少しの間軽減された。しかしマークは，感染の危険性を高くとらえていたため，再び HIV への不安が活性化されるまで長くはかからなかった。これらの観察は健康不安に適合している。

その一方で，マークはセラピストに，HIV と診断されることの最もひどい側面とは，他の人が彼の行動を不道徳で無責任であるととらえることであると話している。この観察は，健康不安よりもむしろ OCD のスペクトラム障害と一致する。健康不安ならば，命を失うことが最悪の側面となるはずだからである。もう一度，マークとセラピストは，彼の心配の発生について再考し，責任が彼の HIV への懸念の展開における主要な課題であるかどうかを確認することにした。

マークは，彼の HIV に対する心配が，約 20 年前，彼が若かった頃にある女性と初めて親密な関係をもったときに始まったことを説明した。彼は，ある夜浮気をし，別の女性と避妊をせずに性行為をした。当時は，HIV や AIDS についての教育が盛んだった頃である。公衆衛生のキャンペーンは，より安全な性行為を勧めていた。巷では，多くの人々が AIDS を発症するであろうと予測されていた。またその頃，AIDS と見境のない同性愛行為，あるいは薬物使用

との関連性が疑われていた。彼の HIV への懸念は，20 年間，根強く続いてきた。過去 14 年間にわたってクレアと一夫一婦の関係にあったにもかかわらずである。マークは，血液，しみ，体液を含む可能性があるものを目にするたびに，それに身体的に接触したら HIV に感染しかねないという侵入思考を抱いていた。

マークの経験は，一部分は OCD の診断に適合し，一部分は健康不安の診断にも適合するように見えた。確かに，診断は症例の概念化のプロセスにおいて有益である。しかし，診断と概念化は，互換性のあるものであっても，異なる機能を果たすことを覚えておくことが重要である。重複するベン図のように，健康不安，OCD，パニック障害，社会恐怖，および全般性不安障害のような状態であっても，ある程度重複し，共通の特徴をもつ（Beck et al., 1985）。これらの障害を特徴づけるのは，侵入思考や身体的感覚といった，ごく普通に生じる現象を警戒したり，誤って解釈したりすることである。マークの HIV に対する心配は，危険性に対する警戒と過剰評価が一因である。同時に彼の心配は，健康不安によく見られる安心を求める行為や，OCD によく見られる無効化のプロセスの両方を併せもっていた。

そのためマークのセラピストは，彼の HIV に対する心配の概念化モデルを構築するにあたって，OCD と健康不安の両方の文献に関係する理論と研究を考慮した。本章で概説されているステップを用いて，彼らは，マークの HIV に対する心配の誘因と維持要因を理解した。概念化のプロセスで，マークの懸念が長年にわたって一貫していたわけではなく，信念や苦悩という点で変化してきたことを，彼自身が認識できたことは有益であった。気分の落ち込みと OCD に対する概念化が行われた直後にこのような可変性が観察されたことは，HIV 感染に対する彼の不安の度合いが決定されるにあたって，彼の思考や行動がおそらく何らかの役割を果たしていることをマークに示唆することになったからである。

自分の不安が HIV の身体的危険性をめぐる恐れに主として結びついているわけではないことを，マークは話し合いの中で早々に理解した。たとえ HIV

第6章 「なぜこんなことが私に続くのですか？」 301

を発症したとしても，病気を管理可能なものにする薬剤が利用できることを彼も認めていたのである。むしろ彼は，人々が，彼が浮気をしていたと考え，その結果，彼のことをよく思わなくなることを恐れていた。それは，彼の道徳心と地域社会における立場を脅かすことであった。マークは，彼の父親がハイな躁状態にあった時期に浮気をしていたことを説明した。マークにはそれが，ある部分，父親の双極性障害の特徴であり，自分にはそのような病気がないこともわかっていた。しかしたとえそうであっても，彼は，父親が他の女性と性的関係をもったときに，それがどれほど母親を傷つけたかを覚えていた。マークは，自分は決して無責任に行動しないことをその経験から学んだはずだ，と信じていた。性的に無責任であると人から見られたくないという点を裏づけるように，マークは，C型肝炎やその他の血液感染性の感染症については心配していなかった。これらには同様の偏見がついてまわらないからである。

　図6.12を見るとわかるように，HIVに対するマークの心配は，カップについた赤いしるしから，公共のプールで泳ぐことまで，さまざまな出来事が引き金となっていた。マークは，いったん引き金が引かれると，もはや，HIVに感染してしまったのではないかという恐怖と，「もし自分がHIVだったら，他の人は，私が浮気していたと考え，私のことをひどい人間と思うだろう」という基礎的前提によって引き起こされる不安に対処するのは困難だと感じていた。彼は，彼のOCDを特徴づけている回避や確認行動に対するのと同じ戦略を採用した。彼の確認行動には，HIVにはかかっていないとクレアに確認してもらって安心を得ようとすることや，自分の身体をくまなく調べ，感染や病気の兆候を探し求めることが含まれた。彼は，自分が周りの環境の血液や体液に警戒して油断を怠らず，それらに接触することになるかもしれない状況をしばしば避けていることを認めた。HIVテストで陰性の結果が出ると彼の不安は一時的に中和されたものの，それも，その周期が再開するまでのことであった。

　HIVに対するマークの懸念の概念化は，彼の気分の落ち込みやOCDに対して行われたものと非常に似ており，そのことは彼を驚かせた。彼は，健康に

対する自分の心配は，提示されている他の課題とは全く違うものであると思っていたのである。このモデルがセラピーの中で以前に作成されたものとよく似ていたことは，この概念化がHIVの心配に対する治療において，新たな代わりの説明として働くという重要な機能を果たすことにつながった。Salkovskis (1999) は，恐れている未来の結果が起こりはしないことを誰かに証明しようとすることの無益さについて述べている。HIVテストでさえもマークの心配をとめることはできず，一時的に彼の不安を軽減しただけであった。一方，Salkovskis は，当人の苦悩の説明（理論A）を反証するために新たな代わりの理論（理論B）を構築することの有益性について述べている。例えばマークの場合，「HIVに感染してしまった」という理論Aは，概念化，すなわち「HIVにかかり，社会的に判断されること心配しているだけだ」という理論Bと対照させて評価することができる。マークのセラピストは，もとの理論Aを維持することの代償について強調し，自分自身を守ろうとする最善の努力がその問題を維持し，時間，お金，苦悩，および生活の質の低下という大きな代償を強いていることを，さまざまな例えや類推を用いて彼に理解させた（Blenkiron, 2005）。このアプローチは，理論Bすなわち図6.12にある概念化が，彼の経験に対する適当でさほど無理のない見方であることをマークが理解し始めるのに役立った。

　マークは，HIVに対する懸念を引き起こした侵入思考と，OCDの確認行動を引き起こした侵入思考の間に類似性を認めることができた。セラピストと話し合うことで，彼は，HIV感染が不道徳や無責任であることを反映するものではないと再評価することができた。マークは，人がさまざまな異なる形でHIVに感染する可能性があることに気がついた。そしてそのことは，HIV感染に彼が関連づけていたネガティブな評価を弱め，それについての彼の不安を軽減するのに役立った。コーヒーカップや公共のプールなど，危険な可能性があることにマークを晒すために，標準的な暴露と反応妨害の手法が用いられた。マークは，クレアに安心させてくれる言葉を求めたり，HIVのテストを受けたりするなどの，その他の維持行動もやめた。

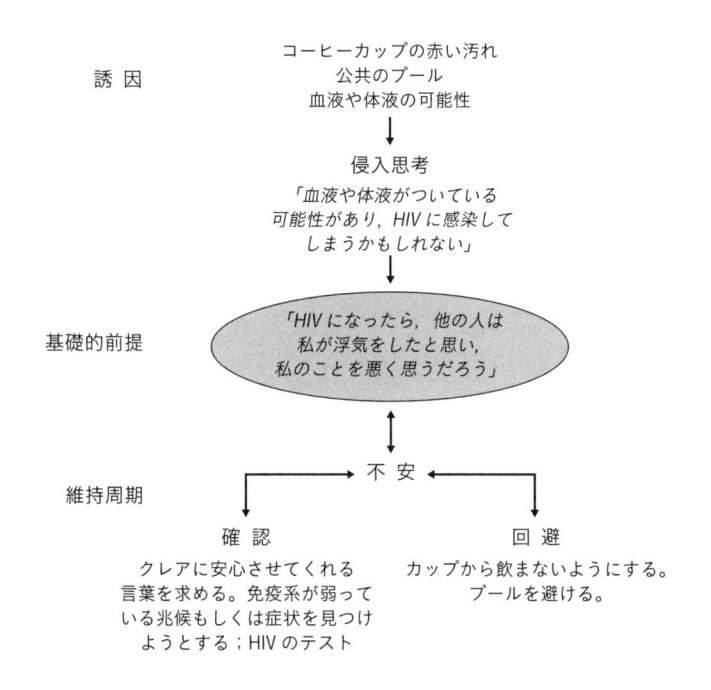

誘因　　　　　コーヒーカップの赤い汚れ
　　　　　　　　　公共のプール
　　　　　　　　血液や体液の可能性
　　　　　　　　　　　↓
　　　　　　　　　侵入思考
　　　　　「血液や体液がついている
　　　　　可能性があり，HIVに感染して
　　　　　　しまうかもしれない」

基礎的前提　　「HIVになったら，他の人は
　　　　　　　私が浮気をしたと思い，
　　　　　　　私のことを悪く思うだろう」
　　　　　　　　　　↕
維持周期　　　　　　不安
　　　　　　　↙　　　　　↘
　　　　　　確認　　　　　　回避
　　　クレアに安心させてくれる　　カップから飲まないようにする。
　　　言葉を求める。免疫系が弱って　プールを避ける。
　　　いる兆候もしくは症状を見つけ
　　　ようとする；HIVのテスト

図 6.12 HIVに対するマークの懸念の概念化

提示されている課題の関連性を考える

　概念化では，可能な限りいつでも，提示されている課題の共通点を浮き彫りにすべきである。マークと彼のセラピストは，気分の落ち込み，OCD，および健康上の懸念というマークが提示している課題にまたがって，共通の特徴が作用していることに着目した。それぞれの課題が，間違いや，ネガティブな結果の危険性というテーマを中心とした誘因をもっていたのである。そして，それらの誘因が失敗や責任のテーマを活性化させ，それによってマークの気分の落ち込みや不安が強まることになった。マークは，抑うつであれ不安であれ，苦痛な気分に対し，回避，確認行動，および反芻を通して対処しようとした。こうした類似性によって，マークとセラピストは，図6.13に示す通り，彼の

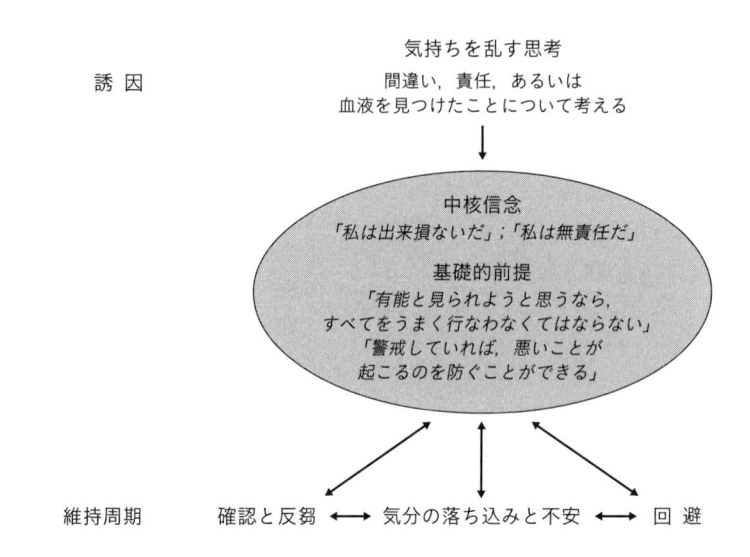

```
誘 因          気持ちを乱す思考
              間違い，責任，あるいは
              血液を見つけたことについて考える
                        ↓
              ┌─────────────────┐
              │    中核信念      │
              │「私は出来損ないだ」；「私は無責任だ」│
              │    基礎的前提    │
              │「有能と見られようと思うなら，│
              │ すべてをうまく行なわなくてはならない」│
              │「警戒していれば，悪いことが│
              │ 起こるのを防ぐことができる」│
              └─────────────────┘
               ↙        ↓        ↘
維持周期   確認と反芻 ⟷ 気分の落ち込みと不安 ⟷ 回 避
```

図 6.13 マークの気分の落ち込み，OCD，および HIV に対する心配の統合的概念化

感情面の苦悩について，より包括的な概念化を行った。この包括的なモデルは，マークの抑うつと不安に共通する誘因，信念，および維持要因を浮き彫りにしている。第7章で，マークとセラピストは，これらの説明的概念化モデルを弱点と保護要因に結びつけ，なぜマークがこれらの特定の課題に対して脆弱であるのかを，彼自身が理解できるようにしている。

　読者の中には，マークのセラピストはなぜ，図6.13にあるのと同じような統合的な概念化モデルから始めなかったのだろうかと考える人もいるかもしれない。それには幾つかの理由がある。第一に，概念化というのは，通常単純な記述的モデルで始まり，時間とともに，より詳細な説明的モデルへと進展するプロセスだからである。熟練したセラピストなら，セラピー初期に，提示されている幾つかの課題に共通する信念，誘因，および維持要因を含む，詳細な説明的モデルを概観することは，当然，可能であろう。しかし，協同的で経験主義的なアプローチを用い，徐々に概念化を発展させることによって，クライエントがそのプロセスに十分に参加できることになる。クライエントが積極的に

参加することで，概念化の各レベルで，セラピストの発見的手法に誤りがないかどうかを適正に確認し，バランスが図られるようにすることができるのである（第2章と第3章）。

　第二に，特定の障害についての理論と研究がクライエントの提示する課題に重なる場合，その実証的な裏づけゆえに，特定の障害に対応するモデルが優位に置かれることになる。提示される課題を明らかにして（第5章），提示される主な課題についてより単純な説明的モデルを構築することに時間を費やすことによってしか，セラピストは，どの特定の障害に対応するモデルが適合するかを確定することはできない。本章で明らかにされているように，これらの説明的モデルがマーク自身の観察から引き出されたものであったために，彼はそれらがもつ意味を偏見なく考慮することができたのである。気分，確認行動，およびHIVへの恐れを検討しながら，マークとセラピストは，特定の障害に対応する3つのモデルの適合度を検証することができ，マークはそれに伴う治療計画に従うように動機づけられた。誘因と維持要因を，協同で経験主義的に，段階的に概念化していくことの方が，モデルがどれだけ早く選択されるか，あるいはどれだけ一般的であるかということよりも重要であると私たちは考える。概念化モデルは修正可能である。それらは目的に対する手段であり，目的そのものではないのである。

るつぼのプロセスのアウトカム

　私たちのテーマからすると，症例の概念化の2つの基本的な目的は，苦悩を軽減し，レジリエンスを確立することである。マークと彼のセラピストによって導き出された説明的概念化は，どの程度これらの目標を促進しただろうか？　まず，彼の苦悩の軽減について考えてみたい。誘因と維持周期に対するこの取り組みを締めくくるにあたって，マークとセラピストは，彼の提示する課題のリストを改めて検証した。彼らは，気分が改善し，OCDの確認行動が減少したこと，およびHIVに関する懸念が低下したことに気づいた。マーク

は自分が，特に気分の落ち込みに関して（BOX 5.5），短期と中期の目標の幾つかを達成したことを確信しているとセラピストに告げた。彼は，自らの気分をほとんどの場合に5か6であると評価した。そして，回避と反芻が減少し，全般的により効果的に仕事を遂行できるようになったことを報告した。彼はまた，やりがいのある活動を週により幅広く，また回数も増やして行えるようになったともコメントした。彼は，確認行動やHIVに対する懸念に関しても同様の改善を報告した。これは，各セッションで繰り返し行われたBDI-IIとBAIによって確証されている。それによると，抑うつが15回目のセッションまでに（BDI-IIでは）12まで，BAIでは14までに軽減されたことが示された。10回目のセッションで紹介されたOCDの尺度（Padua Inventory; Sanavio, 1980）も，OCDの介入の影響を実証していた。

　レジリエンスという観点で言えば，マークは，より積極的に問題解決をし，困難や間違いを「生活の普通の部分」として受け入れるようになったこと，および家族や職場に貢献する自分の能力をより高く評価するようになったことなど，レジリエンスに関連した対処方法をより多く用いるようになったことを報告した。回避，反芻，および確認の不利益に対する確信が強まったことが，彼に自分の苦悩をうまく管理するための別のアプローチを学ぶ新たな決意をさせることになった。このように努力して彼が成功すればするほど，彼の今後のレジリエンスは高まっていくことになるだろう。

　この時点でセラピーを終了することには，心惹かれるものがあるかもしれない。多くのクライエントにとって，特に，より最近になって問題が発生した人々にとっては，説明的概念化で十分にポジティブなセラピー結果を達成し，再発の危険性を確実に低く抑えることができるだろう。しかしマークは，これらの領域における慢性的な困難と，気分が改善して一定期間が経った後に再発の傾向が見られることを報告している。これらの理由から，マークのセラピストは，追加的な疑問を考慮した方がマークにとってよりためになり，彼がおそらくより長く良い状態を維持できるだろうと確信した。第一に，そもそもどうしてこれらの課題が発生することになったのだろうか？　すなわち，マークにそれら

の課題を生じやすくさせたものは何だろうか？　また，マークはより長期の目標を達成し，良好な状態を維持するとともに，将来さらにレジリエンスを高めることが可能なのだろうか？　以降の章では，マークとセラピストがこれらの重要な課題をどのように探究していくかを示すことにする。

第6章のまとめ

- 説明的概念化は，「なぜこんなことが私に続くのか？」という質問に答える。
- 説明的概念化は，一般に4つの段階から成るプロセスを通して生じる。
  - ——幾つかの具体的な例を収集し，説明する。
  - ——それらの例におけるテーマと共通点を協同で探していくことで，特定の誘因や維持要因を同定する。提示される課題に対するエビデンスに基づいた既存のモデルと，その後のクライエントの経験に対する「適合度」に照らし合わせて，誘因と維持要因を評価する。
  - ——説明的概念化に基づき，介入を選択する。
  - ——選択された介入の効果についての観察に基づき，その概念化モデルを再考，修正する。そのモデルは「適合」しているか？　またその介入は期待されたように役立っているだろうか？
- これらの4段階は，提示される課題が追加されれば繰り返されることになる。セラピストとクライエントは，提示される課題が共通の誘因や維持要因によって結びついているかどうかを考慮する。
- 誘因と維持要因は，今現在提示されているテーマが課題の発生時にも顕著であったかどうかを判断するために，提示されている課題の発生と関連させて考えられる。
- 最終的に，説明的概念化の価値は，それがクライエントの苦悩を減らし，クライエントのレジリエンスを高める介入につながっているかどうかという観点から判断される。

第 7 章

「今後もこれまでのようになるのでしょうか？」
縦断的な説明的概念化

マーク：　　　調子は良くなっています。いつもの落ち込んでいた感覚は，ほとんどなくなりました。本当に大きな違いです。特に職場ではそうです。(中途半端な微笑みを浮かべる)

セラピスト：マークさん，本当によく進歩しましたね。これも，あなたがセラピーに注いできた懸命な努力のたまものです。私も嬉しく思っているのですよ。というのも，職場での状況を改善することは，私たちが一緒に取り組み始めたとき，あなたにとって優先順位の高いものでしたからね。(励ますように微笑んだ後，マークが言葉には出さないけれども何かを伝えようとしていることに気づいて，次のように言う) あなたのお話をお聞きしていると，「でも」という意味合いが感じられるのですが。

マーク：　　　(間をおいて，再び中途半端に微笑みかけたものの，その後絶望的な表情になり始める) ええ，先週の土曜日の朝，自宅で騒ぎがあって動揺してしまったのです。特に，私が本当に進歩しているように感じられた後のことだったものですから。

セラピスト：いったい何があったのか，話してみてください。そのうえで，そのことから何を学ぶことができるかを考えてみましょう。

マーク：　　　その週，私は職場でとても大変だったのですが，大方，うまく対処しました。でも土曜日の朝起きたとき，たちまち心配になり始めたのです。ほら，「報告書が十分にできていない」「スタッフミーティングに遅れたのを上司に気づかれてしまった。上司は，私が仕事をこなせないと思っているだろう」といった，例の考えが浮かんできたのです。

セラピスト：では，その心配にどのように対処したのですか？

マーク：　　　*(話に割り込むように)* まだこの話は終わっていません。娘のジェシカが寝室に入ってきたんです。彼女と私は土曜日の朝一番に泳ぎに行く約束をしていました。*(顔をあげて)* この数カ月間，私たちは父親と娘の日課としてそれを行ってきたのです。とにかく，彼女は目を輝かせて入ってきました。でも，*(決まり悪そうに)* 私は寝たふりをしてしまいました。とてもそんな気分ではなかったのです。私は，横になったまま，「今日は無理だ」と考えていました。

セラピストの頭の中

セラピストは，マークが，「報告書が十分にできていない」「スタッフミーティングに遅れたのを上司に気づかれてしまった。上司は，私が仕事をこなせないと思っているだろう」といった自動思考の流れを同定しており，それらの思考は，「有能に見られたいなら，すべてをうまくやらなければならない」という基礎的前提や，以前に同定された（第6章参照）失敗や責任のテーマに関連する中核信念に一致したものであることに気づいている。その一方でセラピストは，マークが土曜日に娘と泳ぎに行き始め，「子どもたちと公共のプールに泳ぎに行く」（第5章参照）という目標で進歩したことを示す根拠を提示していることにも気づいている。マークの進歩と，これがセラピーの後期段階におけるセッションであるという事実を考慮し，セラピストは，マークがこれまでにCBTで培ってきたスキルを応用し，家庭でのこの状況にレジリエンスをもって対処することができたかどうかを確かめてみることにする。

マーク：　(間をおいてから，続けて) しかもこれで終わりではないのです。10分後にクレアが入って来て，激怒し，こう言ったのです。「マーク，泳ぎに連れていってあげるってジェシカに約束したでしょう。これは彼女にとって大きな意味があることなのよ。ベッドから出て，自分を哀れむのはやめてちょうだい。そんなこと，許されないのよ」。私はそこに横になっていました。自分がろくでなしのように感じました。(非常に落胆した様子である) 一生懸命努力したんですけど，それでもベッドから出ることができませんでした。だからクレアに，ひとりにしておいてくれと言いました。でもそれはうまく受けとめてもらえませんでした。彼女は，「あなたが自分を哀れむのにはもううんざりだわ。私が子どもたちを泳ぎに連れていくわ。でもね，私たちが帰ってくるまでには立ち直っていてもらいたいものだわ」と言って，寝室から飛び出していったのです。出ていくとき，彼女は寝室のドアをバタンと閉めていきました。(中途半端に微笑む)

セラピスト：いったいなぜあなたは微笑んでいるのでしょうか？

マーク：　クレアがいてくれて本当に運が良かったと感じるからです。彼女の言う通りでした。彼女は私が，あのようなおじけから抜け出すのを助けてくれたのです。

セラピスト：(マークの発言にレジリエンスが窺えることに気づき，彼の高まりつつある自己効力感を後押ししたいと願って) すばらしいですね。では，そのおじけから脱け出すために，あなたは何をしたのですか？

マーク：　彼らが全員，出て行くのを待ちました。それから起き出して，思考記録を完成させたのですが，そのおかげで幾らか安心できました。というのも，そこにはすべてが書かれていたからです。昔と同じ思考です。だから私は，それらの思考に反応することができました。彼らが帰ってきたとき，私はベッドから出ていました。私たちはその後，楽しい家族の一日を過ごしました。私は，自分

の気をそらすようなことをしました。ここにその思考記録があります。(図7.1の思考記録を取り出す)

セラピスト：わかりました。では一緒に見てみましょう。(セラピストがその思考記録を読む間，マークはそれを手で持っている) つい今しがた，あなたは「自分の気をそらすようなことをした」とおっしゃいましたが，それはどのような意味だったのでしょうか？

マーク：2つあります。まず私は，いささか心配になってしまったのです。というのも，私は仕事に関してはこのような考えを抱くのに慣れていたのですが，自分の家族についてはそれほどでもなかったからです。家庭というのは生活の中の好ましい部分であるように感じていましたから，クレアや子どもたちに関してこのような無益な考えを抱くのはよいこととは思えなかったのです。

セラピスト：では，2つ目のこととは？

マーク：そうですね。先生にはおわかりだと思いますが，私は，自分のネガティブな思考への反応を思いついたとき，実際にはその反応のすべてをネガティブな思考ほどには信じていなかったのです。(惨めな顔をする)

セラピスト：マークさん，私たちが一緒に取り組んでいる今の段階で私から提案したいのは，このような後退があったときにはいつでも，そこから何を学ぶことができるかを探してみてはどうかということです。後退は，あなたがこれまでに学んできたスキルが，今後，後退に対処するうえであなたの役に立ったかどうかを明らかにする機会を提供してくれます。(マークはうなずく) あなたが言わんとしているのは，「私は家でもまともに物事が行えず，クレアに役立たずと思われている」という思考が，あなたの職場での思考にどこか似ているということですよね。そしてあなたは，この思考を，(記録用紙を一緒に見ながら) 思考記録にある「彼女は時折，私のことを良い父親だと思うこともある」という反応よりも信じ

ました。それでネガティブな自動思考を95％と評価したのに対して，この反応を50％と評価したのですね。そういうことでよろしいでしょうか？

マーク：　はい。おわかりのように，私が振り払うことができなかったのは，「私はろくでなしだ」という感情でした。*(間)* でも，もっとひどいですよね。「職場でも家でもろくでなしだ！」というのでは。

セラピスト：では，思考記録にある，この「私は家でまともに物事を行うことさえできない，クレアは私を役立たずだと思っている」という思考の裏には，「私はろくでなしだ」という，より包括的な思考があったのですね。

マーク：　その通りです。

セラピスト：あなたが週末に自分のおじけから抜け出すために，これまでに学んだスキルをうまく活用したのはすばらしいことだと思います。そうしてあなたは，仕事についての心配にうまく対応して，*(図7.1の思考記録を指して)* ご家族と楽しい時間を過ごすことができたのがわかります。また，ここ数週間，あなたはジェシカさんとプールに行っていたそうですね。それは進歩です。この「ろくでなし」という考えですが，これは，あなたが今までに学んだスキルを用いて対処するのが難しいと感じているもののようですから，ここで少し時間を取って，それに取り組んでみてはいかがでしょう？

マーク：　はい。そうする必要があると思います。

　マークは，思考記録を用いることによって，自動思考に対応する能力を確実に伸ばすことができた。彼は，反芻的な考えが始まるタイミングを同定できるようになり，ほとんどの場合，仕事についての非生産的な考え方のパターンから抜け出せるようになったのである。このような進歩にもかかわらず，マークは，彼の気分尺度における改善（第6章参照）とOCDと健康不安の症状の減少からセラピストが期待する以上に，後退に陥りやすい状態が続いている。第

I軸の問題に焦点を当てたセラピーが期待されたほどの進歩につながらない場合，提示されている課題には，頑固な基礎的前提や中核信念が関係している可能性がある。上記の対話は，彼の気分の問題と不安の両方を裏で支えている「有能であると見られたいなら，すべてうまくやらなければならない」という基礎的前提の浸透ぶりを実証している（第6章）。この前提は，夫や父親としての自分自身に対する見方を含め，彼の生活の他の部分にも影響している。マークはまた，「私はろくでなしだ」という思考も同定している。それは，彼の人生のさまざまな領域で生じてきたものであり，非常に強い感情を引き起こすことから，中核信念であるかと思われるほどのものである。

　思考記録は，クライエントが自動思考を検証できるように設計されているものであり，基礎的前提や中核信念の検証を目的とするものではない。そのため，思考記録を用いて対処しようとしたマークの試みが部分的にしか成功しなかったのも無理はない。マークがこれまでにセラピーで完了した行動実験は，「ガスコンロを確認しなかったら，大惨事が起こり，私の過失となる」や「間違いを犯したら，他者に批判されるだろう」といった，特定の心配とOCDに関連した信念に対応するものであった。彼はまだ，「有能に見られたいなら，すべてをうまくやらなくてはならない」を検証するために行動実験を用いたことはない。マークのセラピーがこの先さらに前進するためには，別のレベルの理解が必要となるかもしれない。

　本章において，マークと彼のセラピストは，縦断的な概念化を用いて，彼の進歩を脱線させる恐れがある基礎的前提や中核信念に主要な発達上の経験がどのように影響したかを探った。この，より高度な概念化は，マークの発達歴，中核信念，基礎的前提，行動戦略，および後退に対する脆弱性間の結びつきを理解するためのものである。縦断的概念化にマークの強みを取り入れることで，セラピストは，将来進歩を続けるのに役立つであろうレジリエンスのモデルをマークが構築するのを助けている。

思考記録

状況 誰と,何を,いつどこで?	気分 0から100%で具体的に評価	自動思考（イメージ）	私の最新の思考を裏づける根拠	私の最新の思考を裏づけない根拠	代わりとなる／バランスの取れた思考	再度気分を評価すると 0-100%
土曜日の朝自宅で,ベッドから出られなかった	不安 70%	報告書が十分にできていなかった。90%	その報告書はミーティングの前に急いでやったものだった。	その報告書はいつもやっているもので,別に特別なことは必要なかった。	このような心配は非生産的である。月曜日には仕事をきちんとするチャンスがあるので,そのときに一生懸命することにしよう。95%	不安 20%
	悲しい 80%	スタッフミーティングに遅れたのを上司に気づかれた。上司は,私には仕事をする能力がないと思っているだろう。75%	私が部屋に入って行ったとき,上司が顔を上げた。	上司が何と思ったのかはわからない。彼は気分を害しているようには見えなかった。	上と同じ。95%	悲しい 60%
	恥ずかしい 60%	私は家でもまともに物事を行うことができない。クレアは私を役立たずだと思っている。95%	ジェシカに泳ぎに行くと約束した。クレアは私にうんざりしていると言った。	昨日クレアが買い物に行っている間,私が子どもたちの面倒を見て,なかなかよくやった。	彼女は私が良い父親だと思うこともある。50%	恥ずかしい 55%

図7.1 マークによって完成された思考記録。3つの最新の思考の概要をその根拠も併せて記している。7つの欄の思考記録。ⓒ Christine A. Padesky, 1983, 1994（www.padesky.com）許可を得て転写。

なぜ縦断的概念化を用いるのか？

　CBTでは目標に焦点を置き，現在を重視するということが，しばしば基礎的な原理として挙げられている（J. S. Beck, 1995, pp.7-8）。CBTが現在に焦点を当てた，目標志向のものであるとするなら，縦断的概念化を用いるのはなぜだろうか？　横断的概念化に基づいたCBTがクライエントの目標を達成するのに十分である場合には，セラピーを延長して縦断的概念化を含める必要はないだろう。実際，例えばパーソナリティ障害をもつ人々の場合，広範で永続的な問題が存在するのでない限り，苦悩を軽減し，レジリエンスを確立するというCBTの目標を達成するのに，通常，縦断的概念化は必要ではない，と私たちは提案する。しかし，第Ⅰ軸の問題であっても，CBTに対する反応が表れるのが極めて遅い場合がある。そうでない場合でも，第Ⅰ軸の問題に対して達成されたポジティブなセラピー反応は，不安定なものであり，再発に対して極めて脆弱なようである。こうした事例では，ポジティブなアウトカムがより長続きするのを妨げている基礎的前提や中核信念を理解するのに，縦断的概念化が役立つ可能性がある。

　過去に焦点を当てることは，マークが目標達成に向けて前進するうえでどのように役立つのだろうか？　本質的に，基礎的前提や中核信念というのは，状況や時間を超えて存続する傾向がある。これらは，発達上の主要な経験を通して習得されることが多い（Beck, 1976）。人は，中核信念を対で学ぶ（例えば，「私はろくでなしだ」という信念は，「私は価値ある人間だ」という信念との間でバランスを保っている）。これらの対になった信念は，当人の気分や生活環境に応じてどちらかひとつが活性化される。気分や状況に関わらず，ほぼ常に一方の中核信念が活性化される場合，それは，対になっているもうひとつの信念が極めて弱いか，あるいは所在不明になっている印かもしれない。このような状況では，新たな中核信念の形成と強化を目的としたセラピーの手段を用いることが必要となる場合が多い（Padesky, 1994a）。同様に，複数の生活状況に

わたって存続する基礎的前提は，行動実験を通して直接検証されない限り，別のものに転じる可能性は低いだろう。

本章の冒頭の対話の最中に，マークのセラピストは次の疑問を抱いた。

- なぜマークの改善は定着しないのだろうか？
- なぜマークは古いパターンに引き戻されてしまうのだろうか？

縦断的概念化は，それらの疑問に対する答えを提供する。縦断的概念化とは，以下のようなものである。

- なぜ，誘因と維持要因に基づいた横断的概念化では進歩に限りがあるか，あるいは短命であるのかを説明する。
- 発達上の主要な経験がいかにクライエントの中核信念，基礎的前提，および対処戦略を形づくったかを示唆することによって，問題が状況や時間を超えて存続する理由を説明する。
- クライエントの今後の似たような反応を予測し，それによって再発の防止や管理だけでなく，レジリエンスにもセラピーの焦点を置くことを推奨する。

より高いレベルの説明がセラピーの最中に生じるという私たちの原理と一致して，縦断的概念化は，通常，横断的概念化から徐々に発展するものであり，セラピーの中期，および後期の特徴であることが多い。したがって，マークの提示する課題の誘因や維持要因の概念化（第6章）は，彼の信念や戦略がいかにして発達したかの縦断的概念化を行うための出発点となる。実際，縦断的概念化は，横断的説明の特別な形態と見なすことができる。縦断的概念化では，クライエントの発達歴に照らして概念化が検討され，「これらの中核信念，基礎的前提，および対処戦略は，どのように学習されたのか？ 課題によって，有力な誘因となるものと，そうでないものがあるのはなぜか？ どのような要

因がパターンの維持に寄与したのか？　当人の強みは，提示される課題の悪化をどのように防止したか？」が問われる。

縦断的概念化は，提示される課題がいかにして発達したのかの理解を提供することで，苦悩に関連した広範な信念と行動のパターンを崩壊させ，レジリエンスの確立を可能にする介入を発案するための指針を提供する。

縦断的概念化はどのように構築すればよいのか？

縦断的概念化は，2つの段階を繰り返し移動する。まず，セラピストとクライエントは，クライエントが提示する課題を当人の発達歴と結びつけるために認知行動理論を用いた概念化を行う。次に，この概念化を用いて，提示されている課題を維持させている広範な信念と行動パターンを壊すうえで助けとなるかもしれない介入をデザインする。加えて，介入はしばしば，クライエントにとってより機能的な信念や行動パターンを強化するようにデザインされる。介入のアウトカムとこれらの誘因の学習は，概念化にフィードバックして，その正しさを確証したり，あるいはその修正を提案したりする。図7.2に示されるように，セラピーは，(1)縦断的概念化，および，(2)概念化に基づいた介入，という2つの段階を行き来する。各段階は，「この概念化はどの程度良く適合しているか？」という質問に対するセラピストとクライエントの回答から情報を得る。

第1段階：提示されている課題をクライエントの発達歴と結びつけるためにCBT理論を用いる

マークは，従来のCBTアプローチを用いたセラピーの中期段階を通して，自らのセラピーの目標に向けてかなりの進歩を見せた（第6章）。しかし，本章の冒頭の対話にあるように，彼の気分と不安の問題は，ある土曜日の朝，ストレスに関連したお馴染みの信念（「有能であると見られたいなら，すべてをうまくやらなければならない」「私はろくでなしだ」），および，戦略（反芻や

第 7 章 「今後もこれまでのようになるのでしょうか？」 *319*

第 1 段階
提示されている課題を
クライエントの発達歴と
CBT 理論を用いて説明する

この概念化はどれほど
適合しているか？

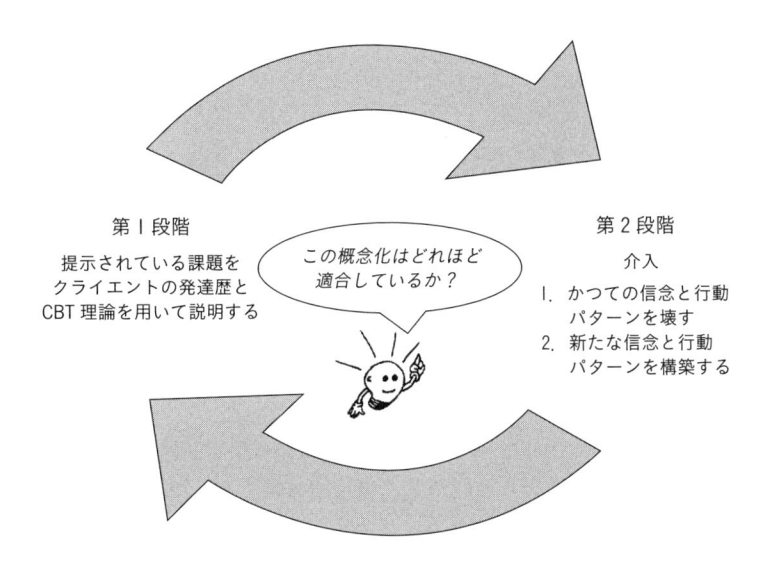

第 2 段階
介入
1. かつての信念と行動
   パターンを壊す
2. 新たな信念と行動
   パターンを構築する

図 7.2 縦断的概念化の構築の段階

引きこもり）と共に再び浮上した。それらの経験は，マークと彼のセラピストがマークの提示する課題の持続を説明するために導き出した，診断を超えた概念化と適合する（図 6.13）。そのため，セラピストはこのモデルを用いるとともに，それに発達的側面も加えていくことにする。セラピストはマークに，図 6.13 の中核信念の項に「私はろくでなしだ」という中核信念を追加するよう求める。もしこの時点で，マークとセラピストがまだマークの提示する課題の統合的なモデルを構築していなければ，この時点で横断的概念化を再検討し，誘因，信念，および維持戦略に共通した主題内容を浮き彫りにすることによって，それを行うことも可能である。

発達歴（付録 5.1 にある彼の「経歴に関する補助的質問票」と第 5 章で概説されている最初のアセスメント情報）に基づき，セラピストは，彼の現在の課題の発達的起源について仮説を立てることができる。マークはこれまでに，彼の信念や行動戦略の理由の説明となりそうな経験を幾つか述べてきており，セラピストは，それらの経験それぞれにマークがどのような意味づけをしたのか

を知りたいと思っている。セラピストは，以下の疑問に答えるためには，マークの全発達歴を再検討することも考えている。

- マークには，うつ病の長い経歴がある。思春期後期に，彼の最初の抑うつエピソードを引き起こしたものは何だったのか？
- マークの過剰な健康不安も，ほぼ同時期に始まっている。彼は，無防備な性的経験について語っているが（第6章），その後，彼の健康不安がいかに発達し持続することになったかを説明するようなことが18歳のときに起こったのだろうか？
- マークの父親は双極性障害に苦しみ，マークが8歳のときに自殺を図った。そのことは家族にかなりの経済的，感情的負担を与えた。マークの父親との関係は複雑であった（第5章と第6章）。それはマークにどのように影響し，彼は自分自身，他者，および世界について何を学んだのだろうか？
- マークが子どもの頃，マークの母親は極めて批判的であった可能性があり，父親の精神状態のことで手一杯なことがあった。現在でも彼女は，マークとクレアに対してかなり批判的である。マークは母親との関係からどのような信念と戦略を学んだのだろうか？
- マークの弟，デイビッドは，マークよりかなり年下である。マークの母親は時折，マークに，デイビッドに対して兄というよりも親の役割を担うよう求めた。このことはマークにとってどのような意味があったのか？ 彼は自分自身，他者，および世界について何を学んだのだろうか？
- マークは，祖父と重要な関係にあった。祖父は役割モデルだったのであり，マークの父親の自殺企図後の数ヵ月を含め，困難な時期にマークを支えた。この関係はマークに対してどのような影響を与えたのだろうか？
- 音楽は，マークにとって人生全体を通して重要で，楽しい活動であり続けている。このポジティブな関心は，縦断的概念化にどのような情報をもたらすだろうか？
- まだ言及されていないが，マークの成長に大きく影響した人生経験が他に

も何かあるだろうか？

　要約すると，マークのセラピストは，彼の早期の経験が，彼のより永続的な中核信念，基礎的前提，および対処方法をどのように形成したかを知りたいと思っているのである。

「私はろくでなしだ」というマークの中核信念に対する発達的見方
　縦断的概念化を引き出すため，マークのセラピストは，まず，マークの心の最前列にある，「私はろくでなしだ」という中核信念の発達的起源について直接質問することから始める。マークの思考記録と一致する，中心的で，感情的な記憶が新たに浮かび上がる。

セラピスト：マークさん，あなたはこの「私はろくでなしだ」という信念は振り払えないものである，とおっしゃいましたよね。この考えは，あなたの思考記録や私たちのセッションで一度ならず登場しています。これはあなたにとっての中核信念であるように私には思われます。つまり，あなたの自分自身に対する考え方の中心にある信念です。

マーク：はい，私もそう思います。*(落胆した表情で)* 私は，自分がろくでなしのように感じることがよくあります。

セラピスト：あなたは，ご自身のことをどれほどの間，このように感じていたのでしょうか？　初めて自分をろくでなしだと思ったときを思い出すことができますか？

マーク：*(ためらうことなく)* はい，その日のことははっきり覚えています。*(セラピストは彼に詳しく話すように促す)* 私は8歳ぐらいで，弟のデイビッドはもっとずっと小さかったと思います。とにかく，私たちは祖父の家に泊まっていたんです。あれは，父が自殺をしようとした後のことです。私たちが祖父のところにいるようになっ

てから数週間が経っていて，いったい何が起きているのか私たちは知りませんでした。(この記憶について述べながら，苦悩しているように見える。彼は，その場面を再体験しているようである)わからなかったのです。いったい何が起きているか，全くわかりませんでした。父を失うことになるのかどうかもわかりませんでした。彼が何をしたのか知らなかったのです。私が何をしたというのでしょう？ ただただわかりませんでした。(泣き出しそうになるが，落ち着きを取り戻し，話を続ける)母が訪ねてきて，もちろん，私は，いったい何が起きているのか，本当に知りたいと思いました。でも母は質問されるのを嫌がりました。彼女がいつ怒り出すか，わかったものではありませんでした。訪ねてきた際，母は何事もなかったふりをしていました。私の祖父がその状況を読みとってくれました。祖父は，父がどうしているかを私とデイビッドが知りたがっているのを知っていたので，それで母に尋ねたんです。そう，母の顔を覆ったあの表情，私は今でもそれが目に浮かびます。(彼の表情と姿勢は崩れ落ちそうである)

セラピスト：あの表情というのは，どのようなものだったのでしょう？ 言葉にすることはできますか？

マーク：　(言葉を探すのに苦労する)一瞬，怒りの閃光が走ったようでした。その後，非難するような顔になったのです。(この段階で彼は，明らかに身動きできなくなり，頭を左右に振る)

> **セラピストの頭の中**
>
> マークのセラピストは，マークの感情と姿勢の変化に気づく。その変化は，この記憶の活性化について重要な情報を伝えている。マークは，母親の表情を怒りと非難として解釈するとき，身動きできなくなり，見るからに震え始める。セラピストは，適切な言葉を見つけようとするマークのもがきは，彼が8歳の子どものように感じ，考え，その出来事をあたかもそれ

> が今起こっているかのように再体験していることを暗示している，との仮説を立てる。セラピストは，開かれた心，支援，いたわりの気持ち伝えようと心に留めている。なぜなら，自分自身と他者に関するマークのネガティブな中核信念が，この記憶に伴って活性化される可能性が高いからである。とりわけこの瞬間に彼は，自分自身を役立たずと見なし，セラピストを含めた他者を批判的にとらえる傾向に陥りがちなのである。

セラピスト：マークさん，私の方を見ていただけますか？（マークはセラピストを見る）この記憶は，気持ちを動揺させるものですよね。でも，このことについてもう少し理解できれば，私たちの進歩につながるかもしれません。この場面であなたが何を感じているのか，話していただけますか？

マーク：　（適切な言葉を見つけだそうと苦しみながら）罪悪感でしょうか？きまり悪さ，ではないかと思います。

セラピスト：では，あなたの心をよぎっていることとは何でしょうか？

マーク：　あれは私がいけなかったのだということ，理由はともかく，私に責任があった，ということです。私は，デイビッドの面倒を見て，母の雑用を手伝い，父の様子がおかしいことに気づいたら，母に知らせることになっていたんです。なのに，私は何ひとつまともにできていなかったようです。（泣き出す）

セラピスト：（共感的に）今はどうですか？

マーク：　ただ自分がとても役立たずで，どうしようもなく無力に感じました。逃げ出して，隠れてしまいたかった。

セラピスト：いいのですよ，時間をかけてください。こういった感情を再び思い出すのは辛いものです。（二人が黙って座っている間，沈黙の時間が経つ。マークの息遣いは落ち着き，彼は冷静さを取り戻す）これは，子どもの頃，他の時にもあなたが経験したことですか？

マーク：　私は物事をちゃんとやることが全然できないんだって，よくそん

な気がしていました。私がしたことで，母にとって十分満足だったことは一度もなかったんです。(間) それに，私は父の気分に注意していなければならなかったのに……ともかく，父の自殺企図は私のせいだったんです。

セラピスト：役立たずで，無力で，消えてしまいたいというようなこの感覚は，現在も大人として経験していることですか？

マーク：はい，そうです。気分が落ち込んで，寝込んでいるときはいつも，私はまさしくそのように感じています。土曜日の朝，クレアが入ってきたとき，まさにそう感じていました。私は横になっていて，自分の感情と考えに閉じ込められたように感じました。おじけから抜け出せないように感じていたのです。だから私は閉め切って，引きこもってしまうのです。

セラピスト：こうした感情や記憶と面と向かって対峙するのには，真の勇気が必要です。私が正しく理解しているとすれば，ろくでなしであるということについての信念や，家族の中で物事を適切に行い，父親の状態を良好に保っておくことが一度も十分にできなかったという感覚は，少なくともあなたが 8 歳のときに遡るということですね？（マークはうなずく）そして今，大人として，職場もしくは家庭，ひょっとしたらその両方で圧倒されそうな状況になると，あなたはその感覚と非常によく似た思考や感情に触れ，それから容易には抜け出せなくなってしまう——その中に閉じ込められているように感じるのですね。土曜日に起きたこととはそういうことのようです。このことは，思考記録があなたの心配に役立ったのに，クレアに役立たずと見られることに関する思考に対してはなぜわずかにしか役立たなかったのか，その理由を説明するうえで参考になるかもしれません。

マーク：（語気を強めて）それ以降，そんな自分自身に腹が立ちます。私は，落ち込んでいたときの父の姿や，それが家族にどのように影響す

るかをよく目にしてきました。私はそんなふうにはなりたくないのです！（口調を和らげ）自分の家族には同じような影響を与えたくありません。

セラピスト：わかります。

マーク：　　（再びうなずき，姿勢を正す）このことに関しては，私に何ができるでしょうか？

セラピスト：まずは，私たちが何について話しているのかを記録するために，セラピーノートに書き込むことから始めてみてはいかがでしょう。（マークは自分のノートに「ろくでなし」と「無力」と書いた後，その思考の周りに檻を描く）あなたがこれらの古い思考パターンによって檻に入れられたように感じているのがわかります。そのように描くことが役に立ちそうでしょうか？

マーク：　　はい，ただ，私はそうはなりたくないと感じているだけですが。

　マークが抱えている気分の問題は，テーマ的に過去の経験と結びついている信念によって裏打ちされている。自分は「役立たず」で「ろくでなし」であるという中核信念が活性化されたときのマークの反応の強さは，しばしば，現在の状況的な誘因とは釣り合っていないように思われる。しかし，彼の反応は，彼の過去という文脈に照らすと完璧に意味を成している。8歳の子どもが，父親の精神的健康は彼の責任であると母親が思っていると信じているとすれば，父親の気分の浮き沈みに対して自分はどうすることもできないと感じたときに，自分を役立たずだと感じたとしても無理はない。上記のような話し合いは，中核信念を，そのもとの文脈の中に置くことによってノーマライズする。同時にこれはマークにとって，自分の大人としての経験を子ども時代の経験と区別するための土台を敷くものともなっている。彼は父親のような行動はとりたくないと思っていることをはっきりと述べている。自分の中核信念を書き出し，その周囲に檻を描くことで，彼は，これらの信念や行動を別の観点からとらえ始めている。

マークの維持戦略に対する発達的見解

　マークはまた，発達歴というレンズを通して自分の維持戦略を検討した。機能分析と思考記録（第6章）は，反芻がマークにとってどのような対処的価値をもち得るかを明らかにした。彼は不安と悲しみの感情に対処するために反芻を行っていたのである。マークは，子ども時代早期の経験と結びつけて考えたとき，反芻が適応性のある対処戦略として発達したものであることを理解した。家族から彼に課された要求は，時として，発達的に考えれば，彼にはまだ無理なものがあった。マークは少年のとき，自分がどのように考えがちであったかを思い出した。「心配すれば，それに対して心の準備をすることができると思っていました。問題を予測できれば，物事が悪化するのを防げると思っていたのです。そして，何事もなかった日には，僕はその効果を確信したのです」

　マークと彼のセラピストは，図6.13で先に示した彼の維持周期の概念化に，この問題に関連のある彼の発達上の経験を加えた。その結果生じた縦断的概念化は，マークの信念を彼の早期の経験と結びつけており，図7.3に示す通りである。これは，マークの発達歴というレンズを通して見た，彼の信念と戦略に対する理解の始まりを示している。研究（Chadwick et al., 2003; Evans & Parry, 1996）と臨床論文（Padesky, 1994a）が強調するように，このプロセスはクライエントの感情に触れるものであり，時として困難なものとなる場合がある。セラピストは，これが建設的なプロセスとなるようにすることが重要である。セラピストは，クライエントの自己への慈しみを育み，彼らの強みを取り入れることによってそれを行う。

《クライエントの自己への慈しみを育む》

　縦断的概念化を行う理由のひとつは，クライエントが自分の信念の起源を理解し，それがその発達状況においては意味のあるものであったと気づくよう助けることにある。たとえ信念が明らかに誤りであったとしても（「私の父が自殺しようとしたのは私の過ちである」など），こうした解釈が幼い子どもの頭の中ではいかに筋が通っているように思われるかに気づくことが，クライエ

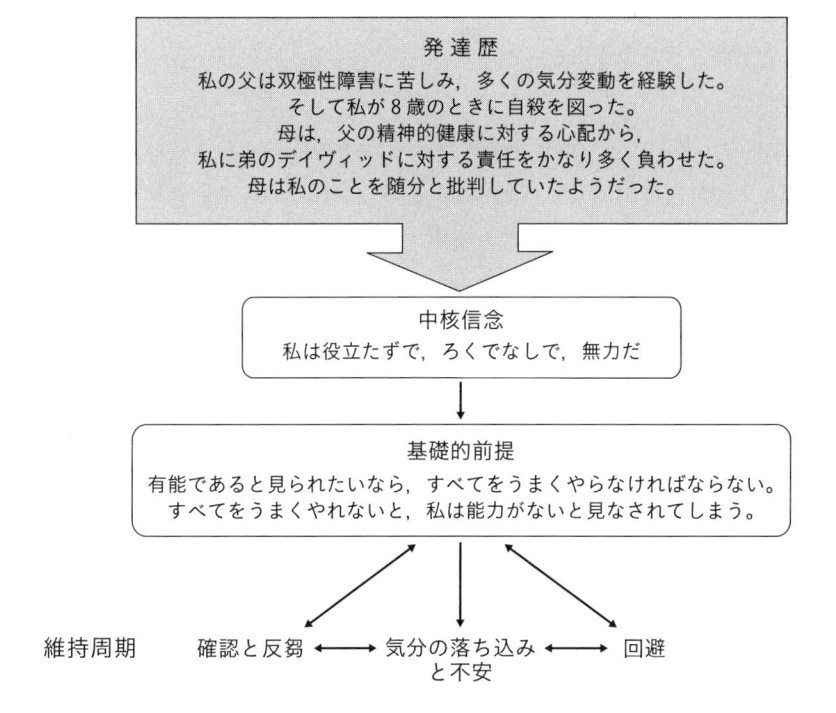

```
┌─────────────────────────────────────────┐
│             発 達 歴                     │
│  私の父は双極性障害に苦しみ，多くの気分変動を経験した。│
│  そして私が 8 歳のときに自殺を図った。         │
│  母は，父の精神的健康に対する心配から，         │
│  私に弟のデイヴィッドに対する責任をかなり多く負わせた。│
│  母は私のことを随分と批判していたようだった。     │
└─────────────────────────────────────────┘
                    ↓
          ┌──────────────────────┐
          │       中核信念         │
          │ 私は役立たずで，ろくでなしで，無力だ │
          └──────────────────────┘
                    ↓
    ┌──────────────────────────────────────┐
    │            基礎的前提                 │
    │ 有能であると見られたいなら，すべてをうまくやらなければならない。│
    │ すべてをうまくやれないと，私は能力がないと見なされてしまう。│
    └──────────────────────────────────────┘
             ↓         ↓         ↓
  維持周期   確認と反芻 ←→ 気分の落ち込み ←→ 回避
                       と不安
```

図 7. 3 マークの仮の縦断的概念化

トにとって治療に役立つ可能性がある。

　マークに期待されていた高いレベルの責任，父親の気分の急激な変化，父親の自殺企図のショック，および夫に対する母親の没頭ぶりは，マークの子ども時代の現実であった。家族の困難に対して彼にもある程度責任があると母親が考えていたという彼の記憶は，母親の現在の彼に対する発言とも一致する。彼の基礎的前提（「役に立つと見られたいなら，責任をもち，すべてをうまくやらなければならない」）や戦略（高水準に達するまで取り組む，多くの責任を引き受ける）が，マークが子どもの頃には，家族内でいかに適応的であったかは明らかである。

　協同的な縦断的概念化のプロセスにより，釣り合いのとれた見方ができるよ

うになったことで，マークは，子どもの頃の自分の反応を理解し，ノーマライズすることができるようになった。

> 「私の子どもたち，ジェシカとジェームスを見ていて，クレアが彼らのことをどれだけ思っているか，私たち二人が彼らのことをどれだけ思っているかを感じます。私が子どもの頃，いかに自分ひとりで何もかも，弟のことも私自身のことも，責任をもってちゃんとやろうとしていたかを考えると……子どもというのはそれだけの責任を担う力を備えてはいないのですよね。自分がどれほどへこたれず，諦めなかったかと思うと，まるで奇跡です」

縦断的概念化は，自分自身を役立たずととらえる見方から，普通の子どもなら直面しない困難に出会いながらもへこたれなかったととらえる見方へと，マークの視点を変えるのに役立った。さらに彼のセラピストは，共感的な言葉を用いることで，例えば以下のように，彼の信念や戦略がその初期においていかに機能的であったかを伝えようとした。

- 「このような状況では，あなたがそのように考える［信念］／そのようなことを実践する［戦略］のは，私にも理解できます」
- 「あなたがいかにそれらの古い思考パターンにがんじがらめになっていると感じているか，私にも理解できます」

こうした感想を返すことは，クライエントがより自己を慈しむ見方へと移行していくのを助ける。

《クライエントの強みを取り入れる》
縦断的概念化を建設的なものにするためのもうひとつの方法は，クライエントの強みを取り入れることである。マークとセラピストが図7.3で問題に焦点

を当てた概念化を見たとしても，マークについての重要な情報が欠けており，新たな概念化は一次元的で役に立たないだろう。マークの子ども時代の強みとポジティブな支援について積極的に質問をすることで，セラピーにおいてまだ浮上していなかった極めて重要な情報がもたらされることとなった。

　セラピストは，マークが少年の頃，祖父に同行して荒野へキャンプに出かけたことを知った。彼の祖父は，そのような環境では臨機応変に，自信をもって対処するよう，マークに巧みに教えた。マークの臨機応変で意欲的な姿勢は，彼が成長するにつれて，彼の生活の他の領域へも一般化された。これらの強みは現在，彼の同僚，友人，および家族によって高く評価されており，マークの多くの成功の基礎となっている。

　学校の多くの少年たちとは異なり，マークは喘息のためにスポーツへの参加を制限された。結果的に，音楽のための時間が増え，同じ関心を共有する他の生徒との友情を育んだ。彼はピアノ演奏に熟達し，音楽について友人と何時間も語り合い，十代の頃はバンドで演奏したりした。マークは，自分が愛情ある結婚をし，大人になって良い友人たちとネットワークを築き，また自分の子どもたちの親としてよくやっていられるのは，十代の頃に彼が発達させた保護戦略のおかげだとした。図7.4の綿密な概念化は，マークの生活にポジティブな意味を与え，彼がレジリエンスをもって事態に対処するのに役立っている価値観や強みを浮き彫りにしている。

　マークの強みを取り入れることで，セラピストは，マークに対してバランスの取れた見方を維持している。それは，介入を計画するために求められるものと言っていいだろう。この段階の概念化にクライエントの強みが取り入れられていないとすれば，理想とされるほどには，セラピストが強みに焦点を当てていないことを暗示しているのかもしれない。セラピーのもっと後の段階では，クライエントのレジリエンスについて概念化し，困難に直面したときにクライエントのレジリエンスを支える中核信念，基礎的前提，および戦略を特定することが役に立つだろう。そのことについては，本章で後ほど，セラピーの最終段階でマークの縦断的概念化を詳述するなかで示すこととする。

《保護的か，それとも弱点か？》

　図7.4の左と右のタイトルに着目してみよう。縦断的概念化の要素が保護的か弱点か，あるいはその両方の組み合わせかを識別することは，セラピストとクライエントにとって重要である。似たような戦略がそれぞれ異なる機能を果たし，異なる信念によって突き動かされている可能性がある。戦略を駆り立てる中核信念や基礎的前提を同定するのが重要なのと同じように，巧みに概念化を行うためには，戦略の機能を理解することが必要となる。

　例えば，誠実さは強みとなり得る一方で，過度に責任を感じるマークの傾向は，困難をもたらしかねない。したがって，マークの場合，誠実さは保護要因というよりも弱点として機能することの方が多い。もうひとつの例は，クレアの支援である。それは，彼らの関係を向上させ，マークの苦悩を和らげることができる一方で，その同じ行動が，長期におよぶマークの引きこもり傾向を強めることにもなりかねない。本章の冒頭の対話でマークが述べているように，クレアがマークに対する苛立ちを示したことが動機となって，マークは自分がCBTで学んできたスキルの幾つかを活用しようという気持ちになった。しかし，もし仮に，マークがもっと重篤な抑うつ状態に陥っていたとしたら，クレアの行動は，自分は役立たずであるという彼の中核信念に油を注ぎ，彼の抑うつを悪化させてしまっていたかもしれない。

<u>マークが提示している課題の最初の発症を理解する</u>

　縦断的概念化を行う理由のひとつは，クライエントの提示する課題が最初に起こったときのことをより理解するためである。セラピストとクライエントは，将来を形づくる介入に情報を与えるために縦断的概念化を利用する前に，まずはその縦断的概念化が当人の過去に確かに適合するかどうかを確認する必要がある。これまでにマークと彼のセラピストは，マークが自分の信念と戦略を身につけた背景を同定している。それは，マークのうつ病，OCD，および健康不安の最初の発症を理解することにいかにうまく適合するだろうか？

保護要因	弱点
発達歴	
良き役割モデルの祖父 常に音楽を楽しんだ 音楽を通した親密な友人関係 安定した，支援的な結婚 家族に対する思いやりと愛情 キャリアと仕事における成功	父親の双極性障害と自殺企図 母親は，父親の精神的健康のことで頭がいっぱいだったため，弟のデイビッドに対する多大な責任を私に課した 母親からの頻繁な批判
中核信念	
私は創造的で，有能で，「意欲的」だ 私は愛情深く，人から愛されている	私は役立たずで，ろくでなしで，無力だ
基礎的前提	
私が家族や友人を大事にすれば，それは彼らが活躍するのに役立つ 職場で生産的な週には，私は自分が多くのものを提供できることを実感する 音楽を演奏していると，私は熱中し，楽しくなる	有能と見られたいなら，すべてをうまくやらなくてはならない 私が家族の安全に対する責任を負えば，彼らは安全でいられるだろう 私が家族の安全に対する責任を怠ったら，彼らにひどいことが起こるだろう
戦略	
臨機応変：「意欲的」なアプローチ 家族や友人との関係を育む あらゆる音楽の側面	反芻 高水準を目指した取り組み 対 挑戦の回避 過度の責任 対 責任の放棄 引きこもり：「冬眠」 回避 確認行動（誠実さ）

図7.4　強みを取り入れたマークの縦断的概念化

《マークの最初のうつ病の発症》

　マークの最初のうつ病エピソードをめぐる出来事については，第6章で記述した通りである。マークは，彼が17歳のときに，大学入試のためにバンドをやめたことを思い出してほしい。彼の母親はこの時期，夫の健康問題で頭がいっぱいだった。試験でひどい成績だったとき，自分は役立たずであるというマー

クの感覚は,母親の批判によって強調された。彼の父親は,精神的な問題があって,何の支援もしてくれず,別の見方を提供してくるということもなかった。マークは,自分が目にしてきた父親の戦略をそっくりまねし,社会的にも学業的にも退いていった。彼は,当時を振り返ったとき,それが彼の初めての長期的回避,すなわち「冬眠」の経験であったことを思い出した。マークは現在,図7.4に示した縦断的概念化を用いて,この時期のことを次のように理解している。

「試験でうまくいかなかったとき,私は,これはまさに私が役立たずであることの証明にすぎないと考えました。高い水準に達しなかったため,私は,すべての挑戦から退き,それらを回避することにしたのです。それが父には有効に作用したことを見てきたからです。でも,冬眠すればするほど,私はますます自分のことを役立たずだと感じました。この表(図7.4を指して)の左側には,そこから私を引っぱり出してくれたものが示されています。それは,友人たちと音楽でした。2,3カ月した頃,バンド仲間の一人から電話があったのです。私の代わりに入った人がそれほどうまくないので私に戻ってきてほしい,とのことでした。再び演奏するようになってすぐ,気分が少し晴れました。私にも何か貢献できることがあるかもしれない,と思い始めたのです。新学期になってからは,再び勉強を始められそうでした」

《マークの健康不安とOCDの最初の発症》

OCDと健康不安に関するマークの問題の最初の発症についてはどうだろうか? すでに考察したように,マークは思春期に,責任に関する信念と戦略を発達させ始めた。「役に立つと思われたいなら,責任をもち,すべてをうまくやらなければならない」というものである。マークが弟と彼自身に対して高度の責任を担うことは,彼の家族の中では機能的なことだったのである。これらの信念や戦略は,彼の同年代の仲間との早期の人間関係にも一般化された。マー

クは 18 歳のときにパーティで無防備な性行為を行ったとき，自分の行動を無責任であると非難した。彼の判断は，当時広く受け入れられていた基準と一致しており，彼の父親が躁のエピソードの最中に性的に無責任であったことを知ったことでさらに強まった。それから数カ月間，彼は自分が HIV に感染したのではないかという心配に取りつかれ，身も細る思いだった。彼の心配と身体的な不安は，相互に強め合い，結局，確認と反芻という戦略の発展へと至った。これについては第 6 章で解説されている通りである。マークは，反芻と確認をすることで自分の不安が手に負えない状態になるのを防げると信じていた。不安を管理するためにマークが反芻と確認に依存するようになったのは子ども時代が最初であったが，彼が成人になる頃には，それらは過剰に学習され，そのまま保持されるようになっていた。

　マークの提示する課題の発症は，彼の縦断的概念化の文脈に照らし合わせてみれば理にかなっている（図 7.4）。セラピストとのこうした話し合いを通し，マークの自己に対する慈しみは高まった。今や彼は，提示されている諸課題が時間とともにいかに広範囲に及ぶものとなっていったのかを理解するようになった。

第 2 段階：概念化に基づいた介入の選択

　概念化の主な機能とは，クライエントの苦悩を軽減し，レジリエンスを確立する介入をセラピストとクライエントが編み出すのを助けることである。セラピストは，「これは理にかなっているだろうか？（観察をしたり，ひとつかそれ以上の要素を修正したりして）それが結局どうなるかを確かめてみようという心づもりはあるか？」と問いながら，概念化を介入の理論的論拠として用いる。優れた概念化であれば，クライエントの戦略の機能性を検証するための行動実験といったように，特定の介入が明確になる（Bennett-Levy et al., 2004）。

代わりとなる信念と戦略を生み出すために縦断的概念化を用いる

　マークの弱点となる中核信念と基礎的前提は，さまざまな状況で活性化される。彼の縦断的概念化は，彼が代わりとなる考え方や行動の仕方を学ぶのに役立つだろうか？　認知行動療法の教本には，代わりとなる思考や行動を考え出すために用いることのできる戦略（J. S. Beck 1995; J. S. Beck, 2005）が豊富に紹介されている。マークのセラピストは，侵入的な記憶に取り組むための現代的なアプローチを用いることにした（Wheatley et al., 2007）。その狙いは，父親の自殺企図の後の母親や祖父との記憶に埋め込まれた意味を再構築することにあった。それは彼が叙述した経験であり，その記憶は激しい感情を引き起こすものであった。セラピストは縦断的概念化に基づいて，そのイメージの中のマークの祖父に焦点を当てることにする。なぜなら，マークの祖父は，彼の縦断的概念化において保護的であると同定されたためである。

セラピスト：*(非難ではなく，ぜひとも知りたいという気持ちを伝えるために慎重に)* あなたのお母さんがあなたのおじいさんの家に来たときの状況をもっとよく理解したいと思います。あなたは，自分がとても役立たずで，無力で，消えてしまいたいと感じたと言っていましたが，この状況を違った視点から見てみたらどうなるのかを知りたいのです。例えば，あなたはおじいさんの立場に自分自身を置いてみることができますか？　*(ゆっくりと話しながら)* 少し時間をとって視線を転換してみてください。そうしてこの場面をおじいさんの目で見てみるのです。言わば……あなたの8歳の孫，もっと幼い孫のデイビッド，そしてあなたのお母さんである娘を見ているわけです……そのときのことを振り返ってみたとき，あなたの見方はどのようなものとなるでしょうか？　やってみることができますか？

マーク：　　　*(ちょっと置いて)* はい。母にとってはとても困難なことだったに違いありません。彼女は恐ろしかったでしょうし，圧倒され，混

乱していたに違いありません……祖父の視点から見てみると，彼女を助けるために自分にできることはしてあげたいと思うでしょう。彼女にとってひどい状況なのですから。

セラピスト：おじいさんの視点のままで見ると，マークとデイビッドについてはどう思いますか？

マーク：　*(考えるためにちょっと時間をおく)* 母には私たちのことについて考える余裕などなく，父に起こったことで頭の中がいっぱいだったことに，祖父はきっと気づいていたと思います。*(間)* 彼は私たちのことを自分が守ってやらなければ，と感じていたに違いありません。彼からそれを感じました。それは私たちに対する彼の全般的な姿勢とも一致します。大きくて，保護してくれる，ハイイログマ［訳注：北米西部産の大クマ］のようでした。祖父と一緒にいると，私は安心できました。

セラピスト：あなたのおじいさんの視点は，あなたが8歳の少年として感じたことや考えたことと比較してどうですか？

マーク：　*(悲しそうな顔をする)* 母の胸中を本当に察することができます。*(表情が晴れやかになったようである)* 祖父がいてくれて，私は幸運でした。8歳の少年として，特に少し心配しがちな少年として，私は物事をとても個人的にとらえがちでした。だってそうでしょう，子どもとしては，前にもお話ししましたが，こういったことすべてに対処するだけの準備ができていなかったのですから。

セラピスト：子どもとしてのあなたの反応は，とても理解できます。あなたがおっしゃるように，あなたが時折ご家族の中で課せられていた責任の度合いと一致しますしね。そのような状況であなたのお母さんに起きていたことに対するおじいさんの見方を，あなたはどれほど信じることができますか？

マーク：　100％です。

セラピスト：そしてその視点からは，あなたのお母さんがあなたのことを役立

たずだと思っていたということを，どれほど信じることができますか？

マーク：私の子どもたちのことを考えてみると，ジェシカがだいたいその年頃なのですが，どう考えても彼女にはあのような責任を担うのは無理でしょうね。母は混乱していたんだと思います。あのとき，彼女が私のことを役立たずだと思っていたとは，信じられない気がするんです。

セラピスト：では，この代わりの見方ですが……お母さんは混乱していて，あなたのことを考える余裕がなかったという見方を，あなたはどれほど信じることできますか？

マーク：頭では100％です。でも，それについては怒りや悲しみも感じます。

　このやりとりは，視点を変えるためにイメージを使うことが，大きな影響力をもつ記憶に対して別の意味を与えるのにいかに有益となり得るかを実証している。彼の母親に起きたことについてのこの再概念化は，より機能的であり，新たな中核信念（「私は有能である」）や基礎的前提（「私にはどうすることもできないことがうまくいかなかったとしても，それは私の過失ではない」「他者が失望したり気分を害したりしていても，私には関係のないことかもしれない」）を発達させる種をマークに提供している。上記の対話は，セラピストがどのようにしてマークとのこの取り組みを開始したかを示しているだけだが，興味深いことに，マークのリフレーミングは，怒りという新たな感情を浮上させている。セラピストは，マークと共に彼の怒りを探究することになるだろう。新たな信念や戦略を発達させるのに使用できそうな認知戦略をすべて概説するのは本章の域を超えているが，興味のある読者は関連の教本や記事を参照されたい（J. S. Beck, 1995, 2005; Padesky, 1990; Padesky, 1994a; Padesky & Greenberger, 1995）。

再発を防ぎ，レジリエンスを確立するために縦断的概念化を用いる

　マークの問題は長期にわたるものである。彼の中核信念，基礎的前提，および戦略は，今後もまた何かをきっかけに引き起こされる可能性が高い。彼の縦断的概念化（図7.4）は，どのような状況が彼の弱点となる信念と戦略を誘発する可能性があるかをマークとセラピストが予測するのに役立つだろう。彼らは，複数の要求が同時に重なったり，批判，重大な過ち，および災害（洪水や火事など）や家族が罹る恐れがある病気の脅威によって，抑うつ，OCD，および心配事に対するマークの脆弱性が再び活性化される可能性があるとの仮説を立てている。それらのひとつか，より多くのことが起こる可能性を考慮し，セラピストはマークに，縦断的概念化を用いて「コーピングカード」を作るよう求める（J. S. Beck, 1995, 2005）。これらの誘因が生じた際にもレジリエンスを保つのに役立つような，彼がこれまでに学んできた最も重要なことをまとめたカードを作るようにセラピストは勧めるのである。ストレスが大きくなったとき，コーピングカードがあれば，それらを素早く思い出すことができる，とセラピストは説明する。

　マークは，セラピーで学んだ主要な考えのまとめに併せて，コーピングカードに2つのイメージを描いた。ひとつは，檻に入った熊のイメージで，自分の弱点となる信念に閉じ込められ束縛されているマーク自身を表している。もうひとつのイメージは，マークに祖父を思い出させるものであり，ハイイログマが保護的信念や戦略のリストを掲げている（図7.5）。以下の対話から明らかなように，マークのイメージ豊富なコーピングカードは，彼のレジリエンスを強化している。

マーク　　：ハイイログマは，祖父が私に，このようであれと教えてくれたことをすべて体現しています。活発で，物事を理解し，豊かな創造性を発揮し，「意欲的」な姿勢なのです。檻の中のこの熊は，ただ横になり，諦めてしまっています。
セラピスト：それこそまさに選択ですね！　このコーピングカードを試してみ

338

選択の時点
気分が落ち込んできている，
自分がどう反応するかは自分で選択できる！

信念
私はろくでなしだ
戦略
「やりすぎる」か冬眠するかのどちらか！
終わりのない確認

信念：私は有能で，責任感
がある；「意欲的」な姿勢
戦略：祖父が教えてくれた
ように振る舞う
音楽や友人と楽しむ時間
をつくることを忘れない
活発であり続け，ユーモアを用いる

図7.5　マークの脆弱性とレジリエンスについての「コーピングカード」による概念化

てはどうでしょう？　近々訪れる状況で，あなたの気分に影響を与えそうなことはありますか？　そのハイイログマにアクセスする必要が本当にありそうな状況のことです。

マーク：　　　（間をとって考えて）クリスマスは，毎年本当に最悪な時期です。小売店の仕事は本当に忙しくなりますし，クレアと私は母のことを考えなくてはなりません。まったく，ストレスの多い時期です。

セラピスト：その例は良さそうですね。起こり得る困難な状況を想像し，あたかもそれが今起こっているかのように私に説明してみてください。

マーク：　　　そうですね。（一瞬おく。ひとつの例を思いついて話し始める）母がわが家に泊まっていて，朝食のときに私とクレアのやり方に幾つ

か批判的な発言をするのです。……いいえ，違いますね，彼女は何も言いません。あたかも私たちのやることなすことすべてが間違っていると思っているかのような顔をするだけです。クレアは心中穏やかでないといった様子で，子どもたちはそれを行動に表しています。私は仕事に行きますが，やることがあまりにも多すぎるんです。上司は仕事に押しつぶされそうだと言って，自分のプロジェクトの一部を私に託したいと言うのです。

セラピスト：あなたはどのような気持ちですか？　あなたの頭をよぎっているのはどのようなことですか？

マーク：　檻に入った熊のような気分です。(コーピングカードを指す)うつ状態で，冬眠したくなっていて，世の中にしばらく見切りをつけてしまいたいと思っています！

セラピスト：他には何が起きていますか？　あなたの身体の中では何が起きているでしょうか？

マーク：　押しつぶされそうな感じです。肩や胸がこわばって，それに呼吸も速くなっています。コーピングカードを見たいのですが。(カードを見る) ああ，そうです，すべてそこに書かれています。ろくでなしということと，隠れたいということです。ですから，深呼吸して，「どう反応するかは自分で選択できる！」と自分に言います。強いハイイログマを見ることが役立ちます。(カードを読む)「私には与えるものがたくさんある」。(間をおき，それについて考える)「この場合，祖父だったらどうするだろうか？」。(間) 彼だったら，その状況についてジョークを言うでしょうね。上司に向かって，「私にクリスマスのボーナスをたくさん支払わないといけなくなりますよ」といったことを言うんじゃないでしょうか。それから，こう言うでしょう。「お手伝いしたいとは思いますが，もし私がマーケティングの年次報告書をやるとしたら，日常のメール業務はクリスマス後まで待たなくてはならなくなりますが，そ

れでもいいですか？」と。(セラピストを見て微笑む)

セラピスト：いいですね！　あなたがそのように言うとき，頭の中にはどのようなことがよぎっているでしょうか？

マーク：このような余裕を自分に与えると，「私の上司はこの忙しい時期に私を信頼し，それで私を頼ってくれるのだ。彼は私の仕事ぶりに一目置いてくれている！」という考えが頭に浮かんできます。他にですか？　友人のピーターと一緒に出かける時間をもてるようにしたいと思います。音楽を聴きに行ったり，ほら，充電ですよ。たぶん，クリスマスイブには少し外出できると思います。クリスマスに毎年演奏する，地元の良いバンドがあるのです。子どもたちが生まれる前は毎年行っていたものです。一度，私もステージに上がり，バンドの人たちと演奏したこともあるんですよ。(彼は話しながら，顔つきや姿勢が目に見えて良くなる)

セラピストの頭の中

セラピストはこのような機会を利用し，マークに，活性化された機能的な信念や戦略に着目させる。マークは，落ち込みぎみのときには，ごく自然に信念や戦略に関心を寄せるが，上向きのときにも信念や戦略に気づけるようになることが重要である。彼が作ったコーピングカードは，ちょうど適切な時に機能的な信念や戦略を活性化させるのに役立つことが明らかとなっている。

セラピスト：あなたの頭の中にはどのようなことがよぎっていて，何を感じていますか？

マーク：実は，気分が良く，強くなったように感じているのです。あのハイイログマのようにです！（コーピングカードを指す）何とかなりそうです。新年まで持ちこたえることができれば大丈夫だと思います。「熊に遭遇したら，相手に十分なスペースを与えてやればいいんだよ。相手はただ平和に毎日生きて生きたいだけなんだか

ら」と祖父がよく言っていたようにです。彼は，さまざまな状況の中で良いことを見つけるのが上手だったんです。(愛情を込めて微笑む)

　マークは，上記の筋書きでコーピングカードをうまく活用しているが，その一方で，彼のセラピストは，もし彼がすでに幾らか抑うつ状態になっていたとしたらどうなっていただろう，と考える。また，彼の妻が，彼にクリスマスイブに家族をおいて出かけてもらいたくないと思うとしたらどうなるだろうか？　彼のハイイログマは，どうしたら母親の度重なる批判に反応できるのだろうか？　彼らは共に，マークの気分が徐々に悪化していく場合も含め，さらなる筋書きをリハーサルしていくことにする。こうした想像演習とロールプレイを通して，マークは「活動的でいること」と「ユーモアを使うこと」をコーピングカードに加えることにした。

　困難は，人を敏感にさせ，脆弱性を高めるか（Monroe & Harkness, 2005），あるいは少量のウイルスのように，免疫を与え，レジリエンスを高める（Rutter, 1999）かのどちらかである。上記のセッションでセラピストは，少量のストレスを徐々に量を増やしながら用いることで，マークに予防接種をし，彼が挫折することなく将来の現実生活のストレス要因に対処できるようにしている。マークは，ロールプレイと想像演習を通して，自己効力感と，代わりとなる信念や戦略を実践的に練習することができる。マークが切り抜けるストレスの大きな出来事のそれぞれが，概念化を推敲する機会となり，それが将来の再発を防ぎ，対処するためのより優れた支えとなる。

《クライエントの価値観とレジリエンス》
　価値観と長期目標も焦点に含めたセラピーは，人が反応的な（reactive）モードから，対応的で（responsive）前向きな（proactive）モードへと移行するのに役立つ。Jon Kabat-Zinn は，反応的モードと対応的なモードを区別する。彼は，刺激に対して自動的に反応することと，刺激とその効果，および関連する

信念や行動を自覚して反応することとの違いを説明する（Kabat-Zinn, 2004）。最初の頃，マークは問題に圧倒されていた。本章の冒頭の対話で示されているように，マークは，セラピーの中期段階までに自分の提示している課題についてより理解するようになっていたが，気分が落ち込むと，引き金となる刺激に対してまだかなり反応的であった。

　前向きであるということは，価値観に基づいた目標をはっきりと言葉で述べ，それに向けて取り組むこと意味する（Addis & Martell, 2004）。マークは，最初の対話の中で述べているように，目が覚めたときにやる気が出ない日もあるということだった。彼とセラピストが脆弱性にのみ焦点を置くのではなく，脆弱性はもちろんのこと，レジリエンスにも焦点を当てるようにすれば，マークはより高い確率で，自分の価値観や目標を活用し，動機が低い時期に，対応的に，また前向きに対処することができるようになるだろう。マークが前向きに行動するたびに，彼はレジリエンスを強める建設的な信念と戦略を強化することになるのである。

　セラピーの最後の週に，マークは，彼とセラピストがそれまで作り上げてきた縦断的概念化を振り返り，次のような価値観をはっきりと述べた。「職場で有能と見られたいなら，責任をもって，自分のすることを一生懸命にやることが重要である。同時に，自分が間違いを犯すだろうということもわかっている。だから間違ってしまったときには，それを受け入れ，どんどん先に進んでいいのである」「私が家族に対して責任をもてば，それは私が彼らを愛していることを示すサインとなる。クレアも私や子どもたちを愛しているのだから，この責任を共有してくれるはずである」。仕事や家族についてのこうしたポジティブな価値観は，（図7.5に描かれているような）がんじがらめにされていると感じる人生ではなく，彼が送りたいと切望する人生を述べたものである。

　これらの価値観は，やる気を感じないときにマークがベッドから起き上がるのに役立つ。なぜなら，それらは責任と完璧主義との結びつきを解き放ってくれるからである。マークの価値観は，責任を担うことの利点と，過ちを受け入れ，必要なときには助けを求めるという柔軟性とを結びつける。やる気があまりな

いときでも，これらの価値観に基づいて行動すれば，「私は有能であり，責任を担っている」という新たな中核信念の根拠を得ることができる。そして今度は，このような前向きな行動が，「祖父のように行動する」という，彼がより好む戦略を実証することにもなる。価値観に基づいた行動は非常に強化的である。活力が乏しい日に，ベッドから起き上がり，シャワーを浴び，仕事に行くか，あるいは娘を泳ぎに連れていくかするとき，マークは，落ち込んだ気分ではなく，価値観に従って行動することによる達成感を経験することになる。

　セラピストはまた，精神を高揚させ，彼の強みを強調するような楽しい活動に従事するようマークに勧めた。マークにとっては人生全般を通して音楽が重要なものであり，継続すべき大切な関心事であるようであった。セラピーが終了して数カ月後に計画されていたフォローアップセッションで，マークはセラピストに，かつてのバンドのボーカルにばったり会ったという話をした。彼らは一緒に地元のバーでライブ演奏をするつもりだということだった。マークは，自分たちが新しいバンドのことを「感謝する熊たち」と呼んでいるのだと言って笑った。このフォローアップ面接時にBDI-IIとBAIを再び実施したところ，マークの症状がほぼ完全に消えていることが窺われた。WHOQOL-BREFの測定からは，彼が現在，身体的，心理学的，社会的，および環境的な4つの各領域において，標準値内のスコアにあることが明らかとなった。マークは，自分が継続して改善してこられたのは，より柔軟な基準で生活することはもちろんのこと，生活の中に楽しいことをより多く取り入れたことによるとした。

その概念化は適合しているか？

　縦断的概念化を行い，それを適用していくという反復的な段階を通して，セラピストは，協同的経験主義を用いながらその適合度を検証する。良い適合を確実にするために尋ねるべき質問の中には，次のようなものがある。

- その概念化は理にかなっているか？　わかりやすく，論理的か？
- クライエントとセラピストは，その概念化を協同的に行ったか？　クライ

エントは，その概念化に全面的に同意しているか？
- 異なる情報源は「三角形」を成しているか？
- スーパーバイザーもしくはコンサルタントは，その概念化が理にかなっていると考えているか？

次に，これらの質問をマークとセラピストによって導き出された縦断的概念化に関連させて考慮してみよう。

その概念化は理にかなっているか？
　概念化の適合度に関して最初に検証すべきなのは，それが理にかなっているかどうかということである。発達歴，中核信念，基礎的前提，および戦略は，論理的に筋が通っているだろうか？　その概念化により，説明能力が加わるだろうか？　クライエントの提示する課題や目標は，明確に概念化に重ね合わせることで，その有用性を検証することができる。理想的には，概念化は提示される一連の課題を結びつけ，説明するものとなる。そうして，それはしばしばセラピーの目標に向け，進歩を加速する。
　マークの横断的概念化は，「役立たず」と「無力」という彼自身についての中核信念を浮き彫りにした。これらは，「役に立つと思われたいなら，責任をもち，すべてをうまくやらなければならない」という条件つきの前提を後押ししている。彼の提示する課題に対する維持戦略は，この前提とルールから生じている。彼の発達歴は，縦断的概念化でまとめられることで，いかにしてこれらの中核信念，基礎的前提，および彼の提示する課題のそれぞれの起源を説明するのに役立つだろうか？　主要な発達上の経験から自分が学んだことについて，マーク自身がどのように説明していたかを思い出してみてほしい。子どもの頃，彼は自分に課せられたと思っていた責任として，父親の気分を観察し，弟の面倒を見るということを果たせなかったときに,自分を「役立たず」で「無力」であると感じた。彼はしばしば,自分の母親を批判的であるとして知覚した。今でもマークが彼自身の高い水準を満たせなかったり，職場や家庭での責任を

果たせないときに，これらの欠点として知覚されることが子どもの頃の経験と共鳴する。そして彼の中核信念が活性化され，彼の気分は落ち込むのである。

すると，マークは，引きこもることで過剰にそれを埋め合わせようとする。ちょうど彼が思春期の頃，抑うつに対する父親の反応を見て学んだようにである。家族や職場での義務から引きこもることで，心配や反芻の有り余るほどの機会が生じ，それによって彼の気分の落ち込みはさらに維持されることになる。心配と反芻は，自己永続的な循環の一部であり，その中でマークは，自分のネガティブな中核信念（「正しくできているだろうか？」「人は私のことをろくでなしと思っているだろうか？」）と一致する情報を入念に探し続けることになる。マークが決断できないのは，彼の基準の高さや自信のなさと関連している可能性がある。それらはいずれも，彼が高レベルの責任を課せられながら，親から低レベルの支援しか受けていなかった子ども時代早期に経験されたものである。

心気症とOCDの理論モデルが，マークの確認行動がいかに維持されているかについて優れた説明を提供するのに対し，彼の縦断的概念化は，なぜ彼はそれらの問題に陥りやすいのか，その弱点を説明するのに役立つ。高度の責任を担おうとする子ども時代早期のマークの試みは，もし自分が責任を果たせなかったらどうなるかについての破壊的な信念と相まって，彼に多くの不安を生じさせた。子どもとして，彼は，確認することでその不安に対処した。この戦略は，マークの人生を通して一般化され，強化された。結局のところ，職場の同僚に対するマークの苛立ちと怒りも，自らの高度な基準が満たされないときに彼が自分自身に対して感じる不満に似たものとして考えることができる。

要するに，マークと彼のセラピストによって導き出された縦断的概念化は，セラピーで積極的に焦点を当てることとなった課題だけでなく，彼の提示する課題のすべてにわたり，その理由をうまく説明できるようである。彼の子ども時代と思春期の記憶から，信念や戦略の起源と思しきものが明らかになる。それらは，彼の初期の経験という文脈では意味があり，彼の家族の中では機能的なものだったのである。この同じ概念化によって，マークの現在の感情，信念，

および提示されている課題の多くで用いられる戦略も意味をもつようになる。それでも，協同的経験主義にコミットするセラピストは，代わりとなる概念化を取り入れる余地を残している。セラピーの要所要所で，マークのセラピストは，追加的な観点を積極的に求めている。この概念化に合わない経験に着目し，それらを報告するようマークを促しているのである。

<u>クライエントとセラピストは，その概念化を協同的に行ったか？</u>
　第2の基準は，クライエントがその概念化の構築に積極的に関わり，その適合度を承認しているかどうかである。概念化の3つのレベルのうち，縦断的概念化は，最も多くの推論を必要とする。なぜなら，縦断的概念化では，現在の，容易に観察可能なライフイベントから結論を引き出すのではなく，クライエントの経歴に基づいて，説明的なメカニズムを仮定するからである。したがって，思い違いを最小限にし，クライエントの過去と現在の経験の両方に対する概念化の適合度を最大限にするために，協同的経験主義が必要なのである。
　マークとの対話のそれぞれが，このプロセスを描写している。セラピストは各段階で，マークの考え，記憶，および観察を積極的に追究している。縦断的概念化は，マーク自身の言葉で記される。それぞれの推論は要約され，マークは，「これはあなたにとって理にかなっているでしょうか？」あるいは「これは何かしら，あなたの経験に適合しないようですか？」と尋ねられる。マークは，自分のセラピーノートにその概念化を書き，それがその後の自分の経験とうまく適合するかどうかを観察する。

<u>異なる情報源は「三角形」を成しているか？</u>
　さまざまに異なる情報源からの情報は，共通の一点に向かって集中しているだろうか？　すなわち「三角形」を成しているだろうか？　進化していく概念化が三角形を成すようにするには，縦断的概念化を行うためのさまざまな方法を用いることができる。例えば，マークは，初期のセラピーセッションでPersonality Belief Questionnaire（PBQ; Beck & Beck, 1991）を完成させた。

PBQとは，さまざまなパーソナリティ障害と一致する信念をどの程度強くクライエントが抱いているかを評価するものである。マークは，回避（「他者は批判的で，無関心で，侮辱的で，拒絶的になり得る」「他者が私を批判するなら，それは正しいに違いない」など）と，強迫性（「私は自分自身と他者に対して全面的に責任がある」「最高レベルでできないのなら，役立たずということになる」など）の項目が当てはまるとしたが，パーソナリティ障害をもっていることを示唆するほどではなかった。これらの信念は，セッションの中で引き出された彼の概念化と一致している。

　クライエントの許可が得られれば，追加の情報源として，家族，友人，医療従事者，書面上の記録，質問票，その他のメンタルヘルス尺度，あるいは同僚さえも含めることができる。例えば，第4章のザイナブの場合，彼女のセラピストは，ザイナブの脆弱性とレジリエンスについて有益な概念化を行うための助けとなるように，ザイナブの夫，モハメッドに積極的な参加を求めた。

スーパーバイザーもしくはコンサルタントは，その概念化を理にかなっていると考えているか？

　概念化の適合度に関する4番目の確認は，熟練した同僚との話し合いの中で，あるいは訓練中のセラピストの場合は，スーパービジョンの中で行われる。別のCBTセラピストとのスーパービジョンやコンサルテーションは，概念化を明確にし，クライエントと共にさらに発展させる必要のある領域を浮かび上がらせるのに役立つだろう。さらに，スーパービジョンやコンサルテーションは，図7.6と図7.7にあるような，包括的なまとめの概念化を練習するための良い機会である。これらの図は，提示されている課題が，誘因，維持要因，および，弱点もしくは保護要因の観点から，互いにいかに理解され得るかを示している。重要なことだが，マークの提示する課題の概念化では維持周期が完結しているのに対し（図7.6），マークのレジリエンスの概念化ではこれらの維持周期が崩れていることに注目してほしい（図7.7）。

　このようなまとめの概念化がクライエントに役立つことは稀である。クライ

エントが回路基板の図に強い興味をもっているのでもない限り，私たちはセラピストがまとめの概念化をクライエントに見せることを勧めはしない！ コンピューターのソフトウェアを例にして考えてみよう。ソフトウェアの「ユーザーインターフェイス」は，できる限り単純で，理解しやすく，使いやすいようにできている。クライエントと共に行われる概念化も，できる限り単純で，理解しやすく，CBTの介入のための情報を与えるものである。しかし，スーパービジョンもしくはコンサルテーションにおいては，概念化の適合度を確認するために，その概念化の完全な「プログラミングコード」を明白にすることが役に立つだろう。基礎となるプログラミングコードは，もっとずっと精巧で，複雑である。概念化の詳細を明白にし，提示される課題間の結びつきを探し求めることは，治療を決定するための情報を提供するとともに，臨床上の決断に関する問題を明らかにするのにも役立つ（第2章参照）。

ま と め

　本章は，マークがセラピーの後期段階で自らの問題をより良く理解するうえで，縦断的概念化がいかに有益であったかを例示している。この概念化は，マークが再発を防いだり，それにうまく対処したりするのに役立つだけでなく，彼のレジリエンスを確立できるような介入をデザインするために用いられた。評価・介入・評価という縦断的概念化のサイクルは，クライエントが自らのセラピー目標を達成するために必要なだけ繰り返される。セラピーのこの段階では，クライエントが，新たに現れつつあるレジリエンスを用いて自分自身のCBTセラピストになれるよう援助することに重点を置く。成功するセラピーが往々にしてそうであるように，マークの経験は，次の原理を例証している。「私たちの人生でうまくいっていることは，確かに将来の成功を予測する。一方，うまくいっていないことであっても，私たちを永遠に呪い，破滅させるわけではない」(Felsman & Vaillant, 1987)。

第7章のまとめ

- 縦断的概念化は，クライエントの経歴，提示する課題，および認知行動理論を結びつける。
- 縦断的概念化は，説明的な横断的概念化がクライエントの目標を達成するうえで十分でないとわかっているときにのみ必要とされる。そのようなものとして，縦断的概念化は通常，CBTの後期段階で，一般にセラピーの焦点がパーソナリティ障害の治療であったり，あるいはクライエントが慢性的な複数の重複する問題を報告したりするときにのみに行われる。
- 縦断的概念化には，クライエントの提示する課題を発達的に理解して公式にまとめ，そのモデルを使用して介入をデザインし，さらに各段階の後でその概念化の適合度を評価する，というサイクルが含まれる。このサイクルは，クライエントがセラピー目標を達成できるようにするために必要なだけ繰り返される。
- 縦断的概念化は，将来の再発を予測し，どうしたらクライエントは再発を防いだり，うまく対処したりできるかを計画するために用いることができる。このように用いられるなら，縦断的概念化はレジリエンスを確立するうえで役に立つ。

発達上の経験

父親は双極性障害を患い、多くの気分変動を経験し、マークが8歳のときに自殺を図った。母親は夫の精神的健康を心配していたため、マークは弟に対する多大な責任を負うことになった。家族はあまり望ましくない地域に引越しをせねばならず、母親はそのことで父親を責めた。マークも母親からの批判を感じた。

中核信念

私は役立たずである。
他者は批判的であるし人を判断しようとする

基礎的前提

有能と見られたいなら、すべてをうまくやらなければならない。役に立ちたいなら、責任をもち、やることをうまく行えなければならない。警戒していれば、悪いことが起こるのを防ぐことができる。私が家族に対して責任を負っていれば、彼らは安全でいられる。さもないと、彼らにどんなことが起こるだろう。

戦略

高い基準を満たせるように取り組む。間違いをしないようにする。間違いについていっていないか確認し、間違いを犯していないか確認する。家族を養う助けとなるよう、より多くの責任を職場で担う。役立たずであるとばれるのを避けるため責任を回避する。

提示される課題

父親の死、母親との接触不足、職場での睡眠不足、職場での責任の増加。

気分の落ち込み	怒り	パートナーに対する裏切り; 無防備なセックス	OCD	決断
職場で間違い に気づく	他の人が 間違える	HIVに対する懸念 「血液」に気づく	侵入思考；ガスコンロが つけっぱなしかもしれない 家が焼け崩れてしまう。他の人は私が無責任 だったと思うだろう	高価なものを 買おうとする 間違ったものを選び、失敗してしまうかも しれない
私は役立たずだ。職を失ってしまう。他の人は私を役立たずだと思うだろう。私たちは貧乏になってしまうだろう	間違いを犯しながら、無責任に振る舞えるなんて不公平だ	私はHIVになってしまう。他の人は私が無責任 だったと思うだろう	繰り返し確認する；家を出るのが最後にならないようにする	あらゆるレビューを確認する；決断を避ける
反芻；仕事の回避；引きこもり	反芻；直面化の回避	血液の形跡に警戒する；汚染を避ける	発症が明確でない；より長期的	
悲しい；不安	怒り	不安	不安	不安

弱点

発症

誘因

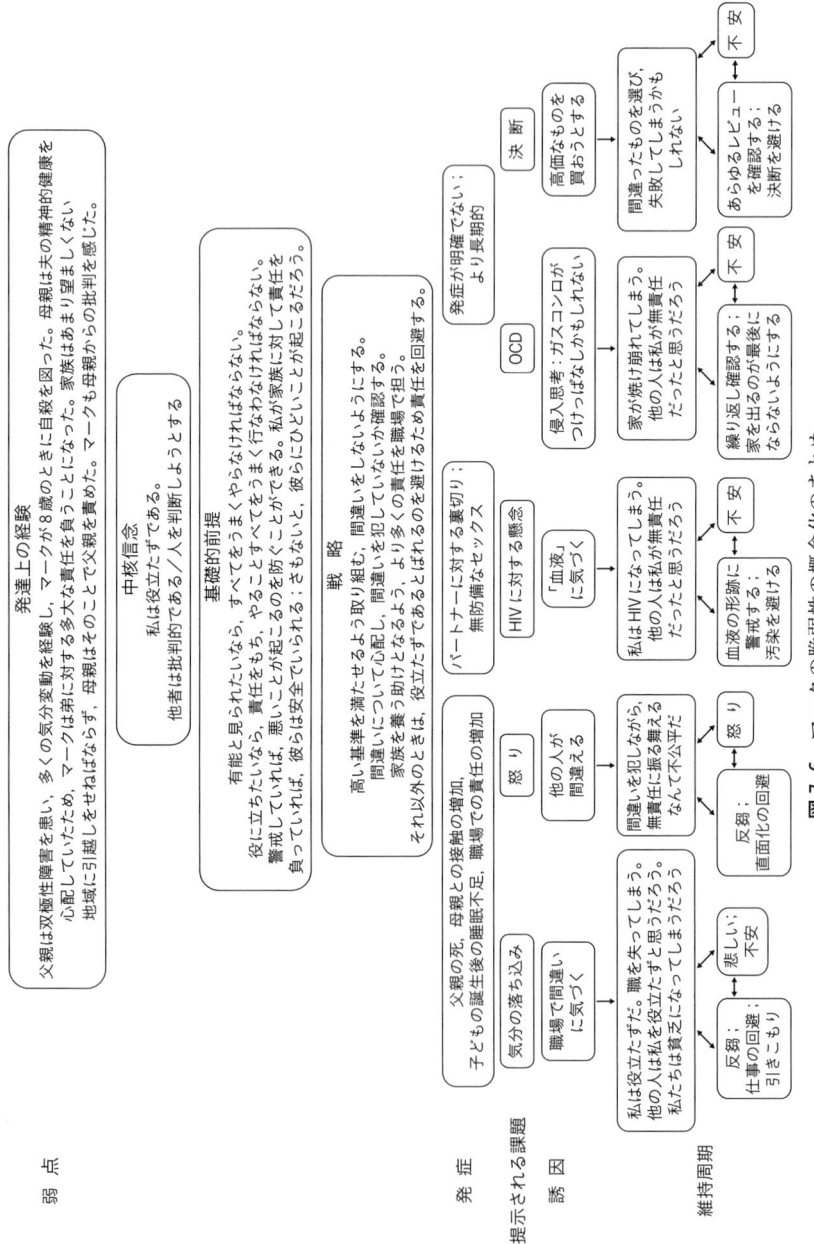

維持周期

図 7.6 マークの脆弱性の概念化のまとめ

第 7 章　「今後もこれまでのようになるのでしょうか？」　351

保護要因

発達上の経験
祖父は支援者であり、ロールモデル（ハイロゲマ/守護天使）である。音楽を楽しむ。クレアと出会い、関係を維持した。家族を大事にし、愛している。キャリアを積み、仕事に成功している。

中核信念
私は創造的で、有能で、公平で、「やる気」がある。
私は思いやりがあり、人に愛されている。

基礎的前提
幸せになりたいなら、自分に対して公平で、生活のすべての領域を尊重しなければならない。仕事においては有能と見られたいなら、責任をもち、一生懸命にやることが重要である。しかし、時には間違いを犯すこともあり、責任は私である。その場合はそれを認め、前に進めばよい。私が家族に対して責任を負うのは、私が彼らを愛している印であり、クレアも私のことを愛してくれているから、この責任を共有してくれるだろう。

戦　略
祖父のように振る舞う。音楽や友情のための時間を見つける。
支援を求める；間違いを認める。仕事をしているときには、
仕事以外のときには家族や自分自身に集中する。

提示される課題

気分の落ち込み	怒 り	不 安	OCD	決 断

誘　因

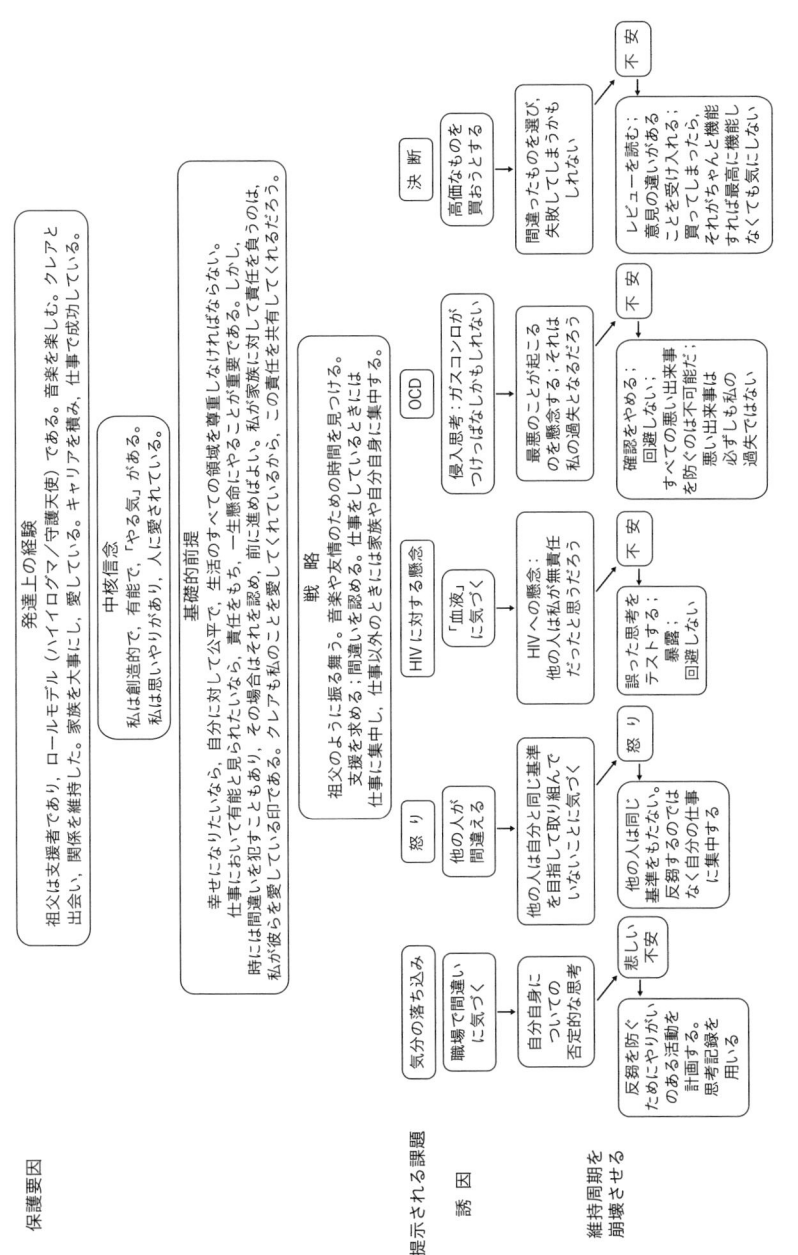

- 職場で間違いに気づく
- 自分自身についての否定的な思考

- 他の人が間違える
- 他の人は自分と同じ基準で取り組んでいないことに気づく

- HIVに対する懸念
- 「血液」に気づく
- HIVへの懸念：他の人は私が無責任だったと思うだろう

- 侵入思考：ガスコンロをつけっぱなしかもしれない
- 最悪のことが起こるのを懸念する：それは私の過失となるだろう

- 高価なものを買おうとする
- 間違ったものを選び、失敗してしまうかもしれない

維持周期を崩壊させる

- 反芻を防ぐためにやりがいのある活動を計画する。思考記録を用いる

- 他の人は同じ基準をもたない、反芻するのではなく自分の仕事に集中する

- 誤った思考をテストする；暴露する；回避しない

- 確認をやめる；回避しない；すべての悪い出来事を防ぐのは不可能；悪い出来事は必ずしも私の過失ではない

- レビューを読む；意見の違いがあることを受け入れる；買ってしまったら、それがちゃんと機能しすれば最高でなくても気にしない

図 7.7 マークのレジリエンスの概念化のまとめ

第 8 章

症例の概念化の学習と教育

　「私は，マークのセラピストがこれまでの3つの章で行ったことを興味深く読み進めました。私だったら幾つか異なる対処の仕方をした部分もあったかもしれませんが，概してその概念化と治療計画は非常に理にかなっていたと思います。このアプローチを私の学生たちにも教えたいと思うのですが，どこから始めたらよいでしょうか？」

——上級 CBT セラピスト

　「私の症例の概念化と治療スキルも，マークのセラピストくらいあればいいのに，と思います。この3つの章におけることはすべて私にとって有意義なことでしたが，はたして私だったら，マークがあれだけ明確に概念化を行うのを手助けできたかどうか，それに，治療計画をあれほどうまく実行できたかどうか，自信がありません」

——中級の CBT セラピスト

　「マークのセラピストがあのような理論をすべて学ぶのに，どのくらいの時間がかかったのでしょうか？　クライエントが CBT の概念化を行うのを支援するためには，実際，研究所見を知っている必要がありますか？

私には学ぶべきことがたくさんあります。どこから始めたらよいでしょうか？」

——初級の CBT セラピスト

　本書の読者の方々もおそらく，上記のセラピストたちと同じような感想をひとつかそれ以上抱いたのではないだろうか。セラピストは，クライエントとの有益な概念化をうまく行ううえで必要な知識とスキルをいかにして発達させたらよいのだろう？　それらのスキルを取得したとすれば，いかにしてスーパービジョン，コンサルテーション，およびワークショップで，それを他のセラピストに伝えたらよいのだろう？

　本章では症例の概念化を学び，教育するためのモデルを提示する。私たちは，あらゆるスキルレベル（初級から上級まで）のセラピストたちに，ある特定のステップを推奨する。それらは，私たちの協同的な症例の概念化モデルに備わる中心的スキルと知識を彼らが取得し，精緻化できるよう手助けするべくデザインされている。それらのステップの中には，独自に行うことができるものもあれば，同僚と一緒に，あるいは経験豊かなスーパーバイザー，教師，コンサルタントなどの指導のもとに行った方がよいものもある。インストラクター，もしくは他の CBT セラピストにスーパービジョンやコンサルテーションを提供する熟練した CBT セラピストを対象として，私たちは本書の情報を同僚に教えるための枠組みを提供する。

概念化：高度なスキル

　症例の概念化は，高度なスキルである。図 8.1 は，治療開発，訓練，およびスーパービジョンに関わる CBT の専門家の作業グループが，セラピストの能力モデルを明確に示したものである（図 8.1 参照；Roth & Pilling, 2007）。このモデルを症例の概念化に当てはめてみると，セラピストが能力を発達させるために修得すべき知識やスキルの層が存在していることが窺える。まずセラピスト

図の内容

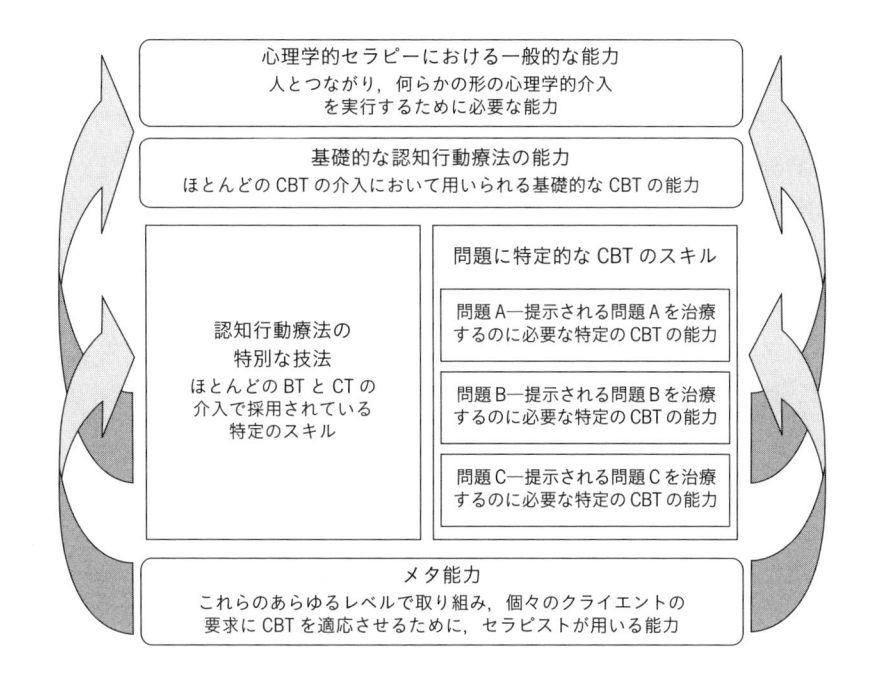

心理学的セラピーにおける一般的な能力
人とつながり，何らかの形の心理学的介入を実行するために必要な能力

基礎的な認知行動療法の能力
ほとんどのCBTの介入において用いられる基礎的なCBTの能力

認知行動療法の特別な技法
ほとんどのBTとCTの介入で採用されている特定のスキル

問題に特定的なCBTのスキル
- 問題A—提示される問題Aを治療するのに必要な特定のCBTの能力
- 問題B—提示される問題Bを治療するのに必要な特定のCBTの能力
- 問題C—提示される問題Cを治療するのに必要な特定のCBTの能力

メタ能力
これらのあらゆるレベルで取り組み，個々のクライエントの要求にCBTを適応させるために，セラピストが用いる能力

図 8.1 CBTの能力についてのRothとPilling（2007）のモデル

は，一般的なCBT理論（第2章で説明）と，関連する障害に特定的なCBT理論を利用し，それらをクライエントの経験に適用するためにクライエントと協同で取り組む。次にセラピストは，概念化を踏み切り板として用い，エビデンスに基づいた認知行動的介入を行うことができなければならない（BOX 1.3を参照）。CBTは特定の障害を対象として発展し，さらに拡張して新たな適用を考慮するようになっているため，セラピストがそのための能力を必要とされる介入が，ますます多く考えられるようになっている（Beck, 2005）。

これらの基礎的な能力に加えて，CBTセラピストには，異なる知識基盤とスキルの統合を可能にするさまざまなメタ能力が役に立つ（Roth & Pilling, 2007）。本書で重視しているメタ能力には，協同的経験主義，セラピーの特定の時期にそのクライエントにとって適切な概念化のレベルで取り組むこと，お

よび，クライエントの強みを取り入れることで，問題に焦点を当てた取り組みとレジリエンスに焦点を当てた取り組みとのバランスが取れるようにしていくこと，などが含まれる。マークのセラピストは，第5章から第7章にかけてマークが自分の課題を概念化するのを手助けしていくなかで，これらの能力とメタ能力を具体的に示している。彼女は，広範で，詳細な，知識基盤をもつことを実証した。しかも彼女は，積極的な協同的治療関係の中で，この知識をそれぞれの概念化のレベルで柔軟に解釈し直すこともできた。彼女はセラピーの各段階で，マークの強みを引き出した。セラピーが終わる頃までには，彼女とマークは，彼の問題だけでなく，再発を防ぎ，長期的な目標を達成するために彼が用いることのできるレジリエンスの概念化をも行っている。

　症例の概念化においてこれらの基礎的およびメタ能力をもつセラピストは，概念化の記述的なレベルから，より推論的なレベルへと迅速に移行することができる。このような柔軟性は，結局，セラピーのアウトカムの違いを予測する主要な変数であることが明らかになるだろう。セラピストの中には，一貫して平均以上の結果を出す人がいる一方で，少数ではあるが，どうも，クライエントを悪化させているように思われる人もいる（Okiishi, Lambert, Nielsen, & Ogles, 2003）。CBT では，有能なセラピストであればあるほど，クライエントにより良いアウトカムをもたらす（Kuyken & Tsivrikos, 近刊）。セラピストの概念化のスキルと，概念化を繰り返し治療手段へ結びつける能力を見れば，セラピストの能力とセラピーのアウトカムの関係をある程度説明できるのではないか，と私たちは考える。認知行動理論を用いて，協同的に提示されている課題を記述し，原因と維持要因について説明的推論を立てることで，介入に情報をもたらす（第1章の症例の概念化についての私たちの定義）ことができるセラピストは，うまく変化を成し遂げるための道筋をクライエントに示すのである。

　熟達したセラピストは，継続的にセラピーの進展を観察し，クライエントのフィードバックに応じて症例の概念化とセラピーの手法を対応させる。この点を例証するために，あるセラピストが，ライオネルというクライエントとの取

り組みでこれらをどのように使用したかを見ていくことにしよう。ライオネルは，先延ばしを問題と考えてセラピーを開始したものの，ホームワークを完成しないことが頻繁にあるクライエントだった。彼のセラピストは，ライオネルがホームワークを終えないのは批判に対する恐れがその動因としてあり，それが先延ばしという形で表れているのではないか，と暫定的な仮説を立てた。ライオネルが仕事の応募用紙を書き終えるのが困難であると報告したとき，彼のセラピストは，「批判に対する恐れ」という仮説を実際に試してみる機会を設けた。セラピストはライオネルに，仕事の応募用紙に記入するのを先延ばしにするたびに起こる自動思考を書き出すよう求めた。

セラピスト：ライオネルさん，あなたは今週，ご自身の先延ばしについてどのようなことを学んだのでしょうか。それをぜひ，知りたいのですが。仕事の応募用紙をめぐる自動思考を何か記録することができましたか？

ライオネル：あまりできませんでしたが，先生がくださった表にいくつかメモしました。(ポケットからその紙を取り出す) そうですね，わかりました。(間) 先週の水曜日，応募用紙に記入するために椅子に座ったのですが，その後，台所を掃除するために立ち上がってしまいました。

セラピスト：では，応募用紙に記入するために腰を下ろしたとき，あなたの頭をよぎったことは何ですか？

ライオネル：何もありません，本当です。(少し回避的に見える) ただ，とても気分が悪かったんです。汗が出てきて，動悸がし始めました。(見るからに不安そうで，苦悩している)

セラピストの頭の中

ライオネルの先延ばしは，能力不足の知覚，あるいは批判の予測をめぐる自動思考と結びついているとする現段階での概念化に対し，

> セラピストは疑問をもち始める。能力不足についての自動思考は回避につながることが多いが，それが発汗や動悸につながる可能性は低い。セラピストは「誤った概念化をしているかもしれない」と考え，他に起きているかもしれないことを探ってみることにする。

セラピスト：(ライオネルの方に身を乗り出して) あなたは，このことについて考えるだけで動揺するようですね。(ライオネルは目を合わせ，半分うなずく) では，腰を下ろして応募用紙を書こうとしたとき，あなたは思考ではなく，多くの身体的な不安を身体に感じたわけですね。その用紙に記入しようとして，そのような身体的感覚を感じたまさにそのとき，いったい何が起こったのか話していただけますか？

ライオネル：私は時々，頭の中に画像が浮かぶことがあるのですが，このときは特にひどい画像が浮かびました。(ますます不安そうで，苦悩しているように見える)

> **セラピストの頭の中**
> ライオネルは不安のイメージを経験しているか，あるいはまさに今，トラウマ記憶を経験していることさえあるかもしれない。研究によれば，もしそれがトラウマ記憶であれば，この記憶は現実的で，差し迫って危険なものに感じられる場合があるとのことである (Ehlers & Clark, 2000)。セラピストは，「この仮説を実際に検証する際には，このことについて共に話し合いながら，ライオネルには特別なサポートが必要かもしれないことを心に留めておかなければならない」と考える。

セラピスト：そのことを思い出すとき，あなたは動揺しているように見えます。仕事の応募用紙を記入しようとすると，どうしてその画像が邪魔してくるのか，その理由を明らかにすることが役に立つかもしれませんね。そのことについてもう少し話していただけますか？

あなたには何が見えるのでしょう？
ライオネル：わかりました。どのようなことをお話しすればよろしいですか？
セラピスト：(とても落ち着いた，支持的な姿勢を言外に示して) それを今見ているかのように，あなたが見えているものについて説明してください。
ライオネル：画像というよりも，ビデオのようなのです。人が集団で，さまざまな方向から私に向かってきています。彼らは入れ替わり立ち替わり，いろいろな方向から私を押してきます。結局それは，私が地面に倒れ，彼らのブーツが私を蹴っているのを感じ，その音が聞こえてくるまでずっと続くのです。それらの声が「負け犬」などと言って，笑っているのが聞こえます。

> **セラピストの頭の中**
> この「ビデオ」は，大部分が現在形で述べられ，意味や文脈はあまり提供されない。このことは，ライオネルがトラウマ記憶を経験しているという仮説を裏づける根拠となっている。トラウマ記憶は，視覚的で，直感的であり，より高次のエピソード記憶として統合されていないことが多いからである (Brewin, Dagliesh, & Joseph, 1996)。

セラピスト：それはひどいですね。
ライオネル：はい，私は兵役時代の終わりにかけて，かなりひどいいじめに遭いました。おわかりのように，その男たちのグループに恥をかかされ，殴られていたのです。最後には，私はめちゃくちゃになっていました。(頬に涙がこぼれ始める) そんなビデオが私の頭の中を流れるのです。どんなに頑張って止めようとしても，繰り返されます。身の毛がよだちます。自分がまたあそこへ引き戻されるかのようです。
セラピスト：あなたは大変な思いをなさったようですね。そして，恥をかかされたように感じたのですね。(ライオネルはうなずく) 新しい仕事

に応募することは，あなたの兵役時代の経験である，それらの画像やイメージを呼び戻すのでしょうか？（ライオネルは再びうなずく。間をおいた後）そしてあなたは，新しい仕事に応募するのを恐れています。なぜなら……。（間を置き，この想定の最後をライオネルが代わりに続けられるようにする）

ライオネル：またいじめられるからです。

セラピスト：それは，仕事の応募用紙に記入するのがあなたにとってどうしてそれほど大変なのか，その理由を確かに説明してくれますね。あなたの頭の中で流れているビデオについて説明してくださってありがとうございます。そのおかげで私は，あなたが何に苦しんでいるのかをずっとよく理解することができます。あなたの頭の中でどうしてこれらのビデオが見えるのかについて，私は，ある推測をしているのですが。

ライオネル：（涙でいっぱいの目でセラピストを見上げて）どういうことでしょうか？

セラピスト：それらのビデオは，いわゆるトラウマ記憶と呼ばれるもののように私には思われます。良い知らせがあるのですが，あなたがその気なら，その記憶が多くの苦悩を伴ってあなたの頭の中に侵入してこないようにするために，私たちはそれに働きかけることができます。自分に起きたことの記憶と折り合いをつけられるよう，気持ちを動揺させるそれらのイメージにどう取り組めばよいのか，あなたはそれを学びたいと思いますか？

このやりとりは，ホームワークをやり終えないことを，熟練したセラピストが，さらなるアセスメントと概念化の機会としていかに活用できるかを実証している。好奇心を維持したまま，ライオネルの持続的な自己観察を勧めることで，セラピストは潜在的にセラピーの障害となりかねないこと（ホームワークをやり終えないこと）を，現在の症例の概念化を再評価し修正するための貴

重な治療機会に変えた。ライオネルと彼のセラピストは，不十分さをめぐる自動思考ではなく，トラウマ記憶に関連したイメージが彼の先延ばしの引き金になっていることを発見する。図8.1で示されているすべての能力がここに表されている。セラピストは，どのようにしてこれらの高度な概念化のスキルを発達させるのだろうか？　以下でその疑問に取り組むこととする。

セラピストは症例の概念化のスキルをどのように学ぶのか？

　ここ数十年の間に，幾つかのCBTセラピストの学習モデルが提案されてきた。これらのモデルは，セラピストがどのようなメカニズムで学習し，セラピストのスキルのさまざまな側面（関与，概念化，治療関係上の問題に対する注意）がいかに相互に関連しているかを説明する。以下では，症例の概念化のスキルを理解し，教え，発達させるための枠組みを提供するために，James Bennett-Levyのモデル（Bennett-Levy, 2006）を採用する。図8.2からわかるように，Bennett-Levyは，宣言的，手続き的，および省察的という，学習の3つの関連した側面を効果的に示している。

宣言的学習
　宣言的学習は，CBT理論，治療プロトコルの諸段階，およびCBTセッションを構造化する方法を原理的に理解することなど，関連した知識の習得に関係している。これは，「それを知ること」に関係したものである（Bennett-Levy, 2006）。訓練の初期に，セラピストは，アセスメントの機能や症例の概念化はもちろんのこと，一般的な診断に関連した理論についても学ぶ。宣言的な知識には，比較的単純なモデルやアイデア（パニックの認知モデル，症例の概念化の理論的根拠など）と，複雑なモデルやアイデア（パーソナリティ障害の形態，超診断的プロセスなど）についての深い理解の両方が含まれる可能性がある。症例の概念化についての宣言的学習には，次のことが含まれる。症例の概念化の定義と機能の学習（第1章），障害に特定的なCBTモデルだけでな

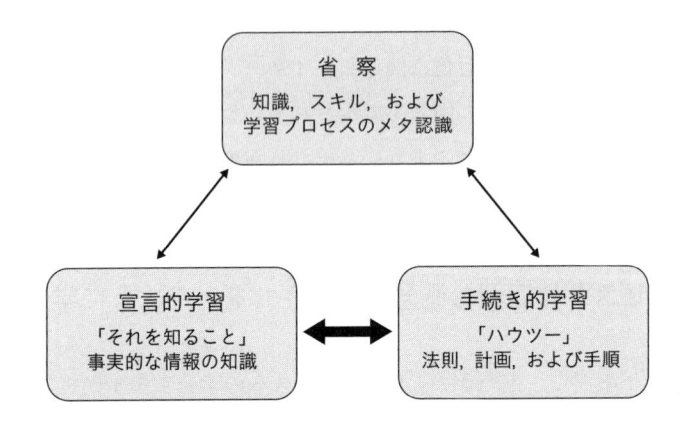

```
        省　察
    知識，スキル，および
    学習プロセスのメタ認識
   ↕                    ↕
宣言的学習    ⇔    手続き的学習
「それを知ること」       「ハウツー」
事実的な情報の知識    法則，計画，および手順
```

図 8.2 Bennett-Levy (2006) の CBT セラピストの学習モデル

く一般的な CBT モデルの学習（第 1 章，BOX 1.3），特定の障害における認知的 - 感情的 - 生理学的 - 行動的パターンの学習（第 5 章），さまざまな障害の診断マーカー，および症例の概念化に関わる手順の学習（第 5 章から第 7 章にかけて）である。宣言的学習は，理論的には，CBT の症例の概念化に不可欠な原理とプロセスについての学習にも適用される（第 2 章から第 4 章にかけて）。ライオネルの症例で言えば，トラウマのイメージへの取り組み方（Ehlers, Hackmann, & Michael, 2004; Ehlers et al., 2005; Wheatley et al., 2007）は言うまでもなく，先延ばし（Burns, 1989; Burns, Dittmann, Nguyen, & Mitchelson, 2001）や PTSD（Brewin et al., 1996）のモデルについて知ることも意味する。

　熟練した宣言的知識をもつセラピストならば，CBT における単純な知識と複雑な知識を例示することができる。ここで重要なのは，その知識が十分に構造化されており，そのセラピストがその知識基盤を容易にナビゲートできるということである（Eells et al., 2005）。より高度に発達した知識基盤をもつセラピストであればあるほど，自分のもっている知識を体系づけるために，より高次の原理を用いることが実証されている（Eells et al., 2005）。例えば，概念化について高度な理解をもつセラピストの方が，経験上の知識基盤とクライエン

トの経験との適合度を確認し，そのバランスを図るために，クライエントと協同で取り組む用意ができているだろう。

手続き的学習

手続き的学習は，スキルの修得と CBT を行う「ハウツー」に関するものである（Bennett-Levy, 2006）。例としては，クライエントの提示する課題に関する情報を収集するための質問をしたり，あるいは提示されている課題の機能分析を行ったりすることができる，といったことである（第3章，第4章，および第5章）。手続き的学習とは，セラピースキルを実行するために必要な原理，計画，および段階のことである。それには，非言語的スキル（クライエントの感情の状態の微妙な変化に気づくこと，など），対人的スキル（心から協同で取り組めるようにすること，など），および技術的スキル（思考記録の使い方をクライエントに教えること，など）が含まれる。手続き的学習は，「宣言的な理解が実践の中で実現し，洗練される」ときをいう（Bennett-Levy, 2006; p.64）。

有効な症例の概念化のためには，広範な手続き的学習が必要となる。その中には，協同，経験主義，および第5章から第7章にかけて述べた概念化の各レベルでそれぞれの手段を実行するスキル，さらには困難と強みの取り入れのバランスを取る能力が含まれる。セラピストは，強固な治療関係を構築し，協同的な調査にクライエントを関与させるために，また精神療法の取り組み全般，および CBT に特定的に関わってくるその他のあらゆる緻密なスキルに関しても，手続き的能力を発達させる必要がある。例えば，手続き的学習には，5部構成モデルを用いて，クライエントの提示する課題の記述的概念化を協同的に行っていくスキルが必要となることがある（第3章と第5章）。ライオネルのセラピストは，自分が彼の苦悩を理解していることを伝え，セッションの焦点を協同しながら切り替え，強い感情に取り組む際にも治療関係を維持し，さらにライオネルが理解できる言葉で適切な CBT モデルについて説明するにはどうしたらいいか，そのための方法を知る必要がある。

セラピストは，熟練した手続き的能力をもっていれば，協同的な症例の概念化も含めて，CBTのほとんどの介入を容易に実行することができる。例えば，第5章から7章で，マークのセラピストは，CBTの手続き的学習に熟達していることを実証している。なぜなら彼女は，マークが自らのさまざまな懸念を概念化するのを手助けし，概念化の各レベルで強みを取り入れるとともに，マークの懸念には共通の誘因と維持要因が含まれていることが概念化から示唆された際には複数のプロトコルを融合することさえして，CBTプロトコルを巧みに操縦できたからである。

省察的学習

省察的学習とは，セラピストが知識，スキル，および治療行動を改善するために，自分の臨床活動から一歩下がって，生じたことを観察した際に起こるものを言う。省察的学習には，自己観察，分析，および評価が必要であり，省察は，その瞬間あるいは事後のいずれかで生じ得る（Bennett-Levy, 2006）。省察は，何かが起こっているときにセラピスがそれに気づき，反応する瞬間に生じる。本章で先述した対話のセラピストは，セッションの中でライオネルの強い自動的な反応に気づき，ライオネルがホームワークをやり終えないことの意味について当初の仮説を再考した際に，省察的学習を実証している。

訓練中，CBTのセラピストは，セラピーセッションを記録し，再考するよう求められるのが一般的である。省察的学習は，こうしてセッションを再考する際に生じる。セラピストは，セラピーセッションの瞬間には完全に省察するのが困難であったかもしれないセッションの要素を観察するための時間と空間をもつことになる。例えば，ライオネルとのセッションにおいて，初級のセラピストなら，「もしあなたが進歩したいなら，ホームワークをやることが大切です。完璧にやらなくてもいいのです」と，欲求不満を抱えて反応したかもしれない。セッションの記録を再考することで，セラピストは，もっと治療に役立ったかもしれない代わりの対応について考えるだけでなく，自らの自動的な反応を観察し，その影響について熟考することができる。省察の他の例として

は，協同的経験主義がどれほどうまく用いられたかを評価し，今後のセッションでより良く行う方法を考えるために，セッション記録を再考することが挙げられるだろう。スーパーバイザーもしくはコンサルタントが，こうした省察のプロセスを指導する可能性もある。

　概念化に関する省察的学習には，概念化の適合度を評価し，学ぶべきことに注意を払うとともに，セラピーが予想通りに進展しているかどうかに注目することが含まれる。省察がセッションの中で明らかになるのは，概念化モデルに対する熱意や好奇心について，セラピストとクライエントの間にずれが存在することにセラピストが気づいたときである。一方，セッション外では，セラピストの省察は，概念化に欠けている，あるいは見当外れの要素を同定することが多い。本書全体を通して，私たちは「セラピストの頭の中」という欄を設け，セラピストの省察のプロセスをとらえている。第7章でマークと彼のセラピストは，マークの経歴がいかに彼の信念や戦略を形づくったのかを理解しようとしているが，その際，セラピストは自分自身に，「これは意味を成しているだろうか？　これは適合しているだろうか？」と尋ね，さらなる探求が必要な適合の問題が存在すると判断している。

　より熟練したセラピストの方が，さほど技術をもたないセラピストと比べて，自己観察のスキルがより発達していることを裏づける証拠がある。「熟練したセラピストは，自分がいつ間違えたのか，なぜ理解できなかったのか，そして自分の解決策をいつ再確認する必要があるかについて，より多く認識している」（Elles et al., 2005, p.587）のである。たとえそうであっても，専門家として成長していく各段階には，まだまだ学ぶべきことがたくさんあるはずである。

専門的発達のすべての段階における学習

　集合的に見て，本書の著者たちは，大学4年生から，すでに何年間も診療を行ってきたCBTセラピストまで，あらゆるレベルのセラピストに症例の概念化を教えた経験をもつ。心理学専攻の大学生は，一般に，症例の概念化を興味深く感じるものだが，それは症例の概念化が，理論から現実の臨床適用の理解

へと移行する機会を提供するからである。大学生の批判的思考や質問は，質的に実に見事な場合もあるが，こうした初期の段階では，学習はほぼ完全に宣言的である傾向がある。これらの学生の宣言的知識は，彼らが，協同的な症例の概念化に従事しているセラピストとクライエントのビデオ録画を観る際には非常に役に立つ。しかし，協同的な症例の概念化をロールプレイするように求められると，彼らは，それを行うためには一連の異なるスキル（手続き的知識）が必要であることを発見する。結果的に，学生のロールプレイは概してぎごちないものとなる。

　同様のロールプレイをするよう大学院生に促すと，彼らは，自分の知っていること（宣言的知識）を，開発中のセラピースキル（手続き的知識）と組み合わせようと試みる。大学院生もロールプレイで堅苦しくなってしまうことがあるが，それは，こうした知識の統合が困難な挑戦だからである。ロールプレイで起きたことについて省察を求められれば，大学院生には洞察や的確な議論が可能である。それは，彼らには理論とスキルを内面で統合するという体験について考察する機会があるからである。

　連続した形ではあるが，こうした学生たちの対極にあるのが，多くの経験を積んだ CBT のセラピストたちである。多くの場合，彼らは，すでに一連の十分に実践を積んだ反映のスキルを発達させてきている。彼らが概念化と介入を選択する理論的根拠を説明できるようになるためには，その前に，少しの間省察するためのそうしたスキルが必要なのである。熟練したセラピストならば，無意識に行えるほどセラピーのパターンを何度もリハーサルしてきていることから，もはや，セラピーの選択時点に意識を向けることはなくなるかもしれない。むしろ，さまざまな概念化の枠組みを，似たようなクライエントやセラピー上の課題についての自らの経験と組み合わせるといった，高次のレベルで省察する場合がある。

　例えば，ライオネルがホームワークをやっていなかったことが明らかになったとき，彼のセラピストは，セッションの中でライオネルのはっきりと見てとれる不安に着目した。セラピストは，経験から，ライオネルの極度の不安が不

十分さをめぐる自動思考の結果として生じたものである可能性が低いことを直感したのである。セラピストは，中心的な不安の思考やイメージを同定するためには，不安が大いに活性化されているときが理想的であることを理論と経験から知っていた。そのため，彼は，それが代わりとなる新たな仮説へと彼らを導いてくれることを願い，動揺をもたらすイメージについて共感的に質問する機会として，ライオネルの苦悩を利用することにしたのである。ライオネルのセラピストは，介入と概念化の選択に関して，このセッションではどのような経験則を用いたのかと尋ねられたとしても，即座には明確に説明できないかもしれない。自分の選択は「直観的」なものだった，と彼は言うかもしれない。それでも，これらのプロセスについての省察は，彼が自らの臨床実践において有用な，あるいは偏った操作原理を同定するのに役立つだろう。もし彼が，自分の臨床実践でうまく機能していることと，改善の余地があることを同定したいと望むのなら，こうした省察が必要だからである。また彼が，より優れた教師あるいはスーパーバイザーとなるためにも，それは役立つはずである。

症例の概念化の専門知識を発達させるための戦略

　第3章から第7章で述べられているように，症例の概念化を協同的に発展させるためには，セラピストは特別のスキルを修得し，クライエントのニーズと強みに応じてそれぞれ異なる形でそれらのスキルを巧みに組み合わせられるようにならなければならない。以下では，Bennett-Levyの学習プロセスを，症例の概念化の専門知識を発達させるためにデザインされた4段階の学習周期（図8.3参照）に統合することについて述べていく。ここで言う4段階とは，(1) 学習のニーズを評価し，(2) 個人的な学習目標を定め，(3) 宣言的，手続き的，および省察的な学習プロセスに参加し，そして (4) 今後の学習ニーズを見極めるために学習の進歩を評価することである（再び第1段階へ戻る）。ここでは，本書で強調されている原理である協同的経験主義，概念化のレベル，およびクライエントの強みの取り入れ，のそれぞれの学習周期について考察する。

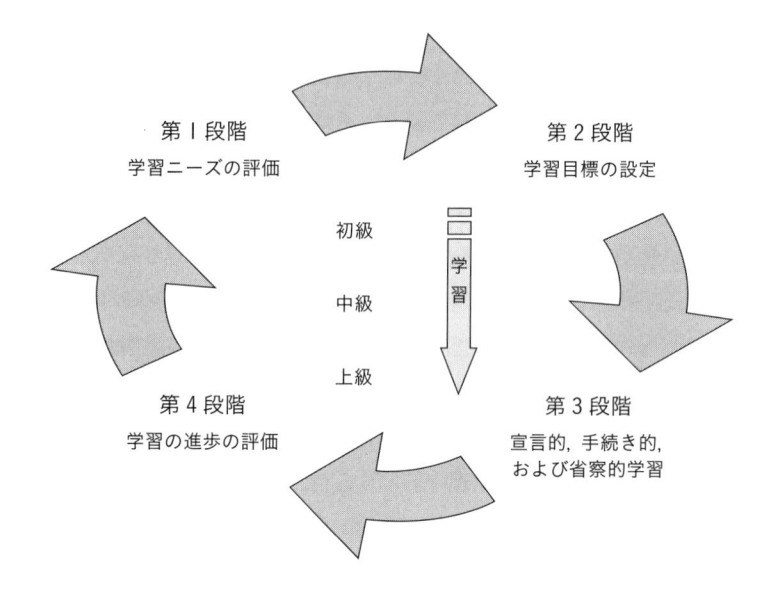

図 8.3 Bennett-Levy（2006）のCBTセラピストの学習モデル

「周期（サイクル）」という言葉が意味するように，この学習モデルは，キャリア全体に拡張することが可能であり，症例の概念化の実践を向上させるために，あらゆるレベルの専門知識をもつセラピストが用いることができる。それは，セラピストの自己学習の指針となり得るだけでなく，CBTのスーパービジョン，コンサルテーション，および教育プログラムでも用いることが可能である。以下の項では，セラピストが自身の症例の概念化のスキルを向上させるために，いかにこの学習の枠組みを利用できるかについて概説する。

第1段階：学習ニーズの評価
全般的な課題
　私たちの3つの原理のそれぞれに対し，私たちは，セラピストが自分の知識，スキル，および学習のニーズを自己評価することを勧めている。この評価のプロセスを補助するために，私たちは，セラピストが協同的な症例の概念化

を行うのに必要な知識と能力について具体的な提案をする。それらは，3つのBOX（BOX 8.1, 8.2, 8.3）にまとめられ，CBTセラピストが私たちの3つの原理それぞれに対して修得するよう期待されている事柄を要約して述べている。それぞれのBOXは，能力を専門知識の初級，中級，および上級に分類している。初級とは，解説される最も基礎的な一連の知識をいまだ（宣言的学習を通して）習得中であるか，あるいはこの知識を巧みに実行する（手続き的スキル）うえで限られた経験しかもっていないセラピストを指している。ただし，経験年数が症例の概念化に関するセラピストの知識と能力のレベルを決定するわけではないことを心に留めておいてほしい。長年の経験があっても，本書で概説されている原理の幾つかにおいては，いまだ初級者であるセラピストもいるかもしれないからである。

　セラピストが3つの原理それぞれの適用について等しく熟練していることは稀である。例えば，あるセラピストは協同的経験主義においては極めて熟練しているかもしれないが，クライエントの強みを症例の概念化に取り入れることにおいてはいまだ初級者かもしれない。これらのまとめのBOXは，セラピストとスーパーバイザーが知識のギャップを同定し，焦点を合わせた学習のための適切な計画を立てるのに役立つよう意図されたものである。それぞれの知識領域，もしくはこれらのBOXの中で挙げられている能力を修得するためには，宣言的知識と手続き的スキルが必要である。通常，まず最初に宣言的知識が取得され，次に経験に伴って手続き的スキルが発達する。この発達過程に対する省察として，私たちは，セラピストが各まとめのBOXの中のそれぞれの項目について，次の5点尺度で自らのスキルを評価することを勧めている。

　　0 ＝ 宣言的知識の欠如
　　1 ＝ 最小限の宣言的知識
　　2 ＝ 十分宣言的知識をもつが，手続き的スキルはほとんどない
　　3 ＝ 十分な宣言的知識と中程度の手続き的スキルをもつ
　　4 ＝ 十分な宣言的知識と十分な手続き的スキルを多くのクライエントに対

して使えるが，大部分のクライエントに対してではない
5 = 柔軟な手続き的スキルと統合された，完全な宣言的理解をもっている

　これまでは，私たちが典型的な発達過程と考えているものについて説明してきた。しかし，セラピストによっては，自分自身の学習が知識と能力における異なる発達パターンを示していることを発見する人もいるかもしれない。比較的不得意な領域については，以下の第3段階で概説されている方法を用いて，自己学習，同僚のコンサルテーション，スーパービジョンやコンサルテーションの標的とするとよいだろう。セラピストの中には，これらのリストの複数のレベル（初級，中級，上級）にわたる項目で自分自身に中程度もしくはより高い点数をつける人もいる。学習はさまざまな形で発展し得るものであり，こうしたことは予想されることである。これらの強みが，知識が不足している領域で役立ち得るかどうかを考えてみよう。また，評価に応じてセラピストは，一部のトピックスに対しては初級のガイドラインに従い，その他の学習領域については中級もしくは上級のガイドラインに従うといったこともあるかもしれない。

協同的経験主義に対する学習ニーズを評価する

　症例の概念化においては，クライエントとの協同を確立し，維持するために，セラピストは一般的なセラピー能力と症例の概念化に特定的な能力の両方を頼りにする。BOX 8.1にあるように，協同に必要不可欠な一般的なセラピー能力には，治療同盟を確立し，正確にそして共感的に話を聞くことが身についているといった，初級の能力が含まれる。上級の一般的なセラピー能力には，葛藤を協同的に切り抜け，セラピーの行き詰まりを乗り越えるための能力が含まれる。さらに，協同的な経験主義では，症例の概念化に特有の能力が必要となる。それは，クライエントの観察と，実証的に導き出されたモデルとの間に，会話のかけ橋をかけることができる能力である。これらの能力の中には，特定の概念化に適合または矛盾するクライエントの特定の経験，およびクライエントの

BOX 8.1	症例の概念化において協同的経験主義を採用するために推奨される知識基盤と能力
セラピストのレベル	推奨される知識基盤と能力
初級	● ポジティブな治療同盟の構築と維持の方法を知っている。 ● コミュニケーションスキル 　――考えを明確に伝えることができる。 　――クライエントが言わんとしていることによく耳を傾け，理解することができる。 　――言語的表現と非言語的表現が一致している。 ● CBTにおける協同の役割と，一般的な課題を達成するための協同の仕方を理解している（アジェンダの設定など）。 ● セラピーの時間内で課題を話し合う方法についての知識（さまざまな話題に費やすべき時間など）を含め，セラピーの構造の重要性を認識している。 ● 機能分析と5部構成モデルの両方もしくはいずれかの使い方を理解している。 ● うつ病，特定の不安障害，および臨床家としての実践の中でよく提示される他の課題など，一般的な障害についての説明的概念化に基本的に精通している。 ● 感情，思考，および生理学的な現象を同定し評価するための方法を知っている。 ● 行動観察にクライエントを従事させるための方法を理解している。 ● ソクラテス的対話の4段階を知っている。 ● 文化的な違いに関する知識をもっている。 ● 行動実験を設定し，その報告を聞くための基本を知っている。 ● 思考記録，予測記録，および，信念を観察して検証するためのその他の書面上の方法の使い方を知っている。 ● 症例の概念化に必要な情報を収集するための適切な質問の仕方を理解している。

BOX 8.1	つづき
中　級	初級のすべての知識に加えて： ● セラピストの言葉や隠喩をクライエントの教育的レベル，文化，および個人的な関心に適合させる方法を知っている。 ● 特定の概念モデルに適合するクライエントの経験と相反する経験を認識している。 ● クライエントがセラピーセッションの外で自分の経験のさまざまな異なる側面のつながりを積極的に探し，それらを言葉や書面でセラピストに報告させるようにすることができる。 ● うつ病，不安障害，および臨床家の実践に共通するその他の問題に対しての認知的概念化を明確に理解している。 ● 提示されている類似の課題を区別する際の特徴を認識している。 ● 概念化に文化的要因を取り入れることができる。 ● 信念を効果的に検証するために，ソクラテス的対話を用いることができる。 ● クライエントの経験に対する客観性と真の好奇心を維持することができる。 ● クライエントが報告する経験と一致する，エビデンスに基づいたモデルをクライエントに提示することができる。 ● 適切で，エビデンスに基づいたモデルを取り入れた個別化された概念化を行うことができる。 ● 予測を行い，症例の概念化を評価するために行動実験を取り入れることができる。
上　級	初級と中級のすべての知識に加えて： ● 対立を話し合いによってうまく切り抜け，セラピーの行き詰まりを協同的に乗り越えることができる。 ● 協同的な対人関係を維持していくことが困難なクライエントも含め，ほとんどのクライエントとの協同を達成し，維持していくことができる。 ● 自然な会話を通して，クライエントの観察と実証的に得られたモデルとの橋渡しをすることができる。 ● 経験についてのクライエントの報告と，実証的に裏づけられたモデルとの間の微細な類似点と相違点に注意している。

> BOX 8.1　つづき
>
> - 実証的に裏づけられたモデルとクライエントの個人的経験との食い違いを調和させるために，クライエントから得たデータを活用したり，クライエントからデータを求めたりすることができる。
> - 実証的な手法をセラピーにスムーズに織り込むことができる。
> - セラピーの行き詰まりをうまく切り抜け，治療の選択肢を評価し，再発への対処計画を立てるために，症例の概念化を用いる準備ができている。
> - 実証的プロセスを妨げる個人的偏見について考察し，それらを同定することができる。

経験に対する認識に，実証的に得られたモデルを適応するために言語や隠喩を柔軟に用いるといった中級のスキルが含まれる。セラピストは，より熟達するにつれて，リラックスした会話の形でそれらのスキルを用いるとともに，経験のさまざまな側面間につながりを求めることにクライエントを積極的に従事させることができるようになる。さらに，セラピストが好奇心，思いやり，および柔軟な姿勢といった素質をもち，それらの手本となることも有益である。

経験主義は，時折，クライエントの経験を，特定の障害の実証的に裏づけられたモデルに結びつけることを意味することもあるが，その他には，クライエントの多くの異なる情報源を統合しながら，クライエントの経験を慎重に観察することで概念化を導き出すことを指す場合もある。より熟達したセラピストであればあるほど，情報の中に大きなパターンを見出し，それをよりうまく用いることが示されている。それはおそらく，彼らが非常によく整理された知識基盤をもっており，それを活用していくことにより熟達しているからであろう (Eells et al., 2005)。

セラピスト，スーパーバイザー，および CBT のインストラクターは，BOX 8.1 を用いることで，協同的経験主義において中心となる強みと知識のギャップを評価することができる。初級，中級，および上級のセラピストでは，期待される能力と知識の幅が異なる。協同的経験主義の初級者の場合，前向きな治療

同盟を構築し，維持する方法といった基礎的な能力と知識を習得し，セッションのアジェンダを設定するといった，協同の基本的な課題を成し遂げる必要がある。さらに，初級のセラピストには，概念化を行ううえで必要なクライエントの観察を引き出す方法といった，症例の概念化に特有の知識も必要とされる。中級のセラピストになると，より巧みに，クライエントが提示する課題を広範囲にわたって，クライエントの個々のニーズにより対応する形で，これらの基本的な課題を遂行できるようになる。

　知識を適合させようとして初級のセラピストがしばしば悪戦苦闘するのに対し，中級のセラピストは，知識をうまく活用し，多くの場合，個々のクライエントに合わせた形でそれを用いる。以下のセラピストの言葉は，症例の概念化における言葉の用い方の初級と中級の違いを具体的に示している。

初級：あなたの思考と感情がどのように結びついているのかを絵に描いて示すことができるかどうか，やってみましょう。（事実上，どのクライエントに対しても同じ言い回しが用いられる）

中級：あなたはさきほど，オートバイをいじるのが好きだとおっしゃっていましたね。オートバイをいじる際には，何と何がつながっているかを知っていることは重要なのでしょうか？（クライエントがうなずく）あなたの気分に少し手を加えられるようになるために，ひょっとしたらあなたのオートバイの技術を活用できるかもしれませんね。まず，何と何がつながっているのかを理解できるかどうか，確かめてみましょう。

　中級のセラピストはまた，一般的な問題を概念化するための実証的に裏づけられたモデルに関しても，初級のセラピストよりも広範な知識を獲得している。さらに，類似のモデル間で重複する特徴や，両者を区別する特徴についても，中級のセラピストは認識している。中級のセラピストは，文化的な経験の相違に対しても，初級のセラピストに比べてよりうまく対応できることが多く，概

念化に文化的要因を取り入れる方法を心得ている。セラピストは，症例の概念化の中級レベルのスキルを獲得するために長年を費やすこともある。

協同的経験主義における上級の能力を特徴づけるのは，困難な状況下でも協同とクライエントの関与を引き出す能力，および，実証的に裏づけられたモデルとクライエントの観察の食い違いを協同的に調整する能力である。このレベルともなると，セラピーの行き詰まりをうまく切り抜け，治療の選択肢を評価し，再発の管理計画を立てるために，症例の概念化をすぐにでも用いる準備ができている。上級のセラピストはまた，自分の信念や価値観が症例の概念化のプロセスにどのように影響するかについても極めて省察的であることが期待される。

概念化のレベルに関する学習ニーズを評価する

長期にわたっているマークの症例（第5章から第7章）は，症例の概念化が，クライエントの脆弱性に寄与する弱点や，レジリエンスを確立する際の基礎となる保護要因についての記述（機能分析や5部構成モデル）から，横断的説明（誘因や維持要因）へ，さらには縦断的理解へと，時間とともにどのように進展していくかを示している。私たちは，この進展を「概念化のレベル」と呼んでいる（図2.1参照）。概念化のレベルを用いるために，セラピストは，BOX 8.2 で概説されている知識基盤と能力を獲得する必要がある。

BOX 8.2にあるように，初級のセラピストは，特定の障害に関する理論や研究，理論的根拠，および特定の概念化の枠組みに必要な手段（5部構成モデルなど），そして，提示される課題のリストを構成し目標を設定するといった基本的なセラピーのプロセスを学ぶ必要がある。概念化のレベルに関して中級の能力をもつセラピストになると，より深く，より広範に適用できる知識を獲得する。上級のセラピストでは，理論と研究を相互交流させることでアイデアを生み出し，それぞれのレベルの概念化の中でクライエントの問題とレジリエンスを統合する方法をより完全に理解できるようになる。さらに，上級のセラピストは，セラピーの特定の時点で，特定のクライエントにとって適切な概念

BOX 8.2　概念化のレベルを採用するために推奨される知識基盤と能力

セラピストのレベル	推奨される知識基盤と能力
初級	**記述的レベル** ● 思考，気分，身体的反応，行動，およびクライエントの経験の状況的側面を識別することができる。 ● 提示される課題のリストの目的と理論的根拠を理解している。 ● 機能分析の原理とプロセスを理解している。 ● 5部構成モデルの原理とプロセスを理解している。 ● 1つか2つの，エビデンスに基づいた概念化のモデルに精通している（パニック障害，OCDなど）。 ● 目標設定のプロセスを理解している。 **説明的レベル（誘因と維持要因）** ● 自動思考，基礎的前提，および中核信念を同定することができる。 ● 一般的な認知モデル（第1章参照）を同定することができる。 ● 誘因と維持要因を同定することができる。 ● 安全行動を認識している。 ● 1つか2つの一般的診断についての病因論，維持，および治療に関する調査研究を知っている。 **弱点と保護要因** ● パーソナリティの発達に関するCBT理論を知っている（Beck et al., 2004）。 ● レジリエンスを理解するためのモデルを少なくとも1つ知っている。 ● 発達歴，提示される課題，および再発管理を結びつける理論的根拠を理解している。
中級	初級レベルの全知識に加えて： **記述的レベル** ● 自分の診療の中で一般的な障害のすべてにわたり，エビデンスに基づいた診断モデルに精通している。 **説明的レベル** ● 自分の診療の中で一般的な多くの障害について，その病因論，維持，および治療に関する調査研究に関心をもち続ける。

BOX 8.2 つづき

- 複数の状況でクライエントに繰り返し発生するテーマを認識している。
- CBT 介入について広範な知識のレパートリーをもち，概念化に基づいてそれらを選択する方法を理解している。
- さまざまな臨床集団における調査研究の知識に基づき，期待される治療の長さと結果を熟知している。

弱点と保護要因
- パーソナリティのタイプとそれに関連する一般的な基礎的前提と中核信念を認識している。
- 主要なテーマと提示される課題に関連した隠喩，物語，およびイメージをクライエントから引き出す方法を理解している。
- 提示される課題とクライエントのレジリエンスの両方について縦断的概念化を行う方法を理解している。
- クライエントの縦断的概念化に基づいて，将来的な再発のリスクファクターとなり得るものを同定することができる。

上級 初級と中級レベルの全知識に加えて：

記述的レベル
- エビデンスに基づいたモデルにおいて繰り返し発生するテーマ（反芻など）を認識し，クライエントの提示する課題を結びつけるテーマを同定することができる。
- 特定のクライエントに対して概念化の各レベルをいつ用いればよいかについて，臨床的な理論的根拠を提供できる。
- 概念化の各レベルにおいてレジリエンスを取り入れるための理論的根拠と方法を理解している。

説明的レベル
- さまざまな CBT アプローチと多くの障害全般にわたって得られた研究所見を統合するための知識を定期的に更新している。
- クライエントが提示する複数の課題に共通する誘因や維持要因を認識している。
- クライエントの概念化の特性に適合させたり，あるいは治療にとって障壁となるものに合わせて，CBT 介入を修正する方法を知っている。

> **BOX 8.2　つづき**
>
> **弱点と保護要因**
> - さまざまなパーソナリティ障害に対するCBTの効果を高められるように面接を修正する方法を理解している（Beck et al., 2004）。
> - 縦断的概念化の中に弱点と保護要因を取り入れる方法を知っている。

化のレベルについて，より優れた判断ができる。

　マークのセラピストは，概念化のレベルにおいて上級のスキルと知識を具体的に示している。彼女は，概念化の各レベルで必要なすべての作業を巧みに完了させ，マークが提示する数々の課題を結びつけるテーマを認識し，浮き彫りにした。また，幾つかの治療プロトコルをうまく実行し，調和させたうえ，セラピー全体を通してマークのレジリエンスを同定し，取り入れたのである。さほど知識をもたず，能力も劣るセラピストなら，利用可能な時間内にマークについてこれほど多くのことを達成することはできなかっただろう。知識あるいは能力において劣るセラピストであれば，マークのセラピーはどのように進展した可能性があるか，考えてみよう。

　初級のセラピストがマークと共に取り組んだとすれば，各セラピー課題の必要性を理解しても，それを実行するのが困難だったかもしれない。加えて，初級のセラピストの場合，抑うつ，OCD，健康不安のいずれかを治療した経験ならあるかもしれないが，3つの課題すべてを扱った経験がある可能性は低いだろう。そのため，初級のセラピストは，概念化と治療手法をどのように結びつければよいかをめぐって悪戦苦闘することが多い。複数の問題を抱えるクライエントに対しては特にそうである。必要とされる知識の幅が欠如しているか，さもなければ宣言的知識はあっても手続き的スキルが欠けているかのいずれかである。その上，初級のCBTセラピストは，クライエントの苦悩に注意を傾けるあまり，クライエントのレジリエンスにも同時に取り組むことの利点を忘れてしまうことが多い。

　では，概念化のレベルで，もし仮にマークが中級のスキルをもつセラピス

トとペアを組んだとしたら，マークのセラピーはどのように進行するだろうか？　中級のセラピストであれば，CBT の概念化モデルや，マークが提示する課題のそれぞれに対する治療について，より心得ている可能性が高いだろう。中級のスキルは，一般的に学習期間が長期に及ぶ。そのため，中級のセラピストの中には，よく経験を積んだ，かなり熟練した初級者といった人もいれば，上級のセラピストによく似たレベルで実践する人もいる。初級のセラピストと異なり，中級のセラピストは，知識とスキルのギャップを経験することは稀である。実際，ギャップに遭遇した際でも，ほとんどの中級のセラピストは，関連文献の学習，他のセラピストとのコンサルテーション，あるいは個人的な省察などを通して，必要な知識とスキルを得る方法を心得ている。ただし，上級のセラピストとは異なり，中級のセラピストは，概念化の各レベルでクライエントの問題とレジリエンスを巧みに統合できる可能性は低いだろう。また，中級のセラピストの場合，マークのセラピストが OCD と心気症のモデルを統合することでマークの健康不安に対処したときのように，セラピーのジレンマを解消するうえで高次の原理を用いる可能性は低いだろう。

クライエントの強みの取り入れに関する学習ニーズを評価する

　本書全体を通し，私たちは，クライエントの強みを症例の概念化へ取り入れることの利点を説明している。BOX 8.3 は，セラピストがそれを行ううえで役立つ知識基盤と能力をまとめたものである。現在，症例の概念化に強みを取り入れていないセラピストの場合，まずこのようにするのが望ましいという確信を育む必要がある。ポジティブ心理学やレジリエンスに関する文献からの知識（第 4 章）は，強みに焦点を当てた CBT を実践することの利点をセラピストが正しく評価するのに役立つ。また，これらの知識基盤は，クライエントの強みと精神的健康，およびレジリエンスとの間の結びつきについて，セラピストが広範な理論的，実証的理解を発達させるうえでも役立つ。

　初級のセラピストの場合，クライエントの強みを同定するための質問をし，症例の概念化における強みの妥当性を理解できるようになることが期待され

BOX 8.3　クライエントの強みを取り入れるために推奨される知識基盤と能力

セラピストのレベル	推奨される知識基盤と能力
初級	・症例の概念化におけるクライエントの強みの妥当性を理解している。 ・クライエントの強みを引き出すための質問を知っている（第4章参照）。 ・クライエントが強みを同定するのを手助けするために導きによる発見の手法を用いることができる。 ・少なくとも幾らかは非言語的な強みを観察することができる。 ・ポジティブ心理学の文献について知っており，強みに焦点を当てることの経験主義的な基盤を理解している。
中級	・レジリエンスに関する文献を知っており（第4章参照），強みのさまざまな領域に精通している。 ・強みを概念化モデルに取り入れる方法を理解している。 ・非言語的な強みを観察することができる。
上級	・症例の概念化の各レベルを通して，強みと困難をスムーズに統合することができる。 ・同定された強みの中に変化のための経路を認識する。 ・非言語的な強みを観察，推測し，セラピーの各段階を通してそれらに対するクライエントの認識を促すことができる。 ・強みとレジリエンスの両方を治療計画に統合することができる。

る。セラピストは，クライエントの強みを取り入れることにおいて中級の能力に達すると，自然とクライエントの強みを観察し，比較的容易にそれらを症例の概念化に取り入れ始める。上級レベルの能力であれば，セラピーの各段階および症例の概念化の各レベル全体を通して，強みを取り入れていくことと関連づけられる。加えて，上級のセラピストの場合，クライエントの強みとレジリエンスを治療計画に積極的に統合する。

《クラリッサ：学習ニーズの評価の例》

　クラリッサは，地域のメンタルヘルスセンターで働く CBT セラピストである。彼女は，BOX 8.1，8.2，8.3 に挙げられている知識基盤と能力において自分自身を評価し，初級の知識とスキルのすべてにおいて，3 から 5 と評価している。最もよく見られた初級の評価は，4 である。中級の知識とスキルにおいて，彼女は自分自身を 2 から 5 と評価しており，最も多かった評価は 2 から 4 である。上級のスキルにおいては，自分自身を 0 から 5 と評価し，最も多い評価は 1 から 3 である。これらの評価は，彼女が知識と能力のほとんどの領域において，中級のレベルにあること示している。彼女が最も上級と評価されたのは，クライエントの強みを症例の概念化へ取り入れるスキルにおいてである。彼女が働く地域のメンタルヘルスセンターは，クライエントの強みを基盤として活かしていくことを強調していることから，彼女は気安くクライエントの強みを評価し，それをほとんどの症例の概念化や治療計画に取り入れることができるのである。さらに，クラリッサは自分の強みを，クライエントと協同し，抑うつや不安の診断に協同的経験主義を利用することにあると認識している。抑うつと不安に対する CBT 理論と治療について確実に理解していることが，これらの強みを支えているのである。

　クラリッサは，CBT の理論や実践に関する自分の知識を，うつ病や不安障害を超えてさらに広げていこうと決意する。彼女のクリニックのクライエントの中には，精神病の一部として幻聴を経験する人が多い。クラリッサは，精神病に関する CBT の理論と研究には興味深い領域があることを発見する。そして，精神病に対する CBT，なかでも特に幻聴をもつクライエントのための CBT が，自分が向上させたい知識の領域であると決論する。

第 2 段階：個人的な学習目標の設定

　ちょうどクラリッサが行ったように，読者の方々も，さらなる学習のための領域を選択し，それを優先させるために，自らの知識と能力に対する評価を見直してみることをお勧めする。みなさんが診察するクライエントや直面する

臨床的な課題のタイプについて考えてみてほしい。みなさんとクライエントにとって最も利益になると思われる改善のために，1つもしくは2つの領域を選ぶ。セラピストは，この決断を自分自身ですることもできるし，スーパーバイザーもしくはコンサルタントの力を借りてもよいだろう。数週間もしくは数カ月で達成できる学習目標を立てるのが最善である。改善しようとして一度にあまりにも多くの領域に取り組んだり，あるいは高すぎる目標を立てたりすると，圧倒された気持ちになりやすい。一度に1つか2つの改善領域を標的とする方がずっとよいだろう。

　学習領域が選択されたら，それに関連した個人的な目標を設定する。具体的，客観的で，測定可能な言葉で自分の目標を同定することが有益である。クラリッサは，学習目標を次のように設定する。(1) 幻聴を理解するためにCBTモデルを学び，(2) 声が聞こえる二人かそれ以上のクライエントに取り組み，そのモデルが彼らの個人的な経験とどのように適合するかを確認する，そして，(3) これらのクライエントの言葉と個人的な隠喩を用いて，彼らにとって意味をなし得るよう，彼らの声の概念化を協同的に行う。これらの目標は具体的で，客観的である。

　クラリッサはこれらの3つの目標のそれぞれについて，その進歩を次のように測定することにする。(1) 同僚の一人にクライエント役をやってもらい，幻聴のCBTモデルについての彼女の説明が明確かどうかを評価してくれるよう求める。(2) 自分のセッションの録音を聞き，幻聴についてのクライエントの描写を自分がどの程度うまく引き出せているか自己評価する。クライエントの描写は，CBTモデルとの適合あるいは相違を示す根拠を提供し得るからである。さらに，(3) クライエントと共に行った概念化がどれほど彼らの個人的経験に適合しているかをクライエント自身に評価してもらう。彼女は，これらの各領域における評価が本章で推奨されている5点評価で3点もしくはそれ以上であるときに，自分の学習目標がうまく達成されたと判断することにする。クラリッサの目標が，必ずしも完璧な専門的技術を目指したものではないことに着目してほしい。3という評価は，「中程度のスキルを伴う理解」を示すが，

新しいことを学ぶ際にはかなりの達成度と言えるだろう。新たな学習領域に移行するのにそれ以上の熟達を待つ必要はない。練習を重ねることにより，時間とともに能力は高まるものだからである。

　個人的な学習目標を設定していくためのこうしたプロセスは，協同的経験主義，概念化のレベル，クライエントの強みの取り入れ，あるいはこれら3つの原理の組み合わせのいずれかで目標を設定する場合でも同じである。目標を設定する際には，各原理に対して挙げられている学習領域の間に相互作用が存在していることを心に留めておいてほしい。例えば，協同は，セラピストがCBT理論をよく理解しているときに高めることができる。なぜなら，セラピストがクライエントの提示する課題の中心的テーマについて質問するうえで，その理論が指針となるからである。そのため，クライエントは，そのセラピストを博識で，力になってくれる人物ととらえる可能性がより高くなり，セラピストとの協同に対する関心も高まり得るのである。同様に，私たちの3つの原理にわたる知識の領域にも相互作用が存在している。例えば，概念化の各段階で強みを取り入れることができるセラピストは，クライエントとの協同においてもより多くを達成できるかもしれない。このように，ひとつの学習目標での進歩は，その特定の領域のみならず，より広範なセラピストの能力においても利益をもたらすのである。

第3段階：宣言的，手続き的，および省察的学習のプロセス

　いったん学習目標が設定されると，セラピストは，それを達成するための最善の方法を選択する。一般的な学習様式としては，読書，ワークショップへの参加，ロールプレイ，構造化された臨床的診療の実践，自己レビューやコンサルタントによるフィードバックのためのセッションの録画，などがある。概観として，BOX 8.4はこれらの学習様式をまとめ，それらをBennett-Levyの宣言的，手続き的，および省察的な学習プロセスに結びつけたものである。Bennett-Levyのモデルは，学習計画を立てるための有用な枠組みとなる。まずは宣言的学習方法で始め，次に，それまで学んできたことを臨床実践へと当

BOX 8.4　学習のタイプを主な学習様式に適合させる	
学習のタイプ	主な学習様式
宣言的： 「それを知る」	読書；臨床実践の観察；クラスやワークショップへの参加（その場に参加する，もしくはワークショップの録音を聞く）
手続き的： 「やり方を知る」	フィードバックを伴ったロールプレイ演習；臨床的な取り組み；コンサルタントもしくはスーパーバイザーのフィードバックを伴う臨床的なセッションの録音；他者に対するスキル教育もしくは実践
省察的： 知識，スキル，および学習プロセスに対するメタ認識	セッションでの協同的経験主義；省察的臨床実践（セッションの録音の自己レビューなど）；CBTの手法の自己練習；省察的なスーパービジョン；省察的な読書・執筆；個人セラピー；個人／専門家としてのリトリート経験；関連するセラピストの信念の同定と検証
注：Benett-Levy（2006）より	

てはめる方法を学ぶために手続き的方法を採用するのが理にかなっている。学習の進み具合を評価し，新たな学習が適合する領域，あるいは適合しない領域に着目し，学習の進歩を促したり妨げたりするセラピストの信念，経験，対人的プロセスを同定するうえで，省察的プロセスは学習プロセス全体を通して有用である。

宣言的学習のプロセス

　主な宣言的学習のプロセスは，文献を読み，クラスやワークショップに出席することである。これらは，セラピストの知識レベルが初級であるか，中級であるか，それとも上級であるかに関わらず，ほとんどの学習目標の出発点として最適である。経験主義的な文献についてのセラピストの知識は，経験主義的に裏づけられたモデルを概説する書籍や記事を読むことによって得られる（BOX 1.3を参照）。経験主義的な知識は，連続的に増えていく。研究が進むにつれ，一般的に提示される課題の病因や維持に対する私たちの理解も変化

し，向上する。したがって，どのレベルのセラピストも，CBT 関連の定期刊行物を読んだり，同僚の研究グループに参加したり，CBT の学会や実証的に裏づけられた臨床的ワークショップに参加することによって，自分の知識基盤を定期的に更新した方がよいだろう。実際のワークショップにすぐには参加できないというセラピストでも，ワークショップの録音を入手することは可能である。実践のデモ DVD を観てももちろんよいだろう（Padesky, 2008 など）。プログラムの録音に関する情報を特集しているウェブサイトには，www.beckinstitute.org，www.octc.org，www.padesky.com などがある。

手続き的学習のプロセス

手続き的学習は一般的に，まずロールプレイや臨床実践を通して行われ，次に，同僚，クライエント，スーパーバイザー，あるいはコンサルタントによるフィードバックはもちろんのこと，セッションの録音の自己レビューが続く。どのスキルレベルのセラピストも，本書で概説されている原理に従うつもりで，ロールプレイとセラピーの両方において，特定の概念化の課題を実践的に練習するとよいだろう。影響の評価や優先づけも併せて，提示される課題のリストを作成するといった一連のスキルを学びたい，あるいは微調整したいと考えているセラピストについて考えてみてほしい。多くのセラピストは，関連する原理を振り返ることや，セッションの中で自分が従うつもりの手順についてメモしておくことが役に立つと感じている。セラピストは，索引カードやノートに手順が書かれていると，それに従っていく可能性が高くなる。そのうえ，思い出す助けとなるものを常に頭の中で探すよりも，そのようなものが書いてあった方が，セラピストは，クライエントや協同の課題に注意を向けることができる。概念化を達成する方法を段階的に思い出させてくれる書面上のものがあれば，セラピストがその手順を学ぶうえで役立つであろうし，それらの手順がなぜそのような順番になっているかを考える機会を得ることができるだろう。

セッションの最中にメモを確認することが気になるというセラピストは，自分がメモに従っていることをクライエントに伝え，なぜそのようなことを行う

のかの理論的根拠を示し，クライエントにアドバイスを求めることで，それを協同的なプロセスにしてみるとよいだろう．例えば，次のように言ってもいいもかもしれない．

「重要と思われる情報をすべて集められるようにするために，今日のセッション用に2，3，メモをしてきました．本来の道を順調に進んでいけるように私が時々メモを確認していることに気づくかもしれません．もし私たちが軌道から外れていると思ったら，メモを確認するよう私に言ってください．(優しく微笑む) また，あなたのセラピーの目標を達成するために，あなたにもセラピーの内外でメモを取っていいただき，私たちが本来の軌道を外れないよう確実にしていただければと思います」

同僚のセラピスト，コンサルタントもしくはスーパーバイザーのフィードバックは，さまざまな概念化の課題を学ぶうえでかけがえのないものである．セラピストは，セッションやロールプレイを録音し，同僚と共にそれらを詳細に検討するとよいだろう（当然，クライエントの許可がきちんと得られてからである）．どのスキルレベルのセラピストも，自分の臨床スキルを他者に示すときには幾らかの不安を経験するものである．そのため，セラピストのフィードバックは，常に自分がうまくできたことを振り返ることから始めるように，私たちは勧めている．セラピーに自分の強みが取り入れられるときにクライエントが良い反応を示すのとちょうど同じように，セラピストも強みが認められたときには，建設的なフィードバックを聞いて，それを取り入れることをより容易に感じるものである．クライエントと同じで，セラピストも自分の強みを認識していないことがある．そうした強みを強調することは，セラピストがセラピーの中でより一層生産的にそれらを利用する助けとなることがある．

以下の対話は，カレンとエリックの間で交わされたものである．彼らは同じクリニックに勤める中級のCBTセラピストで，ちょうど今，ロールプレイを終えたところである．このロールプレイでは，カレンが社交不安をもつクライ

エントの役を演じた。エリックは，誘因と維持要因の概念化を導き出すためにカレンと共に取り組んだ。以下は，カレンがエリックにフィードバックを与えようとしているところである。

エリック： やれやれ。君に自分の維持プロセスを同定させることがはたして僕にできるんだろうかとしばらくは自信がなかったけど，何とかなったね。僕はどうだったかな？

カレン： まずはポジティブなフィードバックから始めましょう。自分では何がよくできたと思う？

エリック： うまくできなかったと思うことを言う方が，少し簡単なのかもね。（カレンが黙ったまま励ますような笑顔でいるため，しばらくしてエリックは続ける）そうだなあ，社交不安についてはかなり明確に君に説明できたと思う。だから僕たちは，君の誘因をすぐに同定できたんだよ。（笑いながら）君が僕のことを思いやりのある真摯な人間だと感じてくれたことを願っているよ。

カレン： 実際，その通りよ。この面接で私が本当に気に入ったことのひとつは，あなたが私のことを何度も見てくれたということよ。……品定めをするような態度ではなくてね。そんな態度で見られていたら，私，居心地悪かったんじゃないかしら。でも，あなたは本当に思いやりのある感じだったわ。

エリック： ありがとう。

カレン： それにね，「がんじがらめになっている感じがする」という言い回しを私が使っていることにあなたが気づいたということも良かったと思う。あなたがその言葉を使い続けてくれたおかげで，私は自分の経験の中に居続けることができたの。そして，この感じには何かイメージが付属しているのかどうかってあなたが私に尋ねたとき……それが本当に私の壁を突き破ったの。そのイメージがそれほど強力だったからでしょうね。もしあなたが違う言葉

を使っていたら，あるいはそのイメージを探していなかったら，私たちは軌道から外れてしまっていたんじゃないかしら。(エリックの面接スキルに関して，さらに2, 3のポジティブな観察を提供する)

エリック： なるほど。さて，準備はできているよ。僕はどこを改善すべきかな？

カレン： あなたが維持プロセスのアイデアを紹介したとき，実際，少し戸惑ってしまったわ。その時点までは何事にもとても砕けた感じだったでしょう。なのに維持について私に説明するとき，あなたはとても専門家的で，堅苦しくなった感じがしたの。もし私が本当にこのクライエントだったら，少し怖くなったかもしれない。……あなたの深刻な声の調子が，今にも何か悪いことを知らせようとしているのかもしれないと思って。

エリック： へえ，興味深いね。自分がそんな印象を相手に与えていたなんて気づかなかったよ。維持要因についてどう話したらいいかについては，実際，少し悪戦苦闘しているんだ。あの時点で僕が学術的な感じになってしまったのは，おそらくそのせいかもしれない。

カレン： セッションの録音でその部分を聞いてみれば，おそらく，私が言おうとしていることがわかると思うわ。もっと別な形で話題を変えるにはどうすれば良かったのかについて話し合うことは役に立つと思う？

エリック： うん，そうしたいね。維持のことを紹介するのに，僕は本当に悪戦苦闘しているんだ。できれば，君と役を替わって，維持について君ならどうやって僕に話してくれるかを見せてくれるといいんだけど。

カレン： もちろんいいわよ。あの時点まであなたはとてもうまくやれていたわ。私は本当にあなたの言うことを理解できていたし，このことをすべて解明するうえであなたは私の味方になってくれると感じたの。そのまま砕けた感じで，相手を気遣う形で，維持要因に

ついて紹介し，それを探し出す方法を見つけることができれば，あなたのセッションはもっとよくなると思うわ。こうした情報をもっと上手に紹介する方法が見つけられるまで，もう2,3回，セッションのあの部分をロールプレイしてみてはどうかしら。

エリック： そうしよう。録音の中でその部分を見つけるよ。

　カレンはエリックに，彼の治療の仕方について極めて具体的なフィードバックを与えていることに注目してほしい。彼女の言葉は客観的で，具体的な行動についてコメントしており，批判的でない。よくあることだが，カレンは，エリックが自覚していない行動の側面に特に言及している。彼は，自分が維持要因の同定に悪戦苦闘していることは認識しているが，面接のこの時点で声の調子が変わったことや，自分のより専門家的な口調がクライエントにネガティブな影響を与える可能性があることに気づいていない。エリックはカレンのフィードバックに耳を傾け，それについて考えている。カレンとエリックが互いにセラピストとして尊敬し合い，彼らの両方が学習に価値を置いていることは，このやりとりにおいて明らかである。エリックとカレンは，これらの課題について単に話し合うだけでなく，エリックの能力を向上させ得るさまざまな選択肢を実験するために，進んで追加的なロールプレイをしようとしている。

　ロールプレイに続く同僚のコンサルテーションとフィードバックについてのこの簡潔な例は，読者が従うべき優れたモデルを提供している。お互いとのコンサルテーションを始める前に，セラピスト同士で，学習の焦点，形式（具体的で客観的なコメントをする，ポジティブなフィードバックを先にする，など），および役割（セラピストが交互にフィードバックを与えたり受けたりする，など）について話し合っておくとよい。これらが，その相互作用を特徴づけることとなる。セラピストのスキルの各レベルにおいて，ロールプレイの中でのスキルがより馴染みのあるものになればなるほど，セラピーセッションの中でもそれをより容易に表現できるようになるだろう。

　同僚と症例について話し合い，セッションの録音を聞くことは，症例の概念

化のスキルを磨くうえでも役に立つだろう。これらの活動を行っている最中には，経験主義を心に留めておくことが重要である。時折，臨床的な症例について話し合っていると，個人的な経験や他のクライエントとの経験に基づく個人的推測や逸話へと迷い込んでしまうことがある。それらのアイデアが実りある仮説につながることも時にはあるだろうが，セラピストにとって重要なことは，現在のクライエントの経験の中に根拠を探し，ただひとつの逸話よりも，実証的に裏づけられた所見にはるかに高い価値を置くことである。また，クライエントと共に協同でつくりあげた症例の概念化は，そのセラピストがどれほど熟練しているかに関わらず，セラピストからのみ生み出されたものよりも，より高い有用性をもつということを覚えておくことも重要である。

省察的学習のプロセス

前述の同僚同士のコンサルテーションの中で，エリックは，自分が面接の中盤でカレンに対してより学術的な口調を用いていたことに気づいていなかったと述べた。省察的な学習が生じるためには，セラピストがセラピーの内外で，自分自身の思考，行動，感情，および身体的反応に対する省察的認識を発達させる必要がある。例えば，セラピストは，症例の概念化を妨げる自分自身の偏見を認識できるよう努力することが重要である（第2章）。セラピストの中には，特定の概念化モデルを強く好むあまり，それとは異なるクライエントの経験を客観的に聞くことができない人がいる。同様の傾向として，セラピストは，特定のセラピー手法に夢中になるあまり，それが当の症例の概念化に妥当であるかどうかに関わらず，その介入を適用してしまう可能性もある。

時折，症例の概念化を妨げる偏見は，一般的で認知的な発見的手法の過ちというよりも，むしろ，セラピストの個人的な課題により密接に関連している場合がある。セラピストを対象とした個人セラピーは，省察的学習の重要部分となり得るが，そのセラピーがCBTセラピストと共に行われる場合は特にそうである。セラピーを受けているいないに関わらず，セラピストが自分の個人的な課題をCBT用語で概念化することは有益である。セラピストは，個人的な

問題の概念化を既存の認知モデルと比較し，類似点と違いの両方を探すことができるからである。省察的な学習のプロセスの一部として，セラピストは，自分自身の生活から追加的な情報を収集して，概念化における曖昧な点を解消していくとよいだろう。

　観察，思考の評価，行動実験といった実証的手法を自分自身に対して用いることで，セラピストは，これらの手法をクライエントに対して用いる自信を高めることができる（Bennett-Levy et al., 2001）。多くのセラピストが，人間の経験のさまざまな側面間の結びつきに対する認識を高めるために最も価値あることのひとつとして，自己観察の練習について報告している。Bennet-Levyは，ある研究を実施した（Bennett-Levy et al., 2001）。それは，認知療法を学んでいるセラピストが，クライエントのワークブックである *Mind Over Mood* （Greenberger & Padesky, 1995）（邦訳『うつと不安の認知療法練習帳』創元社）を手引きとする自己練習に参加するというものである。認知療法の手法を練習するための手引きとしてこのワークブックを自分自身に対して用いたセラピストたちは，認知療法の理論的根拠とその目的に対する理解が深まり，これらの手法を用いてクライエントに説明し，彼らを導く能力も向上したと報告した。CBTの自己練習は，多くの大学院教授やCBTのスーパーバイザーから推奨されており，これは，学習の重要な部分とされてきた（Padesky, 1996）。

　セッションの録音を検討することで，どのスキルレベルのセラピストも省察的な練習をすることが可能である。（専門家の診療規約で定められているように）クライエントから書面で適切な許可を得れば，これらの録音は，セラピストが独自に，スーパーバイザーやコンサルタントと一緒に，あるいは同僚のセラピストグループと協同で，再検討することができる。セラピストは，症例の概念化の妨げとなる自分自身の自動思考や基礎的前提を同定するために，セッションの録音を刺激剤として用いるとよい。例えば，セラピストの中には，セラピーがどの程度の速さで進む「べき」かを告げる体内時計をもっている人がいる。このようなセラピストは，予定時刻を超過すると，セラピーのペースを速めるために過度に説教的になることがある。Pedesky（2000）は，このよ

な行き詰まりや困難を自分自身の基礎的前提を同定するためのきっかけとして用いるようセラピストに教え，妨げとなる前提を検証するためにセラピーセッションの内外で行動実験を工夫する方法を示している。

　セラピストの個人的な生活におけるパターンとよく似た，感情，信念，および行動のパターンがセラピーの中でも見られる事柄に，セラピストが警戒し，注意を怠らないでいることは役に立つ。このようなことがあれば，それはいつも，思考，感情，行動，および身体的反応を同定し評価し，それらの観察を関連した認知モデルと比較する良い機会となる。次の例にあるように，セラピストは，本書で紹介されている手法を用いて自分自身のセラピーの反応を概念化するために，そのような機会と観察を用いることができる。

《テレサ：セラピストの省察的な練習の例》
　テレサは，ジョーというクライエントと会うと，しばしば自分が疲れを感じることに気づいた。このような反応は，彼との予約の前後のセッションでは見られないにもかかわらず，である。テレサは，セッションの最中に疲労感に注意を向けながら，何とか自分を元気づけようとしたのだが，結局また数分後には気だるく感じただけだった。テレサは，数週間にわたるジョーとのセッションを振り返り，自らの疲労の誘因を探した。彼女は，予約のカレンダーにジョーの名前を見つけたとたん，身体から活力が失せていくことに気づいた。テレサは，ジョーに関連した自分の思考，感情，行動，および身体的反応に注意することにした。そして，図8.4に示されたように，5部構成モデル用い，自分が観察したことを結びつけ，彼とのセッションにおける自らの疲労を概念化した。
　テレサは，ジョーの声の調子と愚痴のパターンが自分の兄のピートをイメージさせることに気づいた。テレサは生涯を通じてずっと，ピートが元気になり，自分の問題を避けずに立ち向かえるよう手助けしてきた。子どもの頃，テレサは，兄の苦悩を目の当たりにして非常に緊張を感じた。この緊張感に対し，彼女は，感情的に自分自身と距離を置くことで対応した。お気に入りの対処方法は，彼女の大好きなぬいぐるみのように，身体の力を抜いてだらりとさせるこ

状　況
ジョーとのセラピー

思　考
彼の声はピートの声に似ている。ピートのイメージ。ジョーも変わろうとしないだろう。

気　分
いらいら
(9)

行　動
自分が感じている以上に同情的に行動する

身体的反応
疲労
活力の低下

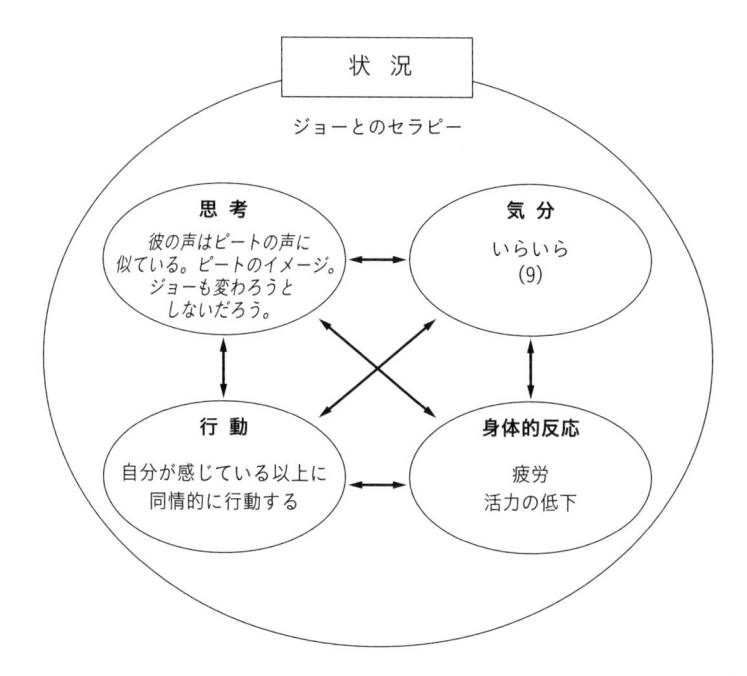

図8.4　クライエントであるジョーに対するテレサの反応の概念化

とだった。彼女の兄が人生の困難に対してひどく憤慨している間，このイメージのおかげで彼女は，兄にとらわれずにいることができたのである。ここ数年，テレサは不満を感じて，ピートとは距離を置いている。というのも，彼は課題に対処するよりも，しつこく愚痴を言い続けたからである。

　テレサは，クライエントであるジョーにピートとの類似を感じたことで，インテーク面接時にジョーに対する苛立ちが喚起されたことに気づいた。その時点では，ジョーがピートの記憶を呼び起こしたことに気づかず，テレサは，この新しいクライエントに対する自分の苛立ちに罪悪感を覚えた。彼女は，「クライエントに対して苛立ちを感じるようでは，良いセラピーなどできない」という基礎的前提を抱いていた。そのため，彼の愚痴に対して過度に親切で，同情的な反応をすることで自分の苛立ちを覆い隠したのである。（ピートが変わ

らなかったのと同じように）このクライエントも変わらないだろうという絶望感と偽りの同情は緊張感を生み出した。そして，それに対して彼女は，子どもの頃，ふにゃふにゃの柔らかいぬいぐるみの真似をしたときに感じたのと同じくらい疲れることで対抗したのである。

　テレサは，ジョーに対する自分の反応についてこのように5部構成モデルの概念化をやり終えたことで，セッションにおいて彼女を疲れさせているものをより理解することができた。この概念化を指針として彼女は，ピートとジョーの類似点と相違点を探し，ジョーが提示する課題をそれ自体の観点から考えることができた。テレサは，自分がジョーの治療にあたっているあいだ，同僚に定期的に彼女のコンサルタントを務めてくれるよう依頼した。彼女が自分の個人的反応を処理するとともに，効果がありそうな治療計画を考え出すことに従事し積極的であり続けられるように助けてもらえるようにしたのである。そのコンサルタントは，ジョーの愚痴と回避のパターンがいかに目標に向けた進歩を妨げているかについて，ジョーと率直に，かつ治療的に話をする方法をテレサがロールプレイできるようにした。テレサがこれらの変化を果たしたところ，セッションにおける彼女の活力と注意力は即座に改善した。この反応は，彼女の概念化が適切なものであったことを実証している。彼女は，ジョーや他のクライエントとのセラピーの全過程を通し，自らの個人的な過去がセラピーを妨害している可能性を示す警告として，疲労をモニター観察したのである。

　テレサは，ジョーと数多くの無効なセラピーセッションを経験した末に，ようやく彼とのセラピーに困難をもたらしていそうなものについて，省察の必要があることに気づいた。セラピストが知識とスキルを向上させるとき，彼らは，各セッションの最中およびその直後に，自発的で省察的な学習プロセスにしばしば自然に従事している。学習は，セラピストがCBTの概念モデルの中心となるプロセスについて，自分自身の人生経験に関連させて省察するときにより統合されたものとなる。セラピストはまた，セラピーセッションの外でも治療のジレンマについて自然に考えるようになる。その際，セラピストは，関連する症例の概念化に照らして，それらのジレンマを省察するようにするとよい。

協同的経験主義の学習プロセス

　CBTにおける行動実験の使用といった特別な話題に関する書籍（Bennet-Levy et al., 2004）がそうであるように，CBTの基本的なテキストも通常，協同的経験主義を取り上げ，その実施の臨床例を提供している（J. S. Beck, 1995; Westbook et al., 2007参照）。セラピストが協同的経験主義における能力を発達させるにつれて，症例の概念化に関連するプロセスの，こうしたより微妙な点が学習に含まれてくる。付録8.1には，さまざまな学習の演習が含まれている。これらは，初級，中級，および上級の臨床的専門知識をもつセラピストにとって，協同的経験主義における臨床的専門知識を高めるうえで役立つものである。これらの演習のサンプルは，症例の概念化の訓練課程を提供するCBTインストラクターのための情報源として提供されたものであるが，個人のセラピストも，これらの演習を入念に調べ，個人的な学習目標の達成に役立ちそうなものを探していくと，それを有益に感じるかもしれない。

　セラピストは，経験主義的な文献を慎重に勉強することによって，また，クライエントの自己報告の客観的観察と分析を促す臨床実践を通して，経験主義を発達させる。そのためセラピストは，実証的に情報を得るとともに，実証的な考え方をしていく必要がある。セラピストがいったんこのアプローチを理解し，それに価値を置くようになってから，協同と経験主義をたやすく調和させられるようになるには，通常，数カ月の実践が必要となる。初級のCBTセラピストは，基本的な手続き的課題を習得しつつ，その一方で，クライエントとの協同的な姿勢と経験主義的な姿勢の両方を維持していくことを難しく感じることが多い。CBTを学んでいるセラピストは，経験主義の重要性を頭では理解していても，クライエントによる思考，気分，および行動の報告といった「データ」に夢中になってしまうことがある。したがって，CBTの症例の概念化に不慣れなセラピストの場合は，ひとりで，あるいはスーパーバイザーと一緒，のいずれであれ，クライエントのデータをまとめ，それをエビデンスに基づいたモデルに結びつけるために，セッションの録音に耳を傾けることが有益である。セッションとセッションの間にまとめた情報について，その次の面接でク

ライエントと一緒に話し合うとよいだろう。セラピストが経験を積むにつれ，セッションの最中に実証的な姿勢を維持することはより容易になってくる。

　症例の概念化における協同的経験主義の使用にセラピストが熟達するにつれて，学習の焦点は変化していく。例えば，初級のセラピストの場合は，クライエントの提示する課題を正確にまとめ，概念化に関連のあるクライエントの情報を収集するといった，細かいスキルの練習を，同僚と一緒にロールプレイするかもしれない。中級のセラピストのロールプレイでは，セッションの中でクライエントの適切な観察を喚起し，実証的に裏づけられた概念化のモデルにそれらの観察を結びつけるための方法に焦点が置かれるかもしれない。そして，上級のセラピストとなると，協同における課題や，首尾一貫した症例の概念化の中で相反するクライエントの観察を融合していく方法をロールプレイしたいと望むかもしれない。中級と上級のセラピストの場合は，自らの協同的経験主義の用い方を評価するためにセッションの録音を使い，症例の概念化のそうした側面をどのように改善していったらいいかについて，フィードバックを求めるとよいだろう。

《クラリッサ：協同的経験主義に関する学習プロセスの例》

　クラリッサについては本章の中で先に紹介したが，彼女はセラピストであり，幻聴を理解するためにCBTモデルを学び，彼女が勤める地域のメンタルヘルスセンターの精神病のクライエントにそのモデルを用いることを目標に設定した。彼女は，協同的経験主義においてはすでに中級のCBTの能力をもっている。したがって，クライエントの言葉と個人的な隠喩を用いることで，彼らの声について，彼らにとって意味を成すような概念化を協同的に行うことをさらなる目標とした。これらの目標を達成するために，クラリッサはどのような学習プロセスに従っていくだろうか？

　まず彼女は，精神病のためのCBTに関する本を何冊か見つけ出す (Morrison, 2002; Wright, Kingdon, Turkingson, & Basco, 2008)。その中には，幻聴を理解し概念化する方法についての有益な理論，研究，および臨床的情報も含まれ

ている．2週間にわたってクラリッサは，これらの本の中の関連事項を読み，一般的に用いられている理論と臨床手段を理解できるまでになる．彼女がこうした知識をかなり迅速に身につけることができたのは，うつ病のクライエントを治療するために彼女が発達させてきたCBTの能力が，精神病の治療マニュアルでセラピストが採用しているスキルと全く同じものであることに本を読みながら気づいたからである．したがって，中級レベルの知識と能力に達している場合によくあるように，クラリッサの新たな学習も，既存のスキルの上に発展していくことになる．

　次に，クラリッサは，精神病をもつクライエントと取り組んでいる同僚に，幻聴の概念化を一緒にロールプレイしてくれるよう求める．この同僚はCBTセラピストではないが精神病について非常に知識があることから，クラリッサは，彼ならば，彼女の協同的経験主義のスタイルにクライエントがいかに反応する可能性があるかについて，有益で現実的なフィードバックを与えてくれるだろうと考える．彼女は，後で聞き直せるようにその面接を録音する．その録音を再生しながら，彼女はまず，自分がうまく行えていることを書き留める．よくあることではあったが，彼女は自分が面接の中でうまく協同し，導きによる発見をうまく利用していることを観察する．次に彼女は，改善が必要な領域を探す．彼女は，ロールプレイの中で幾つかしどろもどろになったところがあったものの，「クライエントの」声を概念化するということをかなりよくできたと考える．そして，5点スケールで少なくとも3点には値すると確信する．この自己評価は，彼女の同僚からのフィードバックとも一致する．こうして彼女は，自分が幻聴のクライエントを引き受ける準備ができていると判断する．

　クラリッサは，精神病には声が聞こえることだけではなく，より多くの側面があることを考慮し，自分がこの最初のクライエントを治療する間，別のCBTセラピストに相談に乗ってくれるよう求める．本を読むことで彼女は，精神病に取り組むうえでの治療の焦点についてはそれなりに理解している．また，長期にわたって抑うつや不安に取り組んできたことから，この新しいタイプのセラピーに着手するのに適切なCBTの能力をもち合わせてもいた．彼女

は隔週でコンサルタントと会い，録音したセラピーセッションの一部を振り返った。彼女のコンサルタントは，クライエントがセッションの中で声を聞いている可能性があることを示す非言語的な兆候を彼女が見落としていた点を指摘するなど，貴重なフィードバックを提供する。

クラリッサはまた，この新しいクライエントとのセラピーを定期的に省察している。あるセッションの後，彼女は，自分がクライエントの声の概念化に意欲的になるあまり，クライエントが自分のルームメイトとの切迫した問題について話し合いたいとはっきり述べているにもかかわらず，概念化を行うようクライエントに押しつけてしまっていることに気づいた。彼女は，協同のこのような失敗に気づくと，自分の学習目標は，より適切な時期まで脇に置いておくことにした。彼女とクライエントがついに彼の声を概念化できたとき，彼女は，自分が彼の隠喩のひとつを概念化に取り入れることができたことを嬉しく思った。クライエントは，自分たちが構築したモデルが彼の経験の75％には適合していると思う，とクラリッサに告げた。その言葉をクラリッサは，力強い承認ととらえた。

これらのさまざまな学習方法を用いることにより，クラリッサは，15週間のあいだに自分の3つの学習目標すべてを達成することができた。クラリッサは，声が聞こえるクライエントと取り組んでいる専門家というわけではないにしても，時折コンサルテーションを受ければ，こうしたクライエントと取り組むことができるという自信を抱くようになった。彼女のクリニックでは精神病に取り組んだ経験のある臨床家が不足する事態にあったことを考えると，彼女の新たな知識とスキルは多くのクライエントに利益をもたらすこととなった。

概念化のレベルの学習プロセス

本書における関連の章を振り返ることが，概念化の各レベルにおける能力を強化することに向けた最初のステップとなる。各章では，記述的（第5章），横断的（第6章），および縦断的（第7章）な概念化が，それぞれ詳細に説明されている。加えて，本書には一般的な認知モデルの簡潔なまとめ（第1章）

と参考文献も収められており，これらは一般的に提示される課題（BOX 1.3）に関する理論や関連の研究を学習するための適切な出発点となる。

これに加えて，症例の概念化に関する他のテキストを読み，この話題に関する講習やワークショップに参加することは，あらゆるレベルのセラピストにとってためになるだろう。CBT 関連の定期刊行物の多くには，症例の概念化のサンプルとして読むことのできる症例報告が掲載されている。ほとんどの定期刊行物の記事は，その焦点が臨床的なものであるか経験主義的なものであるかに関わらず，クライエントの特定の課題に関する認知理論と研究の簡潔なまとめを提供している。したがって，すべてのレベルのセラピストは，概念化の各レベルの情報源となり得る新たな理論や研究について知るために，CBT の定期刊行物を購読し，毎月ひとつかそれ以上の記事を読むとよいだろう。

付録8.2では，さまざまな学習の演習を提案している。これらは，臨床的専門知識の初級，中級，および上級のセラピストにとって，概念化の各レベルにおいて臨床的専門知識を広めるのに役立つだろう。例えば，専門的な臨床実践（生あるいは録画）を観察することは，各レベルにおける特定の概念化の課題が現実の実践ではどのように見えるかを確かめるうえで役立つことが多い。初級のセラピストは，それらの実践を見て基礎的なスキルを学ぶとよい。中級のセラピストであれば，これらの実践において，クライエントのどのような情報が探し求められ，どのような重要な情報が欠けているかを同定してみるとよい。上級のセラピストになると，特定のクライエントの情報がいつ，そしてなぜ，セラピーの特定の時期に有益であるのか，または有益でないのかについて考えることができる。さらに，同僚同士で症例の概念化の臨床実践を検討し，「概念化のレベル」の枠組みから，何が起こっているかを話し合うことも可能である。

概念化のレベルに関する手続き的知識には，(1) 各レベルをクライエントと共に構築する方法を学ぶことや，(2) セラピーの特定の時点でどのレベルが最善となり得るかを選択するための臨床的知恵（臨床経験とエビデンスに基づいた研究から得られた直感）を身につけることが含まれる。最初の一連のスキル

は，実践を繰り返し，スーパービジョンを受けることで獲得される。第二の一連のスキルはより高次のものであり，それを身につけるためには，CBT における実証的な進展についてのしっかりとした知識はもちろん，臨床経験が役に立つ。したがって，初級と中級のセラピストは，概念化の各レベルを共同構築するために必要なスキルを発達させ，向上させる。上級のスキルをもつセラピストは，それらのスキルを適用する際にはどのようにするのが最も効果的なのかについて，臨床的な知恵を発達させる。

概念化のためのより構造化された形式を提供することで，概念化の質を高めることができる。少なくとも，初級と中級のセラピストにとってはそうである（Kuyken, Fothergill, et al., 2005; Eells ett al., 2005)。本書では，記述的概念化(第5章）から，セラピストとクライエントが基礎的信念や戦略についての理論主導型の推論をするのに役立つCBT モデル（第1章と第7章）まで，概念化の各レベルのための段階的で構造化された形式を提供している。

第2章で概説されている研究によれば，セラピストがより推論的なレベルへと移行するにつれて，CBT の概念化の信頼性と質が低下することが窺える（Kuyken, Fothergill, et al., 2005)。セラピストは，このような概念化の質の低下を防ぐため，概念化のより高度なレベルへと移行していくにつれ，それにふさわしく，より優れた宣言的知識，手続き的スキル，および省察の能力を身につけることが必要である。

クライエントの強みの取り入れの学習プロセス

強みに焦点を当てたセラピーの経験が少ないセラピストには，第4章と，第5章から第7章の項目を見直すことを勧める。これらの章では，症例の概念化にクライエントの強みを含めることの重要性について考察している。強みについてさらに学ぶために，セラピストは，ポジティブ心理学（Snyder & Lopes, 2005)，強みについての心理学（Aspinwall & Staudigner, 2002)，およびレジリエンス（Davis, 1999) などの分野における書籍や定期刊行物の記事を読むとよいだろう。これらは急速に発展を遂げている分野であることから，セラピ

ストは，それらの視点も含めたカンファレンスに出席するとよいだろう。加えて，CBTのワークショップの指導者の中には，治療アプローチと臨床実践にしばしばクライエントの強みを取り入れる人もいる。ワークショップのパンフレットでも，そのワークショップがそのようなものであるかどうかを強調していることだろう。

付録8.3では，症例の概念化に強みを取り入れるのに必要な能力を発達させるうえで役に立ちそうな，さまざまな演習を提供している。例えば，セラピストは臨床実践を見ながら，クライエントの強みを同定する練習ができる。実践の中でセラピストが明らかに強みを探しているときには，それを観察する人たちは，セラピストのどのような非言語的行動，質問，および発言が目標達成を促進したり妨げたりしているかに着目することができる。また，実践を行うセラピストが強みを探し求めていない場合でも，それを見る人たちは，強みを探す練習をし，それをクライエントやセラピストの意識にもたらすことがどれほど治療的になり得るか，それともそうではないかについて話し合うことができる。

初級のCBTセラピストは，インタビューと概念化のスキルについて大小含めて学びながら，その一方で，症例の概念化の全要素——協同的経験主義，概念化のレベル，およびクライエントの強みの取り入れ——のバランスを取っていくのに苦労することが多い。初級のセラピストの場合は，クライエントの強みの探求をロールプレイの主な目標として練習することが有益である。あるアプローチを初めて学ぶ際には，その本質だけに絞り込まれたスキルを練習する方が容易である。CBTの症例の概念化において中級のスキルをもつセラピストでも，クライエントの強みを取り入れることがめったにない人は，強みに焦点を当てることを既存の概念化のスキルに加えていくとよい。CBTの概念化に関してより上級のスキルをもつセラピストであれば，同定されていない強みを探し，症例の概念化に定期的に強みを取り入れていき，既存の強みがセラピー目標に向けての進歩を促すようにするにはどうしたらよいかについて，クライエントと共に考えるという課題に挑戦してみてもよいだろう。

クライエントの強みは，症例の概念化のあらゆるレベルに取り入れることが可能である。最初，セラピストは「付加的」なものとしてこれを行っていくことを学び，問題に焦点を当てた概念化に対応する強みを挙げるかもしれない。中級のスキルレベルのセラピストになると，本書の第4章から第7章で説明したように，症例の概念化の中で強みを取り入れ始める。この領域での上級のスキルが明白になるのは，認知療法のセラピストがセラピーの各段階でクライエントの強みと困難のいずれにも等しく波長を合わせるときであり，そのときセラピストは，彼らの強みを認識することがしばしばポジティブなセラピーのアウトカムへと至る，より容易な経路を明らかにすることを認識している。このように，セラピストの学習は，強み探しのスキルから始まり，強みと問題を統合するスキルへと徐々に進展していく。そして最終的には，人間の機能の理解に対する総合的な見方へと発展するのである。

　セッションの中で毎回，クライエントの強みを探すようにすれば，強みを症例の概念化に取り入れることはずっと容易になる。初級のCBTセラピストは，強みについて尋ねるさまざまな質問の仕方を練習するとともに，言葉にされていない強みを探す練習もするとよい。第4章，第6章，および第7章では，見本となるような質問を挙げている。例えば，あるセラピストは，極度の抑うつ状態にある女性が毎回のセラピーセッションに，きちんとした服装で，アクセサリーもそれに合わせてやってくることに気づいた。あるセッションの中で，そのセラピストは，それほど気分が落ち込んでいるときにそのようにうまく着こなすのはさぞかし大変でしょう，とコメントした。するとそのクライエントは，気分がどうであれきちんとした服装をするのは重要であると考えていると述べ，限られた収入で暮らしているので自分の服は実際すべて手作りしていることを明かした。この短いやりとりの中で，このセラピストは，そのクライエントのファッショナブルなドレスが多面的な強みを明らかにしていることを学んだ。その女性は，縫製や家計管理はもちろんのこと，デザイン，色，想像力においても特別な専門知識をもっていたのである。これらの強みを同定したことで，ファッションの例えがその後の症例の概念化につながったのはもちろん

のこと，実り多い形でこれらのスキルを取り入れることにもなった。

　通常，クライエントは，必ずしも自分の強みのすべてに気づいているわけではない。そのため，それらをすぐにセラピストに報告しないことがある。したがって，セラピストは，観察と推論を用いてクライエントの強みを積極的に探し求める練習をするとよい。観察のためには，クライエントに関する事柄やクライエントの活動で，強みを反映するものに気づくことが必要となってくる。セッションに申し分ない服装でやってくる抑うつ状態の女性に関する上記の例は，まず先にセラピストの観察があり，強み探しはその後に続くことを示している。推測によって探すというのは，人生の物語という布にはどのような強みが縫いこまれていそうかと想像しながら，そのクライエントの生活と活動について考えることを意味する。例えば，5人の子どもを養っている低収入のクライエントは，家族に住む場所を与え，食べさせていくために，さまざまな強みをもっているに違いない。これらの無言の強みに対するクライエントの認識を高めるために，セラピストは，導きによる発見法を用いるとよいだろう（Padesky, 1993; Padesky & Greenberger, 1995）。

　セラピストは，問題解決や感情への対処スキルといった特定の領域の強みに波長を合わせてしまうことが多いため，クライエントの生活の他の領域における強みにはあまり気づかない。例えば，多くのセラピストは，宗教的もしくは精神的な信仰については評価しない。これらの領域は，クライエントにとって強みの強力な源となっている可能性があるにもかかわらずである。そのため，セラピストがクライエントの強みに関する盲点を同定することは有益である。次の質問について考えてみてほしい。

- 「私はどの領域の強みを見過ごす可能性が最も高いだろうか？」（認知的，道徳的，感情的，社会的，精神的，身体的，行動的領域，など）
- 「私は面接でクライエントの生活のどの領域を顧みないことが最も多いだろうか？」（仕事，家族，友人，趣味，スポーツ，音楽，ボランティア活動，知的関心，メディアとの関わり，など）

クライエントが提示する課題の外側にある，彼らの生活の中の豊かな多様性に対する認識を高めることは，症例の概念化に強みを取り入れることに向けた，必要な学習ステップである。

クライエントの強みを同定し，それらを症例の概念化に取り入れることに専心しているセラピストでさえ，時折，特定のクライエントにはそれを省略してしまうことがある。強みが少ししか同定されていないクライエントを特定するためには，自分が担当しているクライエントについて振り返ることが役に立つだろう。これらのクライエントの追加的な強みを探し出すにはどうしたらいいかについて考えてみよう。第4章で挙げられている質問が，指針となるだろう。また，特定のタイプのクライエントの強みを探し出すのを妨げるような信念を，はたして自分がもっているのかどうかをよく考えてみることも適切かもしれない。例えば，あるセラピストはコンサルテーションの中で，社会サービス支援を6カ月以上にわたって受けてきた人々には，CBTにも，努力を要するようなその他のセラピーにも参加しようという動機があるとは思われない，と打ち明けた。彼は，そのようなクライエントは「怠慢で，やる気がない」と思っていた。彼は，自分が治療しているそのようなクライエントの誰に対しても，強みを検討したことがなかったのである。この例は極端であるが，セラピストは時折，特定の診断を下されたクライエント，もしくは特定の年齢や文化的背景をもつクライエントに関して，「低い期待」しか抱かないことがある。クライエントに対して低い期待しかないセラピストは，誠心誠意，強みを探そうとすることが少ないだろう。

だからといって，どのクライエントもすべて同じ数の強みをもっているということではない。強みがさほど多くないクライエントもいれば，ほとんど発達していない強みしかない人もいる。セラピストは，さまざまな程度の強みをもつクライエントに対して，自分がそれぞれ異なる治療姿勢をとっているかどうか，じっくり考えてみるとよいだろう。セラピストの中には，脆弱で，あまり多くの強みをもたないように見えるクライエントに対して，より深く関与する人もいる一方で，セラピーの課題にさほど苦もなく取り組み，複数の強みをも

つクライエントに対して，より熱心に取り組むセラピストもいる。治療姿勢のどのような違いであれ，それらが症例の概念化という観点から見た場合，これらのクライエントにとってはたして理にかなっているのかどうか，それとも単に，セラピストの偏見を反映しているにすぎないのかどうかを考えてみてほしい。また，このようなさまざまなタイプのクライエントとの取り組みが，さらなる強みの発達をいかに促すか，あるいは妨げてしまうかについてもじっくりと考えてみてほしい。

セラピストの省察的学習のプロセスが，クライエントとセラピストの強みに焦点を当てたものであるとき，結果として，新たな次元の理解が生まれることがよくある。例えば，ほとんどのセラピストは最初，セラピーセッションの録音で自分自身が話しているのを聞くのをひどく恐れる。このような躊躇は，自分が強みに対してよりも，「間違い」や「手抜かり」に鋭い耳をもっていることにセラピストが気づいたときに強まる。以下の例は，訓練過程から得たものであり，この点を具体的に示している。

《ジョン：気乗りのしないレビュー》
ジョンは，中級のCBTセラピストのための一週間の訓練コースをとり，自分のセラピースキルについてフィードバックを得たいと思った。コースの2日目，彼は教官に話しかけてみた。すると教官は，クライエントの許可を得て録音したセラピーセッションのひとつから，10分間分をその翌日クラスに持参するよう提案した。クラスでその録音を聞き，フィードバックを与えてもらうというのである。さらに教官は，フィードバックを望んでいる領域に関して，具体的に2, 3の質問を書き出すよう，ジョンに伝えた。次の日，ジョンは，録音を再生することについて気持ちが変わったことを教官に告げた。ジョンは，前の晩にそれを聞き，それがあまりにもひどい例であり，とてもグループの人たちの前で再生することなどできないと結論づけたのである。教官は，ジョンの自分をけなすコメントに耳を傾けた後，彼にある課題を与えた。その夜，もう一度その録音をよく聞いてみるように，ということだった。そしてそれを聞

きながら，その10分間にセラピストとして良くできたと思ったことをすべてリストアップするよう求めた。

　ジョンはその翌日，録音を持って再びクラスを訪れた。ジョンがその録音を再生する前，教官は，前の晩にジョンが書き出しておいたポジティブな事柄をグループの人たちに話すよう求めた。ジョンは，自分のセラピーについてのポジティブなコメントの長いリストを読んだ。彼は，恥ずかしげな微笑みを浮かべ，「このセッションは，最初に聞いたときよりも，ずいぶん良くに聞こえました」と述べた。そして彼は，その録音を再生し，自分のコンサルテーションの質問に関してフィードバックを求めた。ジョンにフィードバックを与えようとクラスメートたちは競い合い，多くの手が勢いよく挙がった。しかし教官は，まずはジョンが，その週にコースで学んだことを利用して自分の質問に答えてみてはどうだろう，と提案した。そのうえで，ジョンが見過ごした点をクラスメートが補うのがよいだろう，ということだった。一呼吸おいてからジョンは，自分の症例のジレンマに対して役に立ちそうなセラピーの原理について話し始めた。彼はまた，自分のセラピースキルを最大限有効に用いていなかった領域にも言及し，次回そのクライエントに会った際には別のやり方をしてみようと思っている事柄を挙げた。教官はジョンのクラスメートたちに，何か追加のアイデアはないかと聞いた。その週の学習についてジョンは素晴らしくうまくまとめていた，と一人の女性がコメントした以外，他には誰も発言しなかった。

　この例が示すように，自分自身の強みに気づき，それについて省察することは，クライエントにとってと同じくらい，セラピストにとっても重要である。悪いところを探しながら自分の録音を聞いたとき，ジョンは，それをひどいセラピーセッションであると結論した。その翌日，適切なところ（すなわち，彼の強み）を探し求めながら聞いたときには，彼には同じセッションがかなり良いものに思えた。いかなるセラピーセッションも改善は可能である。しかし，セラピストが自分の録音の中の問題の箇所ばかりを探して耳を傾けている場合には，ジョンのセッションが最初彼自身にとってそう思われたように，多くのセッションはどうしようもなくひどいものに思われるだろう。

コンサルテーションを自分が提供しているのか，それとも受けているのかに関わらず，セラピストはまず，強みとポジティブな素質を観察する省察的な学習習慣を身につけるようにするとよいだろう。強みとポジティブな素質が承認されると，人はすでにもっている知識を適用するのはもちろんのこと，新たな学習に対して心を開き，受け入れることも容易になるからである。この言葉を額面通りに受け入れるよりも，むしろ，本書の読者の方々には以下の省察的な演習をお勧めする。

1. セッションを録音し，そのうちの 10 分間をレビューのために選択する。
2. どのような欠点，弱点，過ちもすべて見つけるつもりで，その録音を聞く。この同じセッションで，より熟練のセラピストならどのようにしただろうかと想像してみる。
3. 再度その録音を聞き，セラピストとして良くできていることを何でも書き出す。対人関係的な要因（「私は真摯であるか？ 思いやりがあるか？」），一般的なセラピースキル（「私は相手の話を正確にとらえているか？ そのクライエントにとってこのペースで進めていくのは適切か？」），CBT のスキル（「私はアジェンダに従って進めているか？ 重要な思考，感情，行動に気づいているか？」），および，症例の概念化のスキル（「私は協同的か？ セラピーのこの時点でクライエントにとって適切なレベルの概念化を用いているか？ クライエントの強みに気づいているか？」）に着目する。
4. この実験から学んだことについてよく考え，それを書き出してみる。
5. それが自発的なものでるか，それとも別のセラピストとのコンサルテーションによるものであるかに関わらず，今後の学習の見通しを良くするために，自分が学んだことをどのように生かしていったらいいだろうか？

セラピストが行うことのできるもうひとつの省察的な演習は，個人的な課題を概念化し，自分自身の強みを同定して，それらを概念化の中で統合させる

ことである。ポーリンは，中級レベルのCBTセラピストであるが，彼女にはセッションを延長させてしまう癖がある。なぜそれが問題かというと，彼女には，予約時間の合間に行うべき臨床的な仕事が他にもあるからである。セッションが予定よりも長引くと，彼女の全体のスケジュールは遅れ始め，彼女はセッションとセッションの合間に電話をしたり，症例記録を書いたりする時間がなくなってしまう。結局，彼女は，遅れが慢性的になっているため，毎晩1時間かそれ以上残業をすることになる。ポーリンは一週間にわたり，セッションの中での自分自身を観察し，時間が長引いてしまう幾つかの共通の誘因に気づく。それは，クライエントの強烈な感情，セッションの進み具合に対する彼女自身の不満，およびセラピーセッションの開始の遅れ，である。これらの状況において彼女は，自分の慢性的な遅れを持続させているものとして，以下の基礎的前提を同定する。

「クライエントが苦悩しているのならば，その場合，クライエントの気分が改善されるまでセッションを続けるべきである。さもなければ，セラピーは逆効果となってしまう」

「望ましいとされるほどの達成がなされていないのであれば，クライエントが支払った金額に見合うだけ，少し面接を延長すべきである」

「私が時計に合わせて動いているとクライエントに思われたら，彼らは，私が彼らのことを思いやっていないと思うだろう」

「セッションを遅れて始めておきながら，時間通りに終えたら，そのクライエントに，私にとってはそのクライエントよりも前のクライエントの方が大切であるかのような印象を与えてしまうだろう」

次にポーリンは，自分の強みを同定する。彼女は，次のような人物として自分自身をとらえている。

- クライエントのことを真摯に思いやっている。

- 優れた対人スキルをもっており，共感とコミュニケーションに関しては特にそうである。
- クライエントと共同で取り組む。
- セッションの中で行動実験などの経験主義的な手法を用いている。

　ポーリンは，セッションのタイミングにより効果的に対処していくために，自分の強みがどのように役立つかを確かめてみることにする。彼女は，基礎的前提が通常，行動実験を用いて評価されることを知っている。行動実験の構築は，彼女が得意とすることのひとつである。そこでポーリンは，自分の基礎的前提を検証するために行動実験を行うことにする。幾らか考えた後，彼女は，自分の第3の基礎的前提である，時間通りに終わるとクライエントはそれを自分が思いやられていないこととして解釈してしまうだろうという考えが，彼女の問題の中心であると判断する。ポーリンは自らの強みを見直し，それらがいかに彼女の実験の指針となるかを考えてみる。自分の問題，前提，および強みを同時に見ていくうちに，ポーリンの心に，この問題は行動実験を設定し，フィードバックを得るためにうまくコミュニケーションと共感を取り入れることで，クライエントと協同的に取り組んでいくことが可能であるという考えが浮かぶ。

　翌週，ポーリンは，彼女としっかりとした治療同盟をもつ5人のクライエントを選択する。彼女は，彼らとのセッションの中で，ある実験を行う計画を立てる。それは，セッションの冒頭で彼らに以下のことを言うことから始まるものである。

　「私がこれまでセッションの時間を長引かせてしまっていたことに，あなたは気づいていたかもしれません。時々，セッションが遅れて始まることもあれば，終わりの時間を過ぎてしまうこともありました。このことは，本当は私にとって良いことではありません。それに，あなたにとっても良いことではないように思います。このことについて，何か考えたり感じた

りすることがありますか？（この時点で，ポーリンはクライエントのフィードバックに耳を傾け，自分の観察に対する彼らのいかなる反応にも対処しようとする。クライエントの懸念に対し，それが適切な場合には，遅れることがなぜ彼女にとって良くないことなのか，また，次の予約時間までの数分間は，記録をつけたり次のセッションのために記録を見直したりといったことに用いるべきであることを，より詳しく説明することにする）今週から，私は予約時間を予定通りに使うという目標を立てています。これは，私が普段よりも頻繁に腕時計や壁の時計を見るようになるということです。また，残り時間がちょうど15分になったら，セッションの最後の数分間に最も重要な情報に的を絞れるよう，あなたにも時間をお知らせすることになるかもしれません。このことについて，あなたはどのように感じますか？（ポーリンは，クライエントのどのような反応についても話し合い，クライエントの協同を求めるつもりでいる）このセッションの終わりに，このことがあなたにとって結局どのようなものであったかを確認したいと思います」

　ポーリンがいかに自分の強みを利用しているかは明白である。彼女は，自分の変化がクライエントに影響を及ぼすかもしれないという共感的な認識から，クライエントには自分の実験について率直に伝えることにする。クライエントの反応を求め，この変化がクライエントに与え得るどのような意味をも協同的に探求し，さらにセッションの終わりに彼らからフィードバックを得る約束をすることによって，治療の焦点を維持している。彼女は，行動実験という専門用語を聞き慣れているクライエントと話す際には，これをそう呼んでさえいる。彼女のクライエントにとっては，彼女が自分自身の課題に取り組むときにも彼らに対して用いるのと同じ手法を用いることを知ることは励みになるかもしれない。

　クライエントの強みを取り入れることに関する学習の最後の領域は，クライエントとセラピストの価値観に関係する。クライエントの多種多様な苦悩に対し，ほとんどのセラピストは共感を覚える。しかし，セラピストの価値観が時

として妨げとなり，クライエントの強みを正しく評価できなくさせてしまうことがある。以下のコンサルテーションでのやりとりについて考えてみよう。

《エドワード：価値観に関する症例》
　エドワードは，極めて信仰心の篤い男性である。彼はOCDに苦しみ，その中で彼の信仰と対立する侵入思考を経験している。このことから彼は，教会に行くことを避けるようになる。代わりに毎日何時間もお祈りをするのだが，それでも彼は，神から遠く隔たっている感じを拭えないでいる。彼の主な懸念は，自分がこうあるべきと考える人間でないということである。エドワードのセラピストは，この課題を自分のスーパーバイザーと話し合う。

スーパーバイザー：あなたがエドワードと行っている取り組みについて，最近の状況を教えてください。
セラピスト：実のところ，少し行き詰っています。彼は気分が改善されて，望まない思考に悩まされることも少なくなりました。実際，お祈りをすることも減ってきています。彼は主として，自分が良い人間であることを示すためにお祈りしていたわけですから，これは良いことです。彼は，再び教会に行くようなりました。前回のセッションで彼の目標を見直したところ，彼は，自分の目標は神により近づくことであると言いました。これは，私にとってとても難しいことです。というのも，私は神の存在を信じていないからです。ですから，私は，この目標に関して彼を手助けするのに適した人間ではないと思います。
スーパーバイザー：それは，今日対応すべき重要な事柄のようですね。この件について話し合いたいと思っていますか？
セラピスト：それが役に立つなら，そうしたいと思います。とても行き詰っていますから。
スーパーバイザー：「行き詰まり」ということであなたが意味することを，言

葉にすることができますか？

セラピスト：そうですね，何しろ私は神を信じていないので，誰かが神に近づくことに向けて取り組むのを手助けする気にはなれないのです。実際，これが自分の仕事だとは思えません。

スーパーバイザー：エドワードが神に近づけたら，彼はどのように感じると思いますか？

セラピスト：彼の気分は改善し，彼の人生はより充実したものになると思います。彼は，自分の信仰と教会のコミュニティに非常に価値を置いていますから。

スーパーバイザー：では，彼の気分が良くなり，彼の人生がより充実したものとなり，そして彼が神をより身近に感じるようになったら，あなたはエドワードの将来についてどう感じるでしょうか？

セラピスト：より良くなると思うのではないでしょうか。

スーパーバイザー：あなたはこれまで，対人的な交流を改善したり，自分自身についての感じ方を改善したりといった目標に向けて取り組んでいる人々を手助けしたことがありますか？

セラピスト：そうですね……。人々がスポーツジムに行くことや，社交的に人と会うよう努力するのを助けることは多いですが。

スーパーバイザー：そうですか。では，彼がジムに行ったり，親しい友人をもちたいと望んでいるとしたら，それはエドワードが求めること，つまり，神と近くなるということと，どう違うのでしょうか？

セラピスト：正直言って，よくわかりません。私には実際，違うような気がするのです。とはいえ，私はジムに行きませんが，だからといって，そうしたいというクライエントを励ましたりしないわけではありません。おそらく，宗教についての私自身の感情が邪魔をしているのでしょう。（考え込んでいる様子）考えてみれば，神について私がどう思うかは関係ないのですよね。もしそれが，エドワードが重要だと思うことなら，私は彼がそうできるよう手助けするこ

とに向けて取り組むべきなのです。神に近づく方法を見つけるために教会を頼ってみるよう，彼に勧めることなら私にもできるでしょう。誰かに対して，地域内にあるジムについて他の人に相談してみることを勧めるのと同じようにです。

スーパーバイザー：では，エドワードとの取り組みに関して，今，あなたは，どれほど行き詰まっていると感じますか？

セラピスト：ずっと良くなりました。自分の価値観と彼の価値観を切り離せば，彼の目標を支援することがずっと容易になると思います。

　セラピストは，自分自身の価値観がいかにセラピーの進展を促すか，あるいは妨げるかについてよく考えてみるとよいだろう。とりわけ，セラピストの価値観がクライエントの価値観と異なっている場合にはそうである。

第4段階：さらなる学習ニーズを見極めるために学習の進歩を評価する

　学習の進歩は，目標が協同的経験主義，概念化のレベル，クライエントの強みの取り入れ，あるいはこれらの原理の組み合わせなど，どの領域で設定されたものであっても，同じ手法を用いて評価することが可能である。本章の前の方でクラリッサが行ったのと同じように，セラピストは学習目標に向けての進歩を，自己評価や，クライエント，同僚，スーパーバイザーもしくはコンサルタントからのフィードバックを通して評価することができる。クラリッサが，録音した面接の中で幻聴を概念化する自分のパフォーマンスを5点尺度で3点と評価していたのを思い出してみよう。この評価は，ロールプレイをした同僚による評価と一致していた。その後のクライエントのフィードバックからは，その「声」の協同的な概念化がクライエントの経験と75％一致していることが示された。クラリッサの見解においても，また彼女がコンサルテーションを求めた博識のセラピストの見解においても，彼女は，「声」の概念化という領域における自らの最初の学習目標を見事に達成したのである。

　セラピストは定期的に，少なくとも数週間おきに，自らの学習の進歩を評価

するとよいだろう。進歩や成功は自ら判断することができる。例えば，初級のセラピストなら，たとえそれが慣れない試みだとしても，機能分析の使用を試み，それがABCモデルを導くことになれば，その試みを「成功」と評価するかもしれない。しかし，中級のセラピストになると，介入が協同的に導き出されたものであり，提示されている課題に「適合」しているとクライエントに承認されるようなモデルを生み出さない限り，その介入を成功とは評価しないだろう。時間の経過に伴って評価を比較することで，セラピストは，概念化のスキルの習得における自らの進歩を確認することができる。思ったほど学習が進まない場合には，追加的な学習スタイルを考えた方がよいだろう。例えば，あるセラピストは，最初，本を読んだり，セッションの録音を検討したりといった自己学習を通して，横断的概念化についてより多くのことを学習しようと計画するかもしれない。しかし，自己学習が望んでいたような進歩につながらない場合，おそらくこのセラピストは，このスキルを発達させるための支援を得るために，コンサルテーションを求めることにするだろう。

　臨床実践に新たなスキルを導入するうえでのやる気を起こすには，「目標日」を定めるのが役に立つだろう。加えて，定期的なレビューの日時を定めることで，セラピストは，学習の優先順位を振り返り，必要に応じて学習目標をリセットすることができる。定期的に学習目標を設定し，先ほど概説した学習方法を用いるならば，そのセラピストは，症例の概念化を構成するスキルを習得し始めることになるだろう。しかし結局のところ，構成スキルを身につけただけの腕前では，十分ではない。

　セラピストは，概念化の各レベルで，協同，経験主義，およびクライエントの強みの取り入れをスムーズに統合するとともに，セラピーの必要に応じてこれらのレベル間を流動的に移動することが必要となるだろう。幸い，このような統合は，各領域のスキルで必ずしも上級レベルまで達しなくても起こり得る。当人は気づいていないことが多いが，初級のセラピストでも，自分が獲得しているスキルを統合するものである。例えば，概念化のモデルを協同的に構築したいと思うのであれば，セラピストは，その課題を実践し始めるために，記述

的概念化のモデルを少なくともひとつは知っている必要がある。

　最善の学習のためには，特定のスキルの発達に焦点を当てることと，特定のクライエントとのセラピーの中でそれらのスキルをどのように実行するのが最善であるかをじっくりと考えることの両方が必要である。このような理由から，私たちは，セラピストがセラピーセッション以外で本を読んだり，ワークショップに参加したり，構成スキルを練習することを自分のキャリア全体を通して継続していくことを勧めている。構成スキルの練習は，ロールプレイや，スーパーバイザーとセッションの録音を分析することによって行うことができる。幾つかの個々のスキルにある程度精通すると，セラピストは，概念化のあるひとつのレベルの中で協同的経験主義などのスキルを組み合わせ，実際のセラピー状況を模したロールプレイを実践できるようになる。長期的な進歩のために，追加的な知識と能力を標的とすることも可能である。セラピストはまず，本章で解説されている4段階のモデルを用いて，それぞれの領域に個別に取り組み，その後，自らの臨床実践の中で新たに身につけたことを他のスキルと統合していくようにすることを私たちは勧めている。

全体的な概念化の能力を評価する

　症例の概念化における全体的な能力を評価するために，セラピストは，自己判断による評価の代わりとして，あるいはそれに加える形で，標準化された能力の尺度を用いる必要があるかもしれない。それには多くの選択肢がある。CBTセラピストの能力を測る，最も広範に用いられている一般的な尺度は，認知療法尺度（Cognitive Therapy Rating Scale）（Barber, Liese, & Abrams, 2003）である。これは，CBTの症例の概念化に関連した幾つかの能力の領域を評価するものあり，とりわけ，協同と経験主義の原理，およびセラピーの構造化といった多くの関連する微細なスキルを評価する。これはまた，セラピストの理論的な理解をも明確に評価する。したがって，セラピストとスーパーバイザーは，セラピーセッションの録音を聞き，セラピストの強みと学習の目

的について考えながら，このスケールを用いるとよいだろう。症例の概念化の質についても多くの公式的な尺度が構築されてきている（Eells et al., 2005; Kuyken, Fothergill, et al., 2005）。それらは主に研究目的で開発されたものであるが，何が質の高い症例の概念化を構成するのかを評価するための出発点となる。

　研究の基準と共に，セラピストは，自習，コンサルテーション，およびスーパービジョンの目標を設定するために，自己評価チェックリストを用いるとよいだろう。例えば，Butler（1998）は，評価が可能な10の定式化のテストを提供している。セラピスト，スーパーバイザー，およびインストラクターも，特定の概念化を評価するために，BOX 8.5にある一般的基準を考慮するとよい。これらの基準は，包括性や一貫性といった，症例の概念化を評価するためのより高次の概念を生み出している。質の高い概念化では，多くの特有の緊張がバランスを保たれているということが，これらの基準から窺える。例えば，概念化は，理論とクライエントの経験を，クライエントにとって筋の通った，有意義な方法で組み合わせようとするものである。理想的には，概念化は，重要な意味を失うことなく，できる限り単純なものであることが望ましい。概念化はまた，利用可能なすべてのデータにもぴったりと適合すべきである。推論は，クライエントと協同的に構築され，セラピスト，クライエント，およびコンサルタントであるセラピストにとって理にかなっている場合に，最善のものとなる。

スーパービジョンとコンサルテーションを通して学習を促進する

　スーパービジョンとコンサルテーションは，強みについて熟考し，セラピストのスキルと知識の限界を同定する貴重な機会である（Falender & Shafranske, 2004）。初級と中級のセラピストは，CBTを学びながら，その一方で，スーパービジョンを受けていることが多い。上級のCBTのセラピスト

> **BOX 8.5** 症例の概念化の質の判断基準
>
> 症例の概念化の質を考慮するには，次の点について質問をする。
> - **総合性**：それは主要な課題を取り上げているか？ 重要な関連情報を含み，関係のない情報を除外しているか？
> - **単純性**：それは重要な情報，意味，あるいは治療の有効性を失うことなく，かつできるだけ単純なものであるか？
> - **一貫性**：その要素は互いにうまく結びついているか？ それらはその人が提示する課題を全体として意味のあるものにしているか？
> - **的確な言語化**：クライエントにとって意味のあるものや関連の理論に関して，的確で，具体的で，そして十分に詳細な言葉が使われているか？
> - **クライエントにとっての意味**：その症例の概念化は，十分にクライエントの共感を呼ぶものであるか？

を含め，すべての認定セラピストにとって，特定の症例に関するコンサルテーションは有益となり得る。本書の読者は，学習中のセラピスト，あるいはコンサルタントやスーパーバイザーとしてコンサルテーションやスーパービジョンに関与している人々がほとんどであろう。そこで，本章で議論されている学習原理がこれらの関係にどのように用いられるかについて簡単に取り上げることにする。以下のスーパービジョンからの抜粋について考えてみよう。初級のセラピストと彼のスーパーバイザーが，新たな症例の概念化に関する知識とスキルについて評価している。

セラピスト：このクライエントにいったい何が起こっているのか，よくわからないのです。

スーパーバイザー：これまでのところ，あなたはどのように考えているのですか？

セラピスト：このクライエントがとても不安な気持ちでいることは確かです。彼女は社交不安を抱えているのかもしれません。というのも，彼女の不安は，職場で報告書を出さなければならなかったときの屈辱的なエピソードの後に始まったからです。でも彼女はパニック

発作も起こしますので，ひょっとしたらパニック障害なのかもしれません。よくわからないのです。

スーパーバイザー：社交不安やその他の不安障害については詳しく勉強したことがありますか？

セラピスト：それほど勉強していません。基本的な原理を教えてくれるワークショップに参加しましたし，診断基準を見直すために手持ちの本をざっと調べてみたことならあります。しかし，私のこれまでのCBTの臨床経験はほとんどがうつ病に関するものでしたから，実際のところ，もしこれが社交不安であったとしたら，はたして彼女を支援するためにどうすればよいのかがよくわからないのです。

スーパーバイザー：これまでにあなたに話していただいたことに基づけば，社交不安というのも考えられる診断でしょう。社交不安を抱える人たちは，パニック発作を起こすこともあります。パニック発作が，必ずしもパニック障害を意味するわけではないのです。しかし，彼女が社交不安とパニック障害を抱えているという可能性もあります。今日は，不安の評価と治療について初歩的なことをお話しするために，幾らか時間をもらえたらと思います。また今週，あなたに読んでもらいたい読みものを幾つか推薦することにします。それでよいでしょうか？

セラピスト：（ほっとして見える）もちろんです。

スーパーバイザー：まずは，さまざまな不安障害の中の診断的な違いをおさらいすることから始めましょう。というのも，彼女がどのようなタイプの不安を経験しているかによって，あなたの概念化と治療は違ってくるからです。それから，彼女の診断を決定できるように，次のセッションであなたがどのような情報を収集する必要があるかについて詳しく探っていくことにします。また，このクライエントと共にあなたがどこに向かっていくのかについて，ある程度把握できるようにするために，幾つか可能性のある不安障害の概

　　　　　念化についても見直しましょう。
セラピスト：ありがとうございます。次に何をしたらいいのかわからなくて，
　　　　　本当に途方に暮れているのです。

　このスーパービジョンのセッションにおいて，スーパーバイザーは，セラピストが不安障害の診断と治療に関する基本的な実証的知識に欠けていることを発見する。こうした知識がないと，症例の概念化は，不可能ではないにしても困難となる。したがって，スーパービジョンの焦点はまず，セラピストが教育的な指導と読みものを通して，そうした知識を蓄積するのを手助けすることから始まる。この同じセッションの後半で，スーパーバイザーは，この知識を利用するうえでの基本的な手続き的スキルを発達させることへと話題を変えている。スーパーバイザーとセラピストは，新たなスキルをリハーサルするためにロールプレイを設定する。スーパーバイザーは，クライエントの役割をすることに同意する。

セラピスト：マーガレットさん，教えてください。パニック発作になるとき，
　　　　　あなたの頭の中にはどのようなことがよぎるのでしょうか？
スーパーバイザー：ちょっと待ってください。覚えていますか？　しっかりとした治療同盟を確立し，協力を得ることの一部には，あなたがなぜその質問をしているのか，その理論的根拠をクライエントに示すということがありましたよね。
セラピスト：あ，そうでした！
スーパーバイザー：どのような根拠をマーガレットに提供したらよいのか，考えてみてください。そのうえで，もう一度始めましょう。
セラピスト：(メモをチェックしながら，しばらく考え込む) マーガレットさん，前回は，あなたが経験している不安とパニックについて話していただきました。あなたを支援するための最善の方法を見出すためには，もう2，3，私から質問する必要があります。そうして，

私とあなたがその不安についてもう少し詳しく知ることができるようにするのです。よろしいでしょうか？
スーパーバイザー：私がマーガレットとして答え，このロールプレイを続ける前に聞きたいのですが，あなたは，その理論的根拠についてどのように考えていますか？ それを提供することについて，どのように感じたでしょうか？
セラピスト：実は，ずいぶんとよく感じられるようになりました。その理論的根拠は，おそらく彼女の役に立つでしょうし，私にとっても，質問をするとき，もう少し気楽に感じられるようにしてくれると思うのです。

より上級のセラピストがコンサルテーションを受けている場合には，自らリードし，コンサルテーションを構成していくことが多い。彼らは，学習目標を特定し，具体的なコンサルテーションの質問を行い，より多くの知識や専門性を基に課題について話し合う。以下の抜粋は，上級のセラピストとのコンサルテーションのセッションを描写したものである。

セラピスト：それで，私のコンサルテーションの質問は，「どうすればエリザベスと共に，できる限り単純な概念化に至ることができるか？」ということです。彼女はたくさんの問題を抱えていますし，私の方は物事を必要以上に複雑にしてしまう傾向があるのです。私は，より単純な概念化をするためのスキルを発達させたいと強く思っています。
コンサルタント：それは素晴らしい質問ですね。まずは，どうして物事を単純にしておきたいと思うのか，その理由について，あなたはどのように考えているのでしょうか？
セラピスト：（しばらく考える）おそらく，そうすれば焦点を定めるのに役立つのではないかと思うからです。単純なモデルは，理解するにして

　　　　　も，覚えるにしても，検証するにしても，またあらゆる状況に適
　　　　　用させるにしても，より簡単ですからね。それに，エリザベスは
　　　　　境界性パーソナリティ障害をもっており，非常に感情的になる傾
　　　　　向があります。単純な概念化の方が，彼女にとって，感情的に高
　　　　　まったときにも思い出しやすいでしょう。
コンサルタント：そうですね，私もそう思います。単純な概念化をしようとす
　　　　　るうえで，何かリスクはあるでしょうか？
セラピスト：彼女はとても聡明ですし，私が恩着せがましくしていると彼女に
　　　　　思われたくありません。また，彼女の目標を達成できるようにす
　　　　　るうえで重要となる決定的な情報を見落としたくもありません。
　　　　　しかし，彼女と私は共に一生懸命取り組んでいますので，概念化
　　　　　の適合度を確認すればうまくいくと思います。
コンサルタント：いいですね。協同と概念化の適合度の確認は，あなたの強み
　　　　　ですものね。
セラピスト：(快活に) はい，そう思います。あなたは私のことをご存じですよ
　　　　　ね——私にあるのは利己的な偏見とは逆のものですし，自分がす
　　　　　でにうまくできていることよりも，発達させるべきことにより焦
　　　　　点を当てています。(コンサルタントはうなずき，笑う) でも，そう
　　　　　ですね，その通りです。それが私の強みです。
コンサルタント：では，あなたのコンサルテーションの質問について考えると
　　　　　すると，あなたが以前に取り組んだ症例の中で，極めて単純な概
　　　　　念化がクライエントの提示する課題の深さをうまくとらえること
　　　　　ができたときのことを思い出すことができますか？
セラピスト：はい，たくさん思い出せます。
コンサルタント：それらの概念化に共通していたことは何だったでしょうか？
セラピスト：(一瞬考えてから，笑う) ひどい画像です。いいえ，まじめに言うと，
　　　　　問題だけではなく，クライエントが望むもの，つまり，彼らの最
　　　　　も大きな夢についての画像もしくはイメージを構築したというこ

とです。

　この上級レベルのセラピストは，自分の強み（協同的に取り組むこと，概念化の適合度を確認すること）および欠点（概念化を必要以上に複雑にしてしまうこと）に気づいている。このセラピストは，それ以前にうまくいったセラピーの経験を振り返るとき，軌道から逸れることなくエリザベスとのより単純な概念化を追求していくための有用な原理を推定することができている。コンサルタントがこのセラピストの知識や強みを信頼し，教育的な指導をするよりも，むしろ導きによる発見を用いていることに注目しよう。

スーパーバイザーとインストラクターへの提案

　CBTのスーパーバイザーもしくはインストラクターをしている読者の方々は，本章のガイドラインに併せて，セラピストのあらゆるスキルレベルに合わせてプログラムを調整するために，付録8.1，8.2，8.3にある学習演習も用いるとよい。卒業生のためのクラスやスーパービジョンは一般に，初級のセラピストのために提供されるガイドラインに準じたものとなるだろう。大学院での教育やスーパービジョンは，個人や集団のスキルレベルによって，初級，中級，上級のセラピストのために解説されている演習を実行するとよい。極めて熟練したセラピストであっても，CBTに対しては馴染みがないという場合，長年にわたる臨床実践があったとしても，症例の概念化の学習においては初級から始める必要があるかもしれないことを覚えておいてほしい。セラピストが，CBTの理論と研究に関する実証的な知識を蓄積し，協同的経験主義のスキルを発達させ，各概念化のレベルでの具体的なCBTの手法を学ぶまでは，初級レベルの訓練が有益なのである。

　時折，大学院のインストラクターは，初級から上級に至るさまざまなスキルと知識をもったセラピストたちを含むグループで，ワークショップやセミナーを行うことがある。異なるスキルレベルが混合するグループで学習演習を行う

のは，能力がより均一なグループに教えるよりも困難である。このような場合，ロールプレイなどの学習演習は，すべてのスキルレベルのセラピストにとってためになる学習を提供するように行われる必要がある。演習は，初級のセラピストでも課題を完了することが可能であるとともに，そこに出席している，より上級のセラピストにとっても，手ごたえが感じられるほどに十分に複雑な構造をもつデザインとなるようにする。

　そのような演習としては，例えば，提示される課題のリストを概説した，非常に具体的なクライエントの症例を記述するとともに，それに併せてロールプレイでクライエント役を演じる人用の具体的なガイドラインを用意するといった例が考えられるだろう。新米のセラピストチームには，特定の課題に対してこのクライエントと一緒にABC機能分析を完了することを課す。同時に，上級のセラピストには，2つの別個の状況に対する機能分析を完了させ，共通のテーマがないか探すように求める。そのコースに出席しているセラピストたちには，ロールプレイ後の省察的な学習の話し合いがロールプレイのチームのメンバー全員にとって有益なレベルのものとなるよう，同等のレベルのセラピストたちと一緒に取り組むよう勧めるとよいだろう。

　セラピストやスーパーバイザーは，本書を学習カリキュラムの一部として用いたいと望むかもしれない。そのような場合には，各章を読むという課題を，本章で解説されているような能動的な学習作業に結びつけることを私たちは勧める。例えば，第3章ならば，協同（アジェンダの設定，介入の理論的根拠の提供，提示されている課題の影響を同定し評価するようクライエントに求めること，など）や経験主義（ソクラテス的対話の使用，行動実験の設定など）に関連したスキル練習と2つ一組にするとよいだろう。また，第4章の場合は，クライエントの強みの取り入れ（クライエントが強みを同定するのに役立つ質問の練習など）に関連したスキル練習と組み合わせることができる。スキル練習は，自己省察的（自分自身の中に強みを探すことなど），手続き的（ロールプレイの実践など），および宣言的（専門的なセラピストのDVDをクラスで観察し，優れた実践原理を同定するために話し合いも併せて行う，など）なも

のとなるだろう。教育的な学習は，本を読むことによって生じるが，能動的な学習の実践と組み合わされたときに非常に効果が高まる。

本書がスーパービジョンで用いられる場合，スーパーバイジーには，本書全体(スーパービジョンやセラピーセッションにおける実践課題と組み合わせて)を読むことを課すか，あるいは学習が必要と判断された特定の項目を読むことを課すとよいだろう。例えば，提示される課題のリストを協同的に構成し，影響評価と優先順位評価をするようクライエントを導く方法の例が有益と思われる人に対して，スーパーバイザーは第5章を指定するかもしれない。本書全体の参考文献は，スーパーバイザーに対し，スーパーバイザーとスーパーバイジーの知識を高め得る補助的な読みものの情報を提供している。

教育とスーパービジョンにおける信念と偏見

症例の概念化を学んでいるセラピストも，また，それを教えているスーパーバイザーやインストラクターも，第2章で解説されているのと同じ発見的手法における思考の過ちや偏見にさらされている。これらの信念と偏見は，CBTの概念化の学習と教育において障害を引き起こす可能性がある。加えて，本書の中でも説明されているように，専門家たちは，実践，教育，学習を妨げかねない特定の基礎的前提をもっていることがある。以下の信念について考えてみよう。

> 「私のクライエントが比較的低機能だとしたら，その場合，クラエントは症例の概念化に参加できないだろう。したがって，彼らに代わって私がそれを行うのが最善である」
> 「私がスーパービジョンをしている／教えているセラピストが，基礎的なセラピーのプロセスをあまりよく理解していない場合，そのセラピストは症例の概念化の学習を始めることさえできないだろう」
> 「CBTは，治療プロトコルとしてはうまくできているが，こと症例の概念化については，精神力動理論の方が問題の根源に達しやすい」

「何が起きているかを『私』が理解している限り，クライエントの治療を開始することは可能である。必ずしもクライエントが症例の概念化に参加する必要はない」

「私のスーパーバイジーが症例の概念化を理解していない場合，彼らには診断することを教え，その後に各診断に対して実証的に裏づけられた概念化モデルを提供するだけにした方がよい」

「症例の概念化を教えることは不可能である。経験を積んでいくことで，それぞれのセラピストは自然にそれができるようになっていくだろう」

省察の実践は，私たちがこういった信念を同定し，それを積極的に検討するのに役立つ。このような信念を軽視しないことが重要である。それどころか，これらの信念は，ちょうどクライエントの信念をテストするときのように，実証的に検討するとよい。セラピスト，インストラクター，およびスーパーバイザーは，そのような信念を同定し，それらを検証するための行動実験を考案するとよいだろう。例えば，症例の概念化へのクライエントの参加が重要でない，あるいは不可能であると信じているセラピストは，クライエントの協同を得て概念化が行われる実験を行ってみてはどうだろう。実験の前に，セラピストは，アウトカムがどのようなものになるか（そのクライエントの信念に基づいて）予測を立てるべきである。いったんその実験が終われば，クライエントとコンサルタントのフィードバックを得て，セラピストの予測と実際のアウトカムを比較することが可能になる。クライエントとコンサルタントからフィードバックを得ることで，アウトカムが偏って解釈される可能性を減らすことができる。同様に，インストラクター，スーパーバイザー，およびコンサルタントは，自分自身の偏見を認識しようと努め，学生，スーパーバイジー，および同僚からのフィードバックを得ることにより，行動実験でそれらを検証するとよいだろう。

結　論

　本章は，これまでの章で紹介してきたマークの症例に対する，3つの異なるスキルレベルにあるセラピストたちのコメントから始まった。これらのセラピストはそれぞれ，異なる学習ニーズを表現している。どのスキルレベルにあるかに関わらず，CBT セラピストとして進歩するためには，自分がすでにどのような知識や能力をもっており，またどのような知識やスキルを習得したいかについて，ある程度わかっている必要がある。自己省察は，能力の評価において必須である。本章は，セラピストが，私たちの症例の概念化の3つの原理に必要とされる知識とスキルを習得するために，学習ニーズを同定し，学習目標を立て，さらに進歩していくのを助けるようデザインされている。セラピストには，強みおよび知識とスキルにおける現在の限界について，継続的な評価を行うことが勧められる。

　症例の概念化の能力を向上させることは，生涯にわたるプロセスとなるだろう。それでも，たとえ初期段階にあるとしても，こうした学習は，セラピストが提供できるセラピーの質という点で大いに報われるものとなる。知識とスキルが追加され，強化されるにつれ，セラピストは，複数の能力間の相互作用から多くの恩恵を得られるようになる。また，学習の焦点を自分自身の実践に採用することで，セラピストは，CBT 理論，実証的プロセス，および CBT の中核にある個人的な好奇心や発見のプロセスをより深く理解できるようにもなる。概念化の能力において現在初級であるか，中級であるか，それとも上級であるかに関わらず，本章は，その次のレベルの専門知識へ向けた学習と進歩の指針となるだろう。

第8章のまとめ

- Bennett-Levy（2006）は，CBTを学ぶうえでセラピストの指針となる3つの学習プロセス（宣言的，手続き的，および省察的）について解説している。
- 私たちはBennett-Levyのモデルを，症例の概念化の学習と教育のための4段階の学習サイクルに組み入れる。
  ——学習ニーズを評価する。
  ——個人的な学習目標を設定する。
  ——宣言的，手続き的，および省察的学習のプロセスに参加する。
  ——追加的な学習ニーズを見出すために，学習の進歩を評価する。
- 学習ニーズを評価するため，セラピストは，協同的な症例の概念化の3つの原理，すなわち協同的経験主義，概念化のレベル，およびクライエントの強みの取り入れ，に関連した領域における，自らの知識と能力を評価するよう勧められる。
- 個人的な学習目標は，具体的で，観察可能で，測定可能なものであるべきである。また，一度に1つか2つずつ取り組めるよう優先順位をつけ，学習が過度の負担とならないようにすべきである。
- 数カ月で達成できる，無理のない学習目標を設定することが有益である。
- さまざまな学習様式を用いた演習（読書，ロールプレイ，セッションの録音についてのフィードバックなど）が，初級から上級までの各スキルレベルのセラピストに対して説明されている。
- 学習の進歩を評価するためには，自己評価や，クライエント，スーパーバイザー，およびコンサルタントのフィードバック，そしてまた，標準化された指標が用いられる。
- 強みと学習ニーズに対する継続的な認識を高めるため，セラピストには，自分自身の症例の概念化を含めた，省察的な実践を行うことが勧められる。

付録 8.1

協同的経験主義の能力を発達させるための学習演習

初級レベル

- 本や定期刊行物の記事を読み，ワークショップに参加して，臨床実践において一般的な障害に対する具体的な症例の概念化を学ぶ。
- 書面や録音・録画によるセッションの例を観察し，CBTの概念化に必要な，関連のあるクライエントの情報を引き出す質問を同定する。
- 症例の概念化の臨床実践を観察し，それについて話し合う（Padesky, 1997a）
- 微視的なスキル（概念化の諸側面について理論的根拠を説明する，客観的な言葉を用いて要約を述べる，クライエントの行動を説明する，など）と巨視的なスキル（記述的概念化のための5部構成モデルを用いる，クライエントが行動実験を考え出すのを手伝う，など）の両方を練習する。
- ソクラテス的対話の4段階を練習する（Padesky, 1993）。
- クライエントに対して経験主義の考え方を紹介する方法をリハーサルする。
- クライエントと協同的に取り組み，それをより効果的に行う方法についてスーパーバイザーやコンサルタントからフィードバックを得る。
- クライエントが観察したことを書き出し，それらの間の結びつきを見出す。

中級レベル

- 比較的未熟な概念化スキルを発達させることに焦点を当てる。上記の初級の演習を用いて，それを行うことを考えてみる。
- 「標準的な」症例の概念化に適合もしくは相反するクライエントの例に着目する。
- 関連する複数の障害のモデル間の類似点と相違点に注意する。
- 熟練したセラピストが症例の概念化を行っている録画を見る。協同を促していると思われる戦略を同定し，熟練したセラピストがクライエントのどのような情報を引き出すかはもちろんのこと，なぜその情報が重要なのかについても考える。
- 本，雑誌記事，および自分自身の実践から，症例の概念化に関する文字情報を収集する。
- 関連したスキルのロールプレイを行い，「クライエント」役の人とスーパーバイザーである観察者からフィードバックを得る。
- 概念化のプロセスに対するクライエントの参加度が最大限になるよう努める。
- 実証的に裏づけられたモデルをクライエントの情報を用いてクライエントに紹介し，標準モデルを個別化する。
- 主なCBTの考え方を説明するためのさまざまな隠喩を練習する。
- 概念化モデルに関連しているセッションの内外で観察された事柄に対して好奇心を示し，クライエントの好奇心を引き出す。
- 概念化のための関連情報を集めるために，行動実験を計画する。
- 標準モデルとは異なるクライエントの症状についてのケース・カンファレンスに，ライブでもしくは電子機器を用いて参加して議論に加わる。

上級レベル

- 上記の初級もしくは中級の演習の中で，比較的苦手なスキルを強化できそうな演習について考慮してみる。
- 本や雑誌記事を読んだり，同僚と話したり，ワークショップに参加したりして，実証的に裏づけられたモデルについての新たな所見に対する自らの理解を精緻化する。
- 協同の標準モデルに異議を唱えるクライエントといかに協同で取り組むかを学ぶために，本を読んだり，同僚に相談したり，ワークショップに参加したりする。
- 実証的に引き出されたモデルとさまざまなクライエントの経験との違いにいかに対応するかについて，他の上級レベルのセラピストと話し合う。
- クライエントのさまざまな問題に対し，実証的手法がそれぞれどのように異なって用いられるかを研究する（Bennett-Levy et al., 2004）。
- セラピーが行き詰まった際の明快なコミュニケーションを練習する。症例の概念化において遭遇する障壁を協同で解消する方法について話し合う。
- 実証的モデルに一致しないクライエントの観察に着目する。協同的な試験を行うために，セッションの中でそのような観察を強調する。
- セッションの録音を聞き，症例の概念化で見過ごされた，関連するクライエントのコメントを探す。
- 症例の概念化の有用性について，すべてのクライエントからフィードバックを得る。
- セラピーの中で生じ得る問題について，概念化に基づいた予測を立てる。
- 同僚のセラピストに症例の概念化の図を見せ，フィードバックを求めたり，話し合ったりする。
- 経験の浅いセラピストに協同的経験主義の手法を教える。

付録 8.2

概念化のレベルにおける能力を
発達させるための学習演習

初級レベル

- できればCBTのインストラクターもしくは専門家による，概念化の作業の仕方を示す臨床実践を観察する。そこでは，提示される課題のリストを作成する，目標を設定する，5部構成モデルや機能分析を用いてクライエントの経験をCBT理論に結びつける，などの作業を観察する。
- これらの同じスキルを「セラピスト」と「クライエント」の両方のロールプレイをすることによって練習し，知識をもつセラピストからフィードバックを得る。
- 自己練習。遂行不安や先延ばしといった自分の個人的課題に対して記述的もしくは説明的なCBTの概念化を行う。
- 記述的概念化に焦点を当て，機能分析や5部構成モデルを用いてクライエントの広範な課題を記述することに熟練するまでそれを行う。
- 記述的概念化に熟達したら，誘因と維持要因を同定する練習を行う。
- 微視的なスキル（基礎的前提の同定など）と巨視的なスキル（CBTの用語でクライエントの懸念に対する概念化モデルを構築することなど）の両方を練習する。
- 概念化のジレンマをスーパービジョンもしくはコンサルテーションで提起し，話し合い，ロールプレイをする。

中級レベル

- 比較的未熟な概念化スキルの発達に焦点を当てる。そのために上記の初級の演習を用いることを考える。
- 複数の問題を抱えるクライエントと概念化の各レベルをロールプレイする。
- 概念化においてクライエントの言葉を活用することを重視する。特に隠喩，イメージ，およびその他のシンボルを取り入れる。
- 関連する文化的要因を症例の概念化に取り入れる練習をする。
- 行動実験やクライエントの経験の慎重な分析を通して，セッションの内外で概念化の「適合度」を検証する練習を行う。

上級レベル

- 無益な症例の概念化（私の家族は皆心配症だ；私には心配症のDNAがあるのだから変化は不可能だ，など）にしがみついているクライエントとロールプレイを行う。クライエントの経験の中に狭い視野を広げるような情報を探す練習をする。
- クライエントの提示する課題同士を結びつけるテーマを積極的に探す。
- 広範な経験の理由を説明する単純な概念化をクライエントが行うのを手助けする。
- クライエントの経験の中の矛盾した根拠を積極的に探すことによって，概念化の「適合度」を評価する。
- 図7.6と図7.7にあるのと似たようなフローチャートでクライエントの課題に対する記述的，説明的，および縦断的な概念化を結びつけ，共通のテーマを見出す。
- 症例の概念化の図を同僚のセラピストたちに見せ，フィードバックを求めたり，話し合ったりする。
- 経験の浅いセラピストに症例の概念化のスキルを教える。

付 録 8.3

クライエントの強みを取り入れる能力を
発達させるための学習演習

初級レベル

クライエントの強みを症例の概念化に取り入れるスキルを発達させ始めたばかりのセラピストには，以下のことをお勧めする。

- 臨床実践を観察し，言葉で述べられていないクライエントの強みを同定する。
- クライエントの強みを引き出すための質問をするロールプレイを行い，フィードバックをもらう。
- 記述的な症例の概念化の中で，あるいはそれと平行して，強みを書き出す練習をする（図 4.1 参照）。
- CBT モデルを用いて自分自身の強みを概念化する。
- 実践を観察しながら，あるいはセッションの録音を聞きながら，クライエントの強みを同定する。

中級レベル

強みに焦点を当てることが習慣になると，セラピストは中級レベルの能力に達する。このレベルでは，以下のことをお勧めする。

- 書面あるいは口頭でのアセスメント手続きに，クライエントの強み探しを

取り入れる。
- クライエントの強みを観察し，それらの強みにクライエントの注意を向けさせる。
- ほとんどのセラピーセッションで強みについて積極的に質問する。
- 同定されたクライエントの強みを概念化モデルに統合する。
- 治療介入を強化するために，クライエントが強みを用いることができる方法を同定できるよう手助けする。

上級レベル

クライエントの強みを症例の概念化に取り入れることに関して上級の能力をもつセラピストには，次のことをお勧めする。

- 何人かのクライエントの強みを同定し，それらが概念化に最大限に統合されているかどうかを考える。
- 症例分析の1つか2つを同僚あるいはコンサルタントに提示し，強みとその概念化との統合についてフィードバックを得る。
- 新たなクライエントの強みを積極的に推測し，クライエントが同様の，あるいは追加的な強みを同定するかどうかを確かめるために，導きによる発見を用いる。
- 概念化の各レベルにクライエントの強みを統合することが建設的な場合には，そうしてみる。
- 同定された強みを治療計画に統合する。

第 9 章

モデルを評価する

　学習に終わりはない。それどころか，さらにより深いレベルの理解へと進展する。この最終章では，私たちの概念化のアプローチによってどのような新たな観点が得られたかを確認するため，本書で紹介したテーマを振り返る。さらに，このモデルをより評価し，深く理解するのに役立つ今後の研究の方向性についても提案を行う。特に，以下の項では，(1) 私たちの概念化モデルの明確な特徴について見直し，(2) そのモデルが症例の概念化の機能をいかに果たし得るかについて考察し，(3) そのモデルを概念的に，そして実証的に評価する方法について提案を行う。私たちのモデルに対する主なテストとは，それがセラピストとクライエントにとっていかに有用であるか，また，慎重に行われた研究によっていかにその正しさが認められるか，ということである。

モデルの主要な特徴

　私たちのモデルの明確な特徴とはどのようなものであり，それらはCBTのセラピストとクライエントにどのように役立つのだろうか？

このモデルは臨床的および実証的課題に対する回答である

セラピストは，症例の概念化をCBTの最も困難な領域のひとつと感じることが多い（第8章）。症例の概念化のエビデンスは，概念化主導のセラピーが有益であるとする想定に対して不十分な裏づけしか提供していない。研究は，せいぜい症例の概念化へのアプローチを精緻化する必要があることを示唆する程度である（第1章；Bieling & Kuyken, 2003）。私たちの概念化モデルは，このような臨床的および実証的課題に対する回答である。このモデルの3つの原理は，症例の概念化がいかに理論とクライエントの特有の経験を統合し得るかを明確に示すことによって，これらの課題に答える。協同的経験主義は，最善の利用可能なエビデンスに基づいて確立され，概念化がクライエントにとって意味のあるものとなる可能性を最大限に高める。協同的で，段階的な，強みに焦点を当てたアプローチを組み合わせることによって，クライエントが概念化を建設的に経験する可能性がより高まるだろうと私たちは考える。本書で述べられている原理は，セラピストの概念化の実践を導く指針となり，セラピスト，コンサルタント，スーパーバイザー，およびトレーナーとしての彼らの有効性を最大限に高めることだろう。

このモデルはCBTのより広範な科学と実践に根ざしている

認知行動療法は，多くの実証的に裏づけられた理論とプロトコルを含んでいる（Beck, 2005; BOX 1. 3）。セラピストは，それぞれのクライエントと共に，複数の選択の時点に直面する。私たちのモデルはCBTの強固な土台の上に築かれているが，それは，このモデルが実証的に裏づけられた理論をクライエントの経験や強みと統合するためにセラピストが用いることのできるアプローチを提供し，これらのセラピーの選択に際して情報を与えるからである。このように，私たちの概念化のアプローチはCBTの広範な科学と実践にしっかりと根づいており，科学と実践の軸となり得るのである（Butler, 1998）。

セラピストとクライエントは概念化を共同創造する

　現代のCBTアプローチのほとんどは，概念化をセラピストの頭の中で起こる活動として，あるいはセラピストによって指導される活動として推奨している。私たちのアプローチは，セラピストとクライエントの両者がペースとやり方を決定し，セラピー全体を通して発展するような概念化を行うよう，推奨する。そうすることで，セラピストとクライエントは，クライエントの課題と目標についての自分たちの記述に同意する可能性が高くなり，さらには，提示されている課題を引き起こし維持しているものに対して理解を共有することにもなるだろう。このように共有された理解によって，クライエントは，変化のための理論的根拠を得ることができるのである。

　セラピーの初期段階では，この協同的なプロセスを構築し，促進することにセラピストが大きく関与する。しかし，セラピーが進展するにつれて，概念化の周期と変化に対してクライエントはより大きな責任をもつようになる。本書のマークの症例では，最初のうち，彼が自分の提示する課題を詳細に述べ，彼のセラピストがそれらを記述的なCBTの枠組みの中で把握した（第5章）。セラピーが終わる頃には，マークが主導権を握り，自らの脆弱性と高まっていくレジリエンスの両方を概念化するために豊富な例えを考案するようになった（第7章）。概念化を共同創造するにあたっては，クライエントの提示する表面上の課題と，より深い課題の両方を取り入れる。そのためには，セラピストが強い責任感をもち，クライエントのより微妙なアジェンダ，心配，記憶，および懸念に対して敏感であることが必要である。例えば，羞恥心を引き起こしたり，性についての話し合いを伴ったりするような課題は，クライエントによっては声に出すのが困難なこともある。

クライエントの強みが強調される

　最初の評価から，セラピストは，概念化に取り入れることのできるクライエントの強みを探し求め，治療計画がそれらの強みを土台として築かれるようにする。セラピーの後期段階になると，クライエントがレジリエンスをもって対

処するのを助け，再発を防ぐために，強みが大いに強調される。クライエントは，困難にうまく対処した経験を通し，また強みを伸ばす有意義な活動にコミットすることを通して，レジリエンスを確立していく。マークの強みを引き出そうとした最初の試みは，マークの抑うつに阻まれてしまった。しかし，セラピーが終わる頃には，マークは逆境に対処するための信念や戦略を自主的に表現するようになり，それはレジリエンスのあるハイイログマに対する彼のイメージにまとめられた（図7.5）。彼はまた，音楽や，生活を豊かにするその他の活動に再び熱心に打ち込むようになった。

セラピストは，クライエント自身の言葉を用いることで，進化していく概念化がクライエントの経験や彼らの強みに対する感覚と適合するようにする。セラピストは，クライエントの言葉，隠喩，およびイメージを用いて希望の感覚を創造し，変化のための経路を指し示す（第3章）。セラピーが進むなかで，クライエントも同じように言葉を用い始める。マークは，ハイイログマを次のように説明した。

　　「このクマは，祖父が私に，このようであれと教えてくれたことをすべて体現しています。活発で，物事を理解し，『意欲的な』姿勢で豊かな創造性を発揮するのです」

概念化は進化するプロセスである

　私たちは，概念化をセラピーの初期や中期段階で導き出され，確定される，固定的なものとは考えていない。むしろ，セラピー全体を通して進化していくプロセスとして概念化をとらえている。概念化とは，新たなデータを仮定した暫定的なものであるだけではなく，異なる機能を果たす形へと徐々に進化していくものでもある。最初，概念化の機能は，記述し，場面を設定し，教育とノーマライズを提供することにある。横断的概念化の機能となると，誘因と維持要因の面から提示される課題を説明することになる。これらは，介入の標的とされることもあり，クライエントはそれに代わる別の考え方や行動の仕方を学ぶ

ことになる．縦断的概念化は，維持周期に対する発達上の理解から生じる．この概念化は，クライエントを将来的に困難に陥りやすくさせる，より根強い信念や行動の理由を説明するのに役立つ．そして今度は，縦断的概念化が再発管理やクライエントのレジリエンスの確立を導くこととなる．

このモデルはクライエントの文化的背景や個人的価値観を取り入れる

　クライエントの信念と行動は，必然的に彼らの文化的背景によって形づくられる．CBT のセラピストは，クライエントの文化的背景や個人的価値観を概念化に取り入れるが，それは，それらがクライエントの信念と行動のレパートリーの不可欠な部分だからである．ローズの症例の概念化（第3章）は，彼女の提示する課題を，アメリカにおける専門的な職場状況と，性役割や感情表現に関するメキシコ系アメリカ人としての彼女の文化的価値観との間の対立として理解するものであった．概念化を通して，ローズは自らの意志で選択することが可能になった——つまり彼女は，自分の家族の文化的な価値観を作動させるときと，職場において広く行き渡った価値観を採用するときとを自ら選択できるようになったのである．同様に，ザイナブのセラピスト（第4章）は，イスラム教の信仰に関する自分の知識が相対的に欠如していることを逆手にとって，ザイナブと彼女の夫モハメッドの対立のもととなっている潜在的な信念を紐解いた．カップルセッションで，モハメッドは，わが子にイスラム教の信仰を教えていないのではないかというザイナブの心配をリフレーミングした．

　　「ザイナブはイスラムの一本の柱の例なのです．ザカートという柱がありますが，それは他者に対する寛大さとして理解できるかもしれません．彼女は常にそれを実行してきました．お金だけでなく，時間や気持ちの面でもそうです．だから私たちは，彼女のことを柱と呼んでいるのです」

　ザイナブとモハメッドは，この概念化を用いて，親としての彼らの共通の強みに同意した．

マークの場合，彼は自分の価値観の幾つかが彼の祖父から学んだものであったことに気づいた。彼の祖父は，男性は責任をもち，文句を言わずに家族を養っていかなくてはならないとする時代に育った人物である（第6章と第7章）。マークの父親は，双極性障害に苦しみ，そのために家族を養うのが困難だった。この数世代にわたる歴史から，責任というものについてのマークの信念を理解するうえで有用な背景が浮かび上がってきた。このように，私たちのモデルは，文化的信念や個人的価値観を生じつつある症例の概念化の一部として容易に適応させることができる。さらに私たちは，セラピストに，クライエントの価値観や文化を尊重する言葉を用いるよう勧めている。

このモデルは発見的手法の枠組みである

　私たちのモデルは，発見的手法の枠組みとして用いられるのが最善である。症例の概念化は，比較的高次の複雑なスキルであるため，セラピストが「経験則」をもつと役に立つだろう。私たちのアプローチは，意思決定に関する広範囲なエビデンスを土台として築かれたものであり，そのエビデンスは，人が複雑な，あるいは不完全な情報に直面したときには，発見的手法のアプローチが最善の働きをすることを裏づけている（Garb, 1998; Kahneman, 2003）。しかし，研究からは，発見的手法の意思決定は，さまざまな偏見に陥りがちであることも窺える。そのため私たちのモデルは，(1) それらの偏見を最小限にする方法（BOX 2.2）と，(2) 症例の概念化のスキルを学ぶためのガイドラインを組み込んでいる（第8章）。

モデルの有用性と適用性

　症例の概念化のるつぼが有用なモデルであるなら，それはセラピストが概念化の主な機能を達成するのに役立ち，さまざまな設定状況で適用可能なはずである。次の項では，これらの事柄を取り上げている。

このモデルは症例の概念化の機能を果たしているか？

　私たちのアプローチは，一般的に症例の概念化によるとされる機能を果たしているだろうか（Butler, 1998; Denman, 1995; Eells, 2007; BOX 1. 1）？　セラピストのニーズを満たしているだろうか（Flitcroft et al., 2007）？　BOX 9. 1では，こうした主要な機能を見直すとともに，これらの機能がマークのセラピーにおいていかに例証されているかが示されている。セラピー全体を通してマークが共同で創り上げてきた概念化は，彼が提示している課題をCBTの言葉で説明し，提示されているそれらの課題に対する彼の理解を深め，セラピーの介入に情報を与えるうえで不可欠なものであった。

　本書における症例も，症例の概念化の機能を実証している。とりわけ，協同的経験主義やクライエントの強みの取り入れに関してはそうである。キャサリンの症例（第3章）では，心理的要因（パニック発作）と身体的要因（失神）が相互作用し，困惑をもたらしている。彼女のセラピストはこの困惑を解消するために，キャサリンと共に実証的に，そして協同的に取り組む。彼らは最初，認知的概念化を行い，パニック障害のための標準的プロトコルを用いる。しかし，認知的介入のアウトカムは，この概念化に完全には「適合」していない。既存の概念化とキャサリンの経験の不一致は，セラピストに，新たな概念化の必要性を喚起する。それは，キャサリンの問題における身体的原因の可能性を振り返る概念化である。ザイナブ（第4章）は，セラピストと最初に会った際に，自分自身を「壊れていない」と主張する。ザイナブのセラピストはそれを手掛かりに，彼女と彼女の夫が挙げた「柱」という隠喩を用いて，初期の概念化の焦点を彼女の強みに当てている。

　これらは，私たちのモデルがいかに症例の概念化の機能を果たし得るかを示すほんの2, 3の症例を挙げたにすぎない。次の項では，私たちのモデルが適用され得る，追加的な文脈を例証する。

BOX 9.1	概念化の機能の見直し
定式化の機能	症　例
1. クライエントの経験，CBT理論，および研究を統合する	マークの抑うつ，OCD，および健康に対する懸念は，エビデンスに基づくモデルと介入を利用することによって理解され，治療された（第6章参照）。
2. 提示されている課題をノーマライズし，承認する	マークのセラピストは，HIV感染に対する恐れが同定されたときにマークの健康への懸念を理解し，ノーマライズすることができた。これは，侵入思考をノーマライズする介入へとつながった（第6章参照）。
3. クライエントの関与を促す	一週間にわたる気分の変化の例を収集することによって，マークの好奇心と関与は生かされ，新たな概念化がうまく適合しているかどうかを判断するのに役立った（第5章と第6章）。セラピーが終わる頃には，マークの高レベルの関与は，彼がその概念化を自主的に精緻化しつつあることを意味するようになった（第7章）。
4. 多くの複雑な問題をより対処可能なものにする	マークの提示は複雑であり，その複雑さは時折，概念化に反映されることもあった（図7.6と図7.7）。セラピーを通して，その複雑さは余分なものが取り除かれ，長い目で見て，マークとセラピストにとって，より対処可能な単純な形へと洗練させる努力がなされた。
5. 選択，焦点，および一連の介入の指針となる	マークのセラピーは，概念化の進展を例証している。つまり，提示される課題と目標を方向づける初期の記述的概念化（第5章）から，行動的および認知的介入の選択の指針となる横断的概念化（第6章）へ，さらには広範で長期的な信念と行動パターンに焦点を当てた認知行動的取り組み（第7章）への進展である。
6. クライエントの強みを同定し，レジリエンスを確立する方法を提案する	マークの強みは，提示される課題のリストの一部でもあった（第5章）。その後，それらは介入（第6章）と，マークの長期的成長を促すレジリエンスの概念化（第7章）に統合された。

BOX 9.1 つづき	
7. 最も単純で，最も費用対効率の高い介入を可能にする	特定の障害に対応するモデルを用いた進歩は有望であるものの（第6章），マークと彼のセラピストは，残存症状を減らし，マークの脆弱性を軽減し，レジリエンスを確立するために，より広範な基礎的前提（責任や高い水準についての横断的な診断のプロセス）に対応する必要があることを認識した。
8. 治療上の困難を想定し，それに対応する	気分障害を抱えるクライエントの多くがそうであるように，マークは，自分の問題について全か無かの思考を経験し，絶望感を表現している。セラピストは，マークの経験の中での多様性を求めて，彼の気分の落ち込みの例外を同定するとともに，希望を高めるのに役立ち得る強みとレジリエンスの領域を同定する。
9. セラピーにおける反応のなさを理解するのを助け，変化のための代わりの手段を提案する	有意義な成果を得た後で，マークは，自宅で「爆発」を起こす。彼はそれを自分が「職場と家庭で役立たず」であることの根拠と考える。セラピストは，その時点まで概念化の取り組みを用い，マークがその後退を「自分には与えられるものが数多くある。自分は有能で，責任感がある」こととして再構築するのを手助けする（第7章）。
10. 質の高いスーパービジョンを可能にする	第8章の概念化に関連したスーパービジョンとコンサルテーションの具体的な例を参照のこと。

モデルのより広範な適用

カップルと家族

　本書における症例はほぼすべて，個人の成人のクライエントについて述べたものである。しかし，私たちのモデルは，カップルや家族にも同じように有効に用いることができる。例えば，ザイナブと彼女の夫モハメッドの症例は，どうしたら個人の信念と共有の信念を率直に示し，効果的な夫婦協同の育児という共有の目標に向けてそれらを見直すことができるかを例証している（第4章）。

　一人追加されるたびに，概念化はより多層的で，複雑なものとなり得る。家族の症例の概念化は，多くの場合，同じ出来事に対する親二人の観点と幾人か

の子どもの観点を取り入れることになる（Burbach & Stanbridge, 2006）。ここでも同じモデルと原理が適用されるが，セラピストは，幾つかの異なる観点を同時にとらえ，それらに取り組むにあたって，柔軟で，熟達している必要がある。さらに，余分なものを取り除くことでこのような複雑さをより単純な形式へと洗練させる方法を見つけることもセラピストに求められる。例えば，持続する家族間の対立を概念化していくなかで，ある思春期の娘は，彼女の学習習慣に対する父親の激怒が，無職で，貧困に苦しむ成人としての彼女という，父親が娘に対して抱く不安なイメージによって増幅されていることを学んだ。思慮分別というよりも，恐れが父親の怒りに油を注いでいることを彼女が知ったとき，父と娘は，より建設的に話し合うことができた。セラピーの後期で，その父親は自分が14歳で学校を中退し，数年間にわたり「迷いと孤立」を感じていたことを述べた。この縦断的概念化は，父親の感情的に激しい反応を家族が理解するのに役立った。

スタッフ，家族，および世話人を通して間接的に取り組む

概念化は通常，個人的経験についての主な情報源となる個人やカップル，家族といった関係者と共に活発に行われる。しかし時折，クライエントがそのような形では参加できないこともある。例としては，重篤な認知障害をもつ人は，概念化を協同的に行うことができない場合がある（James, 1999）。こうした症例では，世話人やサポートスタッフが，本人に代わって協同することが可能である。James, Kendell, および Reichelt（1999）は，認知症を抱える人の，時に困惑をもたらすような行動を理解するために，スタッフグループと共に取り組むことについて述べている。

ジョージという，認知症を抱える男性のケースを考えてみよう。彼は，住んでいる集合住宅の周辺を毎晩さまよい歩く。各戸の扉をすべて確認し，他の人々の部屋に入り，避難警報装置を作動させてしまうのである。スタッフと住人たちは，ジョージの行動を人騒がせだと思っている。スタッフは機能分析を用いて，ジョージの行動パターンの先行事象を同定する。しかし，認知症があるため，

スタッフがジョージに話を聞き，彼の行動の意味を理解することは不可能である。この例で，スタッフは，状況を概念化するためにジョージの家族と協同的に取り組む。彼の家族は，ジョージの行動を彼の生涯にわたるパターンと結びつける。それは，毎晩，自宅に鍵をかけるというものである。こうして，ジョージの行動は，自分の家と家族の安全を守りたいという彼の願望という文脈から理解される。この概念化の結果，スタッフと住人たちはジョージの行動を，人を混乱させようとするものではなく，他者の安全に対する彼の思いやりのサインであるとして再解釈する。この概念化によって，ジョージの行動はノーマライズされ，彼に対する態度は変わることになる。さらに，夕方になったら彼に付き添い，誰もが安全であると彼に安心させる，といった治療計画が提示されることになる（James, 1999）。

　Jamesと同僚らによるこの取り組みは，当人の行動に対するより共感的な見方を引き出すために，認知的概念化が世話人やスタッフグループとの取り組みへと拡張され得ることを実証している。当然ながら，このような形でのモデルの採用は，発見的手法の偏見の可能性に対する確認とバランスを取り入れるために，さらなる努力がセラピストに求められることを意味する。関係者は，「適合」の根拠について必ずしも常にコメントできるわけではない。概念化というのは，常にそうであるように，介入のアウトカムに対して慎重に検証されるべき仮説として考慮されなければならないのである。

モデルを評価するための提案

　症例の概念化が検証される必要があるのと同じように，私たちのモデルも客観的に評価され，実証的に検証される必要がある。私たちのモデルを判断するにはどのような基準を用いればよいのだろうか？　このモデルがより良いCBTのアウトカムにつながるかどうかを，どのように評価したらよいのだろうか？　役に立ちそうな基準には，関連のある2組のものがある。次の項では，これらの基準について考察する。最初の基準は，概念的なものであり，セラピ

ストが直面する弁証法的な困難について，Eells（2007）が説明したものである。2番目の基準は，BielingとKuyken（2003）によるものであり，実証的で，提案される研究のアジェンダを導くものである。ここではまず，症例の概念化における弁証法について考察することから始めていく。

概念化の基準：症例の概念化における弁証法

弁証法は，「反対の，あるいは矛盾した考えを並べ，それらの対立を解消するための議論」として定義される（Allen, 2000）。大きな影響を与えた著書，*Handbook of Psychotherapy Case Formulation*（Eells, 2007）において，Tracy Eellsは，セラピストが症例の概念化を行うときに直面する主要な弁証法の幾つかについて簡潔に述べている。ここで私たちは，これらの弁証法に関連させて，協同的な症例の概念化の私たちのモデルについて考察する。

弁証法 I：法則定立的 対 個性記述的

最初の弁証法は，法則定立的考察と個性記述的考察の間にある。すなわち，私たちが障害について一般的に知っていることは，私たちがクライエントの個人的な経験について知っていることとどの程度，適合あるいは対立するのだろうか？ 臨床的判断は，この次元の二極間のバランスを図るという場合が多い。一方の極には，CBT理論に過度に執着し，プロクルステスのようになる臨床家がいる。つまり，不自然なまでにクライエントを理論に合わせようとする臨床家である。他方では，問題に対するクライエントの理由説明に没頭し，関連の理論や研究を顧みない臨床家がいる。これらの二極化した姿勢はどちらも，重要な記述的，説明的情報を欠き，クライエントに対して公正ではなくなってしまう。

この弁証法は，時折，次の2つのアプローチの支持者たちの間で議論されることがある。エビデンスに基づいた治療のプロトコルを推奨する人たちと，実用的で個別化された症例の概念化による治療を奨励する人たちである。最初の実践グループは，広く有効であるとされているプロトコルと結びついた，エビ

デンスに基づいた CBT の概念化をセラピストが用いるべきであると提唱する（Chambless & Ollendick, 2001）。その他のグループは，この理想が実用的でないと断定する。現実には，ほとんどのセラピストが治療に対して実用的で個別化されたアプローチを用いている，というのである（Persons, 2005）。エビデンスに基づいた実践から離れすぎることなくセラピーを個別化することで，このジレンマを解消しようと，第一次診断と一連の介入に頼ったモデルが提案されてきた（Fava et al., 2003; Kendall & Clarkin, 1992）。

　私たちは，プロトコル主導型と概念化主導型の二分が錯視的なものであると主張する。マニュアル化されたセラピーと個別化されたセラピーを比較した Schulte ら（1992）の研究では，マニュアル化群の録音の事後解析から，セラピストはそのマニュアルを個別化せずにはいられないことが窺えた。プロトコルにぴったりと適合するクライエントなど一人もいないことから，プロトコルは，指針となる枠組みとして示される傾向にある。症例の概念化のアプローチの理論的根拠のひとつは，クライエントの多くが重大な併存症を示しており，そのようなクライエントは，エビデンスに基づく確立されたアプローチには，たとえそれがプロトコルの順次的な使用に基づいたものであっても，容易には適合しないということである。併存症は，例外というよりも標準であるように見える（Zimmerman, McGlinchey, Chelminski, & Young, 2008）。このような症例に対し，ほとんどの CBT セラピストは個別化された症例の概念化のアプローチを用いる可能性が高い。

　クライエントの提示が比較的単純なものであるときには，エビデンスに基づいた CBT 理論とプロトコルが概念化と治療計画の主な資源として用いられるべきである，と私たちは提唱する。これは，非常に単純な理由からである。つまり，これらのアプローチが無作為化比較試験において効果的であり，しかも，臨床上の教訓に反して，臨床的に典型的な設定においても効果的だからである（Shadish, Matt, Navarro, & Phillips, 2000）。マニュアル化されたアプローチに価値があるのは，臨床的注意を払うのに最もふさわしい領域を定義するのに役立つことによる。さらに，これらのアプローチは，テクニックを持続的に適用

し，その結果を注意深く観察していくことを促す。

とはいえ，たとえエビデンスに基づくマニュアル化されたアプローチの中であっても，クライエントの提示する課題を個別に理解しなければならない時点が幾つか存在する。提示が一個人に特有なものとなるにつれ，セラピストは，利用可能な最善の理論やプロトコルに加え，ますます個別化された症例の概念化に頼ることになるだろう。このように考えると，セラピストはすべての症例において，多少なりとも個別化された概念化を用いると予想される。また，症例がより複雑になるにつれて，あるいは，クライエントが標準化されたプロトコルに反応しないときには，このようなプロセスに頼ることがより多くなるだろう。

そのため，私たちのモデルは，症例の概念化が臨床実践の決断と，利用可能な最善の理論やプロトコルとの間の基軸の役目をすると提唱する。その役割は，より重大な，個別化された判断が必要となるとき，より重要なものとなる。あるひとつの個別化された症例の概念化が必要となる選択の時点とは，比較的単純な症例に限られている。つまり，理論と治療マニュアルが素晴らしく適合している場合である。複雑な症例，あるいは単一の理論やマニュアルが適合しない場合には，本質的に異なる理論的な観点を共に導き出し，それらを症例の特異性と統合することが，個別化された概念化に必須となる。私たちのモデルでは，セラピーのマニュアルからいつ逸れるかの決断は，(1) 実証的に，そして (2) 協同的に，下される。例えば，クライエントに，目標に向けた進展や，標準的なアウトカムの基準で期待される改善が見られない場合には，それを概念化し，適切に対応するのが適当である。実際，そうすることは，アウトカムを向上させるうえで決定的に重要である (Lambert et al., 2003)。

こうしたアプローチは，マークのセラピーにいかに役立ったのだろうか？マークのセラピストは，マークの抑うつを説明し，理解し，それに介入するために，実証的に裏づけられた行動的および認知行動的モデルを用いた (Beck et al., 1979; Dobson, 1989; Martell et al., 2001)。同様に，彼の確認行動を理解するためには，OCD (van Oppen & Arntz, 1994) と健康不安 (Williams,

1997）に対して実証的に検証されたモデルが用いられた。同時に，セラピー全体を通して，マークとセラピストは，マーク特有の経験とCBT理論の適合度を慎重に検討していった。障害に特定的なモデルは，横断的概念化と治療計画に寄与し，マークの目標に向けての有意な進展をもたらした。その一方で，不安と抑うつのいずれにも依然として有意な残存症状が見られた（第6章）。その後のセラピーでは，マークの弱点と保護要因となったものを理解するために，より包括的なCBTモデルが利用された。それにより，さらなる介入がこれらの基軸となる認知的，行動的プロセスを標的とし，不安と抑うつの残存症状を減らすことができるようにしたのである。これらの機軸となるプロセスは，マークの併存症を理解するうえで極めて重要であった（第7章）。最後に，個別化された強みとレジリエンスの概念化は，マークが，生活のストレス要因に直面したときに再発を防ぎ，自らが得た改善を維持するのに役立った。

　弁証法2：複雑 対 単純

　CBTのための症例の概念化のアプローチは，クライエントの提示する課題が複数の診断を伴ったり，単一の理論的枠組みの中で示すにはあまりにも複雑すぎたりする場合に特に有用である。セラピストは，これらの状況下では過度に念入りで複雑な症例の概念化を行いがちである。複雑な弁証法と単純な弁証法に関して言えば，私たちのモデルは，症例の概念化が，必要な意義を失うことなく，実用的に可能な限り単純なものとなるよう提案している。過度に念入りな概念化は，焦点を欠き，セラピストとクライエントの両方を圧倒してしまう可能性が高い。その一方で，過度に単純な症例の概念化は，当人の提示の重要な側面をとらえ損ねるし，こうした欠落が回避不可能な問題につながりかねない。そのため，必要な要素をすべて含みながらも，本来関係のない要素は含まない概念化が目標となる。

　2つの機能的な概念化のうち，より単純なものの方が最善である可能性が高いとはいっても，それは，支援を求めている各人の経験の複雑さを否定することにはならない。しかし，症例の概念化に課された仕事とは，すべてを理解す

ることではなく，むしろ当人のセラピー目標に向けて共に取り組むことである。適合する症例の概念化がひとつだけでなく複数ある場合に，最も単純な概念化が好ましいとされるのは，単純なモデルの方が，理解するにも，記憶するにも，検証するにもより容易であり，あらゆる状況で適用しやすいからである。したがって，脳の機能は，心的外傷後ストレス障害におけるある記憶の側面を説明するうえでは有用かもしれないが，クライエントの経験を理解するのにこうしたより複雑な考えが必要となるのでない限り，そのようなものが症例の概念化に含まれることはないだろう。

　紛れもない複雑さに直面しながら単純さを達成するためには，高度のスキルが必要である。プロクルステスのようなやり方で，重要な情報を無理やり「切り捨てる」のではなく，クライエントの提示する課題の本質をとらえなければならない。セラピストの能力が初級から中級へと進展するにつれ，スーパーバイザーやコンサルタントの意見を得て，複雑な概念化をもっとずっと単純なものへと洗練させていくことが役に立つだろう（第8章）。マークの提示する課題を理解するために，非常に複雑な概念化（図7.5）と，それよりもずっと単純な概念化（図7.6と図7.7）の両方が提示された。クライエントと共に作り出される隠喩やイメージ，図式は，このような洗練を成し遂げるのに特に有効な方法である。

　セラピーの初期において，マークは「ろくでなし」という，過去を思い起こさせる言葉を用いた。この自己イメージは，横断的および縦断的概念化の重要な部分であった。さらにマークは，自らのレジリエンスを理解し確立していく過程で，自らの脆弱性とレジリエンスを象徴的に示すために，檻に入れられたハイイログマと，荒々しい野生のハイイログマという単純な概念的イメージを作り上げた（図7.5）。マークの，より複雑な概念化から，より単純な概念化への進展は，セラピーにおいては一般的なプロセスである。理解するには複雑だったものは，クライエントと共に徐々に余分なものが取り除かれていき，クライエントが再発を防ぎ，レジリエンスを確立するために用いることができる，より単純な概念化へと洗練されていくのである。

弁証法3：主観的 対 客観的

　ワークショップやスーパービジョン，あるいはコンサルテーションでCBTセラピストと取り組んできた私たちの経験からは，多くのセラピストが症例の概念化を科学というよりも芸術として考えていることが窺える。ワークショップの後で，次のように述べたセラピストがいた。「今日はありがとうございました。自分がどのように概念化をするのかについて，これまで一度もじっくりと考えたことがありませんでした。クライエントのアウトカムは良いものとなることが多いのですが，それは常に直感的に行ってきたことです。何年にもわたりずっと自分が直感的に行ってきたことについて，より理解できるようになりました」

　専門のピアノ調律士が，その仕事の中で芸術と科学の両方を用いるのと同じように，症例の概念化は芸術でもありまた科学でもある，高度の技術なのである。ピアノ調律士は，すべてのキーが正しい音律で，全体的にも調和したものとなるようにしなければならない。そのために彼らは，各キーの音律が正しいものとなるようにする系統的なアプローチを用いると同時に，ピアノが全体的にも調和がとれるよう，音楽的なスキルと技術的な専門知識を直感的に用いる。そのプロセスには幾つかの段階があるが，それらは柔軟に用いられる。このことは，Kahneman（2003）の直感的判断と論理的判断を区別する理論的相違（図2.9）を反映しており，上級の概念化スキルに対する現代的な見方でもある（Eells et al., 2005）。同様に，私たちのモデルは，症例の概念化を力動的なプロセスとしてもとらえる。それは，時間とともに進化するもので（概念化のレベル），人間性や直感（芸術）はもちろんのこと，高度の知識，論理的判断，および厳密さ（科学）を必要とするプロセスでもある。

　セラピストが直面する弁証法的な課題は，私たちのモデルでは，理論，研究，およびクライエントの経験を症例の概念化のるつぼの中で統合することによって解消される。時間とともに各レベルを経ていくにつれ，概念化は徐々に余分なものが取り除かれ，クライエントの目標に向けての進歩を可能にする，最も単純なモデルになっていく。セラピストにとってこれは，直感的判断と論理的

判断とのバランスを取るために協同的経験主義を用いる際に，高度の技術が必要になるということである。

実証的検証：研究のアジェンダ

第1章において，私たちは，BielingとKuyken（2003）によって提唱される一連の基準を用いて，症例の概念化に対する既存のエビデンスを批判的に再検証した。そして，ナスレッディンが街灯の下で鍵を探したように，今日までの研究が，主に研究しやすい方法で概念化を検証してきた，と論じた。このような方法では，最も重要な概念化の側面を見落としてきてしまった可能性もある。続いての考察では，再びBielingとKuyken（2003）の基準を用いて，今後の研究のためのアジェンダを提案する。

トップダウンの研究基準：その概念化の理論はエビデンスに基づいているか？

この最初の研究基準は，私たちの症例の概念化のるつぼの主要材料であるCBTの理論とプロトコルのエビデンスに関するものである。研究やエビデンスに基づいた実践へのCBTの関与により，今後数十年間で，理論的，治療的に洗練され，モデルの特異性や治療プロトコルの有効性が高まることは必然的である（このような発展についての過去40年間のレビューについては，Beck, 2005を参照）。しかも，CBTの併存症に焦点を置く傾向はますます強まっており（Clarkin & Kendall, 1992），より有能なセラピストほど，併存症の診断を示すクライエント対して，より良いアウトカムを達成するというエビデンスもある（Kuyken & Tsivrikos, 2008）。セラピストの併存症治療の奏功が，中心的な認知的，行動的プロセスを理解するために，クライエントと共に症例の概念化を有効に用いる能力によってある程度もたらされるのかどうかについては，今後の研究によって検証されることになるだろう。

「トップダウン」の研究のアジェンダは，CBT理論を症例の概念化に結びつけながら，興味深い研究課題を検討するための機会を提供する。障害を提示する人々の個々の症例の概念化に関係のあるそれらの障害の理論において，こ

のメカニズムはどれほど頻繁に解説されているのだろうか？　個々の症例の概念化のレベルにおける，これらのメカニズムの微妙な相違とは，どのようなものだろうか？　メカニズムが明らかに存在していない場合には，これらの個々の違いを私たちはどのようにして理解したらよいのだろうか？　この情報は，個々の違いを説明するために理論を精緻化し，実験的な臨床的取り組みを計画するために利用することが可能である。併存症をもつクライエントの場合，横断的および縦断的概念化に関連したメカニズムは，診断を超えたプロセスに関する私たちの理解に適合するだろうか（Harvey, Watkins, Mansell, & Shatran, 2004）？　このことは，併存症と，診断を超えた認知および行動のプロセスに対する私たちの理解をいかに深めるだろうか？　理解が進むことで，治療の選択肢がどのようにもたらされることになるのだろうか？

ボトムアップの基準

この基準には，概念化の信頼性，妥当性，それがアウトカムを向上させる可能性，およびそれがクライエントとセラピストの両者にとって有用かどうかについての質問が含まれる。今日まで，この「ボトムアップ」の基準を取り上げた研究は限られている（第1章；Bieling & Kuyken, 2003）。これらの領域のデータは比較的少ないために，改革の余地が大いにあり，そのことは私たちの新たなアプローチの原動力のひとつとなった。エビデンスに基づいた実践に対する私たちのコミットメントと同様に，私たちの新たなアプローチは，実証的な検証を受けることが不可欠である。しかし，そのような検証が有用な答えをもたらすためには，一連の予備的な問いに取り組む必要がある。

《症例の概念化を定義し，操作する》

最初の明確な問いとは，「現実世界での実践において，認知セラピストはどのように症例の概念化を行うのだろうか？」である。臨床的な教訓（Butler, 1998; Eells, 2007）と最近の研究（Flitcroft et al., 2007）からは，第1章（BOX 1.1）で提示されている症例の概念化の主な機能が，セラピストによって一般的

に支持されていることが窺える。とはいえ，セラピストはそれらの機能のうちのどれを，どのような状況で最も重要と考えているのだろうか？ CBT セラピストは，私たちのモデルで概説されている原理をすでにどの程度，どのような状況で用いているのだろうか？ 彼らはすでに概念化のレベルを進み，協同的に取り組み，経験主義によって自らの実践を裏づけ，クライエントの強みを取り入れているのだろうか？ 症例の概念化に，クライエントはどの程度協同で取り組んでいるだろうか？ クライエントの協同は，間接的なものか，それとも直接的なものだろうか？ 本書において私たちが提示している原理は，セラピーセッションの中ですでにどのように示されているのだろうか？ これらの最初の問いは，主に記述的で説明的なものである。セラピーセッションの観察やコード化はもちろんのこと，面接，調査，および質問票といった方法によっても，それらの質問に答えることは可能である。

《症例の概念化の質の測定》
　症例の概念化の質に関する心理測定的にしっかりとした指標であるためには，インストラクターのニーズはもちろんのこと，臨床の研究者たちのニーズも満たしている必要がある。そのような指標を作り上げるために，近年，2 つの試みがなされた (Eells et al., 2005; Kuyken, Forthergill, et al., 2005)。Tracy Eells と彼の同僚らによる印象的な取り組みは，クライエントの情報とセラピーの記録を丹念に符号化していった成果である (Eelles et al., 2005; Eells & Lombart, 2003)。彼らは，8 つの基準として，理解度，詳述性，言語の的確性，複雑性，一貫性，適合の良さ，治療計画の詳細さ，および，すべての症例を通してセラピストがどの程度系統的な定式化のプロセスに従っているか，を強調する。Forthergill と Kuyken (2002) は，倹約性，一貫性，および概念化の説明的影響力を強調した，CBT の症例の概念化の質の測定法を開発した。彼らの評価システムには，信頼性と収束的妥当性を裏づける十分なエビデンスがある。

　それでも，私たちの概念化モデルを評価するには，より単純で，用いやすく，

心理測定的にしっかりとした指標が必要である。私たちのモデルは，そのような指標に含まれるべきものとして，次の側面を提案する。理論と研究の包含，概念化のレベルの適切な利用，協同的経験主義のエビデンス，および，強みとレジリエンスに対する適切な焦点である。必要な研究ツールを提供するということに加え，訓練や実践におけるこれらの指標の有用性は明らかである。セラピストやトレーナーが知識やスキルを評価し，学習目標を設定し，さらに学習の進歩を評価するうえで，それらは役立つであろう。

《どのようなセラピスト，クライエント，および背景的要因が，良質の症例の概念化に関連づけられるか？》

セラピストの能力，訓練，経験，専門家としての認定資格，知性，偏見のなさ，好奇心，あるいは，いまだ不特定な要因は，症例の概念化に影響するのだろうか？　診断のプロセスは，症例の概念化の質にどのように影響するのだろうか？　症例の概念化に関係した意思決定は，初級，中級，および上級のセラピストの間でどのように異なっているのだろうか？　そのような機会があれば，研究プログラムの中で，「症例の概念化において臨床的な意思決定に影響する要因とは何だろうか？」と，尋ねてみてもよいだろう。多数の専門的な意思決定に関する文献を取り上げ，それを全般的には臨床的な意思決定（Garb, 1998）に，そして特定的には症例の概念化（Eells & Lombart, 2003）に当てはめて推論する機会もある。

意思決定上の偏見は，初級，中級，および上級のセラピストの間で，どの程度広まっているのだろうか？　私たちのモデルに関してこれまで，その3原理，なかでも特に協同的経験主義は一般的な問題となる発見的手法の偏りについて確認をし，バランスを取るべきだと論じてきたが，セラピストたちはそうしているだろうか？　もしセラピストが協同的で経験主義的なやり方でクライエントにインタビューをすれば，それによって修正的なフィードバックが増え，発見的手法の偏りは減るのだろうか？　問題となる発見的手法の偏りを最小限に抑える方法は他にあるだろうか？

どのようなクライエントや背景的な要因が，概念化の質を高めるのだろうか（Eells, 2007）？　考慮すべきクライエント側の要因としては，症状の複雑さ，セラピーへの意欲，苦悩の程度，心理的な熱心さ，および実験や新しい経験に心を開いて受け入れる姿勢が含まれる。背景的な要因には，セラピーの長さ，スーパービジョンやコンサルテーションの時期とその利用が可能であること，およびセラピストとクライエントの類似点と相違点が含まれる。私たちの特定のモデルに関して言えば，クライエントの強みが強調されると，希望が高まるのだろうか？　概念化のレベルが適切であれば，それによってクライエントの理解が深まり，クライエントとセラピストが圧倒された気持ちになるようなことが最小限に抑えられるのだろうか？

《訓練，スーパービジョン，およびコンサルテーションによって，症例の概念化のスキルは向上するだろうか？》

　症例の概念化を向上させるセラピスト，クライエント，および背景的な要因についてより深く理解すれば，訓練プログラムを開発するためにそれらの所見を用いることができる。私たちのアプローチにおける訓練は，このモデルで示される原理の使用を明らかに改善させるのだろうか？　Kendjelic & Eells (2007) は，セラピストの概念化への系統的なアプローチの使用を改善することを目的とした訓練が，全体的な概念化の質の改善につながることを実証した。このような方法を用いて私たちは，私たちのモデルを訓練することによって，問題のある発見的手法を用いるセラピストの傾向を抑えることができるのかどうか，または質の高い概念化が行われる可能性が高まるのかどうかを証明することができた。同様に，研究によっても，特定のスーパービジョンやコンサルテーションのモデルが概念化のプロセスの質を高めるかどうかを検討することは可能である。

　いったんこれらの予備的な疑問の幾つかに対応すれば，私たちのアプローチによって概念化の信頼性と妥当性が改善されるかどうかを検証することができる。

《概念化の信頼性と妥当性》

私たちのモデルは，BielingとKuyken（2003）によって提案されているものとはかなり異なる信頼性と妥当性の関係を提案する。第一に，私たちの提案では，協同的経験主義の主な目標とは，概念化がクライエントにとってうまく適合するようにすることである。利用可能な理論やクライエントの経験から生じ得る妥当な概念化が多種多様に存在することを考えると，信頼性と妥当性に対する主なテストは，利用可能な最善の理論とクライエントの経験に適合する概念化を生み出すことにおいて，クライエントとセラピストが互いに同意しているかどうかというものである。第二に，私たちのモデルが示唆するところによれば，概念化は時間とともに進展することから，セラピーの段階が異なれば概念化も当然異なっていることが予想される。信頼性に着目する今日までの研究デザインは，協同的経験主義も，概念化のレベルも考慮してこなかった（Kuyken, Fothergill, et al., 2005; Persons, Mooney, & Padesky, 1995）。

私たちのモデルにおいて，信頼性に対する最も適切なテストは，セラピストとクライエントが概念化の内容に同意しているかどうか，また同意のレベルがセラピーの過程全体にわたって維持されているかどうか，というものである。前者は，何回かセラピーを行った後に，提示されている課題のリストとセラピーの目標に関して，セラピストとクライエントがそれぞれ自主的に同意できるかどうかについての考察である。セラピーの初期においては，信頼性は，セラピストとクライエントがそれぞれどの程度似たような記述的概念化を同定，あるいは創造し得るかを測定する物差しとなり得る。それはまた状況に応じて，セラピーの後期に，横断的および縦断的な概念化の中で追試されることになる。これらのテストは，私たちの概念化モデルを用いるセラピストとクライエントが相互に同意し，またセラピーの過程全体にわたって概念化が進展していくなかでも同意し続けるかどうかを評価するものでもある。

同じようなところに矢を打ち込んでいながらも繰り返し的を外す射手とよく似て，セラピストとクライエントが誤った概念化に対してかなりの同意を示す可能性は高い。妥当性に関する重要な最初の問いとは，協同的に導き出された

症例の概念化が，提示されている課題やその根底にある要因に有意義に関連しているかどうかということである。要するに，私たちのモデルを用いて導き出された概念化が，クライエントの経歴，信念，行動の標準化された指標，もしくは情報提供者の信頼できる説明といった，他の情報源との収束的妥当性を実証するかということである。

《概念化の，治療プロセスおよびアウトカムとの関係》
　概念化は，セラピーのプロセスとアウトカムにどのような影響を及ぼすのだろうか？　症例の概念化（特に機能分析）の影響を評価するために1980年代に用いられた強力なデザインは，無作為化比較試験であった（Jacobson et al., 1989; Schulte et al., 1992）。このデザインでは，クライエントは，症例の概念化のより改善されたモデル（実験群）を用いるか，それとも標準的なアプローチ（対照群）を用いるかという点以外，すべての重要な変数を一致させたうえで，セラピストに無作為に割り当てられる。セラピーのプロセスとアウトカムは従属変数となる。

　主な研究の質問には次のようなものがある。私たちのモデルに基づいて改善された概念化の中にあるクライエントは，(1) 自分の課題に対するよりノーマライズされた理解，(2) より強い承認の感覚，(3) より強い関与と動機づけ，(4) 強みを同定し活用するためのより豊富な能力，(5) より早期におけるセラピーの成果，(6) より長期的に維持されるより大きな成果，を報告するだろうか？

　概念化の価値を研究する方法についてのさらなる例は，アウトカムを予測するセラピストとクライエントの要因を検討した研究から得られる（Hamilton & Dobson, 2002）。セラピーの初期，中期，および後期段階で生じる概念化の内容と質は，全体的な治療への反応を予測するだろうか？　もしそうであれば，その所見は，苦悩を軽減し，レジリエンスを確立するうえでの，概念化の有用性と価値を間違いなく示唆することになる。

　ある印象的な研究プログラムにおいて，Michael Lambertは，アウトカムは，それが測定されセラピストに報告されるときに改善されることを証明した

（Lambert et al., 2003; Okiishi et al., 2006）。この研究をさらに拡張したのが，Lambertが行ったようにアウトカムを測定した後，アウトカムが期待されたほど良くなかった場合に，概念化を精緻化するために，クライエントに対するセラピストの取り組みを支援する，というものである。その後，この精緻化がアウトカムに及ぼした影響について検討が行われることもある。私たちの概念化モデルにおいては，概念化を協同的に精緻化するために追加的な支援を受けるセラピストは，このような追加的な支援を受けないセラピストよりもアウトカムが向上するだろうと仮定している。

プロセスのアウトカムの質問が組み込まれた無作為化比較試験は通常，多数の参加者を必要とする（Kraemer, Wilson, Fairburn, & Agras, 2002）。大規模な研究をデザインする前に，より小規模のデザインを用いて，調査のための質問を精緻化することが，おそらくより適切であるだろう。単一の症例デザインは，上記の問いの幾つかに答えるための別のアプローチを提供する（Barlow, Hayes, & Nelson, 1984; Hayes, 1981）。症例の概念化の領域においては，単一の症例のデザインによる研究がすでに幾つか行われている（Chadwick et al., 2003; Moras, Telfer, & Barlow, 1993; Nelson-Gray et al., 1989）。私たちのモデルを評価するには，概念化の異なる要素のオン・オフのスイッチを切り替えるよう，セラピストに求めるとよいだろう。予備知識をもたない独立した評価者だけでなく，クライエントも，これらの切り替えが長期にわたる主要なプロセスとアウトカムに対して及ぼす影響を評価することができる。例えば，付加的なデザインでは，セラピストが新たな要素（クライエントの強みに焦点を当てることなど）を加えると（スイッチをオンにする），クライエントと独立した評価者がその影響（クライエントの希望や関与の感覚など）を評価する。除外的なデザインでは，主要な要素が取り除かれ（協同的経験主義など），クライエントと予備知識をもたない独立した評価者がその影響（発見的手法の過ちのエビデンスなど）を評価する。それらの切り替えは，セラピーセッションの一部分，セラピーセッション全体，あるいはセラピーの諸段階で行うことが可能である。

アナログ研究もまた，上記の問いの多くに答えるために用いることができる。ロールプレイを用いてクライエントに取り組んでいるセラピストは，先に説明した単一の症例デザインをワークショップや訓練の場面で用いることができる。私たちのモデルの構成要素は，挿話やセッション記録によって研究が可能であるが，これらの挿話やセッションは，関心という変数を操作し，その後，これらの操作の影響を詳しく検証するものとなる。例えば，クライエントの挿話がクライエントの強みを除外している場合とそれらを含んでいる場合とでは，セラピストの希望や治療計画にどのような影響があるだろうか？

自然的研究は，定期的なセラピーの設定においてクライエントから収集したデータを用いる (Persons, Roberts, Zalecki, & Brechwald, 2006)。多くの外来の設定では，定期的にアウトカムのデータを収集している。それらのデータは，「症例の概念化の訓練は，クライエントのアウトカムに影響するのだろうか？」といった問いに答えるための情報源として用いることができる。セラピストが症例の概念化の訓練を受ける前と後で，クライエントのアウトカムを比較するのである。このような研究では，理想的には，最初の人口統計的，および精神科的変数について2つのコホートでクライエントを一致させ，2つの研究段階にわたるセラピストの消耗を最小限にするよう努めることになるだろう。

方法論について

今日までの症例の概念化の研究がこれほど未発達である理由のひとつは，この種の質問が方法論に関する慎重な考察を必要とするためである。私たちの症例の概念化のモデルに関するプロセスとアウトカムの研究は，以下に示す多くの複雑な要因について説明する必要がある。

- 症例の概念化は，CBTに寄与する多くの他の要因を背景として生じる。例えば，治療同盟やCBT介入の的確な実施は，変化のための必須条件である。症例の概念化に関する研究はどのようなものであれ，これらの背景的な要因を考慮しなければならない。

- 私たちの概念化モデルには，幾つかの異なる要素が含まれているが，それらはすべて，尋ねられている研究の問いに関連しているだろうか？ (1) 概念化のレベルを進めていくこと，(2) 協同的経験主義を採用すること，(3) クライエントの強みに焦点を当てること，は，どのような影響をもたらすだろうか？ 当モデルのこれらの側面はそれぞれ，セラピーのプロセスとアウトカムに微妙に異なる影響を及ぼすことが予想される。例えば，ある人は，クライエントの強みに焦点を当てることがクライエントとセラピストの希望を高め，偏見を減らし，作業同盟を向上させ，再発を減らすと予測するかもしれない。セラピーの初期に過度に推測的な仮説を立てることと比較すると，概念化の各レベルで漸進的に焦点を当てていった方が，クライエントとセラピストの達成感を高め，クライエントの苦悩を軽減することになるだろう。要するに，研究は，これらの原理が理解と変化に与える影響に関して，それぞれ別個に，かつ同時に取り組む必要があるということである。
- 症例の概念化，セラピーのプロセス，およびセラピーのアウトカムの測定は，適切で，心理測定的にしっかりとしたものだろうか？ 例えば，私たちのモデルを検証するために，研究者たちは，苦悩の軽減を測定する標準化された手段を変化させることに加えて，個人的に定義された目標やレジリエンスの達成度の指標を組み入れる必要がある。
- Chadwick（2003）らは，セラピストとクライエントが概念化の影響に関して異なる可能性があることを明らかにしている。これは，セラピーのプロセスとアウトカムを，セラピストとクライエントの両方で評価する必要があるということである。さらに，概念化のポジティブな影響とネガティブな影響の両方についても測定されるべきである。とはいえ，クライエントとセラピストが概念化を共同で少しずつ作り上げていった場合，概念化の影響に関するクライエントとセラピスト双方の報告における相違は減少するだろう，と私たちは仮定する。特に，それらの概念化が，明らかに強みを取り入れ，クライエントのレジリエンスに注意を向けたものである場

合にはそうである。

セラピーのプロセスとアウトカム研究の方法論は，近年，より洗練されたものとなってきている。近年に発表された多くの有望な論文は，私たちが上記で詳述している研究のアジェンダに情報を与えてくれるだろう（Garratt, Ingram, Rand, & Sawalani, 2007; Hayes, Laurenceau, Feldman, Strauss, & Cardaciotto, 2007; Holmbeck, 2003; Kraemer et al., 2002; Laurenceau, Hayes, & Feldman, 2007; Pachankis & Goldfried, 2007; Perepletchikova & Kazdin, 2005）。

結　論

　私たちは，理論と実践の橋渡しをし，セラピーに情報を提供するとともに，実証的な調査にも耐え得る CBT の症例の概念化に対するアプローチについて概説してきた。このモデルは，日常的な実践において概念化を用いるセラピストが直面する課題はもちろんのこと，CBT の症例の概念化を検証する研究課題の解決にも一歩近づいたものとなっている。私たちは，セラピストが本書を読んだ結果，今では，症例の概念化に対してより深い理解をもつようになっていることを願っている。さらに私たちは，初めの方の章で提供されている実践ガイドラインに従ったセラピストが，自らの概念化のスキルにおいて顕著な進歩を体験することを期待している。
　症例の概念化は協同的で，力動的で，建設的なプロセスである。私たちは，症例の概念化の主な機能とは，クライエントの苦悩を軽減し，クライエントのレジリエンスを確立するためのセラピーの指針となることである，と自らの立場を表明してきた。私たちが述べている概念化のプロセスが，現在の概念化の実践よりも有効にこうした目標を達成する形で CBT を強化する，と私たちは信じている。私たちのモデルは，セラピストとクライエントが共に取り組み，最善の科学的理解を，困難と強みに関するクライエントの個人的な観察の大部

分と統合させることを促す。このように共有される発見の冒険を導くための地図として，私たちはこのモデルを提供する。

付　録

経歴に関する補助的質問票

この質問票の目的は，あなたの経歴について情報を得ることにあり，それはあなたの状況を理解するのに役立つ可能性があります。私たちは，あなたと一緒にあなたの問題について詳細に話し合う機会はもてるでしょうが，あなたの過去や状況のすべての側面について話し合うだけの時間はもてないかもしれません。この質問票により，あなたはより完全な全体像を私たちに伝えるとともに，それをあなたのペースで行う機会を得ることができます。質問の中には事実に関するものもあれば，より主観的な性質のものもあります。質問票の中で困難に感じる部分があった場合には，その部分は空白のままにしておいてください。そうすれば予約で来られる際に話し合うことが可能です。それまでの間に，やり終えるのに困難な項目があった場合には，遠慮なくご連絡ください。**この質問票でいただいた情報はすべて機密といたします。**

あなたの個人的詳細

名前		配偶者の有無	
誕生日		宗教	
性別		日付	
職業		電話番号	

あなたの問題と目標

あなたが支援を求めることになった主な課題を3つ簡単に記入してください。

1.
2.
3.

このセンターを訪れることであなたが達成したいと思うことを記入してください。

1.

あなたと家族

1. 出身はどこですか？ _____
2. あなたの**父親**について少し詳しく記入してください（わかる範囲で結構です）。
    - 年齢は？ _____
    - 他界している場合，亡くなったときの年齢は？ _____
    - そのときのあなたの年齢は？ _____
    - 彼の職業は？ _____

父親に関して，彼の性質やパーソナリティ，およびあなたとの関係について記入してください。

3. あなたの**母親**について少し詳しく記入してください（わかる範囲で結構です）。
   - 年齢は？ ＿＿＿＿＿＿
   - 他界している場合，亡くなったときの年齢は？ ＿＿＿＿＿＿
   - そのときのあなたの年齢は？ ＿＿＿＿＿＿
   - 彼女の職業は？ ＿＿＿＿＿＿＿＿＿＿

母親に関して，彼女の性質やパーソナリティ，およびあなたとの関係について記入してください。

4. あなたのご両親との関係において何か問題があれば（あったならば），そのうち最も重要な事柄（幾つでも）について記入してください。

その問題はどれほどあなたを悩ませますか？（○で囲んでください）

　　全く気にならない　　少し　　中程度に　　非常に　　これ以上ないほどひどい

あなたのごきょうだい（わかる範囲で結構です）

5. あなたを含めて，あなたの家族にごきょうだいは何人いますか？　_____

ごきょうだいの名前などを以下に記入してください。あなたご自身も含めて，年長者から順に書いてください。また，継母や継父の連れのお子さんや異母きょうだい，あるいはあなたのご両親が養子にした他のどのお子さんも含め，彼らについて記入してください。

名前	職業	年齢	性別	コメント
			男／女	
			男／女	
			男／女	
			男／女	
			男／女	
			男／女	

6. あなたのごきょうだいとの重要な関係について，何であれ，その関係があなたにとって有益かそれとも問題であるかについて記入してください。

7. ご自宅は概してどのような雰囲気でしたか？

8. あなたの子ども時代もしくは青年期に，例えば引越しやその他の重要な出来事といった，何か重要な変化がありましたか？ ご家族との別離はどのようなものであれ含めてください。そのときのだいたいの年齢を含めて詳しく記入してください。

9. あなたの子ども時代に，他に誰か，あなたにとって大切な人がいらっしゃいましたか？（祖父母，叔父・叔母，家族の友人など）。もしいらっしゃった場合には，その人たちについて記入してください。

10. ご家族の中にどなたか，精神科の治療を受けたことがある人はいますか？
　　　　はい　　いいえ　　不明

11. ご家族の中にどなたか精神障害，アルコールあるいは薬物乱用の過去をもつ人はいますか？
　　　　はい　　いいえ　　不明

　　いる場合には，次の表に記入してください。

ご家族の誰ですか？	具体的な精神障害，アルコール，あるいは薬物の問題を挙げてください
1.	
2.	
3.	
4.	

12. ご家族の中に，これまで自殺を試みたことがある人はいますか？

  はい／いいえ

 いる場合，その人はあなたとどのような関係ですか？
_____

13. ご家族の中に自殺で亡くなった方はいますか？

  はい／いいえ

 いる場合，その人はあなたとどのような関係ですか？
_____

教 育

1. (a) あなたの学校およびその他の教育について記入してください。

 (b) 学校は楽しかったですか？ 特定の功績，もしくは問題はありましたか？ 最も重要だったことは何ですか？

 その問題はどれほどあなたを悩ませましたか？（○で囲んでください）

 全く気にならない   少し   中程度に   非常に   これ以上ないほどひどい

職 歴

1. 現在，どのような仕事や職務を担当していますか？

2. これまでにした仕事やトレーニングを含め，あなたの過去の職業生活について記入してください。

3. 何か特定の問題はありましたか？　何が最も重要でしたか？

気持ちを動揺させる出来事の経験

1. 人には時折，気持ちをひどく動揺させることが起こります。大災害，深刻な事故，もしくは火災のように，生命を危険にさらす状況に陥ったり，身体的な暴行やレイプを受けたり，他の人が殺されたりひどい怪我をしたりするのを見たり，あるいは，身近な人に起きた恐ろしい出来事について聞いたりするといったことです。あなたの人生の何らかの時点で，このようなことが起こったことがありますか？

    (a) 「起こっていない」という場合は，ここに印をつけてください。＿＿＿

    (b) 「起こった」という場合は，そのトラウマ的な出来事を挙げてください。

簡単な説明	日付（年・月）	年齢
1.		
2.		
3.		
4.		
5.		
6.		

何らかの出来事が挙げられた場合：それらの事柄は時折，悪夢，　はい　いいえ
フラッシュバック，あるいは頭の中から追い出せない思考の中で
繰り返しよみがえってくることがあります。このようなことがあ
なたに起こったことはありますか？

「いいえ」の場合：それらのひどい事柄のどれかひとつを思い起こ　はい　いいえ
させる状況にあなたがいるときに非常に気持ちが動揺するという
ことについてはどうですか？

2. 子どものときに身体的虐待を受けたことはあ　　はい　　いいえ　　不明
りますか？

3. 大人になってから身体的虐待を受けたことは　　はい　　いいえ　　不明
ありますか？

4. 子どものときに性的虐待を受けたことはあり　　はい　　いいえ　　不明
ますか？

5. デートや夫婦間でのものも含め，レイプされ　　はい　　いいえ　　不明
た経験はありますか？

6. 子どものときに感情的虐待，もしくは言葉に　　はい　　いいえ　　不明
よる虐待を受けたことはありますか？

7. 大人になってから感情的虐待，もしくは言葉　　はい　　いいえ　　不明
による虐待を受けたことはありますか？

パートナーと現在の家族

1. あなたの**パートナー**について（該当する場合）

　　(a) 以前の重要な関係について，年代順に簡単に記入してください。それらの関係
　　　がどれほどの期間続いたか，またなぜその関係が終わったのかも含めてください。

　　(b) 現在パートナーはいますか？　もしいるのなら，
　　　　彼／彼女は何歳ですか？ ＿＿＿＿＿＿＿＿＿
　　　　彼／彼女の職業は何ですか？ ＿＿＿＿＿＿＿＿＿＿＿＿＿＿＿＿＿＿＿＿
　　　　どのくらいの間一緒にいますか？ ＿＿＿＿＿＿＿＿＿＿＿＿＿＿＿＿＿＿＿

(c) あなたのパートナーについて，彼／彼女の性質やパーソナリティ，およびあなたとの関係について記入してください。その関係について，あなたが気に入っていることは何ですか？

(d) あなたとパートナーとの関係で何か問題がある場合には，最も重要なことについて記入してください。

このことはどれほどあなたを悩ませますか？（○で囲んでください）

全く気にならない　　少し　　中程度に　　非常に　　これ以上ないほどひどい

2. あなたの性生活について記入してください。性生活において問題はありますか？あるという場合は，それについて記入してください。

そのことはどれほどあなたを悩ませますか？（○で囲んでください）

全く気にならない　　少し　　中程度に　　非常に　　これ以上ないほどひどい

3. **お子さん**について。（わかる範囲で結構です）

(a) あなたにお子さんがいる場合は，年齢順に書いてください。以前の結婚，または養子によるお子さんも含めてください。彼らについて簡単に記入してください。

名前	職業	年齢	性別	コメント
			男／女	
			男／女	
			男／女	

(b) あなたとお子さんとの関係について記入してください。お子さんのことで何か問題がある場合は，最も重要なことについて記入してください。

そのことはどれほどあなたを悩ませますか？（○で囲んでください）

全く気にならない　　少し　　中程度に　　非常に　　これ以上ないほどひどい

精神科歴

1. 情緒的もしくは精神的な理由で入院したことがありますか？

　　　　はい／いいえ

　ある場合には，何度入院しましたか？　＿＿＿＿＿＿＿

日付	病院名	入院の理由	有益であったか？

2. 外来で精神科的もしくは心理学的治療を受けたことはありますか？

　　　　はい／いいえ

　ある場合には，次の表に記入してください。

日付	専門家名	治療の理由	有益であったか？

3. 精神科的な理由で薬を飲んでいますか？

  はい／いいえ

飲んでいる場合には，次の表に記入してください。

薬	用量	頻度	処方医の名前

4. 自殺を試みたことはありますか？

  はい／いいえ

ある場合には，何度自殺を試みましたか？ ＿＿＿＿＿＿＿

大体の日付	実際にどのようなことをして自分を傷つけましたか？	入院しましたか？
		はい／いいえ
		はい／いいえ
		はい／いいえ
		はい／いいえ

病　歴

1. あなたのかかりつけ医は誰ですか？

名前	
診療所の住所	

2. 定期健診をあなたが最後に受けたのはいつですか？ ＿＿＿＿＿＿＿＿＿＿＿＿

3. 過去1年間にかかりつけ医による治療を受けましたか，あるいは入院しましたか？
　　　はい／いいえ

　　はいの場合には，具体的に記入してください。＿＿＿＿＿＿＿＿＿＿＿＿

4. 過去1年間に健康全般において何か変化はありましたか？
　　　はい／いいえ

　　あった場合には，具体的に記入してください。＿＿＿＿＿＿＿＿＿＿＿＿

5. 今現在，非精神科的な薬もしくは処方箋のいらない薬を飲んでいますか？
　　　はい／いいえ

薬	用量	頻度	理由
1.			
2.			
3.			
4.			

6. 過去または現在，以下の病気にかかったことがありますか？（該当するものすべてに印）

　　□ 脳卒中　　　　□ リウマチ熱　　　　□ 心臓外科手術
　　□ 喘息　　　　　□ 心雑音　　　　　　□ 心臓発作
　　□ 結核　　　　　□ 貧血　　　　　　　□ 狂心症
　　□ 潰瘍　　　　　□ 高血圧もしくは低血圧　□ 甲状腺の問題
　　□ 糖尿病

7. あなたは妊娠していますか，あるいは妊娠している可能性があると思いますか？
　　　はい／いいえ

8. ひきつけ，発作，痙攣，もしくはてんかんを起こしたことがありますか？
    はい／いいえ

9. 人工心臓弁をつけていますか？
    はい／いいえ

10. 現在，何か身体的な病気を抱えていますか？
    はい／いいえ

    抱えている場合は，具体的に記入してください。
    _____

11. 薬もしくは食物にアレルギーがありますか？
    はい／いいえ

    ある場合は，具体的に記入してください。
    _____

アルコールと薬剤の使用

1. アルコールの使用があなたにとって何か問題を引き起こしたことがありますか？
    はい／いいえ

2. アルコールがあなたにとって何か問題を引き起こしたと誰かに言われた，あるいはあなたの飲酒について不満を言われたことがありますか？
    はい／いいえ

3. 薬剤の使用があなたにとって何か問題を引き起こしたことがありますか？
    はい／いいえ

4. 薬剤があなたにとって何か問題を引き起こしたと言われた，あるいはあなたの薬剤の使用について不満を言われたことがありますか？
    はい／いいえ

5. 処方薬の「中毒」になった，あるいは定められた量よりもかなり多くを摂取したことがありますか？

　　　はい／いいえ

　ある場合は，それらの薬の名前を挙げてください。
　_____

6. 薬剤もしくはアルコールの問題で，入院した，解毒プログラムを受けた，あるいはリハビリプログラムを受けたことがありますか？

　　　はい／いいえ

　ある場合は，いつどこで入院しましたか？
　_____

今後について

1. あなたが自分の家族生活，職業生活，もしくはあなたにとって重要なその他の領域から満足を得ているなら，それを具体的に記入してください。

2. あなたの今後の計画，希望，および期待について記入してください。

3. この質問票に記入することについて，あなたがどのように感じたかを教えてください。

文　献

Abramowitz, J. S. (1997). Effectiveness of psychological and pharmacological treatments for obsessive-compulsive disorder: A quantitative review. *Journal of Consulting and Clinical Psychology, 65*, 44-52.

Addis, M. E., & Martell, C. R. (2004). *Overcoming depression one step at a time: The new behavioral activation approach to getting your life back*. Oakland, CA: New Harbinger.

Allen, R. (2000). (Ed.). *The new Penguin English dictionary* (Penguin Reference Books). New York: Penguin Books.

American Psychiatric Association. (2000). *Diagnostic and statistical manual of mental disorders* (4th ed.). Arlington. VA: Author.

American Psychological Association. (2000). Guidelines for psychotherapy with lesbian, gay and bisexual clients. *American Psychologist, 55*, 1440-1451.

American Psychological Association. (2003). Guidelines on multicultural education, training, research, practice, and organizational change for psychologists. *American Psychologist, 58*, 377-402.

Aspinwall, L. G., & Staudinger, U. M. (Eds.). (2002). *A psychology of human strengths: Fundamental questions and future directions for a positive psychology*. Washington, DC: American Psychological Association.

Barber, J. P., Liese, B. S., & Abrams, M. J. (2003). Development of the cognitive therapy adherence and competence scale. *Psychotherapy Research, 13*, 205-221.

Barber, J. P., Luborsky, L., Crits-Christoph, P., & Diguer, L. (1998). Stability of the CCRT from before psychotherapy starts to the early sessions. In L. Luborsky & P. Crits-Christoph (Eds.), *Understanding transference: The Core Conflictual Relationship Theme method* (2nd ed., pp.253-260). New York: Basic Books.

Barlow, D. H. (Ed.). (2001). *Clinical handbook of psychological disorders* (3rd ed.). New York: Guilford Press.

Barlow D. H., Hayes, S. C., & Nelson, R. O. (1984). *The scientist-practitioner: Research and accountability in clinical and educational settings*. Oxford. UK: Pergamon Press.

Barnard, P. J., & Teasdale, J. D. (1991). Interacting cognitive subsystems: A systemic approach to cognitive-affective interaction and change. *Cognition and Emotion, 5*, 1-39.

Baucom, D. H., Shoham, V., Mueser, K. T., Daiuto, A. D., & Stickle, T. R. (1998). Empirically supported couple and family interventions for marital distress and adult mental health problems. *Journal of Consulting and Clinical Psychology, 66*, 53-88.

Beck, A. T. (1967). *Depression: Causes and treatment*. Philadelphia: University of Pennsylvania Press.

Beck, A. T. (1976). *Cognitive therapy and the emotional disorders*. New York: Meridian.

Beck, A. T. (1989). *Love is never enough: How couples can overcome misunderstandings, resolve conflicts, and solve relationship problems through cognitive therapy.* New York: HarperCollins.

Beck, A. T. (1996). Beyond belief: A theory of modes, personality and psychopathology. In P. M. Salkovskis (Ed.), *Frontiers of cognitive therapy* (pp.1-25). New York: Guilford Press.

Beck, A. T. (2002). Prisoners of hate. *Behaviour Research and Therapy, 40,* 209-216.

Beck, A. T. (2005). The current state of cognitive therapy: A 40-year retrospective. *Archives of General Psychiatry, 62,* 953-959.

Beck, A. T., & Beck, J. S. (1991). *The Personality Belief Questionnaire.* Philadelphia: Beck Institute. (Unpublished manuscript)

Beck, A. T., Brown, G., Epstein, N., & Steer, R. A. (1988). An inventory for measuring clinical anxiety—psychometric properties. *Journal of Consulting and Clinical Psychology, 56,* 893-897.

Beck, A. T., Brown, G., Steer, R. A., & Weissman, A. N. (1991). Factor analysis of the Dysfunctional Attitude Scale. *Psychological Assessment, 3,* 478-483.

Beck, A. T., Emery, G., & Greenberg, R, L. (1985). *Anxiety disorders and phobias: A cognitive perspective.* New York: Basic Books.

Beck, A. T., Freeman, A., Davis, D. D., Pretzer, J., Fleming, B., Arntz, A., Butler, A., Fusco, G., Simon, K. M., Beck, J. S., Morrison, A., Padesky C. A., & Renton, J. (2004). *Cognitive therapy of personality disorders* (2nd ed.). New York: Guilford Press.

Beck, A. T., & Rector, N. A. (2003). A cognitive model of hallucinations. *Cognitive Therapy, 27,* 19-52.

Beck, A. T., Rush, A. J., Shaw, B. F., & Emery G. (1979), *Cognitive therapy of depression.* New York: Guilford Press.

Beck, A. T., Steer, R. A., & Brown, G. K. (1996). *The Beck Depression Inventory—Second Edition.* San Antonio, TX: The Psychological Corporation.

Beck, A. T., Wright, F. D., Newman, C. F., & Liese, B. S. (1993). *Cognitive therapy of substance abuse.* New York: Guilford Press.

Beck, J. S. (1995). *Cognitive therapy: Basics and beyond.* New York: Guilford Press.

Beck, J. S. (2005). *Cognitive therapy for challenging problems.* New York: Guilford Press.

Beck, R., & Fernandez, E. (1998). Cognitive-behavioral therapy in the treatment of anger: A meta-analysis. *Cognitive Therapy and Research, 22,* 63-74.

Bennett-Levy, J. (2006). Therapist skills: A cognitive model of their acquisition and refinement. *Behavioural and Cognitive Psychotherapy, 34,* 57-78.

Bennett-Levy, J., Butler, G., Fennell, M., Hackmann, A., Mueller, M., & Westbrook, D. (2004). *The Oxford guide to behavioural experiments in cognitive therapy.* Oxford, UK: Oxford University Press.

Bennett-Levy, J., Turner, F., Beaty, T., Smith, M., Paterson, B., & Farmer, S. (2001). The value of self-practice of cognitive therapy techniques and self-reflection in the training of cognitive therapists. *Behavioural and Cognitive Psychotherapy, 29,* 203-220.

Beynon, S., Soares-Weiser, K., Woolacott, N., Duffy, S., & Geddes, J. R. (2008). Psychosocial interventions for the prevention of relapse in bipolar disorder: Systematic review of controlled trials. *British Journal of Psychiatry, 192,* 5-11.

Bieling, P. J., Beck, A. T., & Brown, G. K. (2000). The sociotropy-autonomy scale: Structure

and implications. *Cognitive Therapy and Research, 24,* 763-780.
Bieling, P. J., & Kuyken, W. (2003). Is cognitive case formulation science or science fiction? *Clinical Psychology: Science and Practice, 10,* 52-69.
Blenkiron, P. (2005). Stories and analogies in cognitive-behaviour therapy: A clinical review. *Behavioural and Cognitive Psychotherapy, 33,* 45-59.
Borkovec, T. D. (2002). Life in the future versus life in the present. *Clinical Psychology: Science and Practice, 9,* 76-80.
Boyce, W. T., & Ellis, B. J. (2005). Biological sensitivity to context: I. An evolutionary-developmental theory of the origins and functions of stress reactivity. *Development and Psychopathology, 17,* 271-301.
Brewin, C. R., Dalgleish, T., & Joseph, S. (1996). A dual representation theory of posttraumatic stress disorder. *Psychological Review, 103,* 670-686.
Burbach, F., & Stanbridge, R. (2006). Somerset's family interventions in psychosis service: An update. *Journal of Family Therapy, 28,* 39-57.
Burns, D. D. (1989). *The feeling good handbook: Using the new mood therapy in everyday life.* New York: HarperCollins.
Burns, L. R., Dittmann, K., Nguyen, N. L., & Mitchelson, J. K. (2001). Academic procrastination, perfectionism, and control: Associations with vigilant and avoidant coping. *Journal of Social Behavior and Personality, 15,* 35-46.
Butler, A. C., Chapman, J. E., Forman, E. M., & Beck, A. T. (2006). The empirical status of cognitive-behavioral therapy: A review of meta-analyses. *Clinical Psychology Review, 26,* 17-31.
Butler, G. (1998). Clinical formulation. In A. S. Bellack & M. Hersen (Eds.), *Comprehensive clinical psychology* (pp.1-24). New York: Pergamon Press.
Chadwick, P., Williams, C., & Mackenzie, J. (2003). Impact of case formulation in cognitive-behaviour therapy for psychosis. *Behaviour Research and Therapy, 41,* 671-680.
Chambless, D. L., & Gillis. M. M. (1993). Cognitive therapy of anxiety disorders. *Journal of Consulting and Clinical Psychology, 61,* 248-260.
Chambless, D. L., & Ollendick, T. H. (2001). Empirically supported psychological interventions: Controversies and evidence. *Annual Review of Psychology, 52,* 685-716.
Clark, D. A., Beck, A. T., & Alford, B. A. (1999). *Scientific foundations of cognitive theory and therapy of depression.* New York: Wiley.
Clark, D. M. (1986). A cognitive approach to panic. *Behaviour Research and Therapy, 24,* 461-470.
Clark, D. M. (1997). Panic disorder and social phobia. In D. M. Clark & C. G. Fairburn (Eds.), *Science and practice of cognitive behaviour therapy* (pp.121-153). New York: Oxford University Press.
Clark, D. M., & Wells, A. (1995). A cognitive model of social phobia. In R. G. Heimberg, M. Liebowitz, D. Hope, & F. Scheier (Eds.), *Social phobia: Diagnosis, assessment and treatment* (pp.69-93). New York: Guilford Press.
Clarkin, J. F., & Kendall, P. C. (1992). Comorbidity and treatment planning: Summary and future directions. *Journal of Consulting and Clinical Psychology, 60,* 904-908.
Craske, M. G., & Barlow, D. H. (2001). Panic disorder and agoraphobia. In D. H. Barlow

(Ed.), *Clinical handbook of psychological disorders: A step-by-step treatment manual* (3rd ed., pp.l-59). New York: Wiley.

Crits-Christoph, P. (1998). Changes in the CCRT pervasiveness during psychotherapy. In L. Luborsky & P. Crits-Christoph (Eds.), *Understanding transference: The Core Conflictual Relationship Theme method* (2nd ed., pp.151-164). New York: Basic Books.

Crits-Christoph, P., Cooper, A., & Luborsky, L. (1988). The accuracy of therapists' interpretaions and the outcome of dynamic psychotherapy. *Journal of Consulting and Clinical Psychology, 56*, 490-495.

Davis, D., & Padesky, C. (1989). Enhancing cognitive therapy for women. In A. Freeman, K. M. Simon, H. Arkowitz, & L. Beutler (Eds.), *Comprehensive handbook of cognitive therapy* (pp.535-557). New York: Plenum Press.

Davis, N. (1999). *Resilience: Status of the research and research-based programs* (working draft). Rockville, MD: U.S. Department of Health and Human Services, Substance Abuse, and Mental Health Services Administration, Center for Mental Health Services. As of October 2008, available from www.mentalhealth.samhsa.gov/schoolviolence/5-28resilience.asp

Denman, C. (1995). What is the point of a case formulation? In C. Mace (Ed.), *The art and science of assessment in psychotherapy* (pp.167-181). London: Routledge.

DeRubeis, R. J. Brotman, M. A., & Gibbons, C. J. (2005). A conceptual and methodological analysis of the nonspecifics argument. *Clinical Psychology: Science and Practice, 12*, 174-183.

Dimidjian, S., Hollon, S.D., Dobson, K.S., Schmaling, K.B., Kohlenberg, R., Addis, M., Gallop, R., McGlinchey, J., Markley, D., Gollan, J.K., Atkins, D.C., Dunner, D.L., & Jacobson, N.S. (2006). Randomized trial of behavioral activation, cognitive therapy and antidepressant medication in the acute treatment of adults with major depression. *Journal of Consulting and Clinical Psychology, 74*(4), 658-670.

Dobson, K. S. (1989). A meta-analysis of the efficacy of cognitive therapy for depression. *Journal of Consulting and Clinical Psychology, 57*, 414-419.

Eells, T. D. (Ed.). (2007). *Handbook of psychotherapy case formulation* (2nd ed.). New York: Guilford Press.

Eells, T. D., & Lombart, K. G. (2003). Case formulation and treatment concepts among novice, experienced, and expert cognitive-behavioral and psychodynamic therapists. *Psychotherapy Research, 13*, 187-204.

Eells, T. D., Lombart, K. G., Kendjelic, E. M., Turner, L. C., & Lucas, C. P. (2005). The quality of psychotherapy case formulations: A comparison of expert, experienced, and novice cognitive-behavioral and psychodynamic therapists. *Journal of Consulting and Clinical Psychology, 73*, 579-589.

Ehlers, A., & Clark, D. M. (2000). A cognitive model of posttraumatic stress disorder. *Behaviour Research and Therapy, 38*, 319-345.

Ehlers, A., Clark, D. M., Hackmann, A., McManus, F., & Fennell, M. (2005). Cognitive therapy for posttraumatic stress disorder: Development and evaluation. *Behaviour Research and Therapy, 43*, 413-431.

Ehlers, A., Hackmann, A., & Michael, T. (2004). Intrusive reexperiencing in posttraumatic

disorder: Phenomenology theory, and therapy. *Memory, 12,* 403-415.
Eifert, G. H., Schulte, D., Zvolensky, M. J., Lejuez, C. W., & Lau, A. W. (1997). Manualized behavior therapy: Merits and challenges. *Behavior Therapy, 28,* 499-509.
Emmelkamp, P. M. G., Visser, S., & Hoekstra, R. J. (1988). Cognitive therapy and exposure in vivo in the treatment of obsessive-compulsives. *Cognitive Therapy and Research, 12,* 103-114.
Epstein, N., & Baucom, D. H. (1989). Cognitive-behavioral marital therapy. In A. Freeman & K. M. Simon (Eds.), *Comprehensive handbook of cognitive therapy* (pp.491-513). New York: Plenum Press.
Evans, J., & Parry, G. (1996). The impact of reformulation in cognitive-analytic therapy with difficult-to-help clients. *Clinical Psychology and Psychotherapy, 3,* 109-117.
Fairburn, C. G., Cooper. Z., & Shafran, R. (2003). Cognitive-behaviour therapy for eating disorders: A "trans-diagnostic" theory and treatment. *Behaviour Research and Therapy, 41,* 509-528.
Falender, C. A., & Shafranske, E. P. (2004). *Clinical supervision: A competency-based approach.* Washington, DC: American Psychological Association.
Fava, G. A., Ruini, C., & Belaise, C. (2007). The concept of recovery in major depression. *Psychological Medicine, 37,* 307-317.
Fava, M., Rush, A. J., Trivedi, M. H., Nierenberg, A. A., Thase, M. E., Sackeim, H. A., et al, (2003). Background and rationale for the Sequenced Treatment Alternatives to Relieve Depression (STAR*D) study. *Psychiatric Clinic of North America, 26,* 457-494.
Felsman, J. K., & Vaillant, G. E. (1987). Resilient children as adults: A 40-year study. In E. T. Anthony & B. J. Cohler (Eds.), *The invulnerable child* (pp.289-314). New York: Guilford Press.
Ferster, C. B. (1973). A functional analysis of depression. *American Psychologist, 28,* 857-870.
Flitcroft, A., James, I. A., Freeston, M., & Wood-Mitchell, A. (2007). Determining what is important in a good formulation. *Behavioural and Cognitive Psychotherapy, 35,* 325-333.
Fothergill, C. D., & Kuyken, W. (2002). *The quality of cognitive case formulation rating scale.* Exeter, UK: Mood Disorders Centre. (Unpublished manuscript)
Fowler, D., Garety, P., & Kuipers, E. (1995). *Cognitive behavior therapy for psychosis: Theory and practice.* New York: Wiley.
Fredrickson, B. L. (2001). The role of positive emotions in positive psychology: The broaden-and-build theory of positive emotions. *American Psychologist, 56,* 218-226.
Frost, R., Steketee, G., Amir, N., Bouvard, M., Carmin, C., Clark, D. A., et al. (1997). Cognitive assessment of obsessive-compulsive disorder. *Behaviour Research and Therapy, 35,* 667-681.
Garb, H. N. (1998). *Studying the clinician: Judgment research and psychological assessment.* Washington, DC: American Psychological Association.
Garratt, G., Ingram, R. E., Rand, K. L., & Sawalani, G. (2007). Cognitive processes in cognitive therapy: Evaluation of the mechanisms of change in the treatment of depression. *Clinical Psychology: Science and Practice, 14,* 224-239.

Ghaderi, A. (2006). Does individualization matter? A randomized trial of standardized (focused) versus individualized (broad) cognitive-behavior therapy for bulimia nervosa. *Behaviour Research and Therapy, 44*, 273-288.

Gladis, M. M., Gosch, E. A., Dishuk, N. M., & Crits-Christoph, P. (1999). Quality of life: Expanding the scope of clinical significance. *Journal of Consulting and Clinical Psychology, 67*, 320-331.

Greenberger, D., & Padesky, C. A. (1995). *Mind over mood: Change how you feel by changing the way you think.* New York: Guilford Press.

Hackmann, A., Bennett-Levy, J., & Holmes, E. A. (in press). *The Oxford guide to imagery in cognitive therapy.* Oxford, UK: Oxford University Press.

Hamilton, K. E., & Dobson, K. S. (2002). Cognitive therapy of depression: Pretreatment patient predictors of outcome. *Clinical Psychology Review, 22*, 875-893.

Harper, A., & Power, M. (1998). Development of the World Health Organization WHOQOL-BREF quality of life assessment. *Psychological Medicine, 28*, 551-558.

Harvey, A. G., Bryant, R. A., & Tarrier, N. (2003). Cognitive-behaviour therapy for posttraumatic stress disorder. *Clinical Psychology Review, 23*, 501-522.

Harvey, A. G., Watkins, E., Mansell, W., & Shafran, R. (2004). *Cognitive-behavioural processes across psychological disorders: A transdiagnostic approach to research and treatment.* Oxford. UK: Oxford University Press.

Hayes, A. M., Laurenceau, J. P., Feldman, G., Strauss, J. L., & Cardaciotto, L. (2007). Change is not always linear: The study of nonlinear and discontinuous patterns of change in psychotherapy. *Clinical Psychology Review, 27*, 715-723.

Hayes, S. C. (1981). Single-case experimental design and empirical clinical practice. *Journal of Consulting and Clinical Psychology, 49*, 193-211.

Hayes, S. C., & Follette, W. C. (1992). Can functional analysis provide a substitute for syndromal classification? *Behavioral Assessment, 14*, 345-365.

Hays, P. A. (1995). Multicultural applications of cognitive-behavioral therapy. *Professional Psychology: Research and Practice, 25*, 309-315.

Hays, P. A., & Iwamasa, G. Y. (2006). *Culturally responsive cognitive-behavior therapy: Assessment, practice, and supervision.* Washington, DC: American Psychological Association.

Hollon, S. D., DeRubeis, R. J., Shelton, R. C., Amsterdam, J. D., Salomon, R. M., O'Reardon, J. P., et al. (2005). Prevention of relapse following cognitive therapy vs. medications in moderate to severe depression. *Archives of General Psychiatry, 62*, 417-422.

Holmbeck, G. N. (2003). Toward terminological, conceptual, and statistical clarity in the study of mediator and moderators: Examples from the child clinical and pediatric literatures. In A. E. Kazdin (Ed.), *Methodological issues and strategies in clinical research* (3rd ed., pp.77-105). Washington, DC: American Psychological Association.

Horvath, A. O. (1994). Research on the alliance. In A. O. Horvath & L. S. Greenberg (Eds.), *The working alliance: Theory, research, and practice* (pp.259-287). New York: Wiley.

Horvath, A. O., & Greenberg, L. S. (Eds.). (1994). *The working alliance: Theory, research, and practice.* New York: Wiley.

Jacobson, N. S., Dobson, K. S., Truax, P. A., Addis, M. E., Koerner, K., Gollan, J. K., et al. (1996). A component analysis of cognitive-behavioral treatment for depression.

Journal of Consulting and Clinical Psychology, 64, 295-304.
Jacobson, N. S., Martell, C. R., & Dimidjian, S. (2001). Behavioral activation treatment for depression: Returning to contextual roots. *Clinical Psychology: Science and Practice, 8,* 255-270.
Jacobson, N. S., Schmaling, K. B., Holtzworthmunroe, A., Katt, J. L., Wood, L. F., & Follette, V. M. (1989). Research-structured vs. clinically flexible versions of social learning-based marital therapy. *Behaviour Research and Therapy, 27,* 173-180.
James, I. (1999). Using a cognitive rationale to conceptualize anxiety in people with dementia. *Behavioral and Cognitive Psychotherapy, 27,* 345-351.
James, I. (2001). Psychological therapies and approaches in dementia. In C. G. Ballard, J. O'Brien, I. James, & A. Swann (Eds.), *Dementia: Management of behavioural and psychological symptoms.* New York: Oxford University Press.
James, I., Kendell, K., & Reichelt. F. K. (1999). Using a cognitive rationale to conceptualise anxiety in people with dementia. *Behavioural and Cognitive Psychotherapy, 27,* 345-351.
Judd, L, L., Paulus, M. P., Zeller, P., Fava, G. A., Rafanelli, C., Grandi, S., et al. (1999). The role of residual subthreshold depressive symptoms in early episode relapse in unipolar major depressive disorder. *Archives of General Psychiatry, 56,* 764-765.
Kabat-Zinn, J. (2004). *Wherever you go, there you are.* New York: Piatkus Books.
Kahneman, D. (2003). A perspective on judgment and choice: Mapping bounded rationality. *American Psychologist, 58,* 697-720.
Kendall, P, C., & Clarkin, J. F. (1992). Comorbidity and treatment implications: Introduction. *Journal of Consulting and Clinical Psychology, 60,* 833-834.
Kendjelic, E. M., & Eells, T. D. (2007). Generic psychotherapy case formulation training improves formulation quality. *Psychotherapy, 44,* 66-77.
Kernis, M. H., Brockner, J., & Frankel, B. S. (1989). Self-esteem and reactions to failure: The mediating role of overgeneralization. *Journal of Personality and Social Psychology, 57,* 707-714.
Kingdon, D. G., & Turkington, D. (2002). *A case study guide to cognitive therapy of psychosis.* Chichester, UK: Wiley.
Kohlenberg, R. J., & Tsai, M (1991). *Functional analytic psychotherapy: Creating intense and curative therapeutic relationships.* New York: Springer.
Kraemer, H. C., Wilson, G. T., Fairburn, C. G., & Agras, W. S. (2002). Mediators and moderators of treatment effects in randomized clinical trials. *Archives of General Psychiatry, 59,* 877-883.
Kuyken, W. (2004). Cognitive therapy outcome: The effects of hopelessness in a naturalistic outcome study. *Behaviour Research and Therapy, 42,* 631-646.
Kuyken, W. (2006). Evidence-based case formulation: Is the emperor clothed? In N. Tarrier (Ed.), *Case formulation in cognitive behaviour therapy* (pp, 12-35). Hove, UK: Brunner-Routlege.
Kuyken, W., Fothergill, C. D., Musa, M., & Chadwick, P. (2005). The reliability and quality of cognitive case formulation. *Behaviour Research and Therapy, 43,* 1187-1201.
Kuyken, W., Kurzer, N., DeRubeis, R. J., Beck, A. T., & Brown, G. K. (2001). Response to cognitive therapy in depression: The role of maladaptive beliefs and personality

disorders. *Journal of Consulting and Clinical Psychology, 69,* 560-566.
Kuyken, W., & Tsivrikos, D. (in press). Therapist competence, comorbidity and cognitive-behavioral therapy for depression. *Psychotherapy and Psychosomatics.*
Kuyken, W., Watkins. E., & Beck, A. T. (2005). Cognitive-behavior therapy for mood disorders. In G. Gabbard, J. S. Beck, & J. Holmes (Eds.), *Psychotherapy in psychiatric disorders* (pp.113-128). Oxford, UK: Oxford University Press.
Lambert, M. J. (Ed.). (2004). *Bergin and Garfield's handbook of psychotherapy and behavior change* (5th ed.). New York: Wiley.
Lambert, M. J., Whipple, J. L., Hawkins, E. J., Vermeersch, D. A., Nielsen, S. L., & Smart, D. W. (2003). Is it time for clinicians to routinely track patient outcome? A meta-analysis. *Clinical Psychology: Science and Practice, 10,* 288-301.
Lau, M. A., Segal, Z. V., & Williams, J. M. (2004). Teasdale's differential activation hypothesis: Implications for mechanisms of depressive relapse and suicidal behaviour. *Behaviour Research and Therapy, 42,* 1001-1017.
Laurenceau, J. P., Hayes, A. M., & Feldman, G. C. (2007). Some methodological and statistical issues in the study of change processes in psychotherapy. *Clinical Psychology Review, 27,* 682-695.
Lewis, G. (2002). *Sunbathing in the rain: A cheerful book about depression.* London: Flamingo, HarperCollins.
Lewis, S. Y. (1994). Cognitive-behavioral therapy. In L. Comas-Diaz & B. Greene (Eds.), *Women of color: Integrating ethnic and gender identities in psychotherapy* (pp.223-238). New York: Guilford Press.
Linehan, M. M. (1993). *Cognitive-behavioral treatment of borderline personality disorder.* New York: Guilford Press.
Lopez, S. J., & Synder, C. R. (2003). *Positive psychological assessment: A handbook of models and measures.* Washington, DC: American Psychological Association.
Luborsky, L., & Crits-Christoph, P. (1998). *Understanding transference: The Core Conflictual Relationship Theme method* (2nd ed.). New York: Basic Books.
Luborsky, L., Crits-Christoph, P., & Alexander, K. (1990). Repressive style and relationship patterns: Three samples inspected. In J. A. Singer (Ed.), *Repression and disassociation: Implications for personality theory, psychopathology, and health.* Chicago: University of Chicago Press.
Luborsky, L., & Diguer, L. (1998). The reliability of the CCRT measure: Results from eight samples. In L. Luborsky & P. Crits-Christoph (Eds.), *Understanding transference: The Core Conflictual Relationship Theme method* (2nd ed., pp.97-108). New York: Basic Books.
Luthar, S. S., Cicchetti, D., & Becker, B. (2000). The construct of resilience: A critical evaluation and guidelines for future work. *Child Development, 71,* 543-562.
Lyubomirsky, S. (2001). Why are some people happier than others? The role of cognitive and motivational processes in well-being. *American Psychologist, 56,* 239-249.
Lyubomirsky, S., Sheldon, K. M., & Schkade, D. (2005). Pursuing happiness: The architecture of sustainable change. *Review of General Psychology, 9,* 111-131.
Martell, C. R., Addis, M, E., & Jacobson, N. S. (2001). *Depression in context: Strategies for guided action.* New York: Norton.

Martell, C. R., Safran, S. A., & Prince, S, E. (2004). *Cognitive-behavioral therapies with lesbian, gay, and bisexual clients.* New York: Guilford Press.

Masten, A. S. (2001). Ordinary magic: Resilience processes in development. *American Psychologist, 56,* 227-238.

Masten, A. S. (2007). Resilience in developing systems: Progress and promise as the fourth wave rises. *Development and Psychopathology, 19,* 92 1-930.

McCullough, J. P. (2000). *Treatment for chronic depression: Cognitive behavioural analysis system of psychotherapy* (CBASP). New York: Guilford Press.

Monroe, S. M., & Harkness, K. L. (2005). Life stress, the "kindling" hypothesis, and the recurrence of depression: Considerations from a life stress perspective. *Psychological Review, 112,* 417-445.

Mooney, K. A., & Padesky, C. A. (2002, July). *Cognitive therapy to build resilience.* Workshop presented at the annual meetings of British Association of Cognitive and Behavioural Psychotherapies. Warwick, UK.

Moras, K., Telfer, L. A., & Bariow, D. H. (1993). Efficacy and specific effects data on new treatments: A case study strategy with mixed anxiety-depression. *Journal of Consulting and Clinical Psychology, 61,* 412-420.

Morrison, A. (2002). *A casebook of therapy for psychosis.* New York: Brunner-Routledge.

Mumma, G. H., & Mooney, S. R. (2007). Comparing the validity of alternative cognitive case formulations: A latent variable, multivariate time series approach. *Cognitive Therapy and Research, 31,* 451-481.

Mumma, G. H., & Smith, J. L. (2001). Cognitive-behavioral-interpersonal scenarios: Interformulator reliability and convergent validity. *Journal of Psychopathology and Behavioral Assessment, 23,* 203-221.

Needleman, L. D. (1999). *Cognitive case conceptualization: A guidebook for practitioners.* Mahwah, NJ: Erlbaum.

Nelson-Gray, R. O., Herbert, J. D., Herbert, D. L., Sigmon, S. T., & Brannon, S. E. (1989). Effectiveness of matched, mismatched, and package treatments of depression. *Journal of Behavior Therapy and Experimental Psychiatry, 20,* 281-294.

Newman, C. F., Leahy, R. L., Beck, A. T., Reilly-Harrington, N. A., & Gyulai, L. (2002). *Bipolar disorder: A cognitive therapy approach.* Washington, DC: American Psychological Association.

Nolen-Hoeksema, S. (1991). Responses to depression and their effects on the duration of depressive episodes. *Journal of Abnormal Psychology, 100,* 569-582.

Nolen-Hoeksema, S. (2000). The role of rumination in depressive disorders and mixed anxiety/depressive symptoms. *Journal of Abnormal Psychology, 109,* 504-511.

Okiishi, J. C., Lambert, M. J., Nielsen, S. L., & Ogles, B. M. (2003). Waiting for supershrink: An empirical analysis of therapist effects. *Clinical Psychology and Psychotherapy, 10,* 352-360.

Okiishi, J. C., Lambert, M. J., Eggett, D., Nielsen, L., Dayton, D. D., &. Vermeersch, D. A. (2006). An analysis of therapist treatment effects: Toward providing feedback to individual therapists on their clients' psychotherapy outcome. *Journal of Clinical Psychology, 62,* 1157-1172.

Ost, L. G., & Breitholtz, E. (2000). Applied relaxation vs. cognitive therapy in the treatment of generalized anxiety disorder. *Behaviour Research and Therapy, 38,* 777-790.

Pachankis, J. E., & Goldfried, M. R. (2007). On the next generation of process research. *Clinical Psychology Review, 27,* 760-768.

Padesky, G. A. (1990). Schema as self-prejudice. *International Cognitive Therapy Newsletter, 6,* 6-7. Retrieved October 13, 2008, from *www.padesky.com/clinicalcorner/pubs.htm*

Padesky, C. A. (1993, September). *Socratic questioning: Changing minds or guiding discovery?* Invited keynote address presented at the 1993 European Congress of Behaviour and Cognitive Therapies, London. Retrieved October 13, 2008, from *www.padesky.com/clinicalcorner/pubs.htm*

Padesky, C. A. (1994a). Schema change processes in cognitive therapy. *Clinical Psychology and Psychotherapy, 1,* 267-278. Retrieved October 13, 2008, from *www.padesky.com/clinicalcorner/pubs.htm*

Padesky, C. A. (1994b). For Milton H. Erickson Foundation and Center for Cognitive Therapy (co-producers). *Cognitive therapy for panic disorder: A client session* (DVD). Huntington Beach, CA: Center for Cognitive Therapy Available from *www.padesky.com.*

Padesky, C. A. (1996). Developing cognitive therapist competency: Teaching and supervision models. In P. M. Salkovskis (Ed.), *Frontiers of cognitive therapy* (pp.266-292). New York: Guilford Press.

Padesky, C. A. (1997a). Center for Cognitive Therapy (Producer). *Collaborative case conceptualization: A client session* (DVD). Huntington Beach, CA: Center for Cognitive Therapy. Available from *www.pedesky.com.*

Padesky, C. A. (1997b). *Behavioral experiments: Testing the rules that bind* (Audio CD No. BEHX), Huntington Beach, CA: Center for Cognitive Therapy. Available from *www.padesky.com.*

Padesky, C. A. (2000). *Therapists' beliefs: Protocols, personalities, and guided exercises* (Audio CD No. TB1). Huntington Beach, CA: Center for Cognitive Therapy Available from *www.padesky.com.*

Padesky, C. A. (2004). Center for Cognitive Therapy (Producer). *Constructing NEW underlying assumptions and behavioral experiments* (DVD). Huntington Beach, CA: Center for Cognitive Therapy. Available from *www.padesky.com.*

Padesky, C. A. (2005, June). *The next phase: Building positive qualities with cognitive therapy.* Invited address at the International Congress of Cognitive Psychotherapy, Goteborg, Sweden.

Padesky, C. A. (2008). Center for Cognitive Therapy (Producer). *CBT for social anxiety* [DVD]. Huntington Beach, CA: Center for Cognitive Therapy. Available from *www.padesky.com.*

Padesky, C. A., & Greenberger, D. (1995). *Clinician's guide to Mind over Mood.* New York: Guilford Press.

Padesky, C. A., & Mooney, K. A. (1990). Clinical tip: Presenting the cognitive model to clients. *International Cognitive Therapy Newsletter, 6,* 13-14. Retrieved October 13, 2008, from *www.pedesky.com/clinicalcorner/pubs.htm*

Padesky, C. A., & Mooney, K. A. (2006). *Uncover strengths and build resilience using* cognitive therapy: A four-step model. Workshop presented for the New Zealand College of Clinical Psychologists in Auckland, New Zealand.

Perepletchikova, F., & Kazdin, A. E. (2005). Treatment integrity and therapeutic change: Issues and research recommendations. *Clinical Psychology: Science and Practice, 12*, 365-383.

Persons, J. B. (1989). *Cognitive therapy in practice: A case formulation approach.* New York: Norton.

Persons, J. B. (2005). Empiricism, mechanism, and the practice of cognitive-behavior therapy. *Behavior Therapy, 36*, 107-118.

Persons, J. B., & Bertagnolli, A. (1999). Interrater reliability of cognitive-behavioral case formulations of depression: A replication. *Cognitive Therapy and Research, 23*, 271-283.

Persons, J. B., Mooney, K. A., & Padesky, C. A. (1995). Interrater reliability of cognitive-behavioral case formulations. *Cognitive Therapy and Research, 19*, 21-34.

Persons, J. B., Roberts, N. A., Zalecki, C. A,, & Brechwald, W. A. G. (2006). Naturalistic outcome of case formulation-driven cognitive-behavior therapy for anxious depressed outpatients. *Behaviour Research and Therapy, 44*, 1041-1051.

Power, M. J., & Dalgleish, T. (1997). *Cognition and emotion: From order to disorder.* Hove, UK: psychology Press.

Raue, P. J., & Goldfried, M. R. (1994). The therapeutic alliance in cognitive-behavioral therapy. In A. O. Horvath & L. S. Greenberg (Eds.), *The working alliance. Theory, research and practice* (pp.131-152). New York: Wiley.

Riskind, J. H., Williams, N. L., Gessner, T. L. Chrosniak, L. D., & Cortina, J. M. (2000). The looming maladaptive style: Anxiety, danger, and schematic processing. *Journal of Personality and Social Psychology, 79*, 837-852.

Roth, A., & Fonagy, P. (2005). *What works for whom?: A critical review of psychotherapy research* (2nd ed.). New York: Guilford Press.

Roth, A., & Pilling, S. (2007). *The CBT competences framework for depression and anxiety disorders.* London: Centre for Outcome Research and Evaluation.

Rutter, M. (1987). psychosocial resilience and protective mechanisms. *American Journal of Orthopsychiatry, 57*, 316-33l.

Rutter, M. (1999). Resilience concepts and findings: Implications for family therapy. *Journal of Family Therapy, 21*, 119-144.

Ryff, C. D., & Singer, B. (1996). Psychological well-being: Meaning, measurement, and implications for psychotherapy research. *Psychotherapy and Psychosomatics, 65*, 14-23.

Ryff, C. D., & Singer, B. (1998). The contours of positive human health. *Psychological Inquiry, 9*, 1-28.

Safran, J. D., Segal, Z. V., Vallis, T. M., Shaw, B. F., & Samstag, L. W. (1993). Assessing patient suitability for short-term cognitive therapy with an interpersonal focus. *Cognitive Therapy and Research, 17*, 23-38.

Salkovskis, P. M. (1999). Understanding and treating obsessive-compulsive disorder. *Behaviour Research and Therapy, 37*, S29-S52.

Salkovskis, P. M., & Warwick, H. M. C. (2001). Making sense of hypochondriasis: A cognitive model of health anxiety. In G. J. G. Admundson, S. Taylor, & B. J. Cox (Eds.). *Health anxiety: Clinical and research perspectives on hypochondriasis and related conditions* (pp.46-63). New York: Wiley.

Sanavio, E. (1980). Obsessions and compulsions: The Padua Inventory. *Beheviour Research and Therapy, 26,* 169-177.

Schneider, B. H., & Byrne, B. M. (1987). Individualizing social skills training for behaviour-disordered children. *Journal of Consulting and Clinical Psychology, 55,* 444-445.

Schulte, D., & Eifert, G. H. (2002). What to do when manuals fail? The dual model of psychotherapy. *Clinical Psychology: Science and Practice, 9,* 312-328.

Schulte, D., Kunzel, R., Pepping, G., & Shulte-Bahrenberg, T. (1992). Tailor-made versus standardized therapy of phobic patients. *Advances in Behaviour Research and Therapy, 14,* 67-92.

Seligman, M. E. P. (2002). *Authentic happiness: Using the new positive psychology to realize your potential for lasting fulfillment.* New York: Free Press.

Seligman, M. E. P., & Csikszentmihalyi, M. (2000). Positive psychology: An introduction. *American Psychologist, 55,* 5-14.

Shadish, W. R., Matt, G. E., Navarro, A. M., & Phillips, G. (2000). The effects of psychological therapies under clinically representative conditions: A meta-analysis. *Psychological Bulletin, 126,* 512-529.

Shaw, B. F., Elkin, I., Yamaguchi, J., Olmsted, M., Vallis, T. M., Dobson, K. S., et al. (1999). Therapist competence ratings in relation to clinical outcome in cognitive therapy for depression. *Journal of Consulting and Clinical Psychology, 67,* 837-846.

Sloman, L., Gilbert, P., & Hasey, G. (2003). Evolved mechanisms in depression: The role and interaction of attachment and social rank in depression. *Journal of Affective Disorders, 74,* 107-121.

Snyder, C. R., & Lopez, S. J. (2005). *Handbook of positive psychology.* New York: Oxford University Press.

Strauman, T. J., Vieth, A. Z., Merrill, K. A., Kolden, G. G., Woods, T. E., Klein, M. H., et al, (2006). Self-system therapy as an intervention for self-regulatory dysfunction in depression: A randomized comparison with cognitive therapy. *Journal of Consulting and Clinical Psychology, 74,* 367-376.

Tang, T. Z., & DeRubeis, R. J. (1999). Sudden gains and critical sessions in cognitive-behavioral therapy for depression. *Journal of Consulting and Clinical Psychology, 67,* 894-904.

Tarrier, N. (2006). *Case formulation in cognitive behaviour therapy: The treatment of challenging and complex cases.* Hove, UK: Routledge.

Tarrier, N., & Wykes, T. (2004). Is there evidence that cognitive behaviour therapy is an effective treatment for schizophrenia? A cautious or cautionary tale? *Behaviour Research and Therapy, 42,* 1 377-1401.

Teasdale, J. D. (1993). Emotion and two kinds of meaning: Cognitive therapy and applied cognitive science. *Behavior Research and Therapy, 31,* 339-354.

Thich Nhat Hahn. (1975). *The miracle of mindfullness.* Boston: Beacon Press.

Truax, C. B. (1966). Reinforcement and nonreinforcement in Rogerian psychotherapy. *Journal of Ahnormal Psychology, 71,* 1-9.

van Oppen, P., & Arntz, A. (1994). Cognitive therapy for obsessive-compulsive disorder. *Behaviour Research and Therapy, 32*, 79-87.
van Oppen, P., de Haan, E., van Balkom, A. J. L., Spinhoven, P., Hoogduin, K., & van Dyck, R. (1995). Cognitive therapy and exposure in vivo in the treatment of obsessive-compulsive disorder. *Behavior Research and Therapy, 33*, 379-390.
Warwick, H. M., Clark, D. M., Cobb, A. M., & Salkovskis, P. M. (1996). A controlled trial of cognitive-behavioural treatment of hypochondriasis. *British Journal of Psychiatry, 169*, 189-195.
Watkins, E., & Moulds, M. (2005). Distinct modes of ruminative self-focus: Impact of abstract versus concrete rumination on problem solving in depression. *Emotion, 5*, 319-328.
Watkins, E., Scott, J., Wingrove, J., Rimes. K., Bathurst, N., Steiner, H., et al. (2007). Rumination-focused cognitive behaviour therapy for residual depression: A case series. *Behaviour Research and Therapy, 45*, 2144-2154.
Weissman, A. N., & Beck, A. T. (1978). *Development and validation of the Dysfunctional Attitudes Scale: A preliminary investigation.* Paper presented at the American Educational Research Association, Toronto, Canada.
Wells, A. (2004). A cognitive model of GAD. In R. G. Heimberg, C. L. Turk, & D. S. Mennin (Eds.), *Generalized anxiety disorder: Advances in research and practice* (pp.164-186). New York: Guilford Press.
Wells-Federman, C. L., Stuart-Shor, E., & Webster, A. (2001). Cognitive therapy: Applications for health promotion, disease prevention, and disease management. *Nursing Clinics of North America, 36*, 93-113.
Westbrook, D., Kennerley, H., & Kirk, J. (2007). *An introduction to cognitive behaviour therapy: Skills and applications.* London: Sage.
Wheatley, J., Brewin, C. R., Patel, T., Hackmann, A., Wells, A., Fisher, P., et al. (2007). "I'll believe it when I can see it": Imagery rescripting of intrusive sensory memories in depression. *Journal of Behavior Therapy and Experimental Psychiatry, 38*, 371-385.
Williams, C. (1997). A cognitive model of dysfunctional illness behaviour. *British Journal of Health Psychology, 2*, 153-165.
Wright, J. H., Kingdon, D. G., Turkington, D., & Basco, M. R. (2008). *CBT for severe mental illness.* Arlington, VA: American Psychiatric Publishing.
Young, J. E. (1999). *Cognitive therapy for personality disorders: A schema focused approach* (3rd ed.). Sarasota, FL: Professional Resource Press.
Zigler, E., & Phillips, L. (1961). Psychiatric diagnosis: A critique. *Journal of Abnormal and Social Psychology, 63*, 607-618.
Zimmerman, M., McGlinchey, J. B., Chelminski, I., & Young, D. (2008). Diagnostic comorbidity in 2,300 psychiatric outpatients presenting for treatment evaluated with a semistructured diagnostic interview. *Psychological Medicine, 38*, 199-210.
Zimmerman, M., McGlinchey, J. B., Posternak, M. A., Friedman, M., Attiullah, N., & Boerescu, D. (2006). How should remission from depression be defined? : The depressed patient's perspective. *American Journal of Psychiatry, 163*, 148-150.

索　引

ABC 機能分析　*250, 257, 423*
ABC モデル　*199, 200, 206, 246, 247, 248, 249, 256, 269, 414*
AIDS　*299*
BAI　*196, 197, 306, 343*
BDI-II　*196, 197, 306, 343*
Beck, A. T.　*5, 18, 23, 77*
Beck, J. S.　*20, 27*
Beck Scales　*165*
Bennett-Levy, J.　*361, 362, 367, 368, 383, 427*
CBT
　　—のアウトカム　*13, 29, 445*
　　—のプロセス　*29*
　　—の目標　*170, 316*
　　—の理論と研究　*4, 5, 7, 41, 43, 69, 70, 198, 225, 294, 381, 422*
　　—モデル　*35, 41-43, 49, 50, 57, 60- 62, 78, 103, 107, 150, 227, 245, 269, 293, 295, 361-363, 382, 396, 400, 433, 449*
CCRT　*15-17, 28*
Cognitive Therapy Rating Scale　*415*
GAD　*24*
HIV　*211-214, 216, 221, 222, 284, 285, 298-306*
Masten, A.　*149, 160*
OCD　*286-290, 292-295, 298-306, 313, 314, 330, 332, 337, 345, 376, 378, 379, 411, 442, 448*
PBQ　*346*
PTSD　*2, 7, 11, 25, 60*
Rogers, C.　*93*
Rutter, M.　*56*
Salkovskis, P. M.　*302*
Seligman, M. E. P.　*165, 166*
Truax, C. B.　*93, 94*
WHOQOL　*166, 197, 343*

【あ行】

アジェンダ　*89, 182, 371, 452*
アナログ研究　*460*
維持行動　*276, 294, 295, 302*
維持周期　*37, 59-61, 145, 259, 267, 303, 304, 327, 439*
維持戦略　*326, 344*
維持要因　*5, 26, 42, 50, 54, 59, 61, 85, 145, 151, 171, 244-246, 251, 259, 266, 269, 281, 304, 307, 376, 431*
イメージ　*53, 55, 116, 119, 128-130, 132, 156-158, 161, 279, 315, 336, 377, 438*
インストラクター　*37, 422, 425*
隠喩　*119, 128, 129, 132, 151, 156-158, 161-163, 377, 398, 438, 441*
ウェルビーイング　*149, 151, 197, 269*
うつ病　*2, 7, 14, 24, 25, 164, 257, 259, 320, 331*
エビデンス
　　—に基づいたセラピー　*3, 189, 208*
　　—に基づいたモデル　*24, 43, 98, 372*
　　—に基づいた理論と研究　*7, 37*
横断的概念化　*42, 50, 243, 245, 273, 316, 317, 349*

オペラント条件づけ　269

【か行】

介入
　　低コストの—　8, 12
　　—の選択　8, 244, 270, 294, 333
概念化
　　横断的—　42, 50, 243, 245, 273, 316, 317, 349
　　記述的—　6, 36, 38, 42, 43, 59, 153, 173, 213, 223, 225, 363
　　再—　336
　　縦断的—　38, 41, 42, 55, 57, 60, 171, 316-321, 327-334, 337, 345, 348, 349, 439
　　説明的—　6, 36, 38, 42, 50, 54, 59, 223, 243, 244, 246, 247, 269, 283, 284, 294, 305, 307, 309
　　—の過ち　64
　　—の学習　353
　　—の基準　17, 446
　　—の機能　7, 8, 435, 441, 442
　　—の質　417, 454
　　—の信頼性　72, 73, 453, 456, 457
　　—のスキーマ　199
　　—の妥当性　72-74, 297, 453, 456, 457
　　—のレベル　6, 33, 37, 38, 40, 42, 58, 171, 172, 375, 376, 398, 427
　　包括的な—　304
回避　177-179, 204, 221, 270, 272, 276, 293, 294, 303, 304, 347
学習
　　省察的—　364, 365, 383, 390, 405, 427
　　宣言的—　361, 362, 369, 383, 384
　　手続き的—　362, 363, 385
　　—ニーズ　368, 370, 375, 379, 381, 413, 426, 427

　　—プロセス　383-385, 395, 396, 398, 400, 427
　　—目標　368, 381, 414, 420, 426, 427
過呼吸　103-106
仮説検証　69, 70
価値観　142-145, 158-161, 164, 341-343, 411, 439, 440
活動記録　271
環境的要因　207
観察　98, 99, 108, 115-118, 131, 132, 193, 360, 364, 365, 391
感情障害　18, 19, 23, 142
感情的要因　122, 207
関連信念　20
器質的原因　101
基礎的前提　18, 20-22, 56-58, 65, 124-128, 155, 161, 163, 253-255, 259, 273, 276, 281, 303, 310, 314, 316, 327, 331, 344, 424
記述的概念化　6, 36, 38, 42, 43, 59, 153, 173, 213, 223, 225, 363
機能分析　50, 198-200, 203, 204, 206, 225, 227, 247, 250, 257, 267, 371, 423, 431
強化　13, 246, 259, 262, 268, 269, 343
協同的経験主義　4, 5, 6, 34, 37, 39, 61, 76, 77, 83, 86, 131, 132, 151, 226, 346, 370, 371, 375, 395, 396, 427, 428, 436, 455, 457, 461
協同的な枠組み　86, 89, 90, 91
強迫性障害　213, 288
強迫の心配　284, 290
苦悩の軽減　6, 34, 136, 164, 172, 225, 245, 260, 461
クライエント
　　—の価値観　12, 79, 143, 164, 341, 413, 440
　　—の観察　63, 99, 106-108, 118, 246, 370, 375, 396, 430
　　—の関与　8, 94, 375, 442

―の経験 5-8, 17, 26, 34, 37, 39-41, 43, 49, 50, 63, 81, 86, 97-99, 102, 106, 107, 214, 244, 355, 362, 370, 372, 373, 376, 390, 430-432, 436, 442, 451, 457
―の資源 79, 80, 172
経験
　クライエントの― 5-8, 17, 26, 34, 37, 39-41, 43, 49, 50, 63, 81, 86, 97-99, 102, 106, 107, 214, 244, 355, 362, 370, 372, 373, 376, 390, 430-432, 436, 442, 451, 457
　セラピストの― 28
　ネガティブな― 255
　ポジティブな― 55, 256
経験主義 5, 6, 24, 25, 61-63, 68, 69, 72, 86, 97, 101, 102, 107, 118, 132, 196, 304, 373, 380, 423
　―的なアプローチ 5, 61, 63, 304
経験則 63, 367, 440
経歴に関する補助的質問票 194, 195, 228, 257, 319, 465
結果 199
健康不安 208, 298, 299, 300, 320, 332, 378, 448
好奇心 14, 98, 99, 101, 102, 131, 184, 360, 365, 372, 373, 429
行動実験 20, 63, 70, 98, 106, 107, 115, 118, 125, 131, 132, 273, 282, 333, 391, 409, 410, 425, 429, 432
行動戦略 18, 107, 124, 314
行動的要因 122, 209
コーピングカード 337-341
個人療法 29
5部構成モデル 49, 60, 66, 118, 119, 122, 150, 152, 198, 206, -210, 213-215, 227, 363, 471
コミットメント 68, 69
コンサルタント 347, 365, 382-386, 417, 425, 428
コンサルテーション 14, 36, 347, 348, 389, 407, 411, 416, 417, 420, 431, 456

【さ行】

再発 14, 93, 306, 316, 317, 337, 349, 373, 375, 377, 450
差別 108-111, 116, 145
幸せの領域 166
資源 19, 37, 77, 79, 80, 120, 128, 137, 148, 172
思考記録 53, 55, 70, 276, 277, 279, 282-285, 290, 312-315
自己観察 171, 364, 365, 391
自己効力感 13, 154
自己システムセラピー 30
自己批判 272, 282, 283
自動思考 18, 20, 21, 23, 42, 51, 53, 55, 93, 107, 116, 122-124, 126, 276, 279, 280-283, 310, 313-315, 357, 358, 361, 367, 376, 391
弱点 5, 6, 26, 37, 38, 41, 55-57, 59, 122, 146, 161, 304, 330, 331, 334, 337, 345, 347, 375-378, 407
社交恐怖 13
社交不安 42, 108-111, 386, 387, 417, 418
宗教 120, 158-160, 403, 412
縦断的概念化 38, 41, 55, 57, 60, 171, 316-321, 327-334, 337, 345, 348, 349, 439
柔軟性 58, 60, 356
省察 362, 364-367, 379, 383, 384, 390-392, 394, 400, 423, 425-427
省察的学習 364, 365, 383, 390, 405, 427
　―のプロセス 383, 390, 405, 427
症例の概念化
　―のエビデンス 15, 26, 31, 34, 436
　―の記述的なレベル 5, 27, 28, 34, 38, 81, 182, 356, 376, 377
　―の機能 7, 8, 435, 441

一のスキル　71, 361, 368, 407, 432, 440, 456
　　一の説明的なレベル　27, 34, 81, 223, 376, 377
心気症　217, 345
身体的反応　45, 46, 49, 107, 116, 118, 119, 122, 152, 206, 208, 209, 252, 390, 392
身体的要因　121, 441
心的外傷後ストレス障害　2, 450
侵入思考　286, 288, 289, 293-297, 300, 302, 303, 411
信頼性　17, 27, 28, 400, 453, 456, 457
心理的要因　441
スーパーバイザー　14, 17, 71, 347, 367, 391, 417-419, 422-425, 428, 429, 436
スーパーバイジー　14, 424
スーパービジョン　8, 14, 36, 65, 71, 347, 348, 354, 368, 370, 384, 400, 416, 417, 419, 422, 424, 431, 443, 456
スキーマ　18, 24, 199, 215
スキル
　　概念化の一　71, 361, 368, 407, 432, 440, 456
　　技術的一　363
　　巨視的な一　428, 431
　　行動的一　78, 148
　　コミュニケーション一　371
　　対人的一　148, 363
　　技術的一　363
　　手続き的一　369, 370, 378, 400, 419
　　非言語的一　363
　　微視的な一　428, 431
生活
　　意義ある一　166
　　快適な一　166
　　関与する一　166
　　一状況　192

　　一の質　12, 164, 166, 183, 197, 227
脆弱性　38, 39, 56, 57, 338, 341, 342, 347, 350, 375
精神病　24, 25, 30, 85, 137, 144, 150, 381, 396, 397
精神分析療法　18
精神力動療法　15, 16
生物心理社会的評価　190, 192
生理学的要因　208
摂食障害　25
説明的な概念化　6, 36, 38, 50, 54, 59, 223, 243, 244, 246, 247, 269, 283, 284, 294, 305, 307, 309
セラピーノート　148, 182, 220
宣言的学習　361, 362, 369, 383, 384
　　一のプロセス　383, 384, 427
宣言的知識　362, 366, 369, 378, 400
先行事象　199, 201-203, 247, 249-251, 257, 268
全般性不安障害　24, 300
戦略　18, 20-23, 54, 58, 60, 124, 127-129, 153, 155, 156, 161, 163, 168, 170, 171, 246, 258, 268, 269, 317-319, 326-334, 336-338, 340-346, 367, 400, 429
双極性障害　42, 301
ソクラテス的対話　70, 98, 103, 106, 107, 109, 118, 132, 246, 247, 371, 372, 428

【た行】

対処戦略　145, 260, 317
達成感　343
妥当性　16, 28, 65, 69, 72-74, 297, 380, 453, 454, 456-458
中核葛藤関係テーマ　15
中核信念　18-22, 58, 107, 122, 126-128, 136, 145, 155, 156, 161, 163, 167, 168, 170, 255, 277, 310, 314, 316, 317, 319, 321, 325, 327, 329-331, 336, 343-345, 376, 377

直感的システム 67
治療同盟 12, 86, 91-95, 128, 131, 132, 152, 164, 182, 370, 371, 373, 460
強み
　―の同定 78, 137, 139, 180
　―の取り入れ 6, 37, 39, 40, 77, 80, 133, 136, 145, 150, 171, 179, 245, 326, 328, 331, 356, 363, 367, 379, 380, 383, 400-402, 404, 410, 413, 414, 423, 427, 433, 441, 454, 461
　文化的な― 144

適合度 14, 244, 246, 262, 263, 283, 305, 307, 343, 344, 346-349, 421, 432
手続き的学習 362, 363, 385
　―のプロセス 383, 385, 427
点数化 187
トップダウンの基準 17, 24

【な行】

認知行動理論 23, 349, 356
認知症 444
認知スタイル 24
認知的過ち 65, 74
認知的偏り 142
認知的要因 122, 210
認知特異性理論 110
認知プロセス 18
認知分析療法 29, 32
認知モデル 23, 24, 53, 55, 59, 98, 100, 101, 256, 391, 392
認知療法尺度 415
認知理論 18, 24, 26, 33, 98, 216, 399

【は行】

パーソナリティ 2, 7, 193, 376, 377
パーソナリティ障害 19, 23, 25, 26, 316, 347, 378
発見的手法 63, 64, 67-69, 71, 72, 305, 390, 440, 445, 455
発達歴 18, 55, 317-319, 326, 327, 331, 344
パニック障害 24, 100, 101, 300, 418, 441
反芻 264-267, 269-272, 276, 281, 292, 293, 303, 304, 306, 318, 326, 333, 345
反応のなさ
　セラピーに対する― 13
評価ツール 196
広場恐怖 2
不安障害 25, 418, 419
フィードバック 39, 74, 76, 93, 199, 356, 384-387, 389, 405, 406, 413, 425, 427-434, 455
物質乱用 25
プログラミングコード 348
プロクルステス 1, 6, 18, 35, 446, 450
　―のジレンマ 1, 6
プロトコル 3, 11, 25, 32, 62, 100, 189, 364, 436, 446-448, 452
文化的価値観 144, 439
文化的経歴 112
文化的要因 120, 132
分析 364
文脈 190
併存症 36, 447
偏見 19, 44, 45, 112-116, 145, 373, 390, 405, 424, 425, 440, 445, 455, 461
弁証法 446, 449, 451
報酬 199, 200, 259
ホームワーク 64, 70, 76, 90, 92, 93, 250, 279, 357, 360, 364, 366
保護要因 5, 26, 38, 41, 42, 55-57, 85, 161, 330, 331, 347, 375-378
ポジティブ心理学 77, 151, 400
ボトムダウンの基準 17

索　引　497

【ま行】

無作為化比較試験　30, 447, 458, 459
メタ認知　24
メタ能力　355, 356
モード　18, 19, 20, 21-22, 341
目標　219, 224
　　　―設定　217, 220, 223, 225, 376
モデル
　　　―の評価　435, 445, 454, 459
　　　―の適用性　440
　　　―の有用性　440
物語　156, 158, 161, 377
モル　199
問題解決　84, 147-149, 272, 403
　　　―スキル　147

【や行】

役割モデル　156, 195, 320, 331
誘因　5, 26, 37, 38, 42, 50, 54, 59, 60, 61, 79, 85, 145, 146, 150, 151, 171, 172, 244-249, 251, 252, 255, 259, 263, 267, 269, 272, 274, 281, 284, 290, 300, 303-305, 307, 317, 319, 347, 364, 375-377, 387, 392, 408, 431, 438
抑うつ　2, 18, 19, 23, 30, 76, 102, 142, 143, 184, 196, 197, 215, 217, 218, 220, 247, 255, 269, 270, 276, 277, 283, 284, 303, 304, 306, 337, 381, 402, 448, 449

【ら行】

ライフイベント　121, 192, 216, 346
楽観主義　154, 165
理性的システム　67, 68
理論的根拠　11, 33, 61, 175, 227, 366, 375-377, 386, 419, 420, 423, 437, 447
理論モデル　199, 227, 246, 294, 345
臨床実践　23, 26, 29, 384, 385, 399, 414

るつぼ　4-6, 26, 34, 35, 37-39, 74, 77, 81, 84, 85, 97, 106, 107, 118, 128, 174, 198, 216, 226, 227, 305
レジリエンス
　　　―の確立　3, 6-8, 12, 34, 77, 81, 133, 165-168, 172, 225, 305, 318, 337, 439, 462
　　　―のモデル　24
ロールプレイ　366, 383-386, 397, 423, 427, 431

《監訳者紹介》

大野　裕　(おおの　ゆたか)

　1978年　慶應義塾大学医学部卒業，同年慶應義塾大学医学部精神神経科学教室
　1985-88年　コーネル大学医学部 visiting fellow
　1988年　ペンシルベニア大学医学部 clinical visit
　1989年　慶應義塾大学医学部精神神経科専任講師。
　2002年　慶應義塾大学教授（保健管理センター）（医学部 兼担教授；精神神経科学教室，衛生学・公衆衛生学教室）
　2011年6月　国立精神・神経医療研究センター　認知行動療法センター　センター長
　［所属学会役員］日本認知療法学会理事長，アメリカ精神医学会 distinguished fellow, Academy of Cognitive Therapy fellow, 他
　［編著書，訳書］「認知療法・認知行動療法活用サイト」(http://cbtjp.net)（監修），『こころが晴れるノート：うつと不安の認知療法自習帳』（創元社），『「うつ」を治す』（PHP新書），『不安症を治す：対人不安・パフォーマンス恐怖にもう悩まない』（幻冬舎新書），『アーロン・T・ベック：認知療法の成立と展開』（マージョリー・E・ワイスパー著，創元社）

《訳者紹介》

荒井　まゆみ　(あらい　まゆみ)

　1994年からシアトル市在住。米国・ワシントン州シアトル市ワシントン大学女性学部卒業。2001年からシアトルの法律事務所勤務。現在は，シアトル市にて翻訳活動に専念。

佐藤　美奈子　(さとう　みなこ)

　愛知県生まれ。1992年に名古屋大学文学部文学科卒業。現在は翻訳家としての活動のかたわら，英語の学習参考書・問題集の執筆にも従事。星和書店より訳書多数。

《著者紹介》

ウィレム・クイケン
英国エクセター大学臨床心理学教授。気分障害センターの共同創設者，認知療法アカデミー研究員。主な研究分野および臨床上の関心は，症例の概念化とうつ病に対する認知行動療法的アプローチにあり，50以上の論文や書籍で執筆を行っている。英国心理学協会から，メイ・ダビッドソン賞を受賞。

クリスティーン・A・パデスキー
認知療法アカデミー名誉創設特別会員。アーロン・T・ベック賞受賞。国際的な評価を受ける講師，コンサルタントであり，ベストセラーである Mind Over Mood を含む，6つの書籍の共同執筆者である。数々の受賞歴があるが，カリフォルニア心理学会から心理学への際立った貢献を認められ表彰されてもいる。自身のウェブサイト www.padesky.com を通して，症例の概念化やその他のトピックに関する視聴プログラムを発信し，45 カ国以上のセラピストたちに CBT トレーニングを提供している。

ロバート・ダッドリー
英国ノーサンバーランド，タイン，ウィア・メンタル・ヘルス NHS トラストの精神病早期介入局における臨床心理コンサルタント。近年は，ベック認知療法研究所の研究員を勤める。主な臨床研究領域は，精神病症状の理解と治療。臨床家，トレーナー，スーパーバイザーとして，症例の概念化に対する関心を広げ，この分野における複数の研究プロジェクトを担っている。

認知行動療法におけるレジリエンスと症例の概念化

2012 年 3 月 24 日　初版第 1 刷発行

著　　者	ウィレム・クイケン，クリスティーン・A・パデスキー，ロバート・ダッドリー
訳　　者	大野　裕，荒井まゆみ，佐藤美奈子
発行者	石澤雄司
発行所	㈱星和書店

〒168-0074　東京都杉並区上高井戸 1-2-5
電話　03 (3329) 0031（営業部）／ 03 (3329) 0033（編集部）
FAX　03 (5374) 7186（営業部）／ 03 (5374) 7185（編集部）
URL　http://www.seiwa-pb.co.jp

ⓒ 2012 星和書店　　Printed in Japan　　ISBN978-4-7911-0805-3

- 本書に掲載する著作物の複製権・翻訳権・上映権・譲渡権・公衆送信権（送信可能化権を含む）は㈱星和書店が保有します。
- JCOPY〈（社）出版者著作権管理機構 委託出版物〉
本書の無断複写は著作権法上での例外を除き禁じられています。複写される場合は，そのつど事前に（社）出版者著作権管理機構（電話 03-3513-6969，FAX 03-3513-6979．e-mail：info@jcopy.or.jp）の許諾を得てください。

カップルの認知療法

[著] フランク・M・ダッティリオ、クリスティーン・A・パデスキー
[監修] 井上和臣
[監訳] 奈良雅之、千田恵吾
[訳] 森 一也、高橋英樹、上江昇一
A5判　160頁　本体価格1,900円

本書では、アセスメントおよび治療の方法が詳述されるとともに、カップルに対する認知療法の概観が簡潔に述べられている。治療の構造と過程についての明確なアウトラインを提供するだけでなく、治療過程の妨げとなることの多い信念を同定し変化させるための優れた方略を示している。
また認知モデルの「実践的な」適用を示すために、詳細な事例を挙げている。実践者が苦悩するカップルの治療を行うときに出会うことの多い代表的な事例を選択し、認知的な治療アプローチにおける具体的なステップを詳細に示す。
本書は、苦悩しているカップルの治療に携わるすべてのメンタルヘルス従事者にとって素晴らしい資源となるだろう。

◆主な目次
第1章 認知療法の概観　　歴史的発展／哲学と理論
第2章 カップルにおける認知療法　　歴史の概要と概観 ほか
第3章 アセスメント　　共同面接／調査紙と質問紙への記入／個人面接
第4章 技法と手順　　カップルへの認知モデルの教育／認知の歪みの同定と分類 ほか
第5章 カップルに対する認知療法の構造　　心理面接の経過と頻度 ほか
第6章 カップル療法における特別な問題　　危機的事態／怒りと暴力の事態 ほか
第7章 事例：ザックとカルリ　　背景情報／初回アセスメント／その後の面接 ほか
第8章 結びの言葉

発行：星和書店　　http://www.seiwa-pb.co.jp　　価格は本体(税別)です

認知療法・認知行動療法
治療者用マニュアルガイド

付録：DVD「うつ病に対する認知療法的アプローチ」

[著] 大野 裕
[協力] 藤澤大介、中川敦夫、菊地俊暁、佐渡充洋、田島美幸
慶應義塾大学認知療法・認知行動療法研究会

A5判　144頁　本体価格 2,500円

認知療法・認知行動療法は決して特別な治療法ではない。
日々の外来診療にも十分に応用可能である。

うつ病の治療で薬物療法によって十分な反応が得られない場合、認知療法・認知行動療法を追加することにより、うつ病が改善することが実証された。こうして認知療法・認知行動療法の効果が裏付けられ、医療保険の対象として認められることになった。そのため認知療法・認知行動療法を提供できる専門家の養成が急務となっている。本書は、認知療法・認知行動療法の基本的なアプローチについて詳しく解説した治療者養成のためのテキストである。

◆ 主な目次

はじめに／最初の出会いと病歴の聴取／症例の概念化／治療関係とソクラテス的対話／治療的アプローチ／問題点の整理と認知療法・認知行動療法への導入／日常活動記録表と行動活性化／認知再構成法：認知の歪みの修正／問題解決技法／人間関係：主張訓練／スキーマ／治療の終結

発行：星和書店　http://www.seiwa-pb.co.jp　価格は本体（税別）です

「うつ」を生かす うつ病の認知療法	大野 裕 著	B6判 280p 2,330円
認知行動療法における 事例定式化と 治療デザインの作成 問題解決アプローチ	アーサー・M・ネズ、 C・M・ネズ、 E・ロンバルド 著 伊藤絵美 監訳	A5判 400p 3,800円
認知療法・認知行動療法 カウンセリング 初級ワークショップ	伊藤絵美 著	A5判 212p 2,400円
〈DVD〉 認知療法・認知行動療法 カウンセリング 初級ワークショップ ※書籍＋DVDのセット販売はしておりません。書籍は別売です。	伊藤絵美	DVD2枚組 5時間37分 12,000円
認知療法実践ガイド： 基礎から応用まで ジュディス・ベックの認知療法テキスト	ジュディス・S・ベック 著 伊藤絵美、神村栄一、 藤澤大介 訳	A5判 464p 3,900円
認知療法実践ガイド： 困難事例編 続ジュディス・ベックの認知療法テキスト	ジュディス・S・ベック 著 伊藤絵美、 佐藤美奈子 訳	A5判 552p 4,500円

発行：星和書店　http://www.seiwa-pb.co.jp　価格は本体(税別)です